BLUE BOOK OF CHINESE CRIME GOVERNANCE
ANNUAL RESEARCH REPORT ON CRIME TRENDS（2019）

中国犯罪治理蓝皮书

犯罪态势与研究报告
（2019）

中国犯罪学学会　组织编纂

主　　编：万　春
执行主编：应培礼
副 主 编：王永全　岳向阳　虞　浔

法律出版社
LAW PRESS·CHINA

图书在版编目(CIP)数据

中国犯罪治理蓝皮书 : 犯罪态势与研究报告 : 2019/
中国犯罪学学会组织编纂. -- 北京 : 法律出版社, 2020(2021.1 重印)
ISBN 978-7-5197-5190-6

Ⅰ.①中… Ⅱ.①中… Ⅲ.①犯罪控制-研究报告-中国-2019②犯罪预测-研究报告-中国-2019 Ⅳ.①D917.6

中国版本图书馆 CIP 数据核字(2020)第 242895 号

中国犯罪治理蓝皮书
——犯罪态势与研究报告(2019)
ZHONGGUO FANZUI ZHILI LANPISHU
—FANZUI TAISHI YU YANJIU BAOGAO(2019)

中国犯罪学学会 组织编纂

策划编辑 赵明霞
责任编辑 赵明霞
装帧设计 汪奇峰

出版 法律出版社
总发行 中国法律图书有限公司
经销 新华书店
印刷 三河市兴达印务有限公司
责任印制 胡晓雅

编辑统筹 法商出版分社
开本 710 毫米×1000 毫米 1/16
印张 24.75 **字数** 392 千
版本 2020 年 12 月第 1 版
印次 2021 年 1 月第 2 次印刷

法律出版社/北京市丰台区莲花池西里 7 号(100073)
网址/www.lawpress.com.cn
投稿邮箱/info@lawpress.com.cn
举报维权邮箱/jbwq@lawpress.com.cn
销售热线/400-660-8393
咨询电话/010-63939796

中国法律图书有限公司/北京市丰台区莲花池西里 7 号(100073)
全国各地中法图分、子公司销售电话:
统一销售客服/400-660-8393/6393
第一法律书店/010-83938432/8433　西安分公司/029-85330678　重庆分公司/023-67453036
上海分公司/021-62071639/1636　深圳分公司/0755-83072995

书号:ISBN 978-7-5197-5190-6　**定价:**98.00 元

编 委 会

序　言

不久前胜利闭幕的党的十九届五中全会,审议通过了《中共中央关于制定国民经济和社会发展第十四个五年规划和二〇三五年远景目标的建议》,为国家和社会的全面发展指明了道路、擘画了未来。全会提出,统筹发展和安全,建设更高水平的平安中国。坚持总体国家安全观,实施国家安全战略,维护和塑造国家安全,统筹传统安全和非传统安全,把安全发展贯穿国家发展各领域和全过程,防范和化解影响我国现代化进程的各种风险,筑牢国家安全屏障。应当说,如何管控好持续发展中的各类型风险,实现安全有序下的高质量发展,既是不断提升国家治理体系和治理能力现代化的题中之义,也是实现 2035 年远景目标的重要内容。

犯罪问题是社会发展和变革的晴雨表,是辨别社会病灶的测试剂,主要犯罪趋势的变迁、典型犯罪问题的出现、传统犯罪行为的异化,都直接和间接地征表了国家治理和社会控制的基本状况。在和平年代,犯罪风险是社会发展中最为突出、危害性极大的典型风险,传统刑事法以人身和财产法益为核心,逐渐建立了个人法益、公共法益和国家法益等在内的具有物理属性的法益体系。然而,随着网络技术、人工智能的广泛深入发展,传统犯罪风险逐渐经由各类网络平台、即时通讯工具、智能移动终端和移动互联网应用程序,或在虚拟空间弥散,或针对虚拟财产,在线上实行犯罪并产生损害,物理世界的犯罪风险正向虚拟空间外溢,而对虚拟空间的侵害,又进一步导致了物理世界的法益损害。

因此,当下犯罪学面临着历时性和共时性两方面的考验:就历时性而言,犯罪学需要进一步对各类犯罪风险加以类型化和甄别,以更好地实现对传统风险的有效控制。这是实现犯罪治理的第一步。同时,犯罪学对自身也始终保有警惕,始终强调“要善于运用社会控制手段以防控犯罪风险,更要防范社会控制手段所带来的风险”,需要进一步对各项与犯罪作斗争的手段、政策进行实证分析和学术评估。这是实现犯罪治理的第二步,也是提升治理效能的关键一步。就共时性而言,犯罪学需要捕捉当下犯罪的新动向,总结犯罪的新特点,归纳犯罪的新原因,合理有效地组织对网络犯罪、恐怖主义犯罪等新兴犯罪问题的社会反应,在更为宏大的一体化视野下,实现“行政执法—刑事司法—刑罚执行”一体化治理,从而在源头上遏制犯罪的产生、异化,践行犯罪学“上医治未病”的预防犯罪和管控风险理念。

犯罪数据是犯罪学研究的基础,检察机关肩负着对包括刑事执行在内的刑事诉讼全流程的法律监督职责,参与了惩治犯罪的全部阶段。检察机关高度重视犯罪数据的会商分析。在2020年3月召开的全国“两会”上,最高人民检察院工作报告除披露了一年来相关办案数据外,还首次报告了1999年至2019年20年间犯罪形态、趋势变化的数据,引发了社会关注。2019年10月,最高人民检察院首次公开发布主要检察办案数据,并在此后延续了按季度定期发布数据的做法。这为引导犯罪学研究聚焦犯罪当下态势、研判犯罪发展趋势、遏阻犯罪转化路径提供了数据素材和案例样本。

自2019年起,中国犯罪学学会决定每年定期出版《中国犯罪治理蓝皮书》(以下简称《蓝皮书》),通过收集汇总上一年度公开犯罪数据,聚焦中国犯罪学的学术热点、引导中国犯罪学的研究方向、展现中国犯罪学的年度状况,为犯罪学研究提供权威科学的参考资料,促进中国犯罪学的研究范式不断进化,推动中国犯罪学观照现实、履行社会责任,提升中国犯罪学研究的科学化、现代化和社会影响力,推进中国犯罪学研究的新时代转型,更好更优地为国家和社会提供犯罪学产品。本年度《蓝皮书》基本延续了首期《蓝皮书》的框架格局,通过“2019年度中国刑事政策及刑事立法与司法”“2019年度中国犯罪形势评估”“2019年度典型案件犯罪学报告”“2019年度中国犯罪学学科发展动态”等内容的呈现,从宏观到具体、从犯罪问题到学科发展,对我国年度犯罪学作了全面回顾与总结。同时,本期《蓝皮书》还以中国正式接入国际互联网25周年为契机,重点聚焦了网络犯罪的防控与规制,形成了“中国互联网发展25年与网络犯罪治理”的专题。应当说,本期《蓝皮书》力求科学客观、详略得当、有主有次,既梳理追踪传统犯罪问题,也关注把握新型犯罪风险。具体言之,本书的完成主要有以下三点意义:

一是坚持我国犯罪数据全面统计研究之道路，为犯罪学研究、政府决策提供相对完整的数据。《蓝皮书》是我国第一部全面统计犯罪数据及梳理犯罪学发展的文献，为我国犯罪学研究人员提供了相对完整的数据，结束了我国犯罪学研究缺少数据的历史，为我国犯罪学研究奠定了坚实的基础。第二部《蓝皮书》延续了首部《蓝皮书》的数据收集体例与标准，我们希望通过定期编纂、积累数据的方式，推动我国犯罪学研究的实证性发展，展现全国和部分地区犯罪年度状况、发展态势。

二是推进我国犯罪学研究向智库成果的转换，引导中国犯罪学的研究方向。《蓝皮书》以观照现实、履行社会责任为目标，在收集犯罪数据、扎根犯罪治理本土现实的基础上，开展典型案件的犯罪学评析与报告撰写，分析挖掘犯罪治理中的问题和困难，汇聚总结我国犯罪学研究者集体智慧的结晶。从而把犯罪学研究的着眼点聚焦到解决重大现实问题上，使犯罪学的研究以理论联系实际、学以致用为导向，不断增进犯罪治理的原则性、系统性、预见性和创造性，进而推进犯罪学研究成果向智库成果的转换，增强国家有关部门和全社会对犯罪治理意义的认识，为国家层面制定刑事政策提供客观的理论依据，为更高水平的平安中国、法治中国建设建言献策。

三是引导社会对犯罪学学科建设和青年人才发展状况的关注，培育犯罪学青年队伍成长的沃土。“致天下之治者在人才。”《蓝皮书》是中国犯罪学同人的集体智慧结晶，是学界共同努力的结果。《蓝皮书》的持续发布、中国犯罪学的持续发展需要犯罪学青年人才队伍的培养。本书尤其关注各高校科研机构对犯罪学学科建设和人才培养情况的分析与评估，引导社会对我国犯罪学青年人才的关注。要加快形成有利于犯罪学人才成长的培养机制、有利于人尽其才的使用机制、有利于各展其能的激励机制、有利于人才脱颖而出的竞争机制，培植好人才成长的沃土，让犯罪学人才根系更加发达，从而开创中国犯罪学智慧闪光、人才辈出的新局面。

本书不同于陈述一己之学术，贵在叙述准确、介绍客观，旨在全面反映我国犯罪形势与犯罪治理的最新发展，并展示本土犯罪治理的经验。作为国内目前系统研究犯罪治理的成果，如能对相关理论发展和实践进步有所推动和促进，我们将倍感欣慰和鼓舞。同时，由于属于开创性尝试，受数据来源较少、引入指标不多的限制,以及在模型建构上还存在一定局限性,我们提出的“犯罪治理指数模型”客观上存在实践应用不足,因而在评价一个地区犯罪治理水平时尚不能精确,甚至可能与真实情况出现较大偏差的情况。对其中的不足之处,衷心欢迎读者批评指正,以便日后进一步改进与完善。

万 春

2020 年 11 月 12 日

目　录

Contents

第四章 / Chapter 4

2019年度中国犯罪学学科发展动态

第五章 / Chapter 5

年度特别策划：中国互联网发展25年与网络犯罪治理（1994~2019年）

第一章 ⁄ Chapter 1

2019 年度中国犯罪治理状况

第一节 犯罪治理与刑事政策

刑事政策是国家和社会依据犯罪态势对犯罪行为和犯罪人运用刑罚和诸多处遇手段以期有效地实现惩罚和预防犯罪目的的方略。[①] 在功能上,刑事政策是包括刑事立法、刑事司法、刑事执法以及其他犯罪预防手段的导向,并在一定程度上调节各项制度。

一、继续执行宽严相济刑事政策

刑罚是一种社会治理方式。因此,刑罚并不仅是一个法律问题,刑罚轻重之选择,与一个社会的政治理念具有密切关系。[②] 在治国理念影响下,我国的刑事政策经历曲折发展后,宽严相济的刑事政策成为历史背景下的必然选择,是刑事政策的核心所在。[③] 宽严相济的刑事政策经过多年的发展实践,成为刑事政策中的首要政策,它符合新时代法治与德治的思想,既维护刑罚的威信与严厉,又体现出刑事司法中的情理,最大限度上维护社会安全,实现良法善治的效果。

---

① 储槐植:《刑事政策的概念、结构和功能》,载《法学研究》1993 年第 3 期。

② 陈兴良:《宽严相济刑事政策研究》,载《法学杂志》2006 年第 1 期。

③ 卢建平、郭理蓉:《宽严相济的历史溯源与现代启示》,载《刑事政策评论》(第 1 卷),中国方正出版社 2006 年版。

新中国成立以后,刑事政策经历了从镇压与宽大相结合、惩办与宽大相结合到“严打”的曲折过程。[①] 进入新时期,现实犯罪形势严峻,党和政府部门通过对刑事政策的反思,于2004年12月下旬的中央政法工作会议提到宽严相济的刑事政策,“坚持惩办与宽大相结合,才能取得更好的工作效果”。2005年12月初召开的全国政法工作会议,再次提到宽严相济的刑事政策,并明确将其视为我国在维护社会治安的长期实践中形成的基本刑事政策。根据2006年10月11日《中共中央关于构建社会主义和谐社会若干重大问题的决定》,宽严相济的刑事政策正式确立。[②]

“宽严相济”包括“严”“宽”“济”三个方面,即宽中有严、严中见宽、严以济宽。这要求根据犯罪的不同情况,区别对待,该严则严,该宽则宽,宽严有度。其中,“严”包括严厉和严格。严厉,指在刑罚的适用上,该严则严。严厉要求站在法律的高度。严格,指在立法、司法上要作为犯罪处理。[③] “宽”一方面是指立法上的宽松;另一方面是指在司法实践中根据犯罪行为人的主观因素,允许司法、执法人员有一定的自由裁量空间。

宽严相济刑事政策从提出至今已十多年,对当今我国刑事立法、刑事司法、刑罚执行和犯罪预防的指导作用日渐显著,其基本刑事政策的地位也愈加巩固。[④] 宽严相济刑事政策符合新时代的社会治理理念,因此,需要深入贯彻。宽严相济刑事政策的贯彻从“严”和“宽”两方面体现。

(一)宽严相济刑事政策“严”之贯彻

2019年,宽严相济刑事政策“严”之贯彻,主要从对具体犯罪行为的严厉打击态势与严格处罚中体现出来。这些具体的犯罪行为包括危害食品药品安全犯罪,非法集资、套路贷、电信网络诈骗等新型网络犯罪行为,黑恶势力,毒品犯罪等。

第一,严控危害食品安全犯罪。食品安全是民生的第一位,事关全国人民的身体健康和生命安全。党的十九大明确提出实施食品安全战略,保护人民舌尖上的安全。危害食品安全的违法犯罪动机是利益,面对这一类犯罪行为,必须采取有效措施予以及时打击。因此,公检法各部门高度重视对食品安全的保护,营造食品安

---

① 卢建平:《宽严相济与刑法修正》,载《清华法学》2017年第1期。
② 陈兴良:《宽严相济政策与刑罚规制》,载《法学杂志》2006年第4期。
③ 陈兴良:《宽严相济政策与刑罚规制》,载《法学杂志》2006年第4期。
④ 孙万怀:《宽严相济刑事政策应回归为司法政策》,载《法学研究》2014年第4期。

全环境,对于危害食品安全的行为,绝不容忍。

2019 年,对危害食品安全的犯罪行为,公检法各部门依旧保持高压防控态势。党中央、国务院高度重视食品安全工作,印发了《关于深化改革加强食品安全工作的意见》,明确要求"严厉打击刑事犯罪,对情节严重、影响恶劣的危害食品安全刑事案件依法从重判罚"。

从成果上看,危害食品药品安全犯罪的治理颇有成效。2019 年 6 月 27 日,公安部举行新闻发布会,通报全国公安机关打击危害食品安全犯罪工作情况。公安部食品药品犯罪侦查局局长吕武钦介绍:"在全国年均侦破食品案件由过去的数百起增长至超过一万起。针对食品安全犯罪的新形势新特点,按照公安部统一部署,各地公安机关进一步加大排摸力度,狠抓网上网下联动,2019 年 1 ~5 月,共侦破食品安全犯罪案件 4500 起,抓获犯罪嫌疑人 8500 余名,捣毁黑工厂、黑窝点 3500 余个,公安部挂牌督办的重庆江北毕某制售食品案等一批重大典型案件全部告破。"①

除此之外,国家还在打击食品安全违法犯罪的组织和策略上进行了突破。在部门组织上,公安部整合部门职责,专门组建了食品药品犯罪侦查局,统一承担打击食品、药品和知识产权、生态环境、森林草原、生物安全等领域的犯罪职责。公安部食品药品犯罪侦查局的成立意味着打击危害食品、药品安全犯罪是一项长期的工作,这也体现了国家保护食品药品安全的决心。目前,有 14 个省级公安机关建立了专门机构,全国已经建立起一支 9700 余人的专业打击队伍,侦破案件数量成倍增长,年均办案数量已经从此前年均仅为不足千起上升为目前年均 3 万起左右。在打击策略上,创新打击食品安全犯罪的思路和模式。政府部门结合互联网发展的新环境,加强对网络上与食品药品安全相关的数据分析,及时发现问题,并进行有效控制。

第二,严治新型网络犯罪。网络社会发展迅速,新型网络犯罪形势严峻。通过网络途径进行的非法集资、套路贷、电信网络诈骗等犯罪行为层出不穷,严重损害了公民的财产安全,甚至影响其心理健康和生命安全。

"套路贷"犯罪是指以非法占有为目的,假借民间借贷之名,诱使或迫使被害

---

① 高语阳:《公安部食品药品犯罪侦查局首次亮相部署为期半年的集中打击行动紧盯生物制品购销网络社群》,载《北京青年报》2019 年 6 月 28 日,第 3 版。

人签订“借贷”或变相“借贷”“抵押”“担保”等相关协议,通过虚增借贷金额、恶意制造违约、肆意认定违约、毁匿还款证据等方式形成虚假债权债务,并借助诉讼、仲裁、公证或者采用暴力、威胁以及其他手段非法占有被害人财物的相关违法犯罪活动的概括性称谓。① 这是2019年4月9日最高人民法院、最高人民检察院、公安部和司法部联合发布的《关于办理“套路贷”刑事案件若干问题的意见》中对“套路贷”犯罪行为作出的定义。从定义看,“套路贷”在一定程度上与黑恶势力性质相吻合,具有涉黑性质。

因此,在打击“套路贷”不法行为时,要把握套路贷的本质特征,将其与网络涉黑行为相结合,严厉打击涉互联网黑恶犯罪。在打击“套路贷”时,在定罪量刑上,要注意其与黑社会性质的差别,在区分此罪与彼罪的基础上,依法进行打击。另外,各级政府部门重视从源头进行治理,严厉查处非法放贷APP、非法借贷平台和职业催债团伙。

虽然非法集资、电信诈骗等侵犯公民财产安全的行为早已出现,国家也积极制定了相关防治措施,但是这几类犯罪行为形势依然严峻。为了更好地治理这几类犯罪行为,2019年,最高人民法院、最高人民检察院、公安部和司法部印发了《关于办理非法放贷刑事案件若干问题的意见》《关于办理利用信息网络实施黑恶势力犯罪刑事案件若干问题的意见》《关于办理“套路贷”刑事案件若干问题的意见》《关于办理黑恶势力刑事案件中财产处置若干问题的意见》等文件,为依法治理严重的网络新型犯罪行为提供了法律支持。

除此之外,公安部门还进行了“云剑”专项行动,对这几类行为进行严厉的控制,始终保持高压打击态势,并取得了一定成果。根据相关数据,公安机关破获电信网络诈骗案件11.8万起;抓获在逃人员数同比增长135.6%,打掉民族资产解冻类诈骗团伙579个、“套路贷”犯罪团伙4205个。②

第三,严防毒品犯罪。我国对毒品犯罪的防控一直处于严厉态势,但毒品犯罪手段多样,在网络社会发展下呈现出新的形势。一方面,公安部门积极开展“净边”行动,加强边境管理,坚决遏制境外毒品制毒人员;加强国际禁毒执法合作,加

---

① 张郁、赵文龙:《“套路贷”涉黑涉恶犯罪问题治理》,载《中国刑警学院学报》2020年第1期。

② 《公安部“云剑”行动成效明显抓获电信网络诈骗犯罪嫌疑人9.9万名破案11.8万起》,载《法制日报》2019年12月26日,第3版。

大追捕在逃人员力度;完善物流系统,加强物流管理,防范新型毒品。另一方面,加强对吸毒人员的管理,将吸毒人员的戒毒工作与打击贩卖毒品行为结合起来,防止吸毒人员因需要毒品而进行贩毒。除此之外,根据犯罪行为的性质和特点,公安部门还将打击毒品犯罪与"扫黑除恶"专项斗争结合起来,进行系统化、体系性的打击与控制。

2019年至2020年5月,全国检察机关共批捕毒品犯罪嫌疑人108,663人,占全部刑事案件的8.47%,同比下降29.84%;起诉毒品犯罪被告人143,294人,占全部刑事案件的6.13%,同比下降21.31%。检察机关批捕起诉毒品犯罪案件数量均有下降,禁毒工作稳中有进、趋势向好、成效显现,毒品犯罪高发势头得到有效遏制。[①] 从个案上看,2019年,加拿大籍被告人涉走私贩毒案充分体现了我国依法惩治毒品犯罪的决心。2019年1月,谢伦伯格走私贩毒案在辽宁省大连市中级人民法院宣判,被告人谢伦伯格被判处死刑。[②] 这一结果是根据情节和证据,基于法律的合法判决。

第四,严厉打击危害国家安全犯罪,特别是直接威胁公众安全的暴力行为。国家安全是社会稳定的基础。从国内看,2019年,香港问题在一段时间内对国家稳定造成了一定的影响,对香港市民的人身、财产安全造成了极其严重的影响,引起了全国人民的关注。从2019年7月开始,香港处于混乱的状态,"港独"不法势力蛊惑、组织青少年进行暴力性游街,以期通过不法活动扰乱香港秩序。在这背后更重要的是,他们带有分裂祖国统一的不法目的。在治理暴力行为,维护香港及内陆地区的治理安全方面,一方面,中央政府积极支持香港警方进行治安维护,治暴止乱,对主要成员严格处理;香港警方对暴力事件也积极采取措施,坚持特区政府、香港警方和司法机关法治原则,对暴力游行行为及时制止,并依法逮捕首要人员;另一方面,各省份加强领域内的治安保护,防止暴力行为影响范围扩大。

第五,我国积极参与国际反恐行动。除了一如既往地支持维和行动、加入反恐国际条约,我国政府还积极进行国际交流,举办反恐演习,落实《上海合作组织反恐

① 倪戈:《最高检发布惩治和预防毒品犯罪情况,毒品犯罪高发势头得到有效遏制》,载《人民日报》2020年6月27日,第4版。

② 白宇、袁勃:《加拿大籍被告人谢伦伯格因犯走私毒品罪被依法判处死刑》,载人民网:http://legal.people.com.cn/n1/2019/0114/c42510-30537367.html,2020年10月17日最后访问。

怖公约》《上海合作组织反极端主义公约》等重要的法律文件,加强了国际间的经验、技术和情报交流。

除此之外,我国对侵犯未成年人权益的犯罪行为依然处于严厉打击态势,并且对未成年人的保护更倾向于以综合、全面保护的方式进行。另外,2019 年,对于社会热点案件的处理,包括妨害公共交通工具安全驾驶违法犯罪行为和暴力伤医案等,也呈现出该严则严的态势。例如,2019 年,最高人民检察院制定了《关于依法惩治妨害公共交通工具安全驾驶违法犯罪行为的指导意见》。根据该意见,符合意见危害安全驾驶犯罪情形的,一般不得适用缓刑。①

(二)宽严相济刑事政策"宽"之贯彻

凡是用其他法律手段足以抑制某种违法行为时就不要将其定为犯罪,凡是适用较轻的制裁方法足以抑制某种犯罪行为时就不要规定较重的制裁方法。这就是刑法的谦抑性品格。② 宽严相济刑事政策确定后,从刑法修正案可以体现慎刑的理念;而在随后刑事政策的贯彻中,慎刑更多的是体现在程序法上。

在定罪上,严格区别民事行为、行政行为和刑事违法行为,尽量避免适用刑法处罚;在量刑上,具体行为具体分析,结合认罪认罚从宽、刑事和解、起诉便宜、减刑假释等制度,对犯罪人进行合法处罚。

谦抑慎刑在民营企业相关犯罪违法行为中体现得尤为明显。民营企业能够激发市场经济的活力,为社会经济的发展作出了贡献,但是目前民营经济的生存状况依旧不容乐观。为了帮助民营企业营造良好的法治环境,司法部发布了《关于充分发挥职能作用为民营企业发展营造良好法治环境的意见》,最高人民法院发布了《关于认真学习贯彻习近平总书记在民营企业座谈会上的重要讲话精神的通知》等,最高人民检察院还专门发布首批涉民营企业司法保护典型案例。

宽严相济刑事政策在民营企业案件的适用时,应注意根据具体的经济社会变化和社会治安形势,适时调整民营企业刑事案件处理中从宽和从严的内容。③ 在处理涉民营企业案件时,要准确把握罪与非罪的界限、民事欺诈与刑事诈骗行为,

① 最高人民法院、最高人民检察院、公安部:《关于依法惩治妨害公共交通工具安全驾驶违法犯罪行为的指导意见》,载最高人民检察院网:https://www.spp.gov.cn/xwfbh/wsfbt/201901/t20190110_404968.shtml#2,2020 年 10 月 17 日最后访问。

② 刘宪权:《涉民营企业犯罪案件的刑法适用》,载《法学杂志》2020 年第 3 期。

③ 刘宪权:《涉民营企业犯罪案件的刑法适用》,载《法学杂志》2020 年第 3 期。

以免给民营企业造成不必要的损失，造成冤假错案。非法集资、非法借贷、诈骗等行为往往涉及民营企业。在处理相关案件时，公检法部门须持谨慎态度，把握罪名的适用范围，将民营企业的正常融资和集资活动与非法集资、非法融资区别开来。

在量刑上，一方面，落实认罪认罚从宽制度。认罪认罚从宽制度是 2018 年修改后的《刑事诉讼法》规定的一项重要制度。为了进一步落实认罪认罚从宽制度，2019 年，最高人民法院、最高人民检察院、公安部、国家安全部、司法部印发了《关于适用认罪认罚从宽制度的指导意见》，从该制度的原则、适用范围、犯罪嫌疑人人权保障等方面进一步阐释了认罪认罚从宽制度。① 认罪认罚从宽制度适用于整个诉讼过程以及各种犯罪类型，因此，对于重点关注的几类犯罪行为，包括涉黑恶类犯罪行为、涉新型网络犯罪行为、毒品犯罪行为等也同样适用。基于认罪认罚从宽制度，公安部与最高人民法院、最高人民检察院沟通协调，联合印发了《关于敦促在逃人员投案自首的通告》。该通告从自首、立功等方面，详细说明了可从轻减轻、免除处罚的情形，鼓励重点打击的犯罪行为人主动投案自首。

另一方面，继续落实减刑假释政策。每年，检察机关都会依据法律规定，对符合减刑假释条件的人员适用减刑假释、监外执行等手段。从检察机关公布的数据来看，2019 年，减刑假释的适用正确率提高，刑事执法活动的违法行为也在减少，对减刑假释、监外执行的适用的监督进一步加强。

二、加强社会治安综合治理

社会治安综合治理的理念出现于 20 世纪 70 年代末 80 年代初，经过十余年的实践探索，其价值和意义为党中央和国家立法机关所确认。1991 年 2 月中共中央、国务院发布《关于加强社会治安综合治理的决定》，同年 3 月，第七届全国人大常委会第十八次会议通过了《关于加强社会治安综合治理的决定》。

社会治安综合治理刑事政策是党中央和立法机关在充分吸纳当时犯罪学研究成果基础上的科学决策。其基本内涵是，动员全社会力量，运用政治、经济、行政、

---

① 《最高人民法院、最高人民检察院、公安部、国家安全部、司法部关于适用认罪认罚从宽制度的指导意见》，载最高人民检察院官网：https://www.spp.gov.cn/spp/xwfbh/wsfbh/201910/t20191024_435829.shtml，2020 年 10 月 17 日最后访问。

法律、文化、教育等综合手段应对犯罪问题,强调打防并举,标本兼顾,重在治本。社会治安综合治理政策具有理论体系性、治理主体多元性和治理手段多样性等特点。区别于宽严相济的刑事政策,社会治安综合治理的直接目的是从治安环节阻止犯罪可能形成的原因,进而达到预防犯罪的目的。这体现的是"最好的社会政策就是最好的刑事政策"的思想。该刑事政策的出台有利于扭转之前以打击应对犯罪的单一模式,"谁主管,谁负责"原则的落实推动了从中央到地方各国家机关、企事业单位、人民团体共同承担维护社会治安职责的综合治理工作机制。同时,广泛发动普通公众参与,形成群防群治格局。

社会治安综合治理刑事政策的贯彻实施对于我国有效控制犯罪起到了重要作用,使刑事案件发案数始终控制在公众可承受范围,普通公众安全感提高。2015年以来,我国公安机关刑事案件立案数和严重暴力犯罪立案数均呈下降趋势。

与此同时,社会治安综合治理的理论与实践也随着时代的发展而丰富、完善。2013年,党的十八届三中全会提出"完善和发展中国特色社会主义制度,推进国家治理体系和治理能力现代化"。2019年,中央政法工作会议首次提出"社会治理现代化"。[①] 社会治安综合治理刑事政策也在"社会治理"这一宏大理论、制度、实践中有更新的发展,主要体现为全面推进以满足人民对安全更高要求为目标的平安建设,强调社会矛盾的早期、有效解决,依靠技术构筑安全生活空间等。

2019年,在党和国家领导下,在其他各单位以及公众的支持、参与下,公检法综合治理骨干力量不断完善社区建设,提升科技防范能力,保护社会易受侵害群体,持续提升公众安全感。社会治安综合治理在手段和形式上进一步完善,治理主体也愈加多元,体现了科学化的共建共治共享理念。

(一)完善社区建设,提升基层安全度

社区的安全度与民众的幸福感息息相关。在社区建设上,我国政府提倡平安社区建设,主要从社区的警力、智能化建设、建设主体、纠纷解决等方面进行完善。

在社区警力上,政府鼓励基层警务建设,从人员数量和质量上加强社区警力,提供良好的安保环境。随着科技化的普及,电子监控、智能锁等科技化设备逐渐普及于各社区,增加了社区的安全度。微信群、公众号等线上交流途径拉近了警民、

---

① 张文显:《新时代中国社会治理的理论、制度和实践创新》,载《法商研究》2020年第2期。

居民之间的距离，也增加了问题的反馈渠道，使得很多问题能够及时得到解决，很大程度上调动了广大人民群众参与社区建设的积极性。在纠纷解决方面，“枫桥经验”得到广泛推广，调解、和解的制度健全，多元化纠纷解决方式能够及时化解纠纷，让纠纷由大化小，由小化无。

各地区也积极根据自己的特色，推进平安社区建设。例如，河南商丘地区推行类别化、专业化的社区平安建设，长效化、实战化的基础打防，融合化、联动化的调处稳控，实现了发案率下降、群众安全感提高、打防违法犯罪效能增强、处突维稳水平提升的良好局面。① 他们将防控与服务相结合，加强学校、城乡地区的警务互动，及时解决流动人员、建设工地的相关矛盾，有效减少了刑事案件案发率。陕西宝鸡市的宝管社区积极向群众汇报社区警务工作，他们的精细化治理取得了一定的效果，最大程度发挥群防群治作用，与人民群众共享治理成果。② 青海黄南藏族自治州综治中心克服重重困难，实现硬件上的进步，为人民群众提供智能化、信息化、标准化的服务，与时俱进，加强了综合治理的水平。③

虽然不同地区的综合治理、社区建设的水平还存在一定的差距，但是他们因地制宜，在社区建设上不断地完善。

（二）未成年人保护与犯罪预防能力提升

未成年人犯罪预防与保护工作是一直以来是各级政府的重点工作内容。近几年，涉及未成年人的校园欺凌、猥亵强奸、家暴案件频频被曝光，这些违法犯罪严重影响了未成年人的身心健康，甚至有很多利用未成年人进行的违法犯罪活动，将未成年人推入了深渊。2019 年，陕西省继母家暴 7 岁儿童以及未成年人杀害同伴的案件再次引起社会关注。这也反映出当下的两个未成年人的司法保护主要存在的两方面的问题：一方面，侵害未成年人犯罪呈上升趋势；另一方面，未成年人犯罪数量虽有所回落，但仍存在相当数量，且呈现低龄化、低文化趋势，流浪未成年人犯罪

---

① 孙雅琼、谢飞：《商丘开发区：推行精细化警务模式夯实社区平安基础》，载人民警察网：http://news.cpd.com.cn/n12021581/n12021597/201912/t20191218_872582.html，2020 年 10 月 17 日最后访问。

② 谭琳：《陕西宝鸡弘扬新时代“枫桥经验”打造社区警务新模式 “四单一图”让社区发案零发案》，载《法制日报》2019 年 12 月 9 日，第 8 版。

③ 韩萍、徐鹏：《青海黄南“一体两翼”夯实社会治理基层基础综治中心全覆盖为群众撑起“平安伞”》，载《法制日报》2019 年 12 月 9 日，第 1 版。

率较高且呈现组织化、成人化和暴力化倾向。①

对于未成年人的犯罪预防和保护工作,一方面,要严厉打击危害未成年人身心健康的行为,落实证据后,从严处罚。另一方面,要从未成年人的成长环境出发,进行综合治理;对涉及违法犯罪的未成年人要谨慎处理,对个案中的未成年人成长环境进行综合考察;从法律、刑事司法到再犯预防,努力完善未成年人的保护制度和少年司法制度。

对于违法犯罪的未成年人,司法机关着力完善未成年人保护程序和机制,包括社会调查、严格使用逮捕措施、附条件不起诉和犯罪记录封存等制度。据最高人民检察院数据显示,2019 年,未成年人审查逮捕、审查起诉和特殊制度开展工作取得一定的成效。在审查逮捕方面,不捕率提高了 12 个百分点;在审查起诉方面,对未成年犯罪嫌疑人决定起诉 43,234 人(含附条件不起诉后决定起诉),不起诉 13,891 人(含附条件不起诉后决定不起诉),不起诉率 24.3%,同比增加 1.1 个百分点,较总体刑事犯罪不起诉率高 14.8 个百分点。② 除此之外,检察机关还进行社会调查、司法救助、法治教育等有利于帮助未成年人走出不良环境的活动,尽可能避免未成年人进入监狱。

对于未成年人的保护,立法层面上,国家积极组织司法机关、学者参与《未成年人保护法》《预防未成年人犯罪法》的修订工作,讨论其中的立法问题,为未成年人筑建了一面坚实的法律盾牌。法律宣传上,各司法机关创新宣传模式,积极进行防止校园欺凌的宣传,努力净化未成年人的校园环境。除此之外,在民事方面,结合家事法庭的数据,检察院对撤销监护人的案件进行综合研判,努力让未成年人脱离不良的家庭环境。

(三)网络治安防控能力加强

网络社会的发展让犯罪行为有了新的滋生土壤,利用网络社会犯罪行为越来越多,对网络安全的考验也越来越大。近年来,电信网络诈骗、套路贷、非法集资、网络黑产、互联网食品安全犯罪等行为严重威胁着人民的财产安全,影响着人们的

---

① 郑赫南:《陈国庆做客〈法治中国说·大检察官说〉谈未检工作让每一名儿童都在法治的蓝天下茁壮成长》,载《检察日报》2019 年 1 月 10 日,第 1 版。

② 《2019 年全国检察机关主要办案数据》,载最高人民检察院网:https://www.spp.gov.cn/spp/xwfbh/wsfbt/202006/t20200602_463796.shtml#1,2020 年 6 月 2 日最后访问。

心理和生命安全,成为社会隐患。对于这类行为,除了进行严厉的打击与处罚,还应该对源头进行综合治理。

由于网络社会的发展速度和法律的更新速度之间存在矛盾,网络社会的松散管理一度助长了犯罪人嚣张气息。因此,网络社会需要进行综合治理,消除网络安全隐患,重视治安违法行为和一些相关的犯罪行为。

2019 年,对于网络治安和网络违法行为的治理,一方面,各机关通过“净网 2019”“云剑”“断链”等专项行动打击严重的涉网违法犯罪行为,例如网络赌博等系列犯罪行为、非法集资、套路贷等犯罪行为;另一方面,积极整治、规范网络环境,打击扰乱社会管理秩序的行为,比如伪造个人身份证的行为。

在规范、整治网络环境上,首先,完善个人信息的法律保护体系。2019 年,个人信息保护法的立法工作开展。《个人信息保护法》的专家建议稿从个人信息的定义、基本规定、保护主体、个人信息相关的权利等各个方面进行讨论,旨在适应信息化、数据化的新时代,更好地保护个人信息。

其次,加强对手机软件、直播等新事物的治理与监管,预防新型犯罪行为。手机软件收集个人信息已经成为被人接受的现象。但是在这背后,也有很多 App 应用程序的开发商利用收集到的软件进行不法活动,威胁着公民的正常生活。2019 年 8 月,全国信息安全标准化技术委员会发布了《信息安全技术移动互联网应用(App)收集个人信息基本规范(草案)》,并广泛地征求意见。这一基本规范将从专业技术领域对应用程序收集个人信息进行限制和制约,意味着应用程序收集个人信息乱象将会受到整治。

最后,治理网络制造、贩卖假证行为,例如制造、贩卖假身份证。身份证件上的信息是重要的个人信息。而制造、贩卖假身份证的行为严重影响社会管理秩序,甚至会带来更大的安全隐患,为电信诈骗、洗钱等犯罪行为和犯罪集团提供了作案工具。对此,公安机关高度重视对这一犯罪行为的治理,并取得了一定的成果。据公安机关公布的数据,各地公安机关共破获伪造、买卖居民身份证案件 3.2 万余起,抓获犯罪嫌疑人 1.6 万余人,捣毁制贩假证窝点 1900 余处,缴获一大批伪造的居民身份证,发现清理网上涉居民身份证违法有害信息 4460 余条,取得阶段性成效。[①]

① 《破获相关案件三万余起 抓获犯罪嫌疑人万余人 公安打击伪造买卖居民身份证违法犯罪显成效》,载《法制日报》2019 年 8 月 23 日,第 4 版。

(四)公检法等政府部门的科技化智能化建设稳步推进

在信息化、科技化和智能化的时代,政府部门的科技化、智能化建设与社会治安治理水平的高低紧密相关。

公安机关作为行政和司法机关,在维护社会治安和打击违法犯罪中具有重要的地位。随着时代的变化,很多犯罪行为在向网络社会转移,比如网络涉黑、电信诈骗及其黑色产业链、网络非法集资等犯罪行为。这就需要公安机关提升自身的科技化与智能化能力,才能更好地打击犯罪,进行治安管理。2019 年,在"云剑"行动、食品安全治理、打击虚开骗税等行动中,各级公安机关积极运用大数据资源,对网络中的相关线索进行研判,取得了很好的效果。

检察机关和法院作为重要的司法机关,其智能化与科技化水平影响着效率和公平,是现代化治理能力的体现。检察院和法院的智能化建设主要体现在法律文书、案例库、视频图像资源等数据库的健全、网上开庭、信访系统的建设等。

根据《全国检察机关智慧检务行动指南(2018—2020 年)》,到 2020 年年底,检察机关将全面构架应用层、支撑层、数据层有机结合的新时代智慧检务生态,推进大数据、人工智能等前沿科技载检察工作中的应用。① 2019 年是智慧检务建设的第二年,检察机关的智能化、科技化和技术化的建设水平进一步提升。2019 年,检察机关电子检务工程再上新台阶,数据化信息化建设全面覆盖,初步建成国家检察大数据中心。② 随后,全国检察机关网上信访信息系统更新,这意味着办理信访案件的质量随着科技的发展将有很大提升。

(五)信息共享机制进一步完善

社会综合治理提倡共建共治共享。其中,信息共享为共建共治提供了资源。

在诸多打击犯罪、治安治理的行动中,需要公安机关和各级部门、各企业合作,这要求信息共享机制健全。2019 年,在打击贩卖假身份证行为的过程中,公安部与工信部、司法部、人社部、交通运输部、人民银行、市场监管总局、国家税务总局等单位开展共享失效居民身份证信息的对接工作,保障信息的畅通。

---

① 《最高检印发〈全国检察机关智慧检务行动指南(2018—2020 年)〉2020 年底全面构建新时代智慧检务生态》,载最高人民检察院网:https://www.spp.gov.cn/xwfbh/wsfbt/201807/t20180720_385543.shtml,2020 年 10 月 17 日最后访问。

② 史兆琨:《电子检务工程再上新台阶》,载《检察日报》2019 年 1 月 30 日,第 1 版。

为了进一步完善信息共享,公安部通过多种渠道提供全国人口信息共享服务:一是国家人口基础信息库。二是公安机关设立的相关平台,例如互联网+政务服务平台。这一平台为人民群众提供了直接而方便的渠道,提高了办事效率。三是与银行、证券、民航、铁路、电信运营商等单位、企业进行合作,提供实名对比服务。

除此之外,为了广泛听取群众意见、发动群众以及及时更新信息,公检法等部门还积极开通微信公众号、头条号、企鹅号等新媒体账号。例如,公安部食品药品犯罪侦查局通过政务新媒体,加强和社会的沟通,拓宽群众参与的渠道,并且及时更新典型案例,开展普法教育,使得治理食品药品安全犯罪工作顺利进行。

第二节　犯罪治理与刑事立法

2019 年是新中国成立 70 周年,法治改革在各个方面齐头并进,成果丰厚。我国在原有基础之上,立足问题导向,填补立法空白,继续朝着构建和完善科学高效的刑事法律目标前进,深入多个维度进行了一系列刑事立法工作,并出台了众多司法解释和指导意见,既突出了人权保障的重要意义,又涵盖了刑事立法的惩戒功能,彰显了法律的力量和温度。《社区矫正法》的颁布强化了社区矫正刑事立法保障,为适应社区矫正工作的新形势新要求提供了新的法律依据。新修订的《人民检察院刑事诉讼规则》将刑事司法改革的实践成果进行了法律层面的固化,回应了司法实务中的热点难点问题。《关于适用认罪认罚从宽制度的指导意见》的发布细化了认罪认罚制度应用上的程序、范围和幅度问题,将认罪认罚从宽制度的司法应用实效推向了新的高度。

一、颁布《社区矫正法》

2019 年 12 月 28 日第十三届全国人民代表大会常务委员会第十五次会议通过了《社区矫正法》,该法共九章 63 条,自 2020 年 7 月 1 日起正式施行。[①] 作为我国社区矫正领域具有开创性意义的法律文件,它是吸收我国社区矫正试点试行经验

① 吴宗宪:《我国〈社区矫正法〉的重要价值》,载《中国司法》2020 年第 2 期。

的一次重要法律实践。一方面，该法从多个层面阐释了修复社会关系和推动矫正对象融入社会对矫正对象的重要意义，从多元力量参与、矫正对象合法权益和分类管理、矫正方案的个别化实施等多个层面提供了法律支持；另一方面，该法为改革和完善社区矫正体系奠定了坚实的法制基石，推动中国特色的社区矫正工作向规范化和系统化的方向发展。

《社区矫正法》的制定真正体现了我国在世界社区矫正领域立法活动的引领性和先进性。这部新法律围绕社区矫正的诸多环节，设计了全方位的细化规则。立法机关时刻回应着社区矫正的现实问题，从社区矫正工作原则的规划到具体措施手段的细化，从社区矫正工基本模式的厘定到社区矫正对象的权益保障机制的明确，法律草案的变迁不断融入了对矫正对象的人文关怀和法治建设的制度理性，最终成为尊重基层实践成果、体现社区矫正司法理念的立法典范。

《社区矫正法》的总则部分厘定了社区矫正的根本目的、适用对象、工作原则方法以及经费来源等。这些规定作为社区矫正工作的基本内容，贯穿于整部法律，让社区矫正对象能够在开放式的非监禁化环境下加强悔罪意识，有针对性地修复有裂痕的社会关系，排除社区矫正对象可能重新犯罪的因素，达到预防和控制犯罪的目的。为了凸显对矫正对象人身权和财产权的保护，法律明文规定了社区矫正过程中“矫正对象在就业就学和享受社会福利等方面不受歧视”的权利。专门机关与社会力量相结合的基本工作模式，体现了社区矫正工作政府主导性和多元开放性的特征，作为一个系统工程，开启了社区矫正动员多方社会力量，汇聚多方社会资源的法治化新环境，这既彰显了多方参与的现代刑罚执行精神，也体现了矫正恶性行为和犯罪心理的现实需要。分类管理是对矫正对象在管理措施上的宏观设计，个别化矫正是有针对性地实施社区矫正工作的要求。同时，《社区矫正法》将国家支持社区矫正机构提高信息化水平写入了总则，为进行信息化核查、适用电子定位装置等矫正措施提供了法律依据，展现了社区矫正和现代信息技术相结合的客观要求。《社区矫正法》也凸显了对未成年人弱势群体的特殊矫正机制，专设“未成年人社区矫正”一章，为未成年人量身打造了一套特别的教育矫正手段和权益保障机制，以帮助其顺利回归社会。

《社区矫正法》是对刑事执行制度的规范，以对社会潜在的危险管控和矫正对象的矫正教育为主导工作要求，契合了以修复社会关系和减少社会排斥为特点的制度设计。为了突破传统的惩罚性的刑事执行理念的桎梏，此次颁布的《社区矫正法》采纳了更为中性的、不具有标签效应的“社区矫正对象”名称，摒弃了呼声极高的“社区服刑人员”这种罪犯标签色彩严重的称谓，充分表明了对人权的尊重和重视。[①]《社区矫正法》的面世最大限度地保障了社区矫正工作的务实性需求，解决了我国社区矫正实践中的矫正执行问题。责令报到制的规定避免了漏管、脱管现象，确保了矫正实效；同时，对矫正款项的拨付主体进行了明确规定，解决了由于保障经费不足导致的矫正工作可操作性差等问题。

《社区矫正法》的颁布从整体上来说反映了社区矫正实情，是针对社区矫正立法的全新尝试，但是立法的滞后与社会的不断变迁的矛盾一直是立法工作的困境，《社区矫正法》也难以实现面面俱到，细致入微，故为了避免绝对化，为今后创新发展留有余地，在相关概念的界定问题上有法律留白。这就需要相关部门在新法的指导下，从运行的实践和现实的发展中发现新问题，不断查漏补缺，应对社区矫正工作实践中的新变化。《社区矫正法》的颁布彰显了对矫正对象的刑罚人情关怀和权利温度，有利于进一步挖掘矫正对象内心善良人性，在社区矫正对象和社会普罗大众之间建立一种积极、友善、和睦的社会互动联系，使矫正对象复归社会，以正确的心态融入社会，保障刑罚的执行质量。[②]

二、相关司法解释

（一）修订《人民检察院刑事诉讼规则》

2019 年 12 月 30 日，最高人民检察院发布了修订后的《人民检察院刑事诉讼规则》（以下简称《规则》）。本次修订涉及条文众多，是检察机关强化人权司法保障，促进刑事诉讼法准确适用的重要举措。《规则》对检察机关内设机构改革、认罪认罚从宽制度实践成果、监检衔接，捕诉一体等业务改革成果进行了由点到面的细化规定，回应了新刑诉法颁布后一些实务界的热点问题，人民检察院在刑事诉讼体系中的创新发展已呈现出燎原之势。

《规则》以人民检察院为主要规制主体，将人权保障的司法理念渗透到检察院

---

① 梁云宝：《社区矫正法：开启矫正法治化新时代》，载《检察日报》2020 年 1 月 14 日，第 3 版。

② 王瑞山：《论社区矫正的恢复性选择与路径创新——以社区矫正法的实施为契机》，载《犯罪研究》2020 年第 2 期。

参与刑事诉讼的全过程。众所周知,办案期限的长短直接影响着诉讼参与人的权利,修订后的《规则》对检察机关的办案期限提出了新的要求,例如,将转交法律援助申请材料的期限缩短至“二十四小时以内”,将辩护律师申请向被害人收集证据的许可决定期限缩短至“五日以内”等,期限的缩短不仅意味着检察机关更高效的工作标准,还意味着诉讼参与人人力、财力负累的减少,是人权保障司法理念在检察机关办案期限上的一次表达。同时,本次《规则》的修订为严格适用非法证据排除规则确立了具体的实操规范,也强化了人权保障的司法精神,通过细化刑事诉讼中非法证据的范围,完善刑事诉讼程序,杜绝冤假错案的发生。《规则》对未成年诉讼参与人给予了特殊的司法保护,从保护未成年人身心健康出发,明确规定对未成年被害人以一次询问为原则,有利于帮助未成年人重新步入社会,不影响未成年人获得社会尊重和公平竞争的权利和机会。

本次《规则》的修订对于监检衔接办案的程序也进行了细化规定,确定了监察机关收集证据的合法性,以及检察机关对证据材料的合法性审查权力,进一步凝聚了反腐败的惩治力量。针对留置措施与刑事强制措施的程序衔接问题,《规则》根据是否采取留置措施规定了不同的衔接方式。《规则》还明确规定了检察机关提前介入职务犯罪案件的权利,进一步强化了检察机关的法律监督职能,从而不断将腐败犯罪的监督网络织严织密。①

在认罪认罚从宽制度全面推进的司法环境下,《规则》的修订更好地回应了新的实践需求,对《刑事诉讼法》修订后新增的认罪认罚从宽规定予以细化和完善,进一步明确了检察机关在认罪认罚从宽制度适用中的职责,尤其是对量刑建议可以由检察机关提出确定刑的规定,提升了量刑建议的精准度和司法认可度,保障认罪认罚程序的快速平稳推进。

《规则》在新的运行机制下如何展现司法体制改革和检察改革的实践成果,是本次规则修改的重中之重。从落实司法责任制改革,到完善捕诉一体办案程序,再到健全检察机关的监督职能,《规则》的修订解决了以往部门负责人定位不清、责任模糊的难题,要求业务负责人发挥个案审核职能和监管职能,强化了检察机关在刑事诉讼中的主体地位,增强了检察机关在刑事诉讼中的“司法亲历感”;通过减

---

① 龙宗智:《新〈人民检察院刑事诉讼规则〉若干问题评析》,载《法学杂志》2020 年第 5 期。

少由检察长批准和决定的事项，既实现对检察官的适度放权，又强调了对个案的终身负责制，将检察机关的责任“压得更实”，体现了放权和监管相统一的效果。

（二）发布《关于适用认罪认罚从宽制度的指导意见》

为了解决认罪认罚从宽制度中量刑协商不充分、法律性质不明晰等问题，确保认罪认罚制度常态化地运行和推进，2019 年 10 月 24 日，《关于适用认罪认罚从宽制度的指导意见》（以下简称《意见》）由最高人民检察院联合最高人民法院、公安部、国家安全部、司法部出台。这部专门性的指导意见从基本原则、证明标准和量刑建议等多个方面进行具体规定，其出台立足问题意识和实践导向，回应了司法实务中的应用困境和话语歧义问题，使认罪认罚从宽制度更好地发挥其快速化解矛盾、督促罪犯改恶向善的制度优势。

第一，《意见》突出强调了办理认罪认罚案件应坚持法定证明标准。《意见》第 3 条规定，办理认罪认罚案件应坚持证据裁判原则和法定证明标准，使“事实清楚、证据确实充分”在侦查终结、提起公诉、有罪裁判中一以贯之；对虽然被追诉人认罪认罚、但认定有罪证据不足的，依法撤销案件、不起诉或宣告无罪。此次的官方回复是对司法实务中错用、滥用认罪认罚从宽程序的关注。法定证明标准的确立将极大地减少由于标准不明晰所引起的适用错误现象，为司法机关严格公正适用认罪认罚制度敲响了警钟。

第二，《意见》明确了被追诉人对行为性质的辩解不影响认定“认罪”成立。自认罪认罚制度实施以来，“行为人承认指控的主要犯罪事实，但对行为性质的辩解”是否属于认罪认罚的适用情形争议不断。《意见》第 6 条明确规定，虽然对行为性质提出辩解，但承认指控的主要犯罪事实、表示接受司法机关认定意见的，不影响认定“认罪”。如此规定给予了部分“认事不认罪”的被追诉人更大的转圜余地，解决了被追诉人辩护权保护和认罪认罚适用之间的内在冲突；同时，对于“认罪”情形的明确认定更有助于发挥“从宽”的制度激励作用，彰显认罪认罚从宽制度的优势。

第三，《意见》明确了“认罚”的认定标准。《意见》第 7 条第 2 款规定，“认罚”应结合退赃退赔、赔偿损失、赔礼道歉等因素，重点考察被追诉人悔罪态度、表现。被追诉人虽然表示“认罚”，实则暗中串供，干扰证人作证，毁灭、伪造证据或隐匿、转移财产，有赔偿能力而不赔偿损失，将不能适用认罪认罚从宽。在过去的司法实践中,“认罚”的标准在不同地区、不同案件的执行上存在差异。部分地区要求被追诉人先行缴纳具有预缴罚金性质的“保证金”,避免“认罚”成为“空头支票”。在走私犯罪案件中,补缴税款是司法机关对被追诉人适用认罪认罚从宽制度的前提条件。然而,这些前置条件忽视了被追诉人在选择认罪认罚时的经济能力和客观条件,从而有变相剥夺其可获得从宽处罚权利的可能,有悖公正。《意见》在“认罚”的认定上,采取“主观+客观”判断标准,重点考察被追诉人的悔罪态度、表现,将其客观履行“认罚”能力、行为作为主观判断的叠加标准,体现了鲜明的客观条件与主观态度相结合的精细化、可操作的判断认定标准,激活了证明标准的规制功能。①

第四,《意见》明确了认罪认罚“从宽”幅度与自首、坦白间的关系。认罪认罚的“从宽”处理是否可以突破法定刑进行“减轻处罚”,在司法实践中一直饱受争议。《意见》第8条第2款规定,不具备减轻情节的,量刑建议和量刑应在法定幅度以内。该条明确了刑事实体法上“减轻处罚”在认罪认罚中的判断标准,单独的“认罪认罚”不能必然推出“减轻处罚”的结论,厘清了刑事诉讼程序中的“从宽”与刑事实体法中“减轻处罚”的内在联系和差异,规范了司法机关对“可以从宽”的理解和适用。②

《意见》作为新《刑事诉讼法》中认罪认罚部分的配套法律文件,对于刑事司法实务中相关概念的厘清进行了明确回应,对于提高刑事诉讼中认罪认罚从宽制度适用的法定化、专业化和精准度有着重要意义,促进了专门机关和诉讼参与人对认罪认罚的证明标准、“认罪”、“认罚”和“从宽”认定标准的正确理解和把握,解决了基层实践的困扰,伴随着认罪认罚从宽制度在刑事司法实务中的全面推进,司法机关还需要为探索建立科学高效公正的认罪认罚从宽体系做出更多的努力。

(三)最高人民法院、最高人民检察院、公安部、司法部(以下简称“两高两部”)发布司法解释依法推进“扫黑除恶”专项斗争

“扫黑除恶”专项斗争开展的两年内,黑恶势力违法犯罪尤其是农村涉黑涉恶

① 王敏远、杨帆:《认罪认罚从宽制度的新发展——〈关于适用认罪认罚从宽制度的指导意见〉解析》,载《国家检察官学院学报》2020年第3期。

② 苗生明、周颖:《认罪认罚从宽制度适用的基本问题——〈关于适用认罪认罚从宽制度的指导意见〉的理解和适用》,载《中国刑事法杂志》2019年第6期。

问题和涉黑涉恶扰乱治安问题得到了全面的遏制和整治，目前正处于从“深挖整治”到“常效长治”转换的关键时期。但黑恶势力利用法律漏洞，在一些监管盲区改头换面、藏匿蛰伏，对深挖彻查黑恶势力犯罪线索，依法严惩黑恶势力犯罪提出了更高的要求。为了破解“扫黑除恶”斗争中的突出问题，攻克一些难以解决的顽症痼疾，国家在法律支撑上持续发力，2019年4月9日，“两高两部”发布了《关于办理恶势力刑事案件若干问题的意见》《关于办理“套路贷”刑事案件若干问题的意见》《关于办理黑恶势力刑事案件中财产处置若干问题的意见》《关于办理实施“软暴力”的刑事案件若干问题的意见》等多个法律政策文件。这些意见聚焦问题意识，凸显出指导效果，既是精准办案、依法严惩的迫切之需，也是回应社会关切、增进法治共识的务实之举，实现了“扫黑除恶”和打网破伞同步发力，提升了办案质效，促进各地各部门能够依法、及时、准确地实施打击黑恶势力犯罪活动，维护社会常态稳定，为“扫黑除恶”专项斗争的全面推进提供了多个方面的法律保障，确保“扫黑除恶”专项行动沿着法治化轨道深入推进。

1.《关于办理恶势力刑事案件若干问题的意见》

2019年是“扫黑除恶”专项斗争的攻坚之年，各地办理了大量的恶势力犯罪案件，但由于2018年“两高两部”《关于办理黑恶势力犯罪案件若干问题的指导意见》对恶势力犯罪、团伙及犯罪集团的认定标准模糊，在实践中出现了许多人为拔高的现象，也出现了一些公安机关与检察机关、检察机关与审判机关的认识分歧。《关于办理恶势力刑事案件若干问题的意见》的出台，[①]为司法机关明确了恶势力、恶势力成员和恶势力犯罪集团的认定标准，确定了从严、宽严相济的总体精神，从严惩处恶势力犯罪案件，分清主次、分化瓦解、罚当其罪，体现了罪责刑相适应的刑法基本原则，从严惩处恶势力的纠集者、恶势力犯罪集团的首要分子、重要成员以及恶势力、恶势力犯罪集团共同犯罪中罪责严重的主犯，同时又将“宽严相济”的刑事政策一以贯之，对恶势力团伙以及恶势力犯罪集团当中的一般参加者从宽处理。

2.《关于办理黑恶势力刑事案件中财产处置若干问题的意见》

黑恶势力的财力水平直接影响着黑恶势力形成规模、势力范围和犯罪再生能

① 朱和庆、周川、李梦龙：《〈关于办理恶势力刑事案件若干问题的意见〉的理解与适用》，载《人民检察》2019年第11期。

力,是撼动黑恶势力基础的重要因素。经济实力雄厚、敛财能力强大的黑恶势力往往更容易通过培训豢养打手来扩大势力、强行霸占市场,通过行贿官员来寻求"保护伞"保护、逃避法律责任。因此,要彻底瓦解黑恶势力的根源,切断黑恶势力的经济血脉,需要为"打财断血"提供法律上的支持。2019 年 4 月 9 日,"两高两部"发布《关于办理黑恶势力刑事案件中财产处置若干问题的意见》(以下简称《财产处置意见》),①对黑恶势力刑事案件中涉黑恶财产的认定范围、财产处置程序和财产处置措施作出了详细规定,不仅在经济上极大地牵制了黑势力的发展势头,遏制其死灰复燃,巩固了当前的打击成果,而且最大限度地弥补了被害人在黑恶势力刑事案件中的经济财产损失,修复了被侵害的财产所有权关系,将被黑恶势力损坏的公平竞争环境和市场经济秩序重新恢复到了健康发展的状态。

3.《关于办理"套路贷"刑事案件若干问题的意见》

近年来,黑恶势力利用套路贷实施违法犯罪活动的行为日益猖獗。2019 年 4 月 9 日,"两高两部"印发《关于办理"套路贷"刑事案件若干问题的意见》,②为遏制黑恶势力在"套路贷"犯罪类型的蔓延提供了法律依据,明确了涉套路贷黑恶势力犯罪行为的定罪标准,一方面有利于抵制套路贷违法犯罪分子利用暴力、胁迫等手段侵害被害人人身利益和财产利益;另一方面通过对套路贷违法犯罪行为的打击和阻断,从而有效防止这种恶性利益链条的肆意发展,阻止其进一步发展成为黑恶势力团伙或者集团,铲除其犯罪的利益土壤。

4.《关于办理实施"软暴力"的刑事案件若干问题的意见》

近年来,涉黑恶势力犯罪又衍生出了新的特点,除了采用对身体部位进行攻击、扇耳光、推搡、拳打脚踢和使用器物伤人等传统"硬暴力"手段之外,呈现出了一种"去血腥化"的现象,包括跟踪贴靠、扬言传播疾病、揭发隐私、恶意举报、诬告陷害、架势示威、聚众哄闹滋扰和拦路闹事等常见手段,此类"软暴力"通过心理强制的方法严重影响着他人的正常生活工作,而且由于遭受"软暴力"的人往往选择息事宁人,难以发现明显的实害结果,为司法实践中的调查取证工作带来了极大的

---

① 曹红虹:《〈关于办理恶势力刑事案件若干问题的意见〉的理解与适用》,载《人民检察》2019 年第 11 期。

② 朱和庆、周川、李梦龙:《〈关于办理"套路贷"刑事案件若干问题的意见〉的理解与适用》,载《中国防伪报道》2019 年第 10 期。

困难。聚焦上述问题,2019 年 4 月 9 日,“两高两部”发布《关于办理实施“软暴力”的刑事案件若干问题的意见》(以下简称《“软暴力”刑事案件意见》),[①]将实施“软暴力”行为正式升级为犯罪行为,对“软暴力”行为的概念、表现形式、认定标准予以法律上的回应,规定了“软暴力”行为属于《刑法》以及《关于黑恶势力刑事案件若干问题的指导意见》的规制范围,对“软暴力”行为的入罪、出罪进行了比较和区分。此次通过对黑恶势力的认定进行补充,解释了“软暴力”行为与相关犯罪认定上的困惑与分歧,对相关刑事打击工作提供了更为明确的指引和依据。

5.《关于跨省异地执行刑罚的黑恶势力罪犯坦白检举构成自首立功若干问题的意见》

为了深挖黑恶势力犯罪团伙的线索和信息,巩固专项斗争的胜利成果,2019 年 10 月 21 日,“两高两部”发布《关于跨省异地执行刑罚的黑恶势力罪犯坦白检举构成自首立功若干问题的意见》(以下简称《意见》),[②]为“扫黑除恶”在第二战场的深入推进提供了明确的法律指引。《意见》明确了人民法院、人民检察院和监狱之间在办理案件程序中应形成联动融合的工作格局,突出强调了监狱对黑恶势力罪犯的严格管理和教育引导职能,将坦白检举构成自首立功的正向激励性规定,引导和鼓励罪犯积极检举一批真实的黑恶势力犯罪案件,以求在“扫黑除恶”专项斗争中取得突破性进展。

6.《关于在扫黑除恶专项斗争中分工负责、相互配合、相互制约严惩公职人员涉黑涉恶违法犯罪问题的通知》

公职人员涉黑涉恶是黑社会性质组织、恶势力集团等得以存活的重要原因之一。有些黑恶势力与当地的“黑保护伞”相互勾结,形成一方势力,黑恶势力在当地欺压、残害人民、称霸一方,公职人员熟视无睹,不予惩治,助长了黑恶势力的嚣张气焰。“扫黑除恶”专项斗争应在铲除黑恶势力的同时对其背后的“保护伞”也一并消灭。2019 年 10 月 27 日,国家监察委以及“两高两部”发布《关于在扫黑除恶专项斗争中分工负责、相互配合、相互制约严惩公职人员涉黑涉恶违法犯

---

① 童碧山、刘宁宁、刘晋:《〈关于办理实施“软暴力”的刑事案件若干问题的意见〉的阐释》,载《人民检察》2019 年第 11 期。

② “两高两部”:《关于跨省异地执行刑罚的黑恶势力罪犯坦白检举构成自首立功若干问题的意见》,载《法制日报》2019 年 10 月 24 日,第 3 版。

罪问题的通知》,[①]明确了公职人员涉黑涉恶违法犯罪重点查办的案件类型以及法律适用问题,要求监察机关、公安机关、人民检察院、人民法院之间形成打击公职人员涉黑涉恶违法犯罪的监督制约、配合衔接机制和打击合力,对打击惩治"黑保护伞"做到有法可依,增强打网破伞的精度,实现政治生态的净化。

7.《关于办理利用信息网络实施黑恶势力犯罪刑事案件若干问题的意见》

随着相关部门对涉黑涉恶犯罪打击强度的不断加大,传统的黑恶势力犯罪已经得到了有效遏制,但黑恶势力犯罪分子利用网络的隐蔽性将犯罪触角延伸到互联网领域。2019 年 7 月 23 日,"两高两部"印发了《关于办理利用信息网络实施黑恶势力犯罪刑事案件若干问题的意见》,[②]密切关注并及时回应了打击涉黑涉恶犯罪中突出体现的这一新问题和新特点,明确网上黑恶势力犯罪的构成要件,促使网络监管部门提升对信息网络涉黑涉恶违法犯罪行为的警惕度,同时提醒广大网民注意此类犯罪,有利于推动专项斗争从网下向网上延伸,加大对信息网络等新兴行业领域涉黑涉恶犯罪的打击力度,形成依法打击变色变异、手段翻新升级的黑恶势力,网上网下共同发力的局面,对进一步深入推进"扫黑除恶"专项斗争,铲除社会中的恶势力做出了明确、细致、长远的法律和政策安排。

(四)《关于办理非法利用信息网络、帮助信息网络犯罪活动等刑事案件适用法律若干问题的解释》

近年来,网络犯罪案件日益猖獗,手段不断翻新,加大了办案机关打击和惩治的难度。面对证据收集固定难、定性处理难,认识统一难等问题,办案机关亟须一剂"良药"来破解网络犯罪疑难杂症。2019 年 10 月 25 日,最高人民法院、最高人民检察院发布《关于办理非法利用信息网络、帮助信息网络犯罪活动等刑事案件适用法律若干问题的解释》(以下简称《解释》),[③]明确了"网络服务提供者"的范围,同时明确搜索引擎、即时通讯、网络支付等引起的违法信息大量传播、用户信息泄

---

① 参见国家监察委员会、最高人民法院、最高人民检察院、公安部、司法部:《关于在扫黑除恶专项斗争中分工负责、相互配合、相互制约严惩公职人员涉黑涉恶违法犯罪问题的通知》,载《法制日报》2019 年 10 月 22 日,第 3 版。

② "两高两部":《关于办理利用信息网络实施黑恶势力刑事案件若干问题的意见》,载《派出所工作》2019 年第 11 期。

③ 《最高人民法院、最高人民检察院、公安部、司法部关于印发〈关于办理利用信息网络实施黑恶势力犯罪刑事案件若干问题的意见〉的通知》,载新华网:http://www.xinhuanet.com/legal/2019-10/21/c_1210320192.htm,2020 年 7 月 27 日最后访问。

露的行为，可被纳入拒不履行信息网络安全管理义务罪的入罪标准，网络服务提供者或承担刑事责任。为了防止罪犯“重识旧业”，《解释》专门规定对拒不履行信息网络安全管理义务、非法利用信息网络、帮助信息网络犯罪活动的罪犯可以依法宣告职业禁止和禁止令，同时加大财产刑的适用力度，提高其网络犯罪成本，剥夺其再犯罪能力，降低人们使用互联网技术的风险，引导互联网技术在合法轨道内运行发展。

（五）《关于办理非法放贷刑事案件若干问题的意见》

民间借贷行为本是促进社会资金融通、体现经济互助功能的活动，但是其扎根于非正规金融体系的属性极易成为不法分子实施非法开放贷款行为的挡箭牌。为贯彻落实全国“扫黑除恶”专项斗争推进会有关精神，解决办案一线惩治非法放贷活动面临的问题和障碍，进一步明确法律适用，统一定罪量刑标准，提高专项斗争法治化水平，2019年7月23日，“两高两部”印发了《关于办理非法放贷刑事案件若干问题的意见》，对非法放贷行为的一些重点难点问题进行回应。比如，明确了非法放贷行为的认定标准和处罚依据以及“情节严重，情节特别严重”的一般认定标准和特别认定标准，对“向社会不特定对象发放贷款”的把握问题作出明确解释，将向亲友和单位内部人员等出借资金的情况排除在非法放贷行为之外；同时规定了非法放贷数额、实际年利率等的认定和计算标准，用法定数额的形式进一步厘清了罪与非罪的界限，解决了非法放贷刑事案件中认定标准模糊，缺乏统一处遇手段的问题。

在实践中，非法放贷是黑恶势力易于染指的重点领域，一方面，非法放贷行为人为了扩大业务范围，确保能够收回本金及高息，往往会有组织地发放贷款并采取暴力、威胁等方式催收，从而形成非法放贷、讨债团伙，如果任其发展，很容易蜕变为黑恶势力；另一方面，由于获利快、收益高，非法放贷也成为一些黑恶势力聚敛钱财的重要手段。[①]《关于办理非法放贷刑事案件若干问题的意见》降低了黑恶势力非法放贷行为的入罪标准，体现了从严惩处、区别对待的指导思想和总体精神，防范黑恶势力在民间借贷领域的蔓延。

---

① 朱和庆、周川、李梦龙：《〈关于办理非法放贷刑事案件若干问题的意见〉的理解与适用》，载《人民法院报》2019年11月28日，第6版。

第三节　犯罪治理与刑事司法

公平正义的刑事司法是保障人民权益不受侵犯的有力防线。2019 年,我国相关部门聚集司法智慧,凝聚司法力量,共同推动刑事司法体制改革,其中的一大亮点就是认罪认罚从宽制度的快速推进,认罪认罚适用率和量刑精准化程度都明显提升。另外,刑事执行方面也有了新的突破和发展,社区矫正试点试行获得了良好的实践成果,矫正质量有了更好的成绩,加速了立法进程;刑事案件捕诉一体改革以及监狱巡回检察工作都得到了全面推进,为刑事执行改革增添了新的实践经验,对于刑事执行体系的进步和完善发挥了积极作用。

一、认罪认罚制度快速推进

如何让违法犯罪者在受到惩戒之后感受到法律的温度,更好地回归社会,促进社会的安定和谐,是认罪认罚从宽制度快速全面推进的重要命题。从顶层设计到试点探索,再到修改《刑事诉讼法》确立认罪认罚从宽制度,五年来,这项刑事司法制度改革在实践中不断发展完善,彰显了极强的实践理性。2019 年,在相关法律法规以及政策文件的规范指导下,认罪认罚从宽制度得到了普遍适用,这不仅体现在认罪认罚制度在刑事案件适用率上的提高,更反映在认罪认罚适用过程中相关概念理解和把握得更加明确,诉讼程序更加规范,控辩双方量刑协商司法认可度更强等方面。认罪认罚从宽制度作为体现我国宽严相济刑事政策的重要刑事诉讼制度,进一步推动其适用能更好地利用非对抗的方式实现刑罚的目的,修复残缺的社会关系,有着重要的法律意义和政治意义。

(一)认罪认罚制度适用率显著提高

2018 年新《刑事诉讼法》的修订,对认罪认罚从宽的制度构建和价值追求进行了全面系统的法律定位。全国公安机关、法院以及检察机关积极协调配合,推动这一制度的落地。《2020 年最高人民检察院工作报告》显示,截至 2019 年 12 月,全国检察机关认罪认罚从宽制度的适用率,量刑建议的采纳率,已经超过了 80%，[①]适用率较 2019 年 6 月相比获得了显著提高，这个数据表明了全国有八成以上的刑事案件被告人自愿认罪认罚。适用率的提高，证明了认罪认罚从宽制度满足了司法现实的需要和诉讼参与人现实利益的需要，发挥在降低司法系统诉讼成本损耗，减少诉累负担的制度优势，证实了认罪认罚从宽制度的极强的生命力和适应力。

重庆市检察院为刑事案件中全面推进认罪认罚从宽制度交出了满意的成绩单。2019 年，重庆市检察机关对认罪认罚从宽制度的全年适用比例达到了 78%，被告人认罪服判率为 98%，[②]认罪认罚从宽制度的适用比例、量刑建议采纳率等方面获得了极大的提高。同时为了加强风险防控，重庆市检察院还出台了办理认罪认罚案件的监督细则，一次性地解决了影响案件办理全流程中的棘手问题，为全国推进认罪认罚从宽制度提供了众多的借鉴经验。

认罪认罚从宽制度适用率的提高不仅展示了适应性极强的制度亮点，而且意味着我国诉讼模式的转型成功。它不仅能更新我国刑事诉讼理念，还为刑事诉讼司法制度的变革增添了新的活力，极大地创新了诉讼结构、控诉方式、辩护方式、审理模式和方法等。

（二）检察机关在认罪认罚制度中发挥主导作用

在认罪认罚从宽制度持续推进的大环境下，检察机关主动扛起了落实新《刑事诉讼法》要求、提高量刑建议精准化水平、增强量刑建议司法认可度的主体责任，实现认罪认罚从宽制度的有效主导。一方面，因为检察机关在侦查阶段和审判阶段有着不可取代的作用，在侦查阶段积极与侦查机关联系，熟悉案件的基本情况和适用程序，同时还能发挥法律监督职能，规范侦查程序，在审判阶段主动与法院协调，提升量刑建议的采纳率，保证诉讼质效。另一方面，推进认罪认罚从宽制度的核心阶段实质上是在犯罪嫌疑人进入公诉阶段之后，其与检察机关之间的控辩协商，并由法院最终决定适用与否。这是因为检察机关诉前已经与犯罪嫌疑人、辩护人进行了深入透彻的交流和沟通，将一些法定、酌定量刑情节积极地告知了犯罪嫌疑人

① 姜洪、韦洪乾：《稳进落实提升一年间|认罪认罚适用率从三成到八成，经历了什么?》，载搜狐网：https://www.sohu.com/a/393934226_137775，2020 年 7 月 13 日最后访问。

② 李立峰：《重庆市检察机关 2019 年适用认罪认罚从宽制度 29887 人》，载正义网：http://www.jcrb.com/procuratorate/jcpd/202001/t20200113_2100263.html，2020 年 7 月 13 日最后访问。

及其辩护人。在此基础上,犯罪嫌疑人对于量刑的标准、适用情形和计算方式有了明确地认知和了解,因此,公诉阶段犯罪嫌疑人与公诉机关的控辩协商基本可以决定案件走向。①

(三)量刑建议的精准度水平显著提升

推进认罪认罚从宽制度的关键是控辩双方的认罪认罚协商,核心是量刑建议的司法认可度。检察机关提出的量刑建议是体现量刑减让、实体从宽的关键,而量刑建议的精准是指检察机关一般应当提出确定刑量刑建议,即对犯罪嫌疑人适用的主刑、附加刑的刑种、刑期以及刑罚执行方式等提出明确的、确定的建议,“确定刑”的提出有助于达成控辩协商,增强认罪认罚从宽制度的稳定性。

2019 年,各地检察机关纷纷提高量刑的精准度,积极构建量刑“精准标尺”。上海市普陀区检察机关 2018 年 1 月至 2019 年 6 月适用认罪认罚从宽制度办理案件提起公诉人数为 1186 人,其中确定刑量刑建议为 1133 人,占认罪认罚案件的 95.5%,法院采纳率为 93.3%,被告人经法院判决后上诉率为 0;②重庆市检察机关将追求量刑建议精准化作为抓好认罪认罚从宽工作的重要途径,在确定刑量刑建议实践中走出一条特色之路,坚持客观全面评价,注重运用量刑结果对案件定性和审结处理意见进行回溯和审视,确定是否罪责刑相适应,提升精准度,减少分歧;山东省检察院指导部分市级院探索制定《认罪认罚刑事案件量刑基本方法指南》,确定了量刑的指导原则、基本方法以及根据认罪认罚不同诉讼阶段的从宽幅度,依托大数据对类案判决的刑罚进行数据分析,会签常见罪名的《量刑建议指导意见》,细化了刑罚适用标准,提高了量刑建议准确性和刑罚裁量科学性。

推动量刑的精准化是落实和推进认罪认罚从宽制度的趋势和方向,确定刑的量刑建议能更好地发挥对犯罪嫌疑人、被告人自愿认罪认罚的鼓励和激励作用,从而巩固和维持量刑协商的成果,加强量刑建议在促进案件繁简分流和提升诉讼效率方面的制度刚性。

---

① 姜洪、韦洪乾:《稳进落实提升一年间|认罪认罚适用率从三成到八成,经历了什么?》,载搜狐网:https://www.sohu.com/a/393934226_137775,2020 年 7 月 13 日最后访问。

② 《认罪认罚量刑建议精准化:提出确定刑,把握“从宽”标准》,载搜狐网:https://www.sohu.com/a/330119832_382470,2020 年 7 月 8 日最后访问。

二、检察机关全面推行刑事案件捕诉一体改革

2019 年，随着全国检察机关重塑性职能配置和内设机构改革方案的落地，刑事案件"捕诉一体"办案模式在全国范围内逐步实施。"捕诉一体"办案模式从实施至今已历时一年有余，从最初的饱受争议到后来的多方肯定，其见证了检察机关内设机构改革和司法责任制改革的步伐，提高检察机关办案效率和办案质量的初衷正在一步步迈向现实。

不同于以往捕诉分离"多人接力"的烦琐复杂模式，捕诉一体模式最大限度地提高了办案效率，这主要体现在审查逮捕和提起公诉由同一检察官或者办案组负责，减少了程序衔接过程中难以避免的延迟。同时，检察官对自己负责的案情的熟悉和证据的把握能够逐渐累积，降低了"捕诉分离"模式下重新审查全案所要消耗的时间成本。另外，"捕诉一体"模式也对减少程序倒流发挥重要作用，在此模式下，承办案件的检察官往往能够对侦查机关的侦查方向和证据补充提出科学合理的建议，使得证据符合审查起诉阶段的标准，进而减少退回补充侦查的概率。

"捕诉一体"改革实施以来，多地为使顶层设计真正落实到基层实践，建立了相关配套机制，出台了相关法律文件。2019 年 1 月，重庆市检察院出台《重庆市检察机关捕诉一体办案暂行办法》，从诉讼权利保障、案件分配、案件办理、侦查监督、监督管理等方面进行细化、规范化；天津市三级检察机关全面实行"捕诉合一"办案机制，制定了《刑事检察业务全面实行"捕诉合一"办案机制的实施意见》，明确提出在全市检察机关侦查监督、公诉、审判监督、未成年人检察监督部门全面实行"捕诉合一"办案模式。检察机关全面实施"捕诉一体"机制，不仅提升了检察队伍专业化的水准，而且通过专门化刑事诉讼办案机制提高了刑事检察的效率，有助于做优、做强刑事检察工作，促进案件质量和监督水平的提升。

三、刑事执行制度新发展

（一）全面推进社区矫正工作

我国社区矫正从 2003 年开始试点，2009 年在全国全面试行。16 年来，社区矫正试点工作在全国全面推行，从实施效果来看，全国累计接收社区矫正对象 431 万人，累计解除矫正 361 万人，目前在册社区矫正对象 70 万人。2019 年，历时 16 年

的社会矫正试点工作已经积攒了大量的基层经验成果,对社区矫正的性质、任务、工作方式以及职能划分等有了比较清晰的定位,社区矫正对预防与减少犯罪,降低刑罚执行负累,推进我国刑罚执行体系的规范化建设发挥了重要作用。在相关法律法规的引导下,社区矫正工作正沿着法治化轨道全面推进。

全国各地的司法行政机关在探索社区矫正的实践路径上,凝聚智慧,创新思维,做出了许多有益的尝试。上海在开展社区矫正社会工作的16年中,在理念运用、制度建立和方法实践等方面都积累了丰富的经验。通过多年的深入实践和探索,上海新航总站的社区矫正和安置帮教实务工作,得到了政府、学术界、实务界的广泛关注。他们形成了"三三合一"的社区矫正社会工作服务模式,即以社区矫正三大任务(监督管理、教育矫正、社会适应性帮扶)为核心内容、以服务对象三个层面(个人层面、环境层面、个人与环境互动层面)为服务视角、以社会工作三大方法(个案及个案管理、小组、社区)为介入手段,最终通过一个社区矫正专业服务流程来贯穿和体现。[①] 江苏苏州在全国率先开发使用社区矫正信息管理系统,在全省较早地采用了电子定位监督,循证矫正、分类教育和心理矫正、社会化帮扶等措施,较好地完成了对社区矫正对象监督管理、教育矫治和帮扶回归的任务。山东在推进社区矫正工作方面也做了很多努力,其打造了"春风"社区矫正教育矫正体系,通过开展"春风化雨"系列讲堂,组织"春风送暖"志愿服务,开展"春风连心"帮扶活动,开展"春风连心"心理矫治丰富教育载体,形成浓厚的文化氛围,惠及辖区群众,组织开展公益活动和志愿普法活动,助力社区矫正对象的无缝回归。河南省创新社区矫正教育矫正模式,丰富教育矫正手段,提高矫正的质量,开展了"向阳新生女性支持计划""心领航""牵手黄丝带""益知行"等项目,创造了良好的矫正实效。

2019年作为社区矫正试点工作的集大成之年,在16年的实践基础上不断改进和完善社区矫正工作的相关对策措施,从提升社区矫正专业化水平,到鼓励社会力量参与;从划定矫正工作人员的权力和责任边界,到强化社区矫正对象的人权保障……伴随着法律草案的逐次变迁,《社区矫正法》不断融入人文关怀和制度理性的精神标记,最终成为见证司法制度、司法理念巨大进步的典范。

---

① 杨翠婷:《上海成功举办"合作·服务·改变"社区矫正·安置帮教社会工作实务研讨会》,载中国政府法制信息网:http://www.chinalaw.gov.cn/organization/content/2017-10/19/sqjzjsjxw_9160.html,2020年7月7日最后访问。

(二)全面推行监狱巡回检察工作

监狱巡回检察制度是检察机关主动从“供给侧”进行结构性改革而推行的一项创新性监督制度。2019 年 3 月 12 日，最高人民检察院检察长张军在第十三届全国人大第二次会议上所作的最高人民检察院工作报告中，展示了监狱检察制度改革取得的新成果——“派驻 + 巡回”检察方式。这种监督方式主要是以问题为导向，在已经积累起来的制度经验基础上，结合巡回检察试点地区的有益做法形成的监狱检察新模式。这一模式涉及监狱检察的组织人员、方式方法、问题处理与责任追究等方面的变化，不仅是对监狱检察形式的调整，更是提高监狱检察质效的有效路径。①

近年来，实践中暴露出来的不愿监督、不敢监督、形式化监督的问题影响监狱检察质效，巡回检察这一模式将更好地回应这些问题，解决监狱检察的困境。全面推进监狱检察制度改革呈现出来的理性、务实的改革之路，也为当下的司法改革提供了一条新的路径。最高人民检察院率先做出示范，直接点对点开展巡回检察，2019 年 5 月和 6 月，其先后两次带队到四川省监狱和浙江省宁波市黄湖监狱，分别就罪犯劳动时间，劳动报酬问题和罪犯教育改造问题进行巡回检察，对于查处的问题分别向相关司法机关和监狱反馈并监督纠正，体现了对于监狱巡回检察试点工作最有力的推进。湖北省黄石市人民检察院为与黄石监狱在巡回检察试点工作中更加顺畅地衔接协调配合，共同会签了《黄石市人民检察院与黄石监狱建立巡回检察试点工作衔接协调配合机制(试行)》，分别建立了提前公告制度、联络员制度等九项制度，更好地保障巡回检察制度的实操性和规范性。

监狱检察的价值基础经历了从便利监督、独立监督到有效监督的蜕变，监狱检察走过了一条实质化的改革道路。“派驻 + 巡回”检察方式的确立，标志着监狱检察理论和制度的日渐成熟。监狱巡回检察制度有利于强化监督刚性，达到更好地改造罪犯的目的。将巡回检察作为监狱检察制度创新发展的新成果，不仅是对新时代人民群众提出的更高要求的回应，也是在检察职能的调整中对法律监督全面协调充分发展的推进。

---

① 李奋飞、王怡然:《监狱检察的三种模式》，载《国家检察官学院学报》2019 年第 3 期。

第二章 / Chapter 2

2019年度中国犯罪态势分析

第一节 中国犯罪治理指数模型

一、犯罪治理形势评价体系的构建思路

对某地区的犯罪治理形势进行评价能够反映出该地区的犯罪严重水平程度以及犯罪治理的有效程度。然而,犯罪治理形势的评价并非简单的犯罪率就可代表,它还受到许多其他因素的影响。例如,人口密度大的城市,其治理难度就会大于人口密度小的城市,在两者犯罪率相同的情况下,人口密度大的城市的犯罪治理水平就大于人口密度小的城市。多因素的影响使得犯罪治理形势很难以单一的数据进行评价。因此,我们希望能够在收集到的客观数据的基础上,结合人的主观感受,构建一个犯罪治理形势评价体系,用来较好地评价各地区的犯罪治理形势。

根据有没有人的主观因素的参与,将犯罪治理形势评价体系分为两个部分,分别为主观评价方法与客观评价方法。在主观评价方法中,力求能够真实地反映人们对于一个地区犯罪治理形势的主观感知;在客观评价方法中,借助数学模型及可公开采集到的相关指标,得出一个中立、客观、基于数字计算的评价结果,并根据主观评价得到的结果对其进行验证。

(一)主观评价方法

犯罪治理形势的主观评价方法只涉及人的主观判断,根据人的主观

感受对某地区的犯罪治理形势做出定性评价，可以反映出统计数据无法反映的一些地区特征，如某地区的历史沿革、该年发生的有重大社会影响力的案件等。主观评价方法也可以作为客观评价方法的验证，多角度保证评价的准确性。

然而，根据斯蒂帕克博士论文的研究发现，公共服务的实际质量并不能显著影响公众对服务质量的主观评价，除非服务质量特别好或者特别差。[①] 因此，在无法保证公众认知准确的情况下，主观评价方法并不能准确地推断出犯罪治理形势。

（二）客观评价方法

犯罪治理形势的客观评价方法不涉及人的主观判断，只根据客观的数据进行模型的构建，其目的是希望能够用计算机模型来代替人的主观评价，使结论更具有客观性及可解释性。

在实践中，有多位专家学者采用科学建模方法对犯罪治理问题进行研究，有学者基于时间序列 ARMAX 模型对沿海镇域毒品问题治理方式实证分析，[②]也有学者通过动态面板模型对省级面板数据进行定量研究[③]，这些模型均取得了良好的效果，证明了对犯罪治理形势进行客观评价的可行性。

（三）两者差异对比

在犯罪治理形势评价体系中，主观评价方法与客观评价方法分别有其各自的优缺点。主观评价方法的评价主体是人，由人根据自己的主观感受打分，这种评价方法更符合大众的感官，具有较高的参考价值，但评价过程需要人的全程参与，效率低，且缺乏客观数据的支持，受评价人的经验阅历所限。客观评价方法在确定了具体和数据来源的情况下，操作简单，效率高，具有较高的应用价值，但结果的准确性无法进行验证。

犯罪学作为一门理论与实践并重的综合型学科，需要在研究过程对于犯罪现

---

① Brian Stipak, *Citizen Satisfaction with Urban Services: Potential Misuse as a Performance Indicator*, Public Administration Review, Vol. 39:1, pp. 46 – 52(1979).

② 韩胜强：《沿海镇域毒品犯罪问题治理方式实证分析——基于时间序列 ARMAX 模型》，载《中国海洋大学学报》（社会科学版）2020 年第 4 期。

③ 张海鹏、陈帅：《城乡基本公共服务均等化的犯罪治理效应——基于 2002—2012 年省级面板数据的实证分析》，载《世界经济文汇》2017 年第 6 期。

象予以准确分析。[①] 对于犯罪治理的评价是否客观准确,关系到犯罪治理研究的实践意义。因此,本章以数据为基础,采用客观评价方法,建立中国犯罪治理指数模型。

二、中国犯罪治理指数模型

中国犯罪治理指数模型的评估对象为2019年中国犯罪治理指数评估体系的对象,包括22个省、5个自治区、4个直辖市、共计31个省级行政区的犯罪形势。

评估手段分别采用主观评价模型与客观评价模型,并对结果进行综合分析。

(一)模型指标及解释

为了能够与2018年中国犯罪治理指数模型进行对比,本指标体系采取与2018年中国犯罪治理指数模型相同的指标,如表2-1所示。即设置犯罪治理成效、犯罪治理条件2个一级指标,其中犯罪治理成效指标包括犯罪钟指标、犯罪率指标2个二级指标,反映该地区实际发生的案件情况。犯罪治理条件指标包括人口密度指标、GDP指标2个二级指标,主要反映犯罪治理的难度情况。

表2-1 犯罪形势指标体系

一级指标	二级指标
犯罪治理成效(20%)	犯罪钟指标(1%) 犯罪率指标(19%)
犯罪治理条件(80%)	人口密度指标(40%) GDP指标(40%)

其中各指标的解释如下:

犯罪钟:既在该地区间隔多长时间发生一起案件。以间隔秒数为例,计算公式为

$$犯罪钟 = \frac{365 \times 24 \times 60 \times 60}{检察院刑事案件审查起诉人数}$$

人口密度:表示每单位面积对应的人口数。这里人口选择常住人口数进行计算,计算公式为

① 应培礼主编:《犯罪学通论》,法律出版社2016年版,第445页。

$$人口密度 = \frac{常住人口数}{土地面积}$$

犯罪率:本指标体系中犯罪率指的是在每万人中被检察院审查起诉的人数。这里以起诉人数作为评价依据而未直接采用案件数,目的是使统计具有可比性,与通常所说的犯罪率存在一定差异。计算公式为

$$犯罪率 = \frac{检察院刑事案件审查起诉人数}{常住人口数}$$

GDP:在本指标体系中使用地区生产总值来表示该地区的经济形势,地区生产总值来源于各省统计局。

(二)数据来源

本评估体系中所用数据及本章后文中所涉数据均来源于中国统计年鉴、各省统计年鉴、各省两院工作报告、各省公安厅工作报告,以政府门户网站为主要获取渠道,具体如下:

国家统计局:http://www. stats. gov. cn/

北京市统计局:http://tjj. beijing. gov. cn/

天津市统计局:http://stats. tj. gov. cn/

上海市统计局:http://www. stats-sh. gov. cn/

重庆市统计局:http://tjj. cq. gov. cn/

河北省统计局:http://tjj. hebei. gov. cn/

山西省统计局:http://tjj. shanxi. gov. cn/

辽宁省统计局:http://tjj. ln. gov. cn/

吉林省统计局:http://tjj. jl. gov. cn/

黑龙省统计局:http://www. hlj. stats. gov. cn/

江苏省统计局:http://tj. jiangsu. gov. cn/index. html

浙江省统计局:http://tjj. zj. gov. cn/

安徽省统计局:http://tjj. ah. gov. cn/tjjweb/web/index. jsp

福建省统计局:http://tjj. fujian. gov. cn/

江西省统计局:http://www. jxstj. gov. cn/Index. shtml

山东省统计局:http://www. stats-sd. gov. cn/

河南省统计局:http://www.ha.stats.gov.cn/
湖北省统计局:http://tjj.hubei.gov.cn/
湖南省统计局:http://tjj.hunan.gov.cn/
广东省统计局:http://stats.gd.gov.cn/
海南省统计局:http://stats.hainan.gov.cn/tjj/index.html
四川省统计局:http://tjj.sc.gov.cn/
贵州省统计局:http://www.gzstjj.gov.cn/
云南省统计局:http://www.stats.yn.gov.cn/
陕西省统计局:http://tjj.shaanxi.gov.cn/
甘肃省统计局:http://www.gstj.gov.cn/
青海省统计局:http://tjj.qinghai.gov.cn/
广西壮族自治区统计局:http://tjj.gxzf.gov.cn/
宁夏回族自治区统计局:http://tj.nx.gov.cn/
西藏自治区人民政府:http://www.xizang.gov.cn/
新疆维吾尔自治区统计局:http://www.xjtj.gov.cn/
内蒙古自治区统计局:http://tj.nmg.gov.cn/
山东省公安厅网:http://www.sdga.gov.cn/
山东省高级人民法院网:http://www.sdcourt.gov.cn/
山东省人民检察院网:http://www.sdjcy.gov.cn/
江苏省公安厅网:http://gat.jiangsu.gov.cn/
江苏法院网:http://www.jsfy.gov.cn/
江苏检察网:http://www.jsjc.gov.cn/
安徽省公安网:http://gat.ah.gov.cn/
安徽法院网:http://ahfy.chinacourt.gov.cn/index.shtml
安徽省人民检察院网:http://www.ah.jcy.gov.cn/
浙江省公安厅网:http://www.zjsgat.gov.cn/
浙江法院公开网:http://www.zjcourt.cn/
浙江检察网:http://www.zjjcy.gov.cn/
福建省公安厅网:http://gat.fujian.gov.cn/

福建省高级人民法院网:http://fjfy. chinacourt. gov. cn/index. shtml

福建省人民检察院网:http://www. fj. jcy. gov. cn/

上海市公安局网:https://gaj. sh. gov. cn/index. html

上海市高级人民法院网:http://www. hshfy. sh. cn/shfy/gweb2017/

上海检察院网:http://www. shjcy. gov. cn/

广东省公安厅网:http://gdga. gd. gov. cn/

广东省高级人民法院网:http://www. gdcourts. gov. cn/

广东省人民检察院网:http://www. gd. jcy. gov. cn/

广西壮族自治区公安厅网:http://www. gazx. gov. cn/

广西壮族自治区高级人民法院网:http://www. gdcourts. gov. cn/

广西壮族自治区人民检察院网:http://www. gx. jcy. gov. cn/

海南省公安厅网:http://ga. hainan. gov. cn/

海南省高级人民法院网:http://www. hicourt. gov. cn/

海南省人民检察院网:http://www. hi. jcy. gov. cn/index. html

(三)模型数据归一化方法

为了能够将不同量级的数据统一进行比较,需要首先对数据进行预处理。在4个指标中,犯罪钟、人口密度、GDP这3个二级指标与犯罪治理指数呈正相关,犯罪率与犯罪治理指数呈负相关,因此对数据处理的公式如下:

设犯罪钟为a,人口密度为b,GDP为c,犯罪率为d,其对应的处理后指标分别为A,B,C,D,A_i,B_i,C_i,D_i分别代表在i省/市/自治区的A,B,C,D。

①对于正相关指标:

$$A_i = \frac{a_i - a_{min}}{a_{max} - a_{min} \times 100}$$

$$B_i = \frac{b_i - b_{min}}{b_{max} - b_{min}} \times 100$$

$$C_i = \frac{c_i - c_{min}}{c_{max} - c_{min}} \times 100$$

②对于负相关指标:

$$D_i = \frac{d_{max} - d_i}{d_{max} - d_{min}} \times 100$$

经过上述处理,$A1$,$B1$,$C1$,$D1$ 均已处于区间[0,100]。

(四)犯罪治理客观指数模型

设犯罪治理指数为 I,I_i 为 i 省的犯罪治理指数,k 为各指标系数,则犯罪治理客观指数计算公式如下:

$$I_i = k_A A_i + k_B B_i + k_C C_i + k_D D_i$$

三、全国犯罪状况年度评估总报告

根据犯罪治理客观指数模型,将全国犯罪治理指数大致分为五种情况:治理水平很好、治理水平好、治理水平较好、治理水平一般、治理水平较差。其中指数达到45 分及以上为治理水平很好的地区、指数达到 35 分及以上为治理水平好的地区,指数达到 25 分及以上为治理水平较好地区,而治理指数达到 15 分及以上地区为治理水平一般地区,15 分以下为治理水平较差地区,具体数据见表 2-2。

表 2-2 全国犯罪治理客观指数

省市	犯罪率指标	人口密度指标	犯罪钟指标	GDP 指标	犯罪治理客观指数
广东	82.01	16.65	0.00	100.00	70.58
江苏①	94.64	20.48	7.77	92.41	70.41
上海	76.73	100.00	19.08	34.40	61.97
山东	92.30	17.04	3.92	65.46	55.42
浙江	79.00	14.91	4.97	57.24	48.15
河南	87.42	15.01	2.58	49.60	45.94
北京	83.29	33.43	27.97	31.78	42.02
四川	97.47	4.47	9.30	42.39	41.15
湖北	91.91	8.26	10.67	41.64	40.87

① 截至本书撰写时,江苏省、内蒙古自治区、新疆维吾尔自治区的犯罪数据尚未公布,因此此处使用的数据为 2018 年相关数据。

续表

省市	犯罪率指标	人口密度指标	犯罪钟指标	GDP 指标	犯罪治理客观指数
湖南	94.33	8.46	9.86	35.91	38.52
安徽	94.95	11.83	11.76	33.45	38.43
河北	93.57	10.50	7.95	31.52	36.77
福建	75.37	8.49	8.76	38.40	36.16
天津	87.09	34.09	47.04	11.71	33.10
重庆	92.50	9.85	26.54	20.67	31.13
辽宁	91.81	7.72	16.65	21.90	30.88
陕西	93.76	4.85	21.68	22.74	30.86
江西	91.23	7.23	14.63	21.76	30.53
广西	90.25	5.42	12.66	18.44	28.12
云南	84.97	3.24	9.80	20.31	27.37
山西	92.41	6.16	21.13	14.46	26.85
贵州	92.64	5.31	22.21	14.22	26.53
黑龙江	94.81	2.00	24.03	11.24	24.48
内蒙古	86.78	0.49	26.22	14.64	24.22
西藏	99.99	0.00	420.35	0.00	23.20
吉林	87.25	3.68	24.90	9.46	22.66
海南	83.98	7.19	73.29	3.41	20.55
甘肃	86.56	1.45	24.68	6.62	20.44
宁夏	85.18	2.66	106.06	1.94	19.01
青海	82.12	0.15	110.56	1.20	17.35
新疆	0.00	0.32	2.10	11.23	5.73

将 2019 年度中国犯罪治理指数与 2018 年度中国犯罪治理指数进行对比，如图 2－1 所示，可分析得出，2019 年度各省、自治区、直辖市的犯罪治理指数变化相对平稳，排名变化不大。

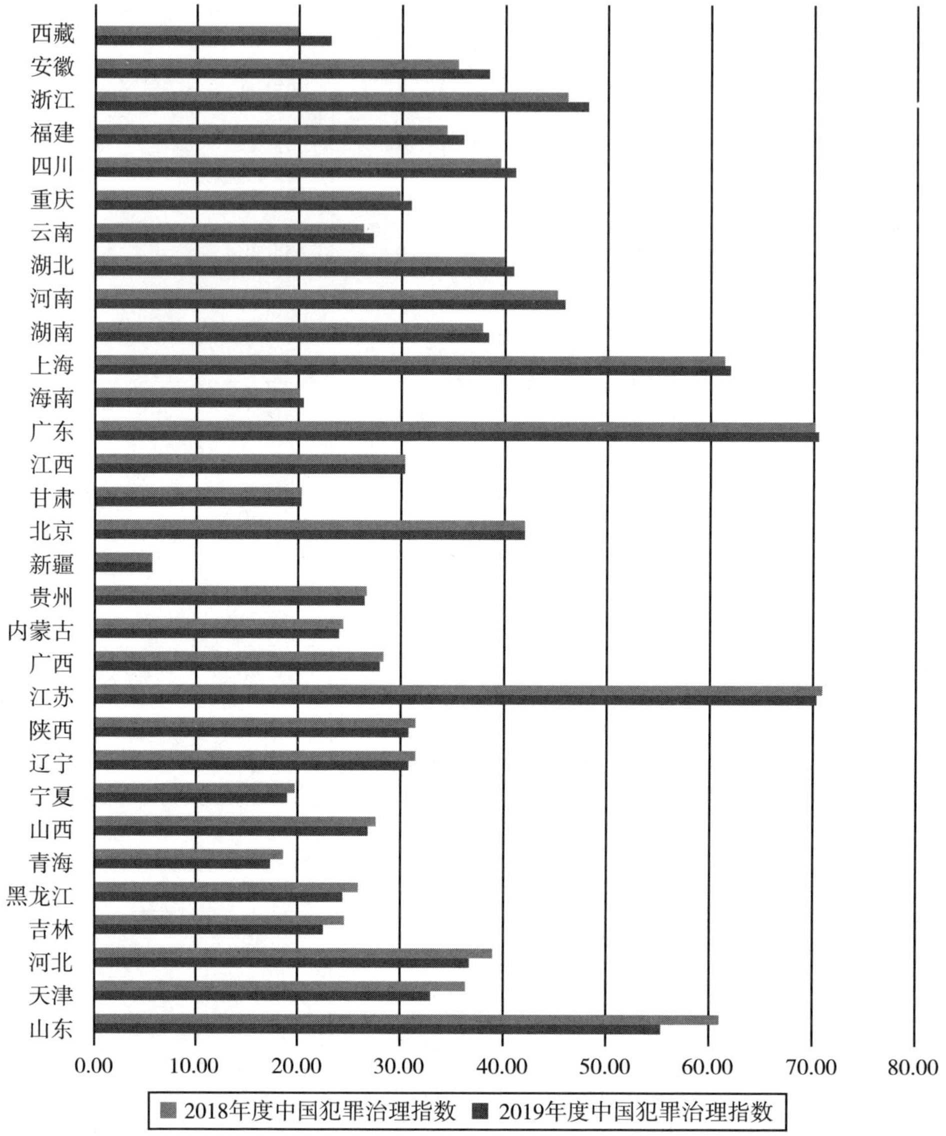

图 2-1　2018 年度与 2019 年度中国犯罪治理指数对比

1. 犯罪钟情况

从犯罪钟指标看,西藏犯罪间隔时间最长,达 200.92 分钟/件(人),表明绝对犯罪数较少。广东犯罪间隔时间最短,犯罪间隔仅 2.89 分钟/件(人),表明绝对犯罪数较大。各省市具体的犯罪钟如图 2-2 所示。

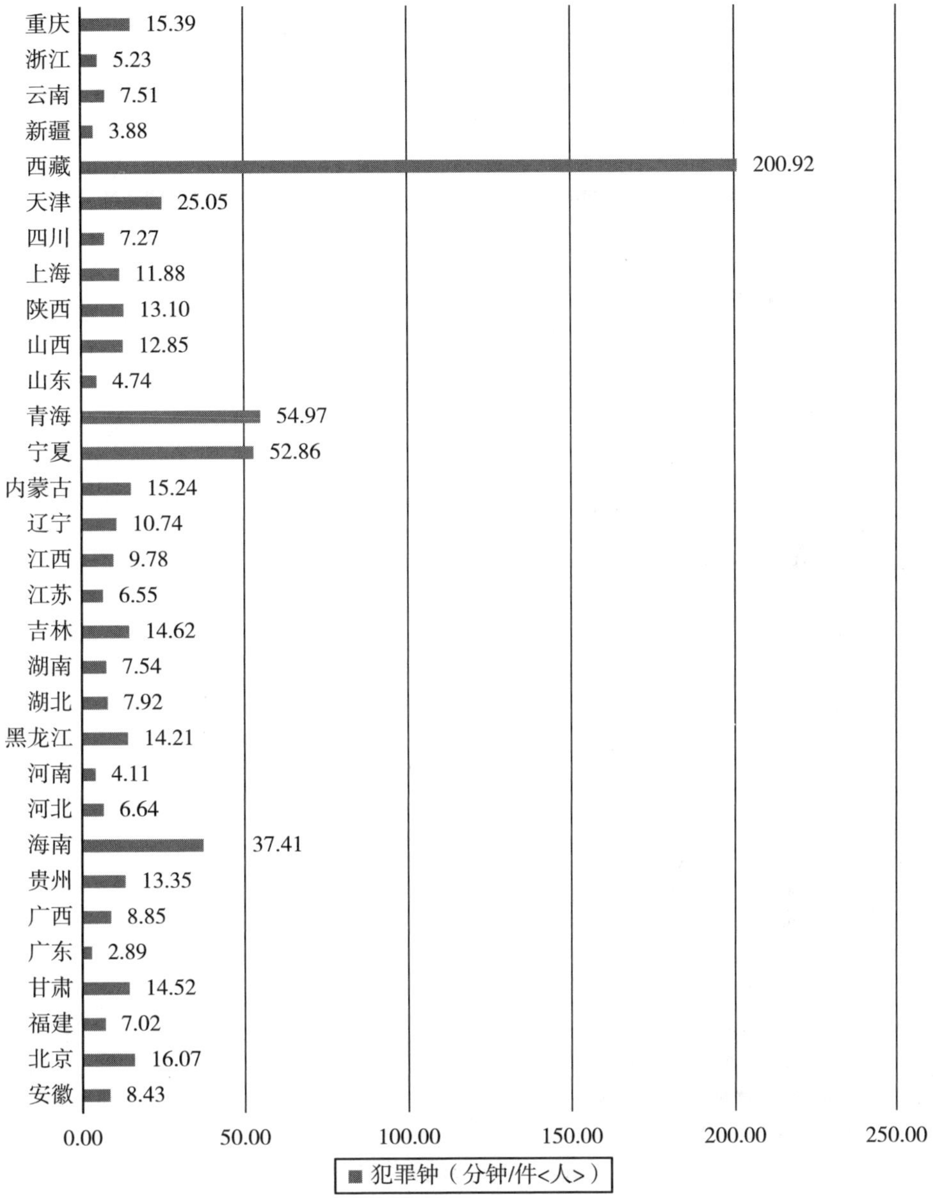

图 2-2　全国各地犯罪钟情况

2. 犯罪率情况

从犯罪率情况看，新疆犯罪率最高，达 53.72 件（人）/万人，其次是福建达 18.85 件（人）/万人，而犯罪率较低的省市为西藏，仅 7.46 件（人）/万人。全国各省市的犯罪率情况见图 2-3 所示(注:案件数以起诉人数计算)。

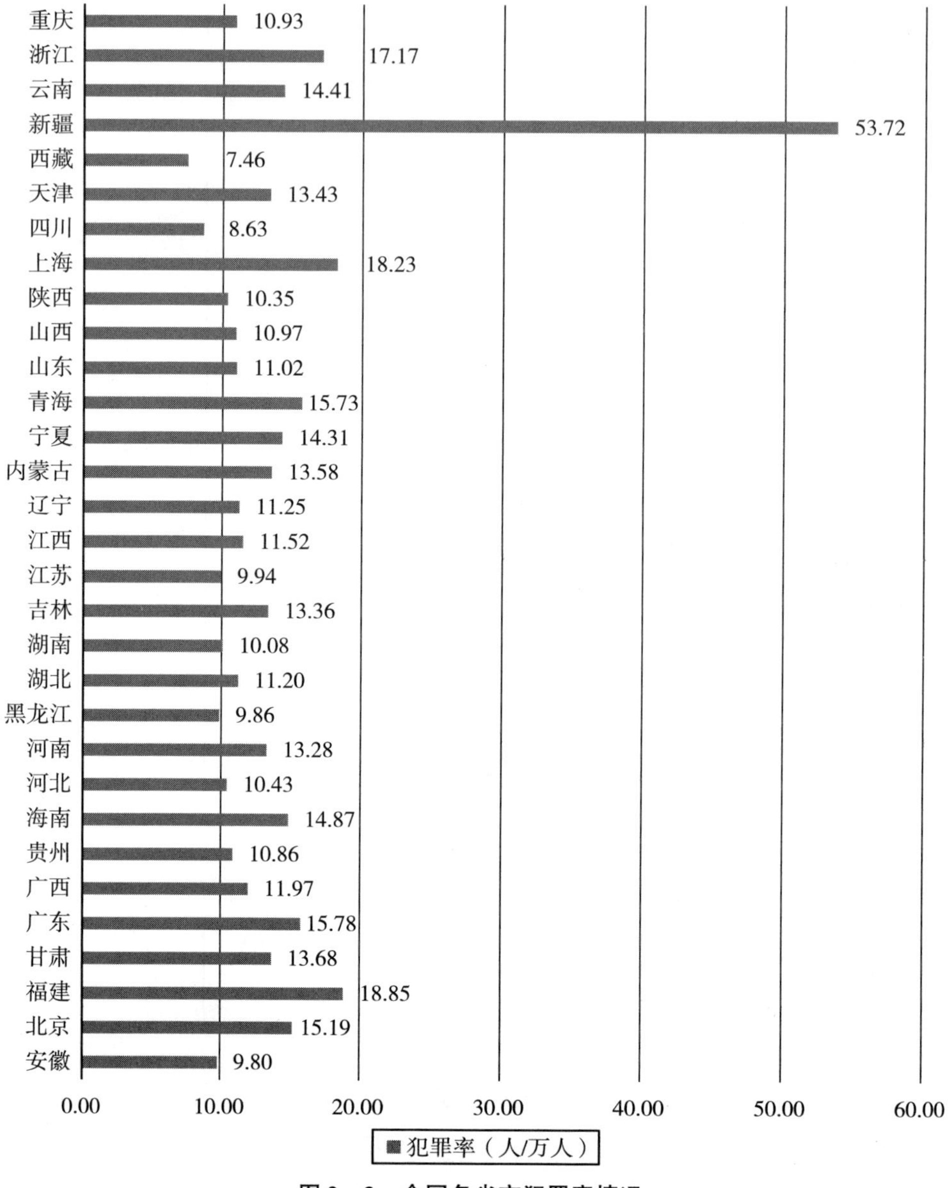

图 2-3　全国各省市犯罪率情况

3. 人口密度情况

从人口密度看,人口密度最高的省市是上海和天津,人口密度最低的省市依次为西藏和青海。全国人口密度情况如图2－4所示。

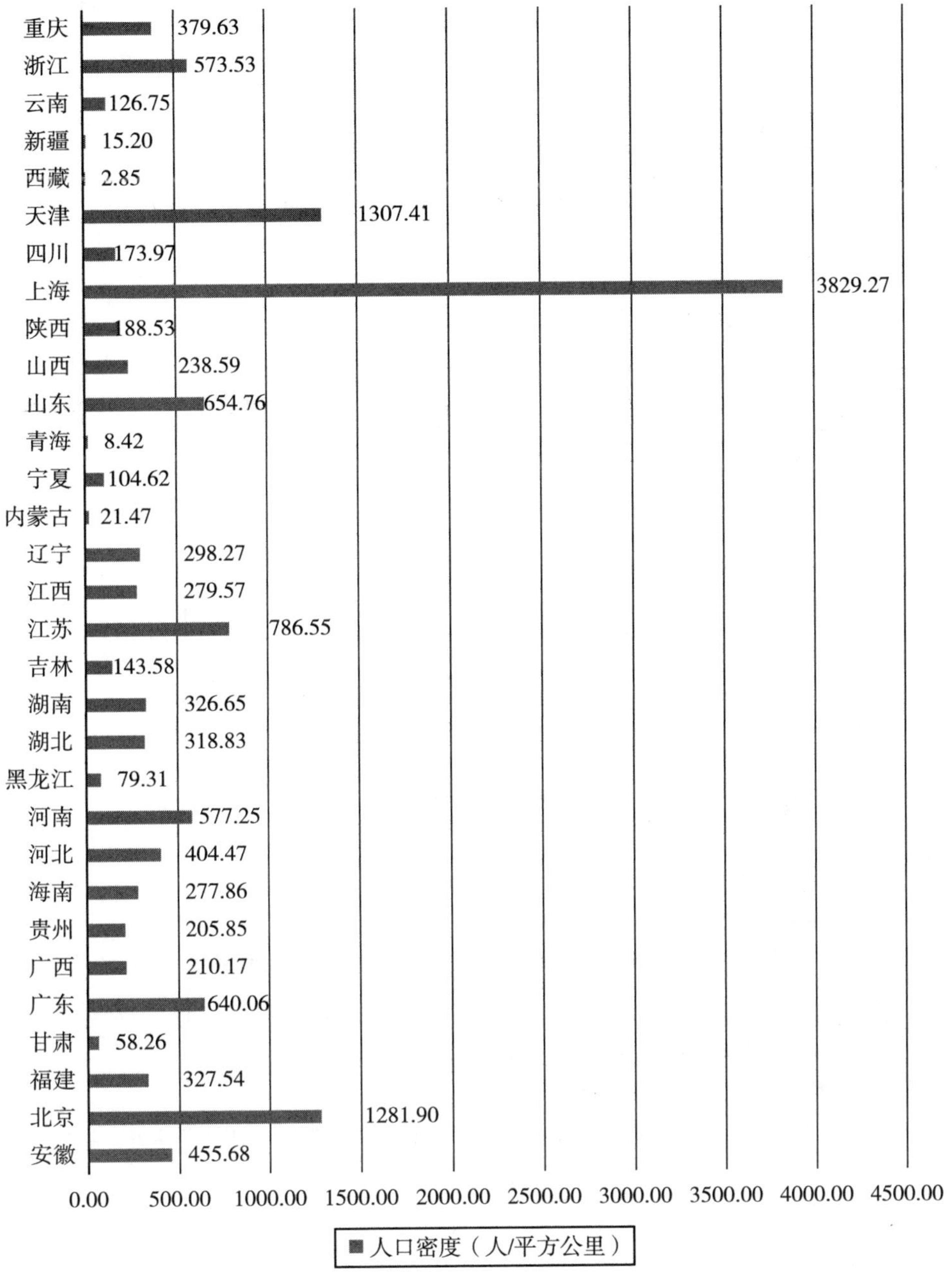

图2－4　全国各省市人口密度情况

4. GDP 发展情况

从 GDP 发展情况看,发展较高的省市依次为广东、江苏和山东,发展较低的为西藏,全国 GDP 指标如图 2-5 所示。

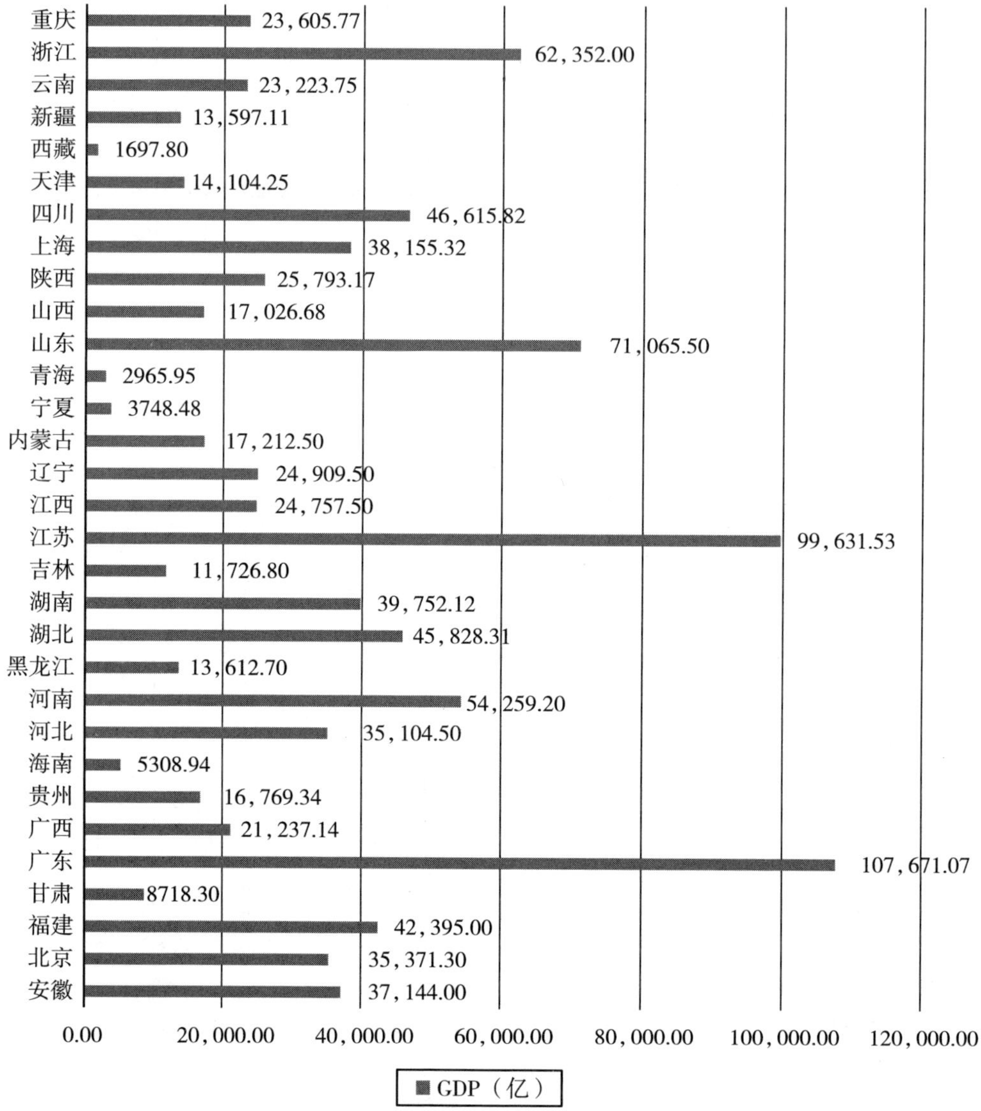

图 2-5 全国各省市 GDP 发展情况

第二节　全国犯罪状况统计与分析

近年来我国犯罪案件总量呈现出逐年下降的趋势。对比上年度犯罪态势分析，我国刑事案件立案数继续降低，盗窃和诈骗还是占据刑事案件立案的前两类，但相比之下，盗窃类案件占比有所下降，诈骗类案件比例上升。

可以看出，一方面，我国的社会安全治理水平不断得到提高，暴力案件比例和数量都逐年呈现下降趋势。但另一方面，经济类、财产类案件已经成为犯罪治理的难点，尤其是利用各类新兴技术和科技手段的侵财类案件，其影响有扩大的趋势。

2019年10月，中国共产党第十九届中央委员会第四次全体会议审议通过《中共中央关于坚持和完善中国特色社会主义制度推进国家治理体系和治理能力现代化若干重大问题的决定》。其中指出，要坚持和完善中国特色社会主义法治体系，提高党依法治国、依法执政能力，以及坚持和完善共建共治共享的社会治理制度。

在这次会议上，《未成年人保护法》的修订工作亦开始启动。这次修订的草案在初审中增设了"网络保护专章"，对网络保护的理念、网络环境管理、相关企业责任、网络信息管理、个人网络信息保护、网络沉迷防治等作出全面规范。《预防未成年人犯罪法》修订草案强化家庭监护责任，充实学校管教责任，夯实国家机关保护责任，将未成年人的偏常行为分为不良行为、严重不良行为和犯罪行为等由轻及重的三个等级，并分别规定了相应的干预或矫治措施。可以说，政府对科技进步对未成年人的影响以及传统教育保护未成年人的责任义务给予了更多的重视。

2015年，公安部在全面深化公安改革中提出，到2020年要基本形成系统完备、科学规范、运行有效的公安工作和公安队伍管理制度体系，实现基础信息化、警务实战化、执法规范化、队伍正规化，进一步提升人民群众的安全感、满意度和公安机关的执法公信力。2019年作为关键的一年，公安部推出了多项重磅举措，包括修订了《公安机关办理行政案件程序规定》，使得困扰基层办案的多项问题得到了明确,包括微信取证、通知书微信送达、赋予辅警执法权、案件快速简易办理、减少文字记录等,切合基层实际,增加执法效率,实实在在地为公安基层实现减负。从公安机关的实际工作来看,打击违法犯罪、保障人民群众的权力和利益不受侵犯在公安工作中得到了切实的落实。2019 年,我国刑事立案率相比于 2017 年、2018 年继续持续下降;现有数据显示,2018 年的治安案件处理率保持高位的情况下,立案率也呈现出下降趋势。对于检察机关而言,自 2016 年年底监察委设立后,过往由检察机关自侦的贪污贿赂案件移交监察委,检察机关面临全面改革的迫切需求。2018 年,检察机关自上至下开始了全面深化改革的整体部署,深化了内设机构改革,检察机关和全体检察人员把握方向、统一思想、提高认识、凝聚共识,坚决抓好贯彻落实,形成生动实践。检察机关立足于深化司法体制综合配套改革的阶段性特征,进一步提高改革的体系化、精细化和适应性,推动改革措施成龙配套、落地生根。按照中央、最高人民检察院和市委确定的改革路线图和时间表,各市人民检察院积极准备、主动作为、勇于实践,为全面推进内设机构改革进行实践探索、做好过渡准备,创造鲜活经验。目前,各省市的检察院都在努力探索新的、符合时代特征的改革进路,比如“捕诉合一”办案机制、深化推动公益诉讼制度等。

人民法院处在“以审判为中心的诉讼制度改革”的中心,认真落实第十三届全国人大第二次会议决议,紧紧围绕“努力让人民群众在每一个司法案件中感受到公平正义”目标,坚持服务大局、司法为民、公正司法,忠实履行宪法、法律赋予的职责,推动各项工作取得新成效,为经济社会发展提供有力司法服务和保障。最高人民检察院和全国各级人民法院的受理、审结案件都呈现上升态势,体现了人民法院深化改革的决心与成效。

本章除了继续沿用 2019 年《中国犯罪治理蓝皮书》提出的犯罪指数模型对犯罪治理情况进行分析,编写组同样依照上年的分类方法,按照公安司法机关查处违法犯罪的情况数据和已有的数据全国部分省市和地区的犯罪相关资料数据,对犯罪治理情况进行统计分析。第五章为本书编写组特别策划的互联网发展 25 年与网络犯罪治理回顾,其中收集整理了 1994 年到 2019 年互联网发展状况的报告、网络犯罪类别及其治理情况的演变、新型网络犯罪和当前网络热点犯罪问题的探讨等问题。最后,对犯罪防控提出建议。

由于疫情的影响和部分资料数据统计的滞后性，课题组无法全面地收集到2019年的犯罪数据。但是，课题组尽量在现有的统计资料基础上分析2019年的犯罪形势，并与上一年度的《中国犯罪治理蓝皮书》中的犯罪态势进行了对比分析。为了兼顾对我国犯罪的普遍理解和与上一年《中国犯罪治理蓝皮书》的连贯性，本书所定义的犯罪主要包括：(1)触犯《刑法》的行为；(2)公安部门查处的治安管理案件。从2020年各个渠道收集到的数据来看，近两年我国的犯罪情况总体呈现出如下趋势：

1. 整体治安状况逐年好转，"两抢一盗"立案数持续下降

2016年至2018年的刑事立案总数较上一次数据分析时继续呈现下降趋势。尤其是近年来重点打击的"两抢一盗"犯罪态势逐步好转，全国公安机关"两抢一盗"立案数呈逐年下降趋势。其中，抢劫、抢夺暴力性犯罪案件数量下降明显，全国治安状况显著改善。盗窃立案数量虽然在刑事立案统计中仍居首位，但总体也表现出了逐年降低的趋势。可以说，对这三类传统犯罪形式的治理在积极的防控政策下取得了有效的成果，展现出犯罪数量、犯罪人数不断降低的态势。

2. 非传统犯罪案件曾现增长趋势，值得提高警惕

从数据中可以看出，2016年至2018年公安机关立案的案件中，"其他"类呈现大幅增长。从背后具体的情况来看，这反映了在传统犯罪受到公安机关的打击、呈现衰减趋势之时，犯罪分子又在不断尝试其他不常见的犯罪类型与手段，这需要公民和公安都提高警惕。

3. 网络犯罪案件呈现增长趋势、网络安全保护能力有待进一步加强

2018年网络安全形势严峻，网络用户信息被窃取事件频频发生，恶意程序数量大幅增加，网络攻击事件时有发生。其中，网络诈骗呈现出手段日益更新的趋势，网络诈骗团伙化、跨境化特点也较明显，整体形势依然较为严峻。同时，金融领域网络犯罪也十分突出，呈多发趋势。近几年我国在打击金融犯罪、防范金融风险方面做了大量工作，系列专项行动不断开展，金融犯罪态势逐步好转，为有效服务经济社会持续健康发展作出了积极贡献。当前我国金融领域风险点多面广，非法集资等涉众型、风险型经济犯罪高位运行，打击金融犯罪、防范相关风险的任务艰巨繁重，仍需要加大工作合力。

4. 黑恶势力犯罪态势依然严峻,打击力度不可松懈

黑恶势力通常以有组织的敲诈勒索、强迫交易、聚众斗殴、寻衅滋事、故意伤害、组织容留妇女卖淫等违法犯罪活动为主。其中部分犯罪在2018年度的犯罪态势依然严峻,部分呈现出了反弹上升趋势。2018年,全国公安机关共破获涉黑组织1292个。由于黑恶犯罪与职务犯罪联系更加紧密,使得打击难度加大,故打击工作不仅要对外进行,更要从内部做起。

5. 青少年和未成年犯罪案件总量出现反弹、暴力犯罪突出

2018年,18岁以下未成年和25岁以下青少年的犯罪总量在连续5年连续下降之后,呈现出了较大幅度的回弹。并且,从犯罪类型上来说,暴力型犯罪突出,犯罪年龄低龄化,犯罪手段恶劣、未成年人犯罪多为男性等特点。这些都提示我们,要更加重视对未成年人和青少年的教育和监督工作,进一步完善相关法律。

一、公安机关

(一)公安机关立案的刑事案件和构成情况(2018年)

刑事案件是指犯罪嫌疑人或者被告人被控涉嫌侵犯了《刑法》所保护的社会关系,国家为了追究犯罪嫌疑人或者被告人的刑事责任而进行立案侦查、审判并给予刑事制裁(如罚金、有期徒刑、死刑、剥夺政治权利等)的案件。①

1. 刑事案件情况综述(2016~2018年)

2016年,公安机关共立案刑事案件6,427,533件;2017年,公安机关共立案刑事案件5,482,570件;2018年,公安机关共立案刑事案件5,069,242件。2017年公安机关共立案刑事案件相较于2016年下降14.70%;2018年公安机关共立案刑事案件相较于2017年下降7.54%;2018年公安机关共立案刑事案件相较于2016年下降21.13%。

2016年,公安机关共立案刑事案件中,按照案件类别以及在当年刑事案件中的份额,具体排名和份额如下:第一,盗窃,66.97%;第二,诈骗,15.25%;第三,其他,14.16%;第四,伤害,1.93%;第五,抢劫,0.96%;第六,强奸,0.43%;第七,杀

① 载百度百科:https://baike.baidu.com/item/刑事案件,2020年10月17日最后访问。

人,0.13%;第八,走私,0.04%;第九,伪造、变造货币、出售、购买、运输、持有、使用假币,0.02%。

2017 年,公安机关共立案刑事案件中,按照案件类别以及在当年刑事案件中的份额,具体排名和份额如下:第一,盗窃,63.1%;第二,诈骗,16.92%;第三,其他,16.37%;第四,伤害,2.03%;第五,抢劫,0.72%;第六,强奸,0.50%;第七,杀人,0.15%;第八,走私,0.06%;第九,伪造、变造货币、出售、购买、运输、持有、使用假币,0.03%。

2018 年,公安机关共立案刑事案件中,按照案件类别以及在当年刑事案件中的份额,具体排名和份额如下:第一,盗窃,54.97%;第二,诈骗,22.81%;第三,其他,18.85%;第四,伤害,1.92%;第五,强奸,0.59%;第六,抢劫,0.50%;第七,杀人,0.15%;第八,走私,0.08%;第九,伪造、变造货币、出售、购买、运输、持有、使用假币,0.02%。

2. 刑事案件情况分述(2017 ~ 2018 年)

杀人案件,2018 年相较于 2017 年减少 465 件,下降幅度达 5.82%;

伤害案件,2018 年相较于 2017 年减少 13,733 件,下降幅度达 12.36%;

抢劫案件,2018 年相较于 2017 年减少 13,817 件,下降幅度达 35.22%;

强奸案件,2018 年相较于 2017 年增加 2143 件,增加幅度达 7.75%;

拐卖妇女、儿童案件,2018 年相较于 2017 年减少 1271 件,下降幅度达 19.06%;

盗窃案件,2018 年相较于 2017 年减少 672,938 件,下降幅度达 19.45%;

诈骗案件,2018 年相较于 2017 年增加 228,768 件,增加幅度达 24.66%;

走私案件,2018 年相较于 2017 年增加 579 件,增加幅度达 17.67%;

伪造、变造货币、出售、购买、运输、持有假币案件,2018 年相较于 2017 年减少 251 件,下降幅度达 17.11%;

其他案件,2018 年相较于 2017 年增加 57,657 件,增加幅度达 6.42%。

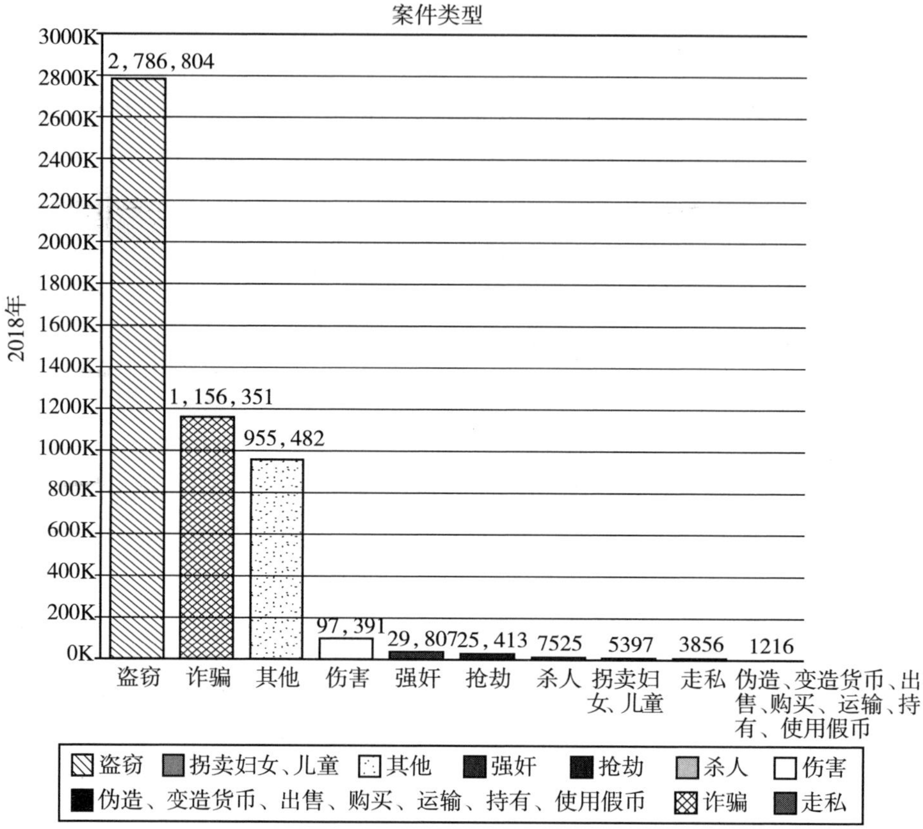

数据来源:2019 中国社会统计年鉴①。

图 2-6　全国公安刑事立案图

(二)公安机关受理和查处的治安案件和构成情况(2018 年)

治安案件是指违反治安管理行为构成的案件。根据《治安管理处罚法》之规定,违反治安管理的行为必须是:(1)情节轻微,尚不够刑事处罚。如果情节严重,已经触犯了刑律并够刑事处罚的,则按刑法处理。(2)依照条例应当受到处罚的行为。②

1. 治安案件犯罪情况综述(2018 年)

2018 年,公安机关合计受理治安案件 9,721,130 起,查处 8,845,576 起,查处率为 90.99%,每万人口受理案件数为 69.7 起;2017 年,公安机关合计受理治安案

① 本书图表数据来源中标注为 2017 年、2018 年中国社会统治年鉴的,均指国家统计局社会科学和文化产业统计司编的《中国社会统计年鉴—2019》(中国统计出版社 2019 年版)。

② 载百度百科:治安案件,https://baike.baidu.com/item/治安案件,2020 年 10 月 17 日最后访问。

件数相较于2016年下降9.40%,合计查处治安案件数相较于2016年下降9.90%,每万人口受理案件数相较于2016年下降1.00%。

2018年公安机关合计受理治安案件,按照案件类别及各自数量,具体排名如下:第一,其他2,823,100起,29.04%;第二,殴打他人2,364,273起,24.32%;第三,盗窃2,112,070起,21.73%;第四,毒品违法活动538,521起,5.54%;第五,诈骗395,335起,4.06%;第六,扰乱公共场所秩序341,448起,3.51%;第七,赌博268,480起,2.76%;第八,故意伤害176,387起,1.81%;第九,违反房屋出租管理123,042起,1.27%;第十,寻衅滋事107,813起,1.10%;第十一,卖淫、嫖娼104,599起,1.07%;第十二,违反旅游业管理97,364起,1.00%;第十三,非法携带枪支、弹药、工具78,697起,0.81%;第十四,扰乱单位秩序58,872起,0.61%;第十五,违反危险物质管理规定47,803起,0.49%;第十六,阻碍执行职务43,345起,0.45%;第十七,盗窃、损毁公共设施13,941起,0.14%;第十八,敲诈勒索10,670起,0.11%;第十九,抢夺10,018起,0.10%;第二十,伪造、变造、倒卖有价票证、凭证5352起,0.05%。

2018年公安机关合计受理治安案件,按照案件类别和查处率为标准,排名如下:第一,违法房屋出租管理,99.91%;第二,扰乱公共场所秩序,99.01%;第三,违反旅馆业管理,98.84%;第四,非法携带枪支、弹药、工具,98.61%;第五,赌博,98.03%;第六,毒品违法活动,97.86%,第七,卖淫、嫖娼,97.71%;第八,违反危险物质管理规定,97.35%;第九,伪造、变造、倒卖有价票证、凭证,96.41%;第十,阻碍执行职务,96.20%;第十一,扰乱单位秩序,95.43%;第十二,其他,94.79%;第十三,殴打他人,94.02%;第十四,寻衅滋事,93.63%;第十五,故意伤害,90.88%;第十六,敲诈勒索,87.73%;第十七,盗窃、损毁公共设施,80.63%;第十八,盗窃80.32%;第十九,诈骗,79.12%;第二十,抢夺,70.93%。

2.治安案件情况分述

扰乱单位秩序,2018年较2017年,受理案件减少9029件,减少幅度达13.30%;查处案件减少8967件,减少幅度达13.76%。

扰乱公共场所秩序,2018年较2017年,受理案件减少19,672件,减少幅度达5.45%;查处案件减少21,271件,减少幅度达5.92%。

寻衅滋事,2018年较2017年,受理案件增加21,320件,增长幅度达24.65%;查处案件增加20,482件,增长幅度达20.29%。

阻碍执行职务,2018 年较 2017 年,受理案件增加 2217 件,增长幅度达 5.39%;查处案件增加 2134 件,增长幅度达 5.39%。

非法携带枪支、弹药、管制工具,2018 年较 2017 年,受理案件减少 16,370 件,减少幅度达 17.22%;查处案件减少 15,546 件,减少幅度达 16.69%。

违反危险物质管理规定,2018 年较 2017 年,受理案件减少 18,035 件,减少幅度达 27.39%;查处案件减少 17,917 件,增长幅度达 27.80%。

殴打他人,2018 年较 2017 年,受理案件减少 214,264 件,下降幅度达 8.31%;查处案件减少 206,547 件,减少幅度达 8.50%。

故意伤害,2018 年较 2017 年,受理案件减少 27,667 件,减少幅度达 13.56%;查处案件减少 29,018 件,减少幅度达 15.33%。

盗窃,2018 年较 2017 年,受理案件减少 39,815 件,减少幅度达 1.85%;查处案件减少 59,965 件,减少幅度达 3.41%。

敲诈勒索,2018 年较 2017 年,受理案件减少 188 件,下降幅度达 1.73%;查处案件增加 135 件,增加幅度达 1.46%。

抢夺,2018 年较 2017 年,受理案件减少 6582 件,下降幅度达 39.65%;查处案下降 3852 件,减少幅度达 35.15%。

盗窃、损毁公共设施,2018 年较 2017 年,受理案件增加 607 件,增长幅度达 4.55%;查处案件增加 2 件,增长幅度达 0.01%。

伪造、变造、倒卖有价票证、凭证,2018 年较 2017 年,受理案件减少 387 件,减少幅度达 6.74%;查处案件减少 52 件,减少幅度达 0.99%。

违反旅馆业管理,2018 年较 2017 年,受理案件减少 15,207 件,减少幅度达 13.51%;查处案件减少 14,918 件,减少幅度达 13.42%。

违反房屋出租管理,2018 年较 2017 年,受理案件减少 18,770 件,减少幅度达 13.24%;查处案件减少 18,468 件,减少幅度达 13.06%。

诈骗,2018 年较 2017 年,受理案件增加 51,459 件,增加幅度达 14.96%;查处案件增加 42,571 件,增长幅度达 15.75%。

卖淫、嫖娼,2018 年较 2017 年,受理案件增加 16,508 件,增长幅度达18.74%;查处案件增加 16,303 件,增长幅度达 18.98%。

赌博,2018 年较 2017 年,受理案件增加 2654 件,增加幅度达 1.00%;查处案件减少 320 件，减少幅度达 0.12%。

毒品违法活动，2018 年较 2017 年，受理案件下降 140,979 件，减少幅度达 20.75%；查处案件减少 143,358 件，减少幅度达 21.39%。

其他，2018 年较 2017 年，受理案件减少 283,089 件，减少幅度达 9.11%；查处案件减少 305,075 件，减少幅度达 10.33%（见图 2-7）。

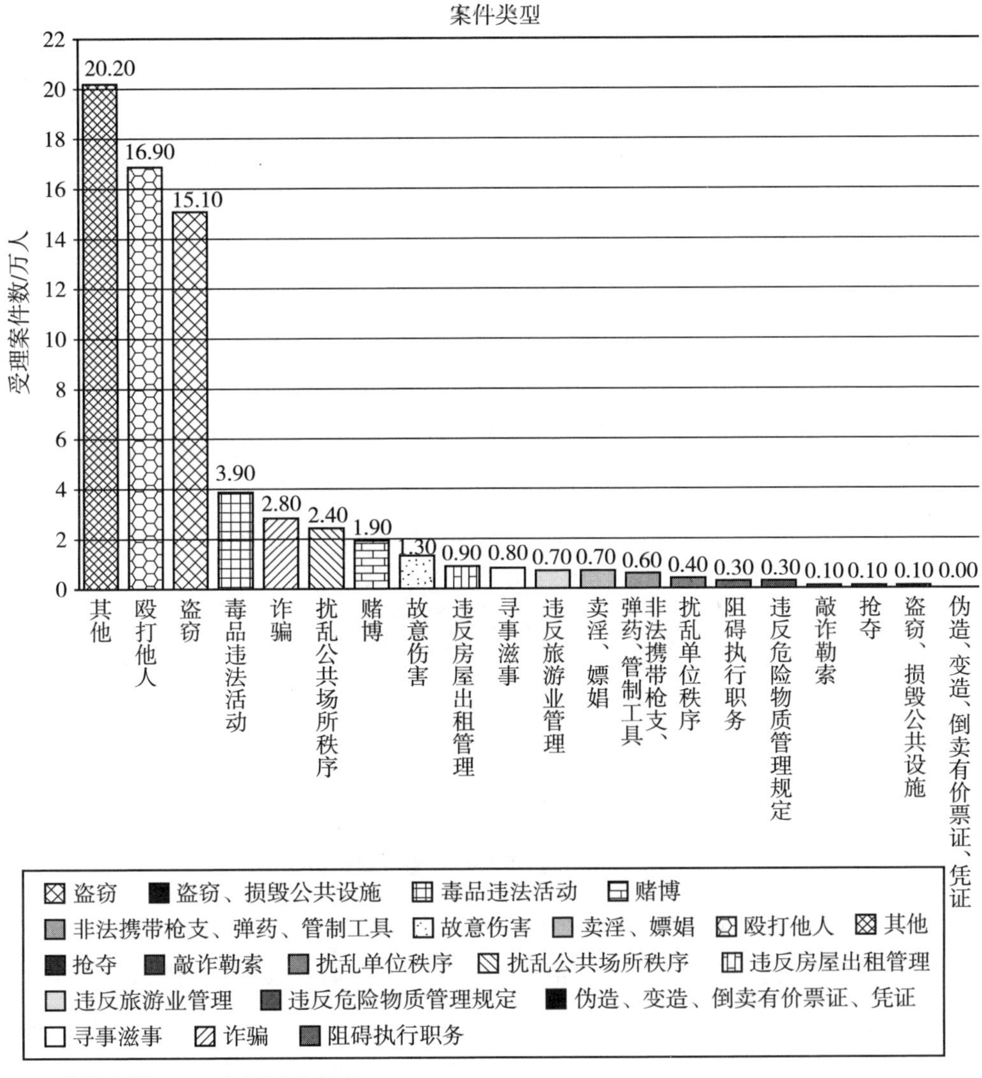

数据来源：2019 中国社会年鉴。

图 2-7　2018 年全国公安治安案件每万人受理案件图

二、人民检察院

2018 年,人民检察院受案案件合计 44,037 件,立案件数 34,163 件,立案人数 34,113 人,要案 2996 件,结案件数 40,254 件,结案人数 53,751 人。

1. 全国检察院受案数据统计(2018 ~2019 年)

2018 年,人民检察院受案情况,按照案件类别以及数量,排名如下:第一,贿赂,18,013 件,占比 40.90%;第二,贪污,13,435 件,占比 30.51%;第三,滥用职权,3943 件,占比 8.95%;第四,玩忽职守,3579 件,占比 8.13%;第五,挪用公款,2670 件,占比 6.06%;第六,徇私舞弊,998 件,占比 2.27%;第七,其他,973 件,占比 2.21%;第八,巨额财产来源不明,215 件,占比 0.49%;第九,集体私分,211 件,占比 0.48%(见图 2 -8)。

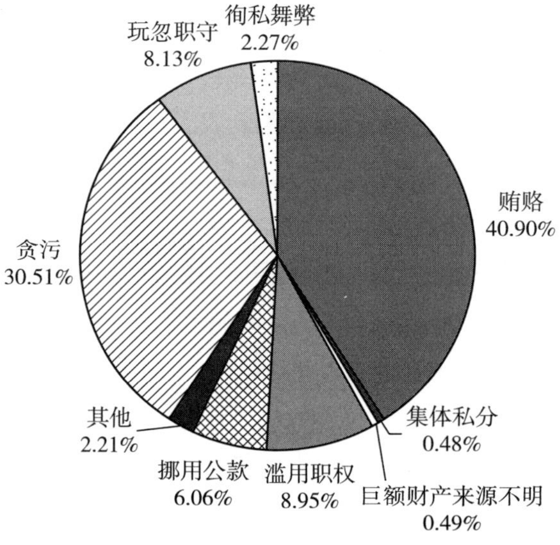

图 2 -8　2018 年全国检察院受案数据占比图

2. 全国检察院立案件数统计(2018 ~2019 年)

2018 年,人民检察院立案案件情况,按照立案类别以及数量,排名如下:第一名,贿赂,15,570 件,占比 45.58%;第二名,贪污,13,435 件,占比 24.10%;第三名,玩忽职守,3612 件,占比 10.57%;第四名,滥用职权,2880 件,占比 8.43%;第五名,挪用公款,2735 件,占比 8.01%;第六名,徇私舞弊,551 件,占比 1.61%;第七名,其他,382 件,占比 1.12%;第八名,集体私分,192 件,占比 0.56%;第九名,巨额财产来源不明,8 件,占比 0.02%(见图 2-9)。

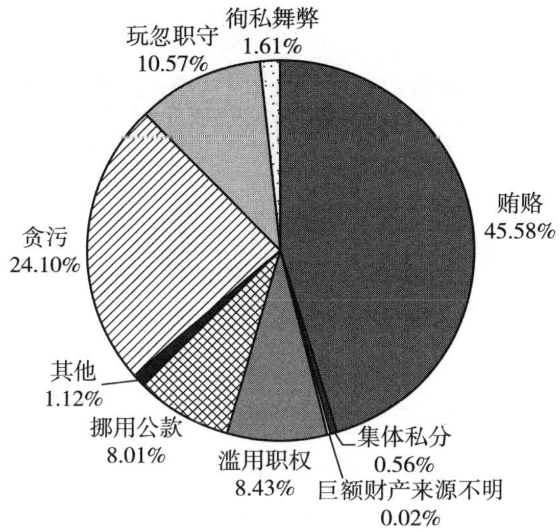

图 2-9　2018 年全国检察院立案件数占比图

3. 全国检察院立案人数统计(2018~2019 年)

2018 年,人民检察院立案人数,按照案件类别以及数量,排名如下:第一名,贿赂,17,606 人,占比 38.38%;第二名,贪污,8233 人,占比 29.63%;第三名,玩忽职守,5212 人,占比 11.30%;第四名,滥用职权,4077 人,占比 8.84%;第五名,挪用公款,3394 人,占比 7.36%;第六名,其他,985 人,占比 2.14%;第七名,徇私舞弊,720 人,占比 1.56%;第八名,集体私分,448 人,占比 0.97%;第九名,巨额财产来源不明,8 人,占比 0.02%(见图 2-10)。

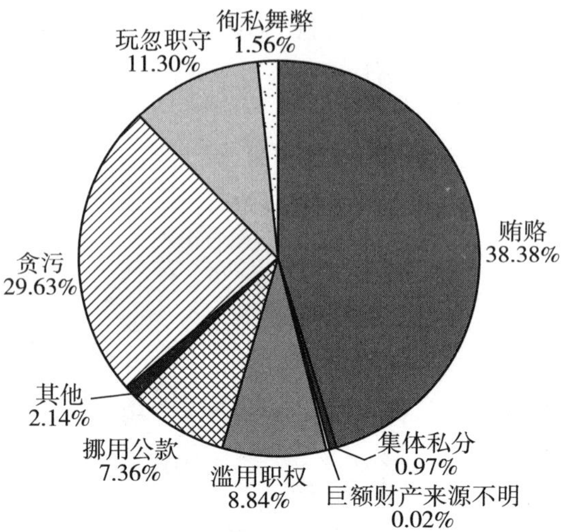

图 2－10　2018 年全国检察院立案人数占比图

4. 全国检察院要案人数统计(2018～2019 年)

2018 年,人民检察院要案,按照类别以及数量,排名如下:第一名,贿赂,1970 件,占比 65.75%;第二名,贪污,409 件,占比 13.65%;第三名,滥用职权,296 件,占比 9.88%;第四名,玩忽职守,129 件,占比 4.31%;第五名,挪用公款,85 件,占比 2.84%;第六名,集体私分,68 件,占比 2.27%;第七名,其他,21 件,占比 0.70%;第八名,徇私舞弊,16 件,占比 0.53%;第九名,巨额财产来源不明,2 件,占比 0.07%(见图 2－11)。

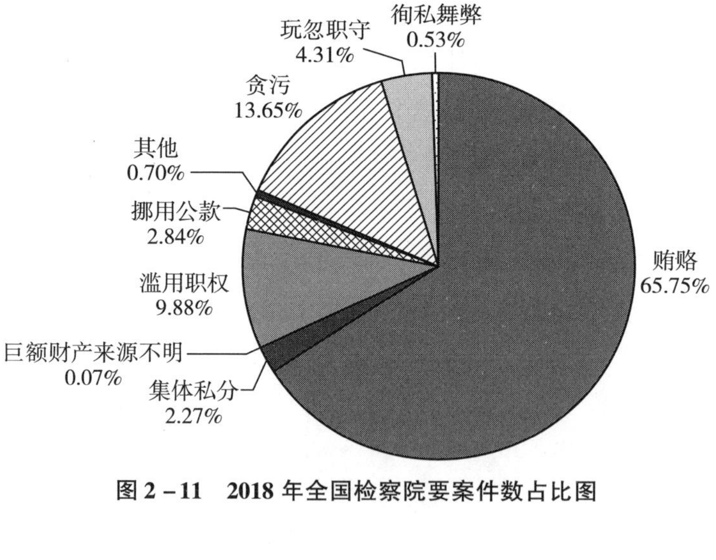

图 2－11　2018 年全国检察院要案件数占比图

5. 全国检察院结案件数统计(2018～2019 年)

2018 年,人民检察院结案数量,按照案件类别以及数量,排名如下:第一名,贿赂,18,850 件,占比 46.83%;第二名,贪污,9476 件,占比 13.65%;第三名,玩忽职守,4021 件,占比 9.99%;第四名,滥用职权,3132 件,占比 9.88%;第五名,挪用公款,3181 件,占比 7.90%;第六名,其他,758 件,占比 1.88%;第七名,徇私舞弊,590 件,占比 1.47%;第八名,集体私分,242 件,占比 0.60%;第九名,巨额财产来源不明,5 件,占比 0.01%(见图 2－12)。

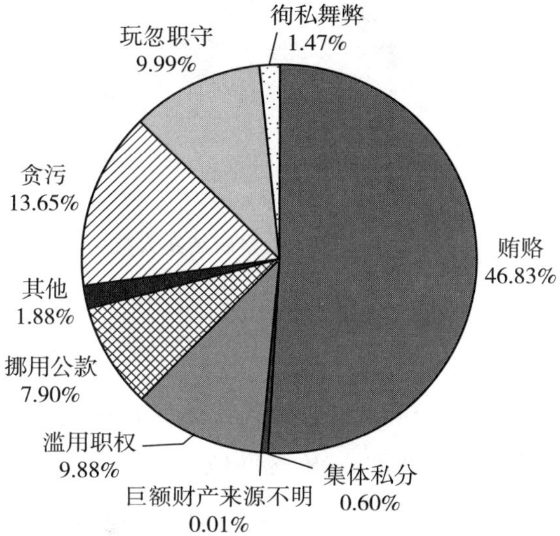

图 2－12　2018 年全国检察院结案件数占比图

6. 全国检察院结案人数统计(2018～2019 年)

2018 年,人民检察院结案人数,按照案件类别以及数量,排名如下:第一名,贿赂,21,318 人,占比 39.66%;第二名,贪污,15,680 人,占比 29.17%;第三名,玩忽职守,5839 人,占比 10.88%;第四名,滥用职权,4480 人,占比 8.33%;第五名,挪用公款,3921 人,占比 7.39%;第六名,其他,1144 人,占比 2.13%;第七名,徇私舞弊,781 人,占比 1.45%;第八名,集体私分,583 人,占比 1.08%;第九名,巨额财产来源不明,5 人,占比 0.01%(见图 2－13)。

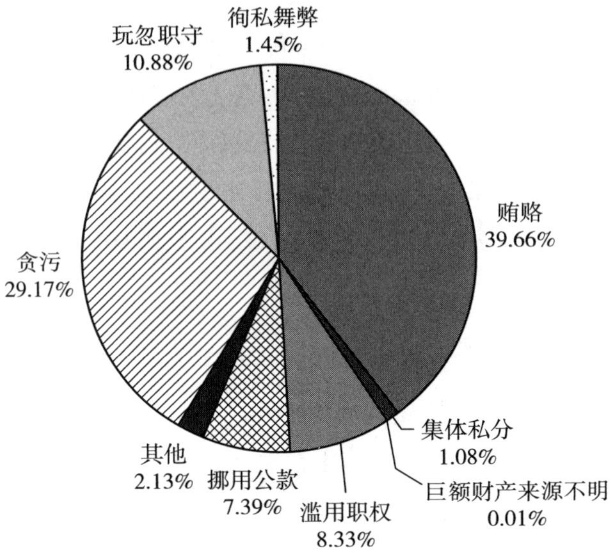

图 2-13　2016 年全国检察院结案人数占比图

三、人民法院

(一)人民法院审理刑事一审案件收结案情况(2018 年)

2018 年,人民法院审理刑事一审案件收案共计 1,203,055 件,结案共计 1,198,383 件,判处罪犯 142.9 万人(见图 2-14)。相较 2017 年,人民法院收案减少 91,322 件,下降率约为 7.0%;结案总数减少 98,267 件,下降率约为 7.6%。

1. 人民法院刑事一审收案情况

依据案件类别进行分类、计算相应的占比,2018 年人民法院审理刑事一审案件数量、占比排序如下:第一,危害公共安全案 340,629 起,占比 28.31%;第二,侵犯财产案 310,216 起,占比 25.79%;第三,妨害社会管理秩序案 283,126 起,占比 23.53%;第四,侵犯公民人身权利、民主权利案 168,019 起,占比 13.97%;第五,破坏社会主义市场经济秩序案 81,381 起,占比 6.76%;第六,贪污贿赂案 16,201 起,占比 1.35%;第七,渎职案 2424 起,占比 0.20%;第八,危害国防利益案 802 起,占比 0.07%;第九,其他案件 257 起,占比 0.02%。

2016 年人民法院审理刑事一审案件,按照收案案件类别及数量,排名如下:第一,侵犯财产罪,占比 28.97%;第二,危害公共安全罪,占比 24.69%;第三,妨害社会管理秩序罪，占比 23.10%；第四，侵犯公民人身权利民主权利罪，占比 15.19%；第五，破坏社会主义市场经济秩序罪，占比 5.35%；第六，贪污贿赂罪，占比 2.18%；第七，渎职罪，占比 0.47%；第八，危害国防利益罪，占比 0.03%；第九，其他，占比 0.02%。

2017 年人民法院审理刑事一审案件，按照收案案件类别及数量，排名如下：第一，妨害社会管理秩序罪，355，179 件，占比 27.44%；第二，危害公共安全罪，346，856 件，占比 26.80%；第三，侵犯财产罪，329，175 件，占比 25.43%；第四，侵犯公民人身权利、民主权利罪，172，203 件，占比 13.3%；第五，破坏社会主义市场经济秩序罪，59，461 件，占比 4.59%；第六，贪污贿赂罪，25，443 件，占比 1.97%；第七，渎职罪，5278 件，占比 0.41%；第八，危害国防利益罪，341 件，占比 0.03%；第九，其他，441 件，占比 0.03%。

2. 人民法院刑事一审结案情况

2018 年审结一审刑事案件 1，198，383 件，判处罪犯 166 万人。

2016 年人民法院审理刑事一审案件，按照结案案件类别及数量，排名如下：第一，侵犯财产罪，占比 28.84%；第二，危害公共安全罪，占比 24.46%；第三，妨害社会管理秩序罪，占比 22.91%；第四，侵犯公民人身权利、民主权利罪，占比 15.16%；第五，破坏社会主义市场经济秩序罪，占比 5.23%；第六，贪污贿赂罪，占比 2.87%；第七，渎职罪，占比 0.48%；第八，危害国防利益罪，占比 0.03%；第九，其他，占比 0.03%。

2017 年人民法院审理刑事一审案件，按照结案案件类别及数量，排名如下：第一，妨害社会管理秩序罪，354，583 件，占比 27.35%；第二，危害公共安全罪，344，409 件，占比 26.56%；第三，侵犯财产罪，331，522 件，占比 25.57%；第四，侵犯公民人身权利、民主权利罪，174，573 件，占比 13.46%；第五，破坏社会主义市场经济秩序罪，59，748 件，占比 4.61%；第六，贪污贿赂罪，25，757 件，占比 1.99%；第七，渎职罪，5262 件，占比 0.41%；第八，危害国防利益罪，348 件，占比 0.03%；第九，其他，448 件，占比 0.03%。

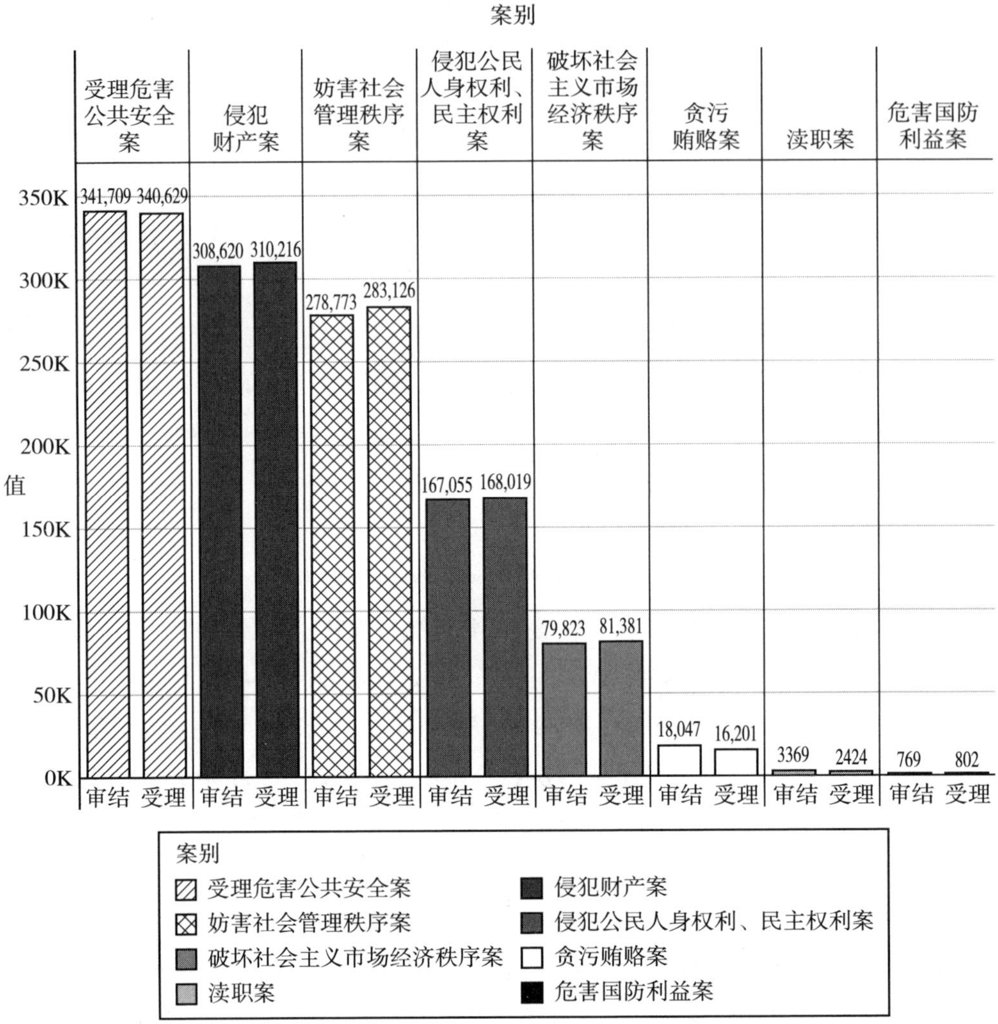

每个案别的受理与审结。颜色显示有关案别的详细信息。视图按案别进行筛选，这会排除其他。

图 2-14　最高人民法院 2018 年收案、结案数据对比图

（二）人民法院审理刑事案件罪犯年龄情况（2016～2017 年）

2016 年，人民法院审理刑事案件罪犯总数为 1,219,569 人，其中包含青少年罪犯 204,657 人，占比 16.80%。青少年罪犯中，不满 18 岁的共 35,743 人，18～25 岁的共 168,914 人。

2017 年，人民法院审理刑事案件罪犯总数为 1,268,985 人，其中包含青少年罪犯 183,471 人，占比 14.50%。青少年罪犯中，不满 18 岁的共 32,778 人，18～25 岁的共 150,693 人（见图 2－15）。

2017 年较 2016 年，人民法院审理刑事案件罪犯增加 49,416 人，增加率为 4.05%；青少年罪犯减少 21,186 人，减少率为 10.35%。青少年罪犯中，不满 18 岁的减少 2956 人，减少率 8.30%；18～25 岁的减少 18,221 人，减少率为 10.79%。

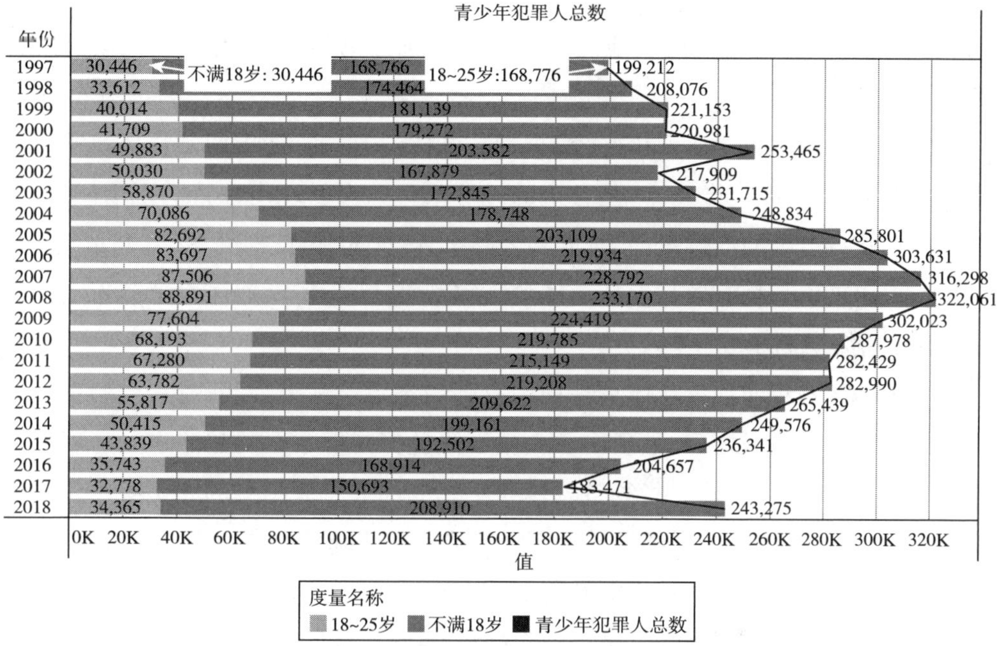

年份的18~25岁，不满18岁，青少年犯罪人总数与青少年犯罪人总数的趋势。颜色显示有关18~25岁，不满18岁与青少年犯罪人总数的详细信息。为年份显示了详细信息。视图按年份进行筛选，这会排除Null。

图 2－15　最高人民法院 1997～2018 年青少年犯罪构成图

第三节　省级区域状况统计与分析

全国各省市在人口数量、地理条件、地理面积、经济发展水平上差异较大，使得犯罪治理基础不在一个水平线上，不同省市治理难度差异较大。但从治理指数看，全国各地治理水平总体较好。

从具体犯罪类型上来看，各地由于发展水平、特色产业等的差异，也呈现出不同的特点。

按照地区划分,华东地区由于经济相对较为发达,治安环境相对较好,社会管控和司法效率总体较高。同时,由于华东地区犯罪社会控制的投入相对较高,一些涉及信息技术的犯罪,如电信诈骗等犯罪的侦破率不断上升,整体的诉讼效率也在不断提升。另外也要注意到,在部分地区(以华东较为突出),由于政府的司法和社会管控的力度和涉及面不断加强和扩宽,不少在其他地区不会涉及的犯罪治理(治安领域较为突出),在这些地区也会被列入统计范围,这也给数据波动和统计带来了一定的影响。

华南地区总体犯罪治理状况较为平稳,维持了上一统计周期的总体水平。从犯罪类型上看,受区位影响,一些省市的犯罪治理数据呈现出独特的现象。比如,在广西壮族自治区的刑事案件中,危害公共案件(6050起)、毒品案件(4514起)从数量和占比来说都相对较高。从总体的立案数据来看,华南地区大部分省市的刑事和治安立案数都有所下降。

华中地区的犯罪数量总体呈现稳中有降的态势。其中,湖北省在经历了一段时期的犯罪数量激增之后,呈现出了大幅下降并保持低水平的稳定态势。在受到政策变动的影响下,另外一些省市总体立案率或部分犯罪类型的立案有一定的数据波动,但总体立案数量也都呈现出下降趋势。在传统案件整体占比下降的同时,以侵财为主的新型诈骗案件比例有所上升。

华北地区总体犯罪率继续呈现下降趋势,且从总体数量上来说,大部分案件都呈现出总体稳中有降。其中,部分省市地区受理和起诉的犯罪案件数据相比上一个统计周期呈现出了小幅度反弹,但从最后的决定不起诉和附条件不起诉的比例和数据来看,也有相应的上升,体现出了我国依法办事、执法必严、尊重和保障人权的法治态度。

综合西南各省现有数据来看,西南地区总体犯罪相关数据出现大幅下降,包括公安机关立案及查处的各类案件。可见,西南地区的整体社会治安水平和犯罪治理水平都有了长足的进步。这体现了西南各省贯彻国家的法治工作取得了一定的成效,社会整体治安水平不断好转。

西北地区各省、自治区的数据均有不同程度的继续下降。虽然部分数据有一定波动和上升,但西北各省总体犯罪数据呈现下降趋势,且青少年犯罪等数据有一定程度的下降,命案破案率也有一定上升,特别是暴力犯罪的破案率持续处于较高值。

在经历了上一个统计周期的波动中上升态势后，东北地区大部分省市的犯罪率在这个统计周期呈现出了一定的下降趋势，同时伴随着不起诉率和退侦率的一定上升。这反映了东北地区在经历了一定程度的治安和犯罪打击工作的胶着期后，其打击犯罪、保障人权的工作都得到了长足的进展。

一、华东地区犯罪数据统计及分析

综合 2016 年、2017 年的数据来看，华东地区违法犯罪行为的总数呈现下降趋势，部分省份的部分数据虽然有一定波动，但应当是受到当地相关政策的影响。其中，各省的破案率、审结率基本呈现上升趋势，可见华东地区公安、检察院、法院的司法力度有所加强，其中，职务犯罪的相关数据均有一定比例的上升，是与国家近年来保持对职务犯罪的严厉打击力度相对应的。另外，华东各省电信网络诈骗的立案数和结案数都有不同程度的增加，表明针对该类犯罪的打击力度有所增强。

（一）山东犯罪数据构成及统计分析（2018～2019 年）[①]

2018 年山东省检察院共受理审查逮捕各类犯罪 61,086 人，批准逮捕 41,086 人，同比分别上升 9.6% 和 8%；受理审查起诉 110,033 人，提起公诉 93,150 人，同比分别上升 4.4% 和 16.1%；办理刑事、民事、行政、刑事执行、公益诉讼等监督案件 107,419 件，同比上升 41.5%。[②]

2018 年山东省法院一审刑事案件收案 70,425 件，同比上升 10.7%；一审刑事案件结案 68,606 件，同比上升 6.3%；二审刑事案件收案 6628 件，同比上升 3.6%；二审刑事案件结案 6598 件，同比持平；再审刑事案件收案 273 件，同比上升 13.8%；再审刑事案件结案 261 件，同比上升 7.4%。2019 年山东省法院一审刑事案件收案 87,276 件，同比上升 23.9%；一审刑事案件结案 89,230 件，同比上升 30.1%；二审刑事案件收案 7578 件，同比上升 14.3%；二审刑事案件结案 7631 件，同比上升 15.7%；再审刑事案件收案 285 件，同比上升 4.4%；再审刑事案件结案 299 件，同比上升14.6%（见图 2－16）。[③]

① 本节除特别标注外，数据来源均为 2019 年山东省统计年鉴。

② 数据来源：山东省统计局，山东年鉴 · 2019。

③ 数据来源：山东省统计局，山东年鉴 · 2019。

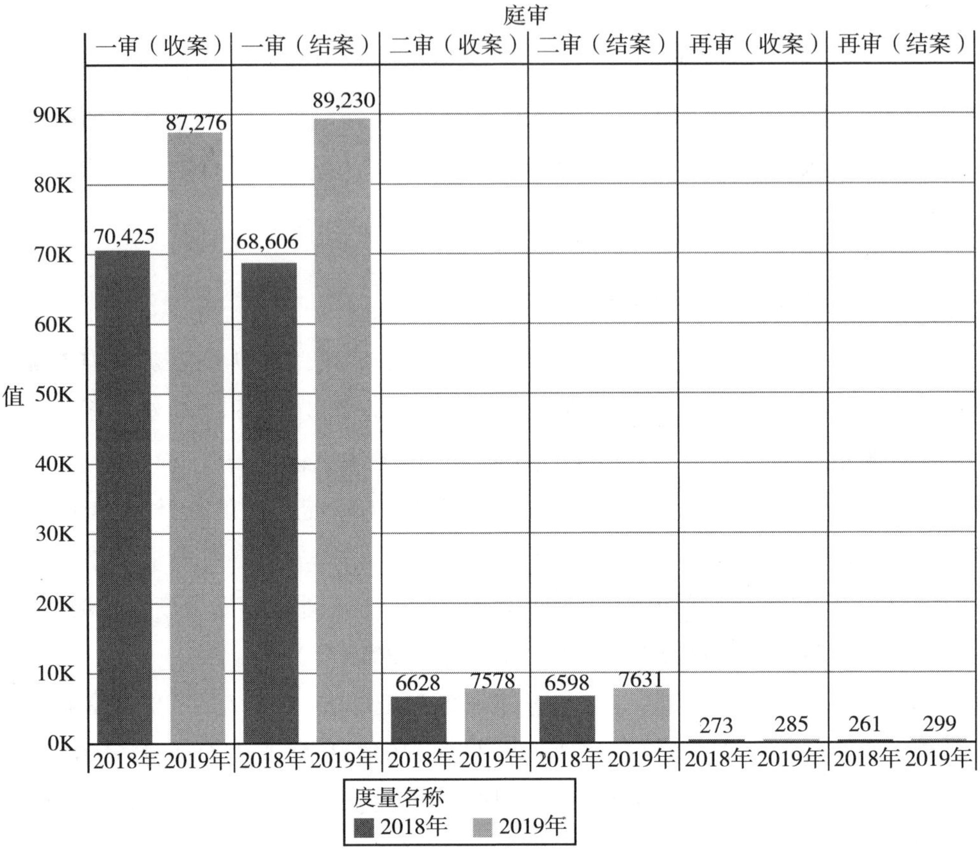

图 2-16　2018 年山东省法院一审刑事案件收案

(二)江苏犯罪数据构成及统计分析(2018 年)①

2017 年江苏省公安机关刑事案件立案 383,644 起;2018 年立案 369,646 起,同比下降 3.65%。2018 年公安刑事案件数据按照案件类别和数量排名如下:第一,盗窃,立案 237,344 起,占比 64.21%;第二,诈骗,立案 77,408 起,占比 20.94%;第三,其他,立案 42,687 起,占比 11.55%;第四,伤害,立案 4073 起,占比 1.09%;第五,毒品刑事犯罪,立案 3910 起,占比 1.06%;第六,强奸,立案 1408 起,占比 0.38%;第七,抢夺,立案 700 起,占比 0.19%;第八,抢劫,立案 517 起,占比 0.14%;第九,杀人,立案 267 起,占比 0.07%;第十,拐卖妇女、儿童,立案 116 起,占比 0.03%;第十一,伪造、变造货币、出售、购买、运输、持有、使用假币,立案 70

① 本节除特别标注外,数据来源均为国家统计局 2019 年江苏省统计年鉴。

起，占比0.02%。相较于2017年的数据，除盗窃、诈骗、拐卖妇女儿童和其他等案件类型的立案数据有较小幅度上升以外，总体立案数据呈下降态势（见图2－17）。

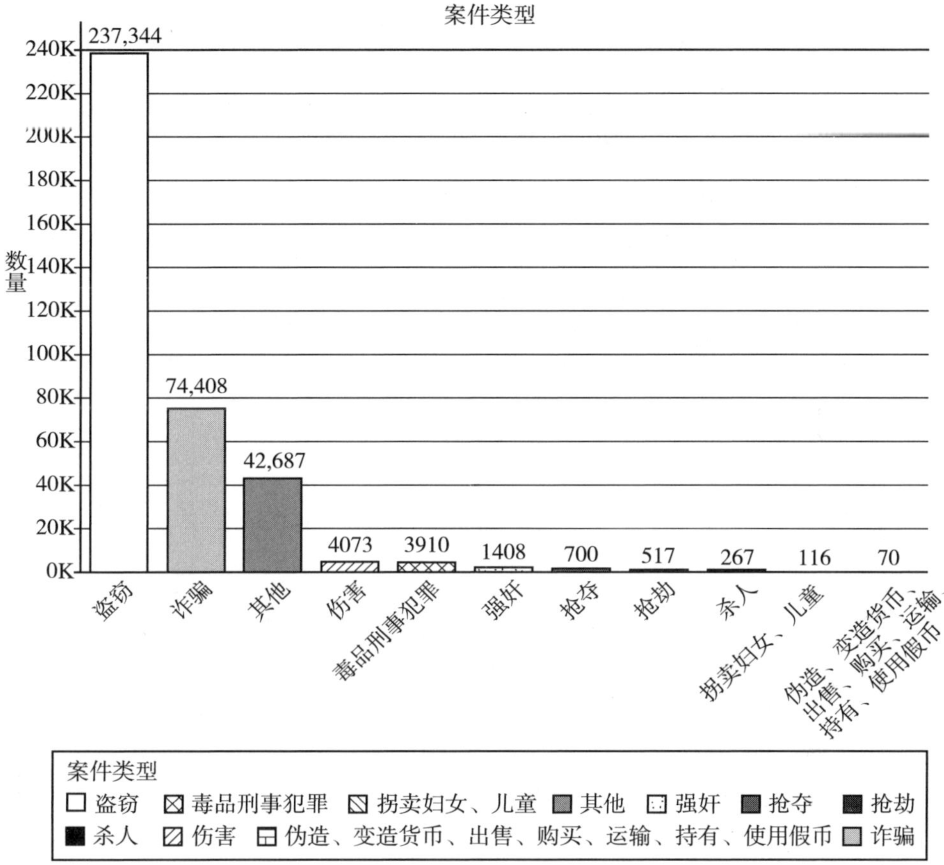

数据来源：2019江苏年鉴。

图2－17　2018年江苏省公安机关刑事案件立案

2017年江苏省公安机关治安案件受理764,971起，查处748,374起；2018年公安驾管受理804,239起，查处781,762起。江苏省治安案件呈逐年上升趋势，可能与公安机关执法力度逐年增严相关，但也表明当地治安形势有一定的管控风险增加的趋势。

2018年江苏省公安治安案件数据按照案件类别和数量排名如下：第一，殴打他人，受理270,636起，查处265,788起；第二，其他，受理235,990起，查处228,552起；第三，盗窃，受理219,296起，查处210,110起；第四，诈骗、抢夺、敲诈勒索财物,受理 29,641 起,查处 28,587 起;第五,赌博,受理 16,980 起,查处 17,404 起;第六,扰乱公共场所秩序,受理 13,307 起,查处 13,052 起;第七,卖淫、嫖娼,受理 6243 起,查处 6336 起;第八,寻衅滋事,受理 5775 起,查处 5630 起;第九,违反危险物质管理规定,受理 4022 起,查处 3979 起;第十,非法携带枪支、弹药、管制工具,受理 1663 起,查处 1670 起;第十一,伪造、变造、倒卖有价票证、凭证,受理 406 起,查处 336 起;第十二,利用迷信活动危害社会,受理 300 起,查处 288 起。相较于 2017 年的数据,非法携带枪支、弹药、管制刀具案件类型的数据呈现下降的趋势,其余案件类型则呈现总体上升趋势①(见图 2－18、图 2－19)。

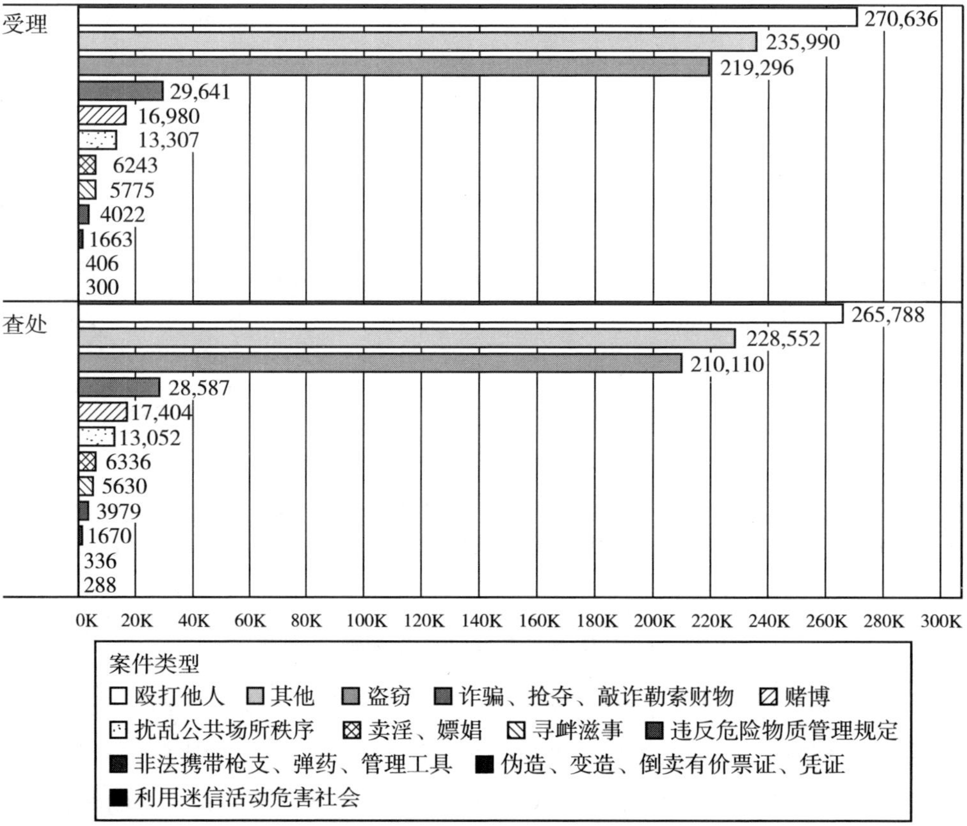

数据来源:2019 江苏年鉴。

图 2－18　2018 年江苏省公安治安案件数据图

① 数据来源:江苏省统计局,江苏年鉴·2019。

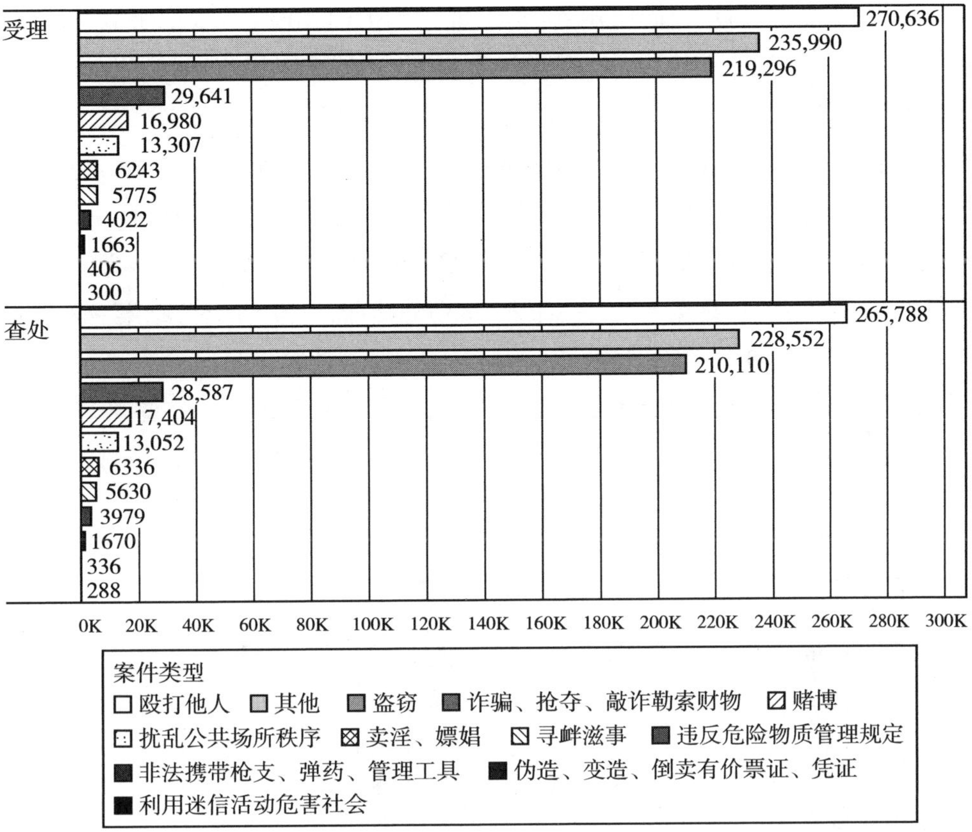

数据来源:2019 江苏年鉴。

图 2－19　2018 年江苏省公安机关治安案件受理查处图

2018 年江苏省检察院批捕、起诉数据按照案件类别和数量排名如下:第一,侵犯财产,批捕 17,592 人,起诉 35,870 人;第二,妨害社会管理秩序,批捕 14,174 人,起诉 30,720 人;第三,侵犯公民人身、民主权利,批捕 5966 人,起诉 11,007 人;第四,破坏社会主义市场经济秩序,批捕 4321 人,起诉 12,961 人;第五,危害公共安全案,批捕 1824 人,起诉 24,050 人;第六,贪污贿赂,批捕 209 人,起诉 681 人;第七,渎职,批捕 10 人,起诉 80 人;第八,危害国防利益,批捕 13 人,起诉 18 人;第九,危害国家安全,批捕 4 人,起诉 7 人。相较于 2017 年相关数据,2018 年的数据有一定波动,但总体依然为下降态势。

2016 年江苏省法院刑事一审案件收案 75,289 件,结案 75,801 件;2017 年收案 78,846 件,结案 79,222 件,同比分别上升 4.72%、上升 4.51%;2018 年收案

80,328 件,结案 79,139 件,同比分别上升 1.88%、下降 0.10%,江苏省刑事案件收、结案总体呈上升趋势,表明执法力度有所上升,且司法责任制改革得到有效推进。

2018 年江苏省法院刑事一审案件数据按照案件类别和数量排名如下:第一,侵犯财产罪,收案 26,285 件,结案 25,813 件;第二,危害公共安全罪,收案 23,403 件,结案 23,313 件;第三,妨害社会管理秩序罪,收案 15,761 件,结案 15,197 件;第四,侵犯公民人身权利、民主权利罪,收案 8093 件,结案 7992 件;第五,破坏社会主义市场经济秩序罪,收案 5987 件,结案 5691 件;第六,贪污贿赂罪,收案 663 件,结案 943 件;第七,渎职罪,收案 109 件,结案 169 件;第八,危害国防利益罪,收案 16 件,结案 16 件;第九,其他,收案 11 件,结案 5 件。① 总体来看,江苏省法院刑事一审各类案件收结案数据均有所上升,但同时各类案件的结案率也呈上升趋势(见图 2-20)。

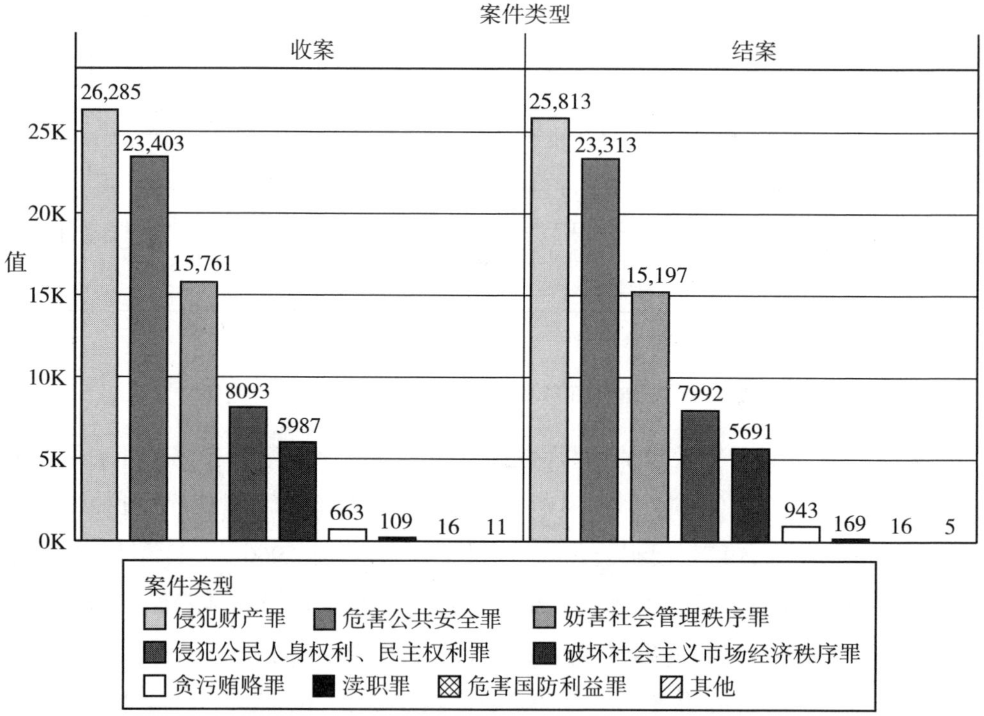

数据来源:2019 江苏年鉴。

图 2-20 2018 年江苏省法院刑事一审收结案图

---

① 数据来源:江苏省统计局,江苏年鉴·2018。

(三)安徽犯罪数据构成及统计分析①(2018 年)

2018 年安徽省公安刑事案件立案数据按照案件类别和数量排名如下:第一,盗窃,立案 104,769 起,占比 59.04%;第二,诈骗,立案 36,651 起,占比 20.65%;第三,其他,立案 31,824 起,占比 17.93%;第四,伤害,立案 2338 起,占比 1.32%;第五,强奸,立案 891 起,占比 0.50%;第六,抢劫,立案 365 起,占比 0.21%;第七,拐卖人口,立案 340 起,占比 0.19%;第八,杀人,立案 223 起,占比 0.13%;第九,伪造、变造货币、持有使用伪造货币,立案 47 起,占比 0.03%。相较于 2017 年的相关数据,除强奸、诈骗等案件立案数有所上升外,其余案件类型的立案数均有所下降,其中伤害、盗窃类案件立案数同比分别下降 19.79%、18.91%,有明显的下降趋势(见图 2-21)。

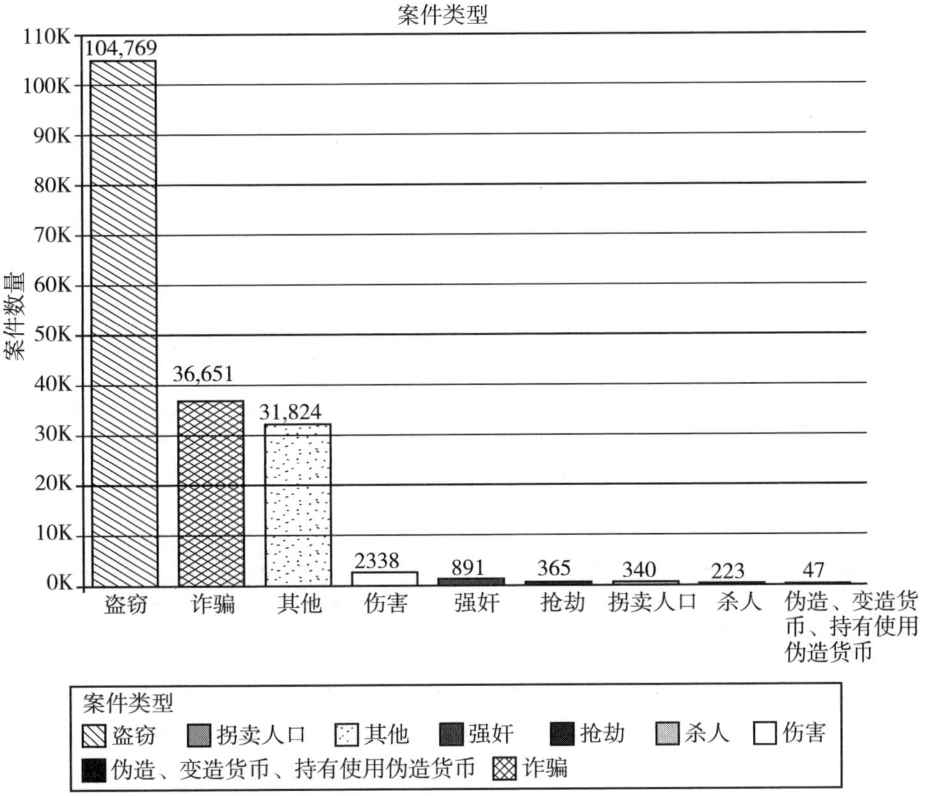

数据来源:2019 安徽年鉴。

图 2-21 2018 年安徽省公安刑事案件立案图

① 本节除特别标注外,数据来源均为国家统计局 2018 年安徽省统计年鉴。

2018 年安徽省公安机关受理、查处治安案件类别和排名如下:第一,其他,受理 296,297 件,查处 290,480 件;第二,殴打他人,受理 222,057 件,查处 217,242 件;第三,盗窃 100,600 件,查处 91,049 件;第四,赌博,受理 14,008 件,查处 13,935 件;第五,诈骗、抢夺、敲诈勒索财物,受理 11,812 件,查处 10,940 件;第六,卖淫、嫖娼,受理 4155 件,查处 4204 件;第七,寻衅滋事,受理 3363 件,查处 3289 件;第八,扰乱单位、公共场所秩序,受理 3299 件,查处 3165 件;第九,违反危险物质管理规定,受理 2953 件,查处 2867 件;第十,阻碍执行职务,受理 1745 件,查处 1738 件;第十一,非法携带枪支、弹药、管制工具,受理 705 件,查处件 696 件;第十二,哄抢,受理 36 件,查处 35 件(见图 2-22)。相较 2017 年的相关数据,寻衅滋事、阻碍执行职务、违反危险物质管理规定、卖淫、嫖娼、盗窃等案件受理、查处数量有所增加,其他案件均有所减少。

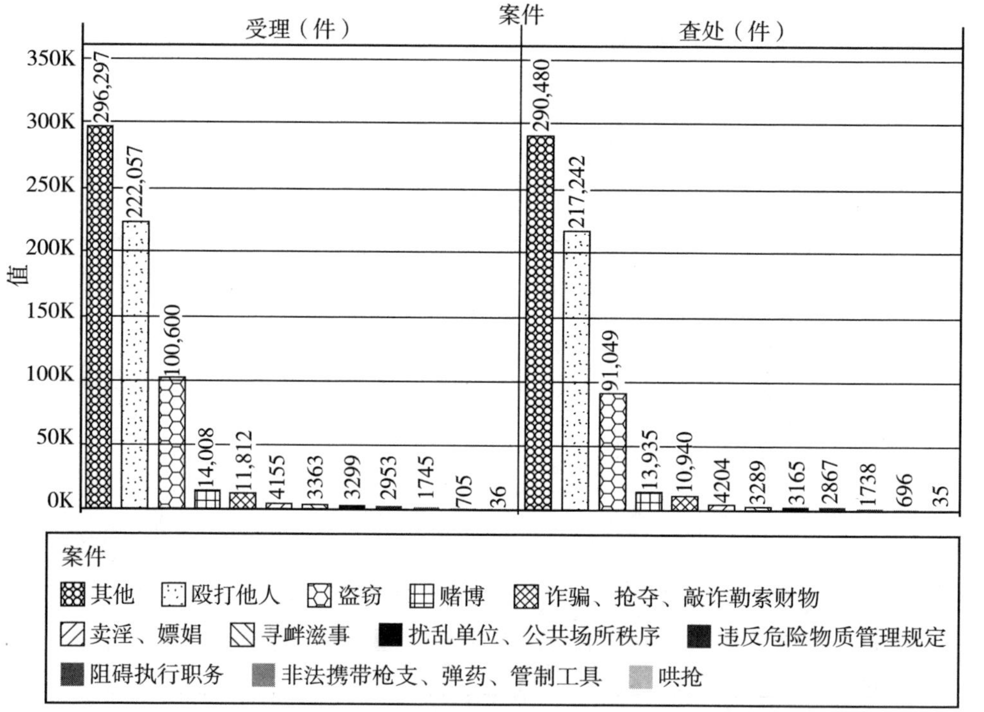

数据来源:2019 安徽年鉴。

图 2-22 2018 年安徽省公安机关治安案件受理图

2018 年安徽省法院收案 41,462 件,结案 42,054 件,案件数据按照案件类别和数量排名如下：第一，危害公共安全罪，收案15,030件，结案15,149件；第二，侵犯财产罪，收案9604件，结案9661件；第三，妨害社会管理秩序罪，收案7843件，结案7772件；第四，侵犯公民人身权利、民主权利罪，收案6397件，结案6548件；第五，破坏社会主义市场经济秩序罪，收案1736件，结案1848件；第六，贪污贿赂罪，收案780件，结案946件；第七，渎职罪，收案67件，结案126件；第八，危害国防利益罪，收案2件，结案2件（见图2－23）。

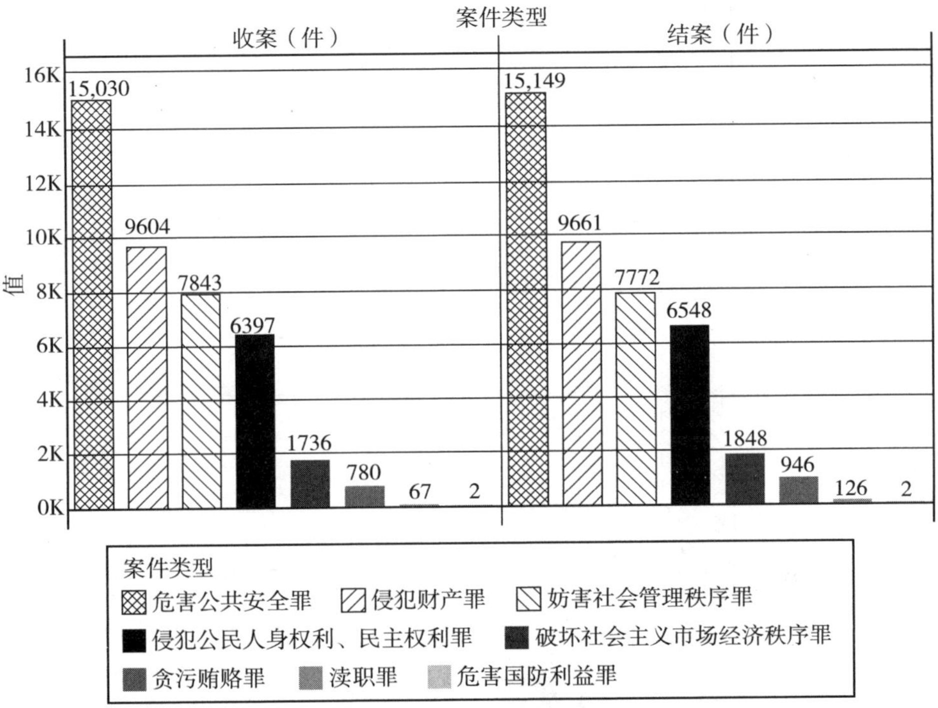

数据来源：2018安徽年鉴。

图2－23　2018年安徽省法院一审刑事收结案图

（四）上海犯罪数据构成及统计分析①（2018年）

2017年上海市公安机关刑事案件立案203,246件，2018年立案242,594件，同比上升19.36%。2018年上海公安刑事案件立案数据按照案件类别和数量排名如下：第一，盗窃，立案139,261起；第二，诈骗，立案68,800起；第三，其他，立案

① 本节除特别标注外，数据来源均为国家统计局2018年上海市统计年鉴。

11,323 起;第四,伤害,立案 2121 起;第五,强奸,立案 518 起;第六,抢劫,立案 188 起;第七,杀人,立案 115 起。相较于 2017 年相关数据,除杀人、伤害、抢劫类案件立案数同比分别下降 14.18%、7.50%、41.80%①以外,其余数据均呈较缓的上升态势。

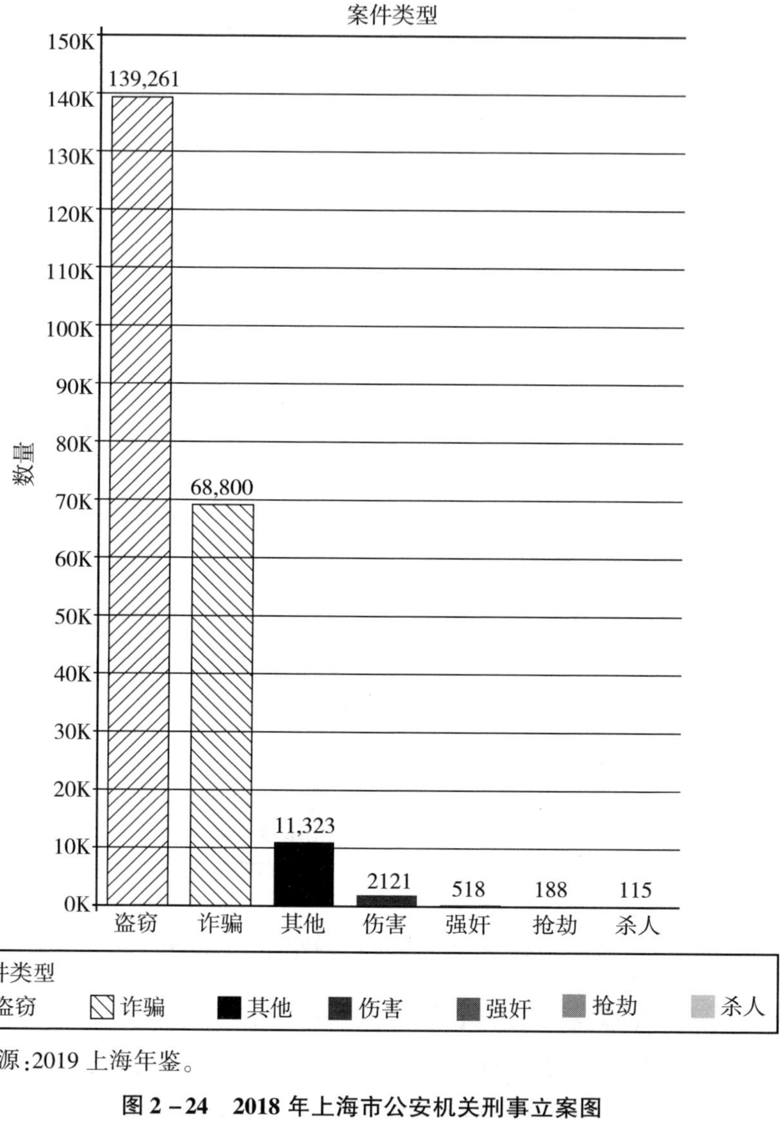

数据来源:2019 上海年鉴。

图 2-24　2018 年上海市公安机关刑事立案图

2017 年上海市公安机关查处治安案件 514,960 起;2018 年查处 366,757 起,

① 数据来源:上海统计局,上海年鉴·2018。

同比下降 28.78%。上海市治安案件数据总体呈下降趋势，表明当地治安状况逐年变好，当地居民的法治意识和安全意识也逐年提升。

2018 年上海市公安治安案件数据按照案件类别和数量排名如下：第一，殴打他人，查处 59,593 起；第二，诈骗、抢夺、敲诈勒索财物，查处 53,171 起；第三，赌博，查处 26,772 起；第四，扰乱单位、公共场所秩序，查处 11,141 起；第五，卖淫、嫖娼，查处 8959 起；第六，寻衅滋事，查处 3197 起；第七，阻碍国家工作人员执行职务，查处 1253 起；第八，伪造、变造、倒卖有价票证、凭证，查处 45 起。

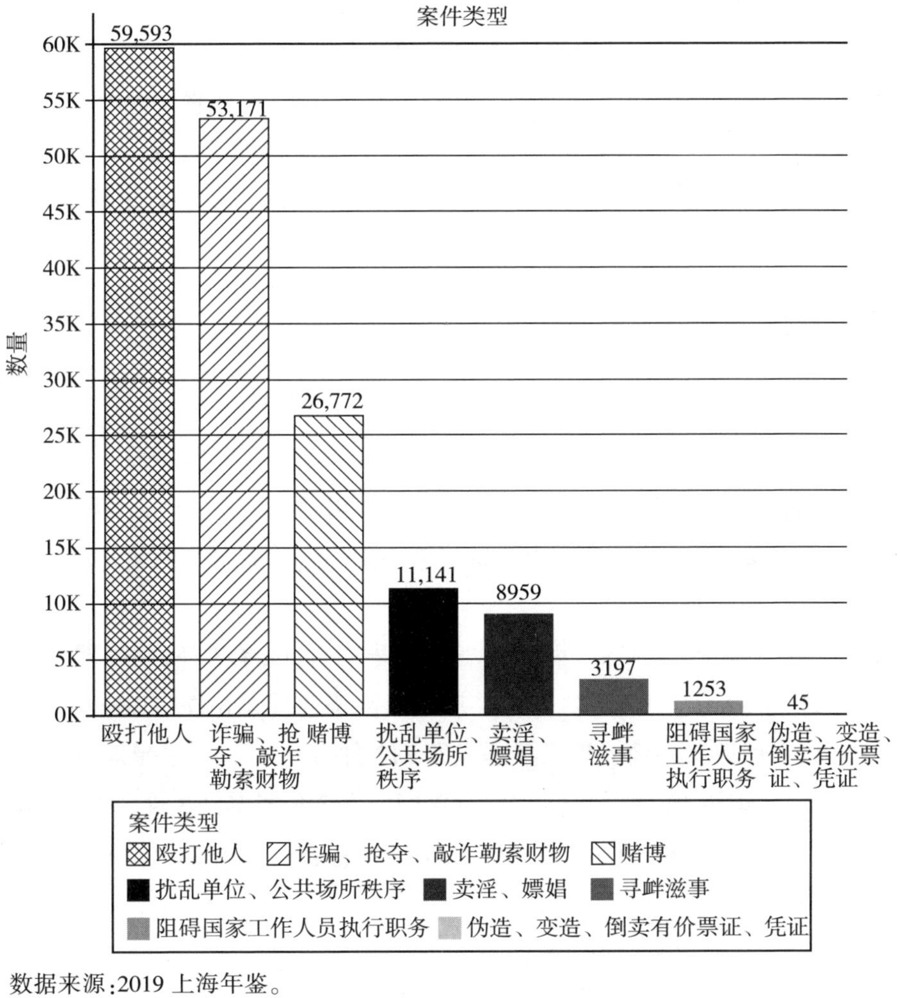

数据来源：2019 上海年鉴。

图 2－25　2018 年上海市公安治安案件图

2018 年上海检察院批准逮捕各类刑事犯罪嫌疑人 27,916 人,提起公诉 27,543 件、38,287 人。其中,电信网络诈骗、侵犯公民个人信息等犯罪批准逮捕 440 人,提起公诉 978 件、2145 人;依法严惩侵害未成年人犯罪,提起公诉 213 件、276 人。

2018 年上海法院一审刑事案件收案 4318 件,结案 4228 件;深入开展“扫黑除恶”专项斗争,依法审结涉恶势力敲诈勒索、非法拘禁、开设赌场等案件 46 件、171 人;依法惩治“套路贷”犯罪①,共审结案件 32 件、111 人;依法惩治腐败犯罪,审结贪污、贿赂、渎职等职务犯罪案件 180 件,对 246 人判处刑罚。

(五)福建犯罪数据构成及统计分析②(2018 年)

2018 年福建省全省法院审结刑事案件 77,600 件。福建省法院严惩严重刑事犯罪,保持对危害国家安全、公共安全和严重暴力、侵财犯罪的打击力度,审结案件 69,800 件;审结非法集资、金融诈骗、“套路贷”等经济犯罪案件 5588 件;依法惩治职务犯罪,审结贪污、贿赂等职务犯罪案件 2173 件。

二、华南地区犯罪数据统计及分析

(一)广西壮族自治区犯罪数据构成及统计分析(2019 年)

2019 年广西壮族自治区检察院提起公诉 50,996 人,批准逮捕 43,513 人,其中,侵犯公民人身权利、民主权利案 6573 起,侵犯财产案 16,712 起,妨害社会管理秩序案 23,763 起,破坏社会主义市场秩序案 4418 起,危害公共安全案 7289 起,其他案件 609 起。③

2019 年广西壮族自治区法院审结各类刑事案件 34,877 件,判处罪犯 51,659 人。截至 11 月 30 日,全区法院一审受理涉黑涉恶案件 596 件、4105 人,审结 431 件、2826 人,审理后认定构成涉黑涉恶犯罪 312 件、1963 人,一审受理“保护伞”案件 37 件、41 人,审结 16 件、17 人;审结危害国家安全犯罪案件 3 件、3 人,利用邪教组织破坏法律实施犯罪案 16 件、32 人;依法审理危害公共安全犯罪案件 6050 件、

---

① 数据来源:上海市 2018 年两院公报。

② 本节除特别标注外,数据来源均为福建省 2017 年、2018 年两院公报。

③ 载广西壮族自治区人民检察院网站:https://www.gxrd.gov.cn/html/art164168.html,2020 年 7 月 31 日最后访问。

6078人;审结杀人、抢劫、强奸、绑架、盗窃等犯罪案件9437件,判处11,379人,同比分别下降10.41%、12.81%;审结毒品犯罪案件4514件、判处5275人;审结传销、电信网络诈骗、集资诈骗、非法吸收公众存款等案件1598件,判处3014人;依法审结贪污贿赂、渎职等职务犯罪案件529件。[①]

(二)海南犯罪数据构成及统计分析(2017年、2018年)

2017年海南省公安机关刑事案件立案35,803件,按照案件类别和数量排名如下:第一,盗窃案件19,763件,占55.20%;第二,诈骗案件5172件,占14.40%;第三,伤害案件1070件,占3.00%;第四,抢劫案件500件,占1.40%;第五,强奸案件161件,占0.40%;第六,杀人案件53件,占0.10%;第七,拐卖妇女、儿童案件6件;第八,伪造货币、出售、购买、运输假币案件2件;第九,走私案件1件。

2018年海南省公安机关刑事案件立案33,302件,同比下降6.98%,按照案件类别和数量排名如下:第一,盗窃案件16,208件,占48.70%;第二,诈骗案件6581件,占19.80%;第三,伤害案件936件,占2.80%;第四,抢劫案件452件,占1.40%;第五,强奸案件184件,占0.60%;第六,杀人案件59件,占0.20%;第七,拐卖妇女、儿童案件3件;第八,伪造货币、出售、购买、运输假币案件3件。[②] 相比2017年,2018年诈骗案件、杀人案件占比升高,盗窃案件占比下降。

2017年海南省公安机关受理治安案件共计59,553件,依法查处治安案件58,118件,按照案件类别和数量排名如下:第一,殴打他人案件,受理12,001件,查处11,552件;第二,盗窃案件,受理8877件,查处8402件;第三,赌博或为赌博提供条件案件,受理5334件,查处5322件;第四,扰乱公共秩序案件,受理1537件,查处1514件;第五,诈骗、抢夺、敲诈勒索案件,1491件,查处1407件;第六,寻衅滋事案件,受理546件,查处527件;第七,违反危险物质管理规定案件,受理498件,查处497件;第八,卖淫、嫖娼案件,受理435件,查处435件;第九,非法携带枪支弹药管制刀具案件,受理309件,查处305件;第十,阻碍执行公务案件,受理282件,查处276件;第十一,伪造、变造、倒卖有价票证、凭证案件,受理17件,查处17件;第十二,哄抢案件,受理3件,查处3件;其他案件,受理28,223件,查处

---

① 载广西壮族自治区法院网:http://gxfy.chinacourt.gov.cn/article/detail/2019/12/id/4733984.shtml,2020年7月31日最后访问。

② 载海南省统计局网站:http://stats.hainan.gov.cn/tjj/tjsu/,2020年7月31日最后访问。

27,861件。

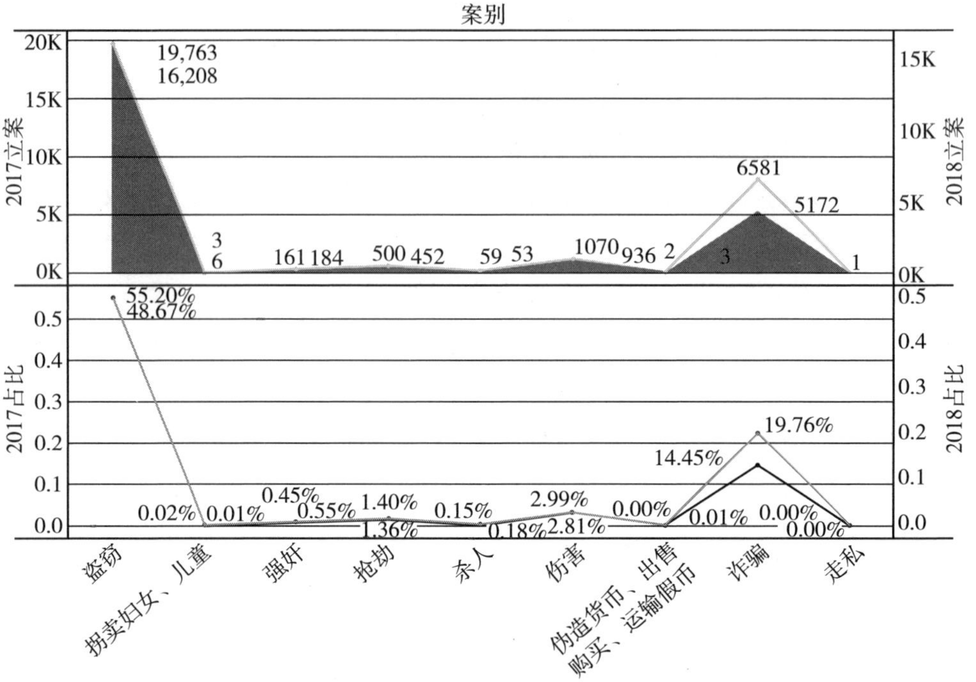

案别的2017立案、2018立案、2017占比与2018占比的趋势。对于窗格2017立案总和：颜色显示有关2017立案、2018立案、2017占比与2018占比的详细信息。对于窗格2018立案总和；颜色显示有关2017立案、2018立案、2017占比与2018占比的详细信息。对于窗格2017占比总和；为2017立案、2018立案、2017占比与2018占比显示了详细信息。对于窗格2018占比总和；颜色显示有关2017立案、2018立案、2017占比与2018占比的详细信息。

度量名称
2017占比　2017立案　2018占比　2018立案

图2－26　海南省2017年、2018年公安机关立案趋势图

2018年海南省公安机关受理治安案件共计50,867件，依法查处治安案件49,431件，按照案件类别和数量排名如下：第一，殴打他人案件，受理11,448件，查处11,100件；第二，盗窃案件，受理8957件，查处8450件；第三，赌博或为赌博提供条件案件，受理3442件，查处3430件；第四，扰乱公共秩序案件，受理1508件，查处1465件；第五，诈骗、抢夺、敲诈勒索案件，受理1414件，查处1302件；第六，寻衅滋事案件，受理712件，查处676件；第七，卖淫、嫖娼案件，受理550件，查处550件；第八，阻碍执行公务案件，受理243件，查处242件；第九，非法携带枪支、弹药、管制刀具案件,受理 241 件,查处 240 件;第十,违反危险物质管理规定案件,受理 172 件,查处 172 件;第十一,伪造、变造、倒卖有价票证、凭证案件,受理 54 件,查处 53 件;第十二,哄抢案件,受理 9 件,查处 9 件;其他案件,受理 22,117 件,查处 21,742 件。其中,违反危险物质管理规定案件受理、查处数大幅度减少 65.46%,赌博类案件数量减少 35.37%,寻衅滋事案件数量升高 20.40%,其余案件由于基数小,增减幅度可以视为基本维持不变(见图 2-27、图 2-28)。

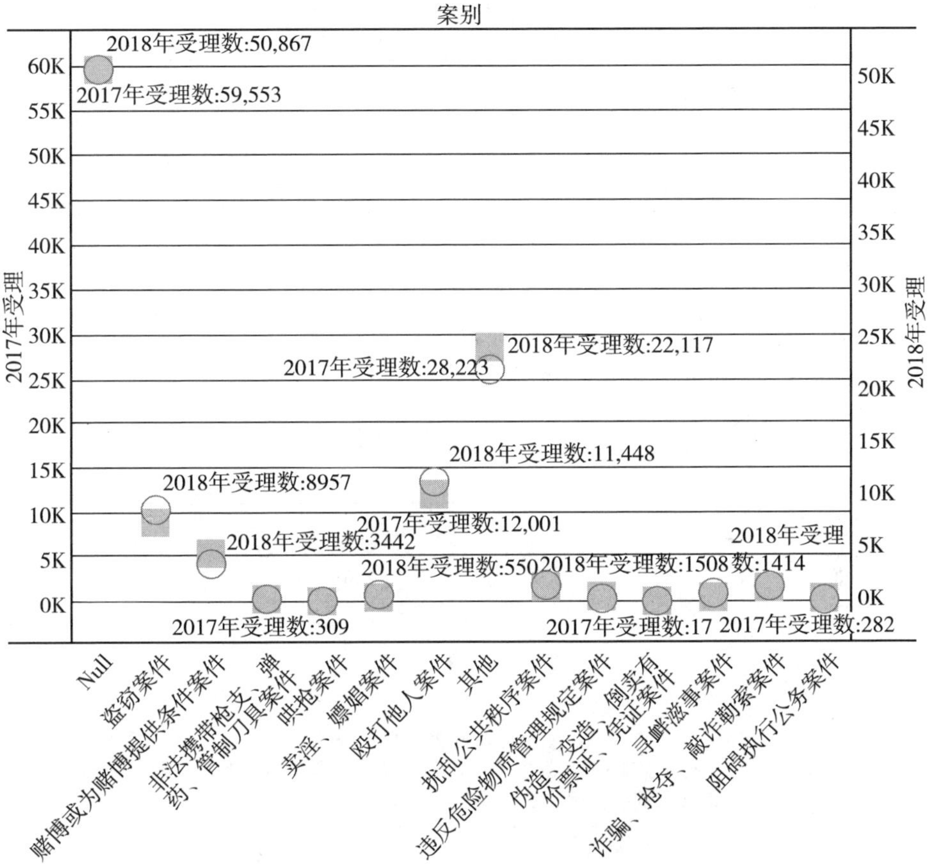

每个案别的2017年受理与2018年受理。颜色显示有关2017年受理与2018年受理的详细信息。对于窗格2017年受理总和：标记按2017年受理进行标记。对于窗格2018年受理总和：标记按2018年受理进行标记。

度量名称
■ 2017年受理 □ 2018年受理

图 2-27　海南省公安机关 2017 年、2018 年受理治安案件

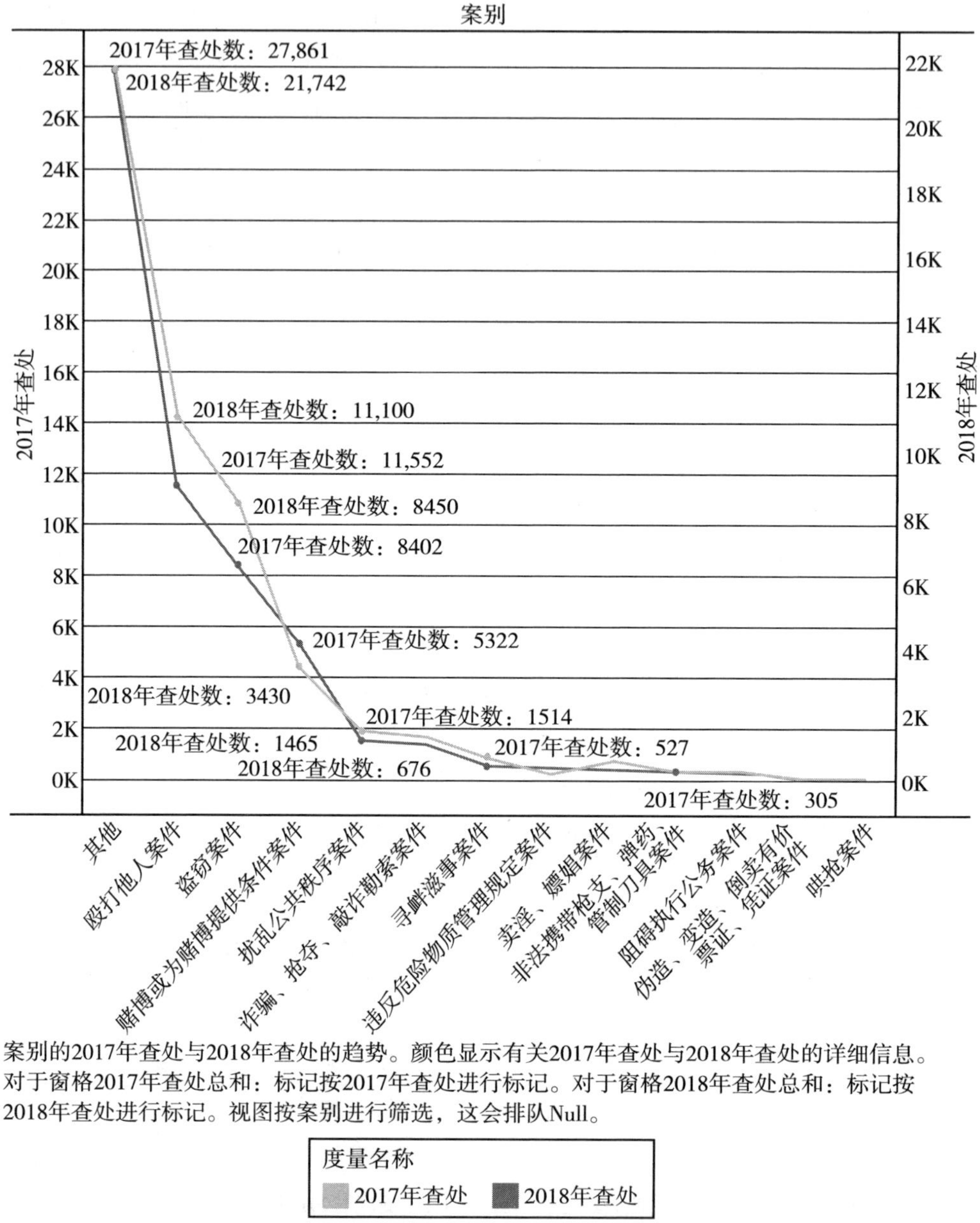

图 2－28　海南省公安机关 2017 年、2018 年查处治安案件

2017 年海南省人民法院刑事案件收案 10,493 件，结案 10,384 件，判决 10,331 件，按照案件类别和数量排名如下：第一，妨害社会管理秩序罪，收案 4698 件，结案 4657 件，判决 4647 件；第二，侵犯财产罪，收案 2265 件，结案 2244 件，判决 2238

件;第三,危害公共安全罪,收案 1379 件,结案 1364 件,判决 1361 件;第四,侵犯公民人身权利、民主权利罪,收案 1352 件,结案 1349 件,判决 1332 件;第五,贪污贿赂罪,收案 255 件,结案 248 件,判决 246 件;第六,破坏社会主义市场经济秩序罪,收案 205 件,结案 188 件,判决 181 件;第七,渎职罪,收案 41 件,结案 36 件,判决 35 件;第八,危害国防利益罪,收案 2 件,结案 2 件,判决 2 件;第九,危害国家安全罪,收案 1 件,结案 1 件,判决 1 件。

2018 年海南省法院刑事案件收案 10,141 件,结案 9876 件,判决 9764 件,按照案件类别和数量排名如下:第一,妨害社会管理秩序罪,收案 4662 件,结案 4486 件,判决 4455 件;第二,侵犯财产罪,收案 2218 件,结案 2168 件,判决 2142 件;第三,危害公共安全罪,收案 1468 件,结案 1451 件,判决 1448 件;第四,侵犯公民人身权利、民主权利罪,收案 1409 件,结案 1365 件,判决 1326 件;第五,破坏社会主义市场经济秩序罪,收案 215 件,结案 225 件,判决 219 件;第六,贪污贿赂罪,收案 149 件,结案 157 件,判决 151 件;第七,渎职罪,收案 18 件,结案 23 件,判决 22 件;第八,危害国防利益罪,收案 2 件,结案 1 件,判决 1 件。① 相较 2016 年同类数据,除贪污贿赂类案件数据有所下降,其他各类案件数据均有不同程度上升,其中妨害社会管理秩序罪数据上升较为明显,同比上升 26.63%。相比 2017 年相关数据,贪污贿赂罪的收案、结案、判决数量大幅度减少 41.57%,其他案件数量基本维持不变(见图 2-29)。

2017 年全省法院判处罪犯共 12,914 人,其中女性 411 人,19.70% 的女性罪犯被判处诈骗罪,10.95% 的女性罪犯被判处盗窃罪。2018 年全省法院判处罪犯共 9926 人,相比 2017 年下降 23.14%,其中女性 495 人,相比 2017 年上升 21.17%,7.07% 的女性被判处诈骗罪,8.89% 被判处盗窃罪,相应比例相对去年有显著下降。值得关注的是,尽管被判处的罪犯人数显著下降 23.14%,但是相应的青少年犯罪人数仅下降 7.88%,青少年罪犯占刑事罪犯总数的比例上升 4%,不满 18 岁的青少年罪犯占青少年罪犯总数的比例上升 4.47%(见图 2-30)。

① 载海南省统计局网站:http://stats.hainan.gov.cn/tjj/tjsu/,2020 年 7 月 31 日最后访问。

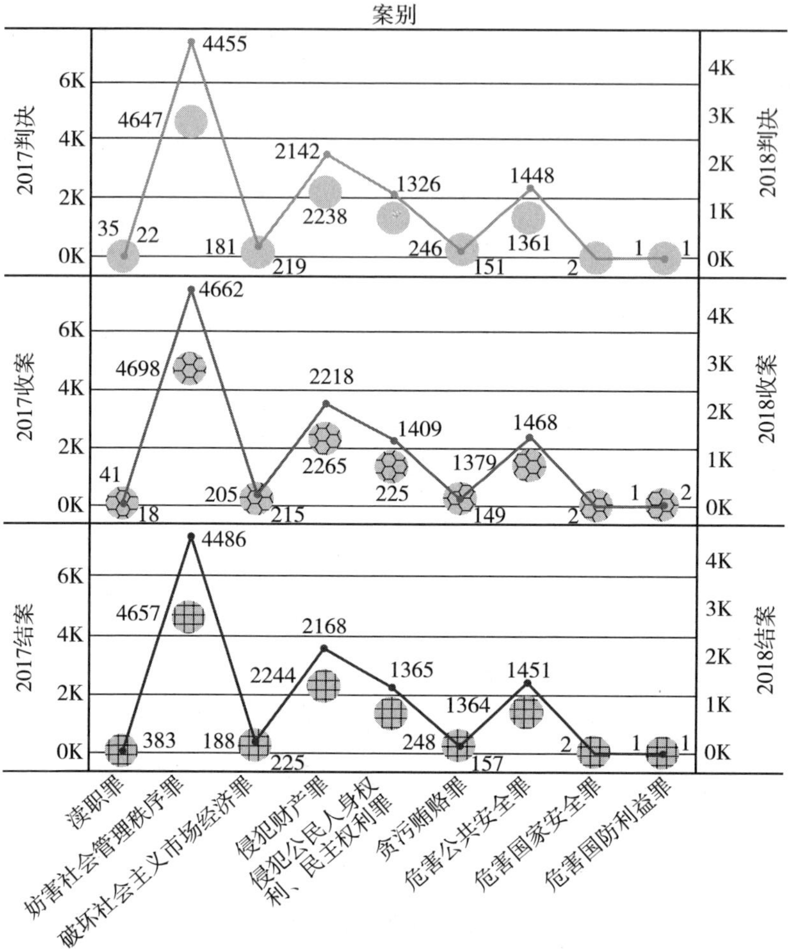

案别的2017判决，2018判决，2017收案，2018收案，2017结案与2018结案的趋势。颜色显示有关2017判决，2018判决，2017收案，2018收案，2017结案与2018结案的详细信息。对于窗格2017判决总和：标记按2017判决进行标记。对于窗格2018判决总和：标记按2018判决进行标记。对于窗格2017收案总和：标记按2017收案进行标记。对于窗格2018收案总和：标记按2018收案进行标记。对于窗格2017结案总和：标记按2017结案进行标记。对于窗格2018结案总和：标记按2018结案进行标记。

度量名称
2017判决　2017收案　2017结案　2018判决　2018收案　2018结案

图 2-29　海南省人民法院 2017 年、2018 年判决、收案、结案变化图

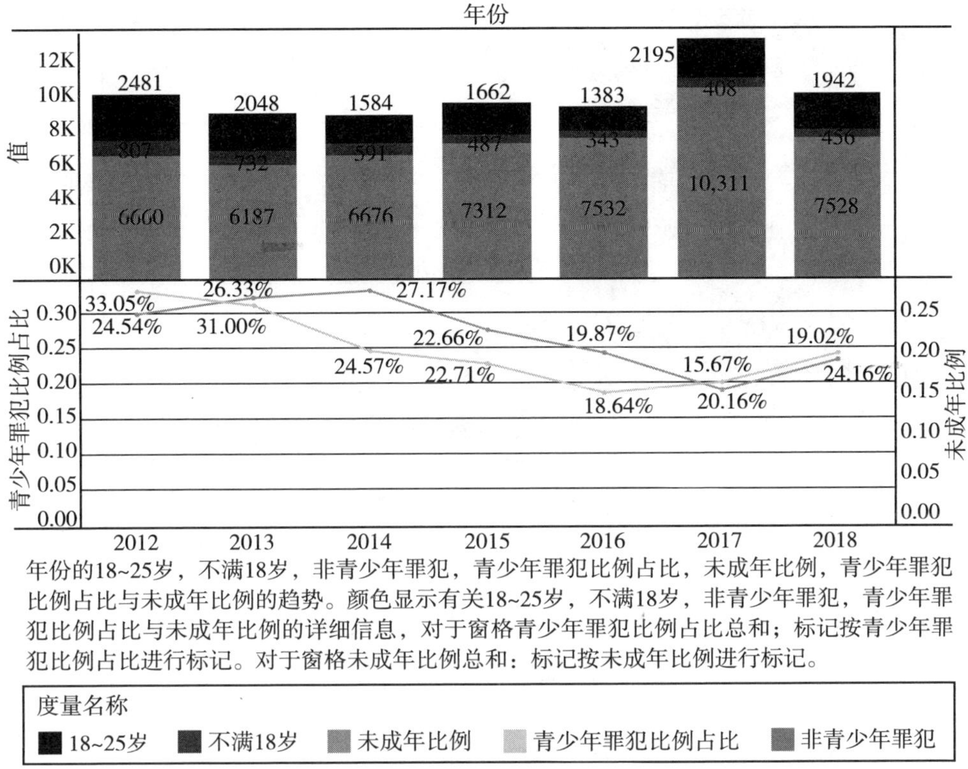

图2-30　海南省2012~2018年青少年罪犯历年图

(三)广东犯罪数据构成及统计分析(2019年)

2019年广东省人民法院刑事案件收案130,693件,结案130,239件,判决107,453件,按照案件类别和数量排名如下:第一,侵犯财产罪,收案38,497件,结案38,223件;第二,危害公共安全罪,收案35,442件,结案35,389件;第三,妨害社会管理秩序罪,收案32,952件,结案33,079件;第四,侵犯公民人身权利、民主权利罪,收案14,759件,结案14,783件;第五,破坏社会主义市场经济秩序罪,收案7799件,结案7399件;第六,贪污贿赂罪,收案1073件,结案1175件;第七,渎职罪,收案129件,结案158件;第八,危害国防利益罪,收案30件,结案22件[①](见图2-31、图2-32)。

① 载广东法院网:http://www.gdcourts.gov.cn/index.php?v=listing&cid=87,2020年7月31日最后访问。

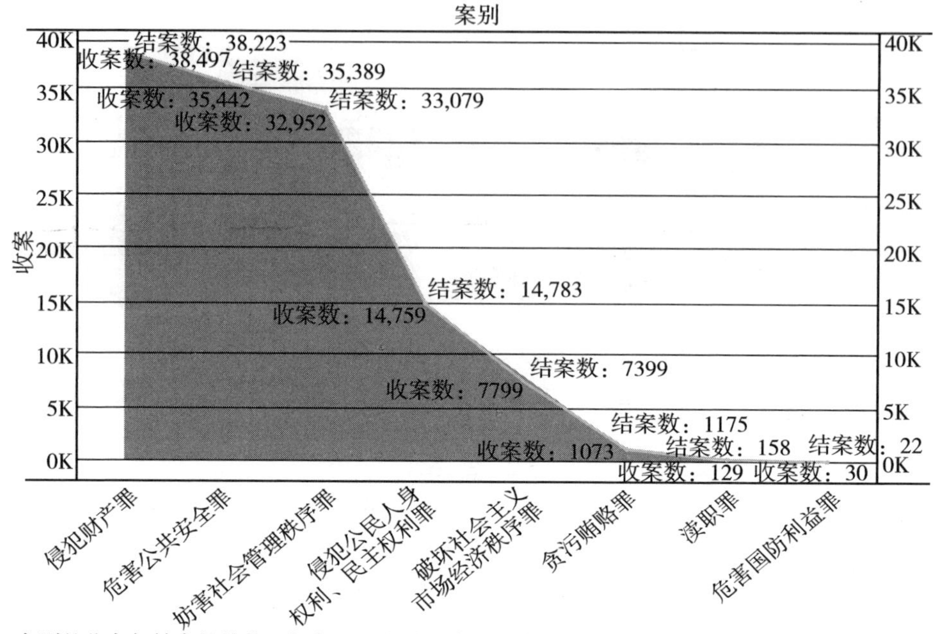

案别的收案与结案的趋势，颜色显示有关收案与结案的详细信息，对于窗格收案总和：标记按收案进行标记，对于窗格结案总和：标记按结案进行标记。

度量名称
收案　结案

图 2-31　广东省人民法院 2019 年一审刑事案件收案、结案图

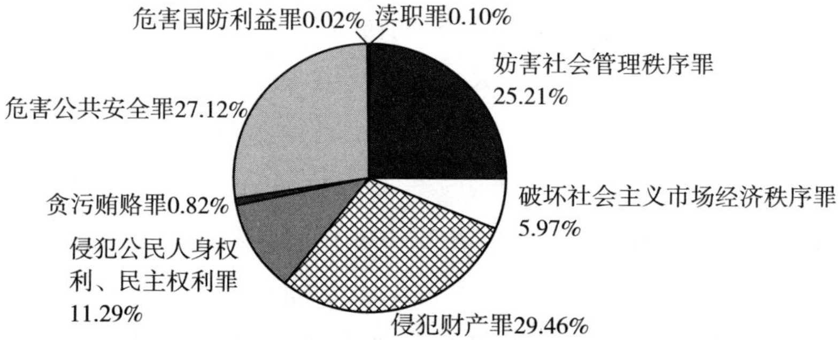

F2与F5总和，颜色显示有关F2的详细信息。大小显示F5总和。标记按F2与F5总和进行标记。

F5
99.99%
F2
Null　渎职罪　妨害社会管理秩序罪　破坏社会主义市场经济秩序罪　侵犯财产罪
侵犯公民人身权利、民主权利罪　贪污贿赂罪　危害公共安全罪　危害国防利益罪

图 2-32　广东省人民法院 2019 年刑事一审收案比例图

三、华中地区犯罪数据统计及分析

（一）湖北犯罪数据构成及统计分析（2018年）

2000年至2018年湖北省公安机关的刑事案件立案总数逐年上升，2015年达到最高峰值，2018年跌至210,296件，相比2017年下降10.00%，破案率相比2017年下降4.5%。①

2018年湖北省检察机关受理总数为50,368件，总数与2017年基本维持一致，值得关注的是，不起诉总人数达到了3924人，是自2000年以来不起诉率的峰值。

2018年湖北省人民法院刑事一审案件审理案件数为41,332件，相比2017年上升2.54%。2018年湖北省人民法院刑事一审案件收结案情况按照犯罪类别和数量排名如下：第一，危害公共安全罪，收案12,349件，结案12,369件；第二，妨害社会管理秩序罪，收案10,452件，结案10,214件；第三，侵犯财产罪，收案9851件，结案9806件；第四，侵害公民人身权利、民主权利罪，收案5889件，结案5862件；第五，破坏社会主义市场经济秩序罪，收案1683件，结案1688件；第六，贪污贿赂罪，收案931件，结案951件；第七，渎职罪，收案163件，结案219件；第八，危害国防利益罪，收案12件，结案13件。相较于2017年数据，危害公共安全罪、妨害社会管理秩序罪、破坏社会主义市场罪案件数量均有所提升，为8%～15%，其余案件数量均有所下降，其中贪污贿赂罪、渎职罪案件数量下降率高达20%。2017年湖北省人民法院刑事案件罪犯总数为41,654人，2018年刑事罪犯总数为46,351人，同比增长11.29%。其中，2017年湖北省青少年犯罪人数为5028人，2018年为6084人，同比增长21.00%，相较于2017年的未成年罪犯占比高达16.95%，2018年下降为10.75%，有了较大的波动。

（二）河南犯罪数据构成及统计分析（2017年、2018年）

2017年河南省公安机关刑事案件立案450,876件，2018年为414,645起，2018年的刑事案件立案数为2017年的85.50%，同比下降14.50%。2017年公安机关刑事立案情况按照犯罪类别和数量排列如下：第一，盗窃案件301,609起，占66.89%；第二，诈骗案件81,748起，占18.13%；第三，伤害案件8827起，占1.96%；第四，强奸案件2218起，占0.49%；第五，抢劫案件1816起，占0.40%；第

① 载湖北省统计局网站：http://tjj.hubei.gov.cn/tjsj/tjgb/ndtjgb/qstjgb/202003/t20200323_2188487.shtm，2020年7月31日最后访问。

六,杀人案件525起,占0.12%;第七,拐卖妇女、儿童案件361起,占0.08%;第八,伪造、变造货币,出售、购买、运输、持有、使用假币案件65起;第九,走私案件2起;第十,其他案件53,075起,占11.91%。2018年相关数据如下:第一,盗窃案件249,021起,占60.10%;第二,诈骗案件84,946起,占20.49%;第三,伤害案件7158起,占1.73%;第四,强奸案件2387起,占0.58%;第五,抢劫案件1193起,占0.29%;第六,杀人案件471起,占0.11%;第七,拐卖妇女、儿童案件302起,占0.07%;第八,伪造、变造货币,出售、购买、运输、持有、使用假币案件61起,占0.01%;第九,其他案件69,106起,占16.67%。① 两年相较,诈骗案件数量增加3.91%,占比上升2.36%;盗窃案件数量减少17.44%,占比下降6.83%;抢劫案件数量减少34.31%,占比下降0.11%,由于基数较小,上下波动浮动略大。总体而言,案件的构成比重大致维持不变,未出现较大的浮动。

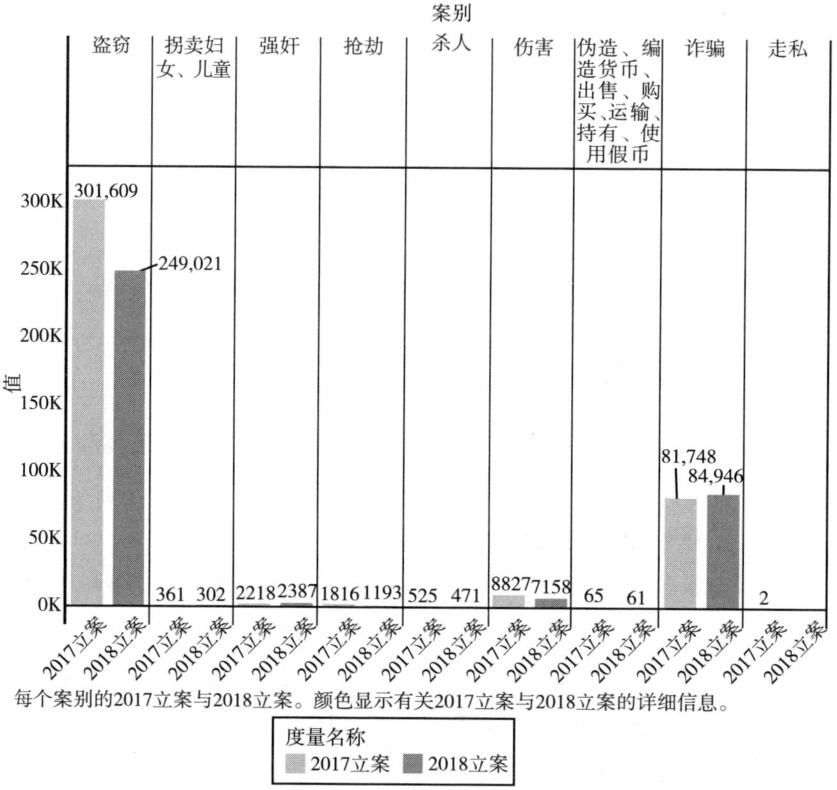

图2-33 河南省公安机关2017年、2018年立案数据对比图

① 载河南省统计局网站:http://www.ha.stats.gov.cn/tjfw/tjcbw/tjnj/,2020年8月1日最后访问。

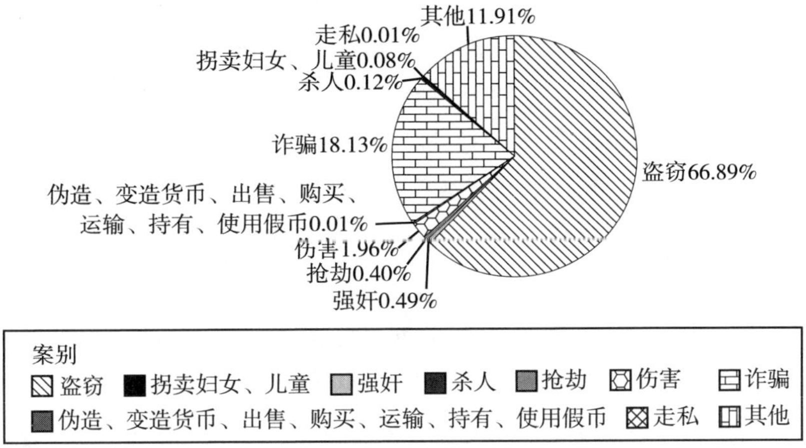

图2-34　河南省公安机关2017年立案构成图

2017年河南省公安机关受理治安案件共计639,111件,依法查处治安案件604,343件,每万人口受理案件数66.86起,按照案件类别和数量排列如下:第一,殴打他人案件受理212,642起,查处202,742起;第二,盗窃案件受理69,126起,查处60,129起;第三,故意伤害案件受理33,582起,查处32,606起;第四,违反危险物质管理规定案件受理17,338起,查处17,108起;第五,毒品违法活动案件受理10,234起,查处10,157起;第六,赌博或为赌博提供条件案件受理9015起,查处8910起;第七,寻衅滋事案件受理7055起,查处6515起,每万人口受理案件0.74起;第八,诈骗案件受理5676起,查处4716起;第九,违反旅馆业管理案件受理5430起,查处5294起;第十,违反房屋出租管理案件受理4632起,查处4631起;第十一,扰乱单位秩序案件受理4049起,查处3887起;第十二,阻碍执行职务案件受理2526起,查处2468起;第十三,扰乱公共场所秩序案件受理2367起,查处2312起;第十四,卖淫、嫖娼案件受理1798起,查处1784起;第十五,非法携带枪支、弹药、管制刀具案件受理1522起,查处1461起;第十六,敲诈勒索案件受理687起,查处636起;第十七,抢夺案件受理301起,查处256起;第十八,伪造、变造、倒卖有价票证、凭证案件受理73起,查处64起。2018年河南省公安机关受理治安案件共计569,949件,依法查处治安案件537,325件,受理、查处比例均下降10%左右,按照案件类别和数量排列如下:第一,殴打他人案件受理173,752起,查处164,057起;第二,盗窃案件受理85,843起,查处74,889起;第三,故意伤害案件受理

31,064起,查处30,062起;第四,赌博或为赌博提供条件案件受理14,156起,查处14,018起;第五,寻衅滋事案件受理8997起,查处8364起;第六,违反危险物质管理规定案件受理8971起,查处8663起;第七,毒品违法活动案件受理8608起,查处8520起;第八,诈骗案件受理6517起,查处5512起;第九,违反旅馆业管理案件受理6111起,查处5880起;第十,扰乱单位秩序案件受理3503起,查处3382起;第十一,违反房屋出租管理案件受理2545起,查处2539起;第十二,阻碍执行职务案件受理2190起,查处2126起;第十三,卖淫、嫖娼案件受理2171起,查处2152起;第十四,扰乱公共场所秩序案件受理1470起,查处1392起;第十五,非法携带枪支、弹药、管制刀具案件受理963起,查处920起;第十六,敲诈勒索案件受理538起,查处475起;第十七,抢夺案件受理238起,查处207起;第十八,伪造、变造、倒卖有价票证、凭证案件受理70起,查处67起。① 通过对比两年数据可见,盗窃治安案件的查处比例上升3%,而作为刑事案件处理的盗窃案件则对应有所下降,殴打他人、故意伤害治安案件与刑事案件中的伤害案件的比例呈现出类似的规律,意味着河南省打击盗窃、伤害案件的力度有所减弱,倾向于通过治安管理处罚的方式惩处不法行为,其盗窃、殴打他人案件的比例有所波动主要是受到刑事政策的影响;对赌博案件的查处有较大的波动,增加了5108起,比例上升了1.13%;对于违法危险物质管理、毒品违法活动案件的查处比例下降,数量上有较大的变动,由于刑事案件的占比中并未对两类案件进行细致分类,缺少相应的刑事立案数据,两者波动较大的原因很难认定为是受到刑事政策的影响;扰乱单位秩序、违反房屋出租管理、卖淫嫖娼、非法携带枪支类案件数量显著减少(见图2-33、图2-34、图2-35)。

① 载河南省统计局网站:http://www.ha.stats.gov.cn/tjfw/tjcbw/tjnj/,2020年8月1日最后访问。

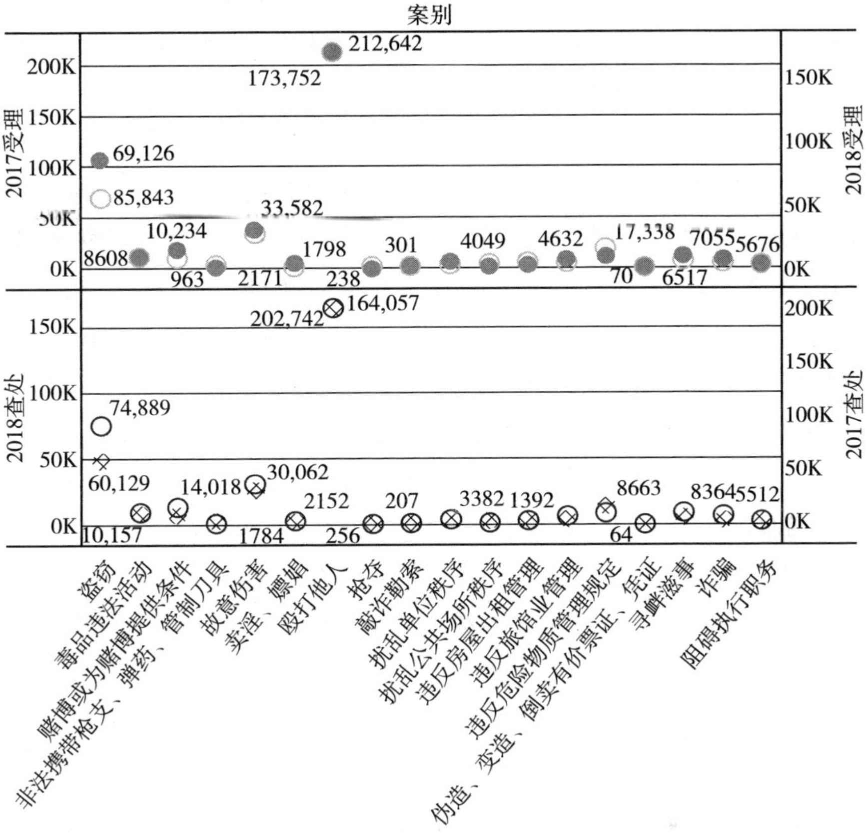

每个案别的2017受理、2018受理、2018查处与2017查处。颜色显示有关2017受理、2018受理、2018查处与2017查处的详细信息。对于窗格2017受理总和：标记按2017受理进行标记。对于窗格2018受理总和：标记按2018受理进行标记。对于窗格2018查处总和：标记按2018查处进行标记。对于窗格2017查处总和：标记按2017查处进行标记。

度量名称

2017受理　2017查处　2018受理　2018查处

图 2－35　河南省公安机关 2017 年、2018 年治安案件受理、查处变化图

2018 年河南省检察院共办理 121,484 起案件，其中，贪污贿赂犯罪案件 1019 起，一审审结率 78.41%，二审审结率 12.46%，上诉率 8.83%，抗诉率 3.63%，再审率 0.20%；渎职侵权案件 212 起，一审审结率 70.28%，二审审结率 25.47%，上诉率 18.40%，抗诉率 18.40%；其他刑事案件 120,253 起，一审审结率 67.64%，二审审结率1.06%,上诉率0.64%,抗诉率0.42%,再审率0.20%。[①] 贪污贿赂、渎职侵权等职务犯罪案件二审审结率、上诉率、抗诉率相对其他刑事案件而言较高。

2017年河南全省人民法院审理刑事一审案件共收案135,893件,结案136,455件。2018年河南全省人民法院审理刑事一审案件共收案92,472件,下降31.95%,结案91,981件,下降32.59%。2017年河南全省人民法院刑事一审案件收结案情况按照罪名和收结案数量排名如下:第一,妨害社会管理秩序罪,收案68,457件,结案68,221件;第二,危害公共安全罪,收案26,694件,结案26,847件;第三,侵犯财产罪,收案21,879件,结案22,115件;第四,侵犯公民人身权利、民主权利罪,收案10,807件,结案11,083件;第五,破坏社会主义经济秩序罪,收案4440件,结案4584件;第六,贪污贿赂罪,收案2744件,结案2767件;第七,渎职罪,收案850件,结案818件;第八,危害国防利益罪,收案20件,结案18件。2018年相关情况排名如下:第一,危害公共安全罪,收案35,592件,结案35,468件;第二,侵犯财产罪,收案20,507件,结案20,232件;第三,妨害社会管理秩序罪,收案19,636件,结案19,349件;第四,侵犯公民人身权利、民主权利罪,收案10,969件,结案10,862件;第五,破坏社会主义经济秩序罪,收案4642起,结案4699起;第六,贪污贿赂罪,收案890件,结案1051件;第七,渎职罪,收案205件,结案287件;第八,危害国防利益罪,收案28件,结案30件。[②] 审判的三大主要案件的占比发生巨大变化,其中,危害公共安全罪案件数量增加了33%左右,侵犯财产罪案件数量减少7%左右,妨害社会管理秩序罪案件数量减少70%,贪污贿赂、渎职犯罪的数量大幅度减少70%(见图2-36、图2-37)。

---

① 载河南省统计局网站:http://www.ha.stats.gov.cn/tjfw/tjcbw/tjnj/,2020年8月1日最后访问。

② 载河南省统计局网站:http://www.ha.stats.gov.cn/tjfw/tjcbw/tjnj/,2020年8月1日最后访问。

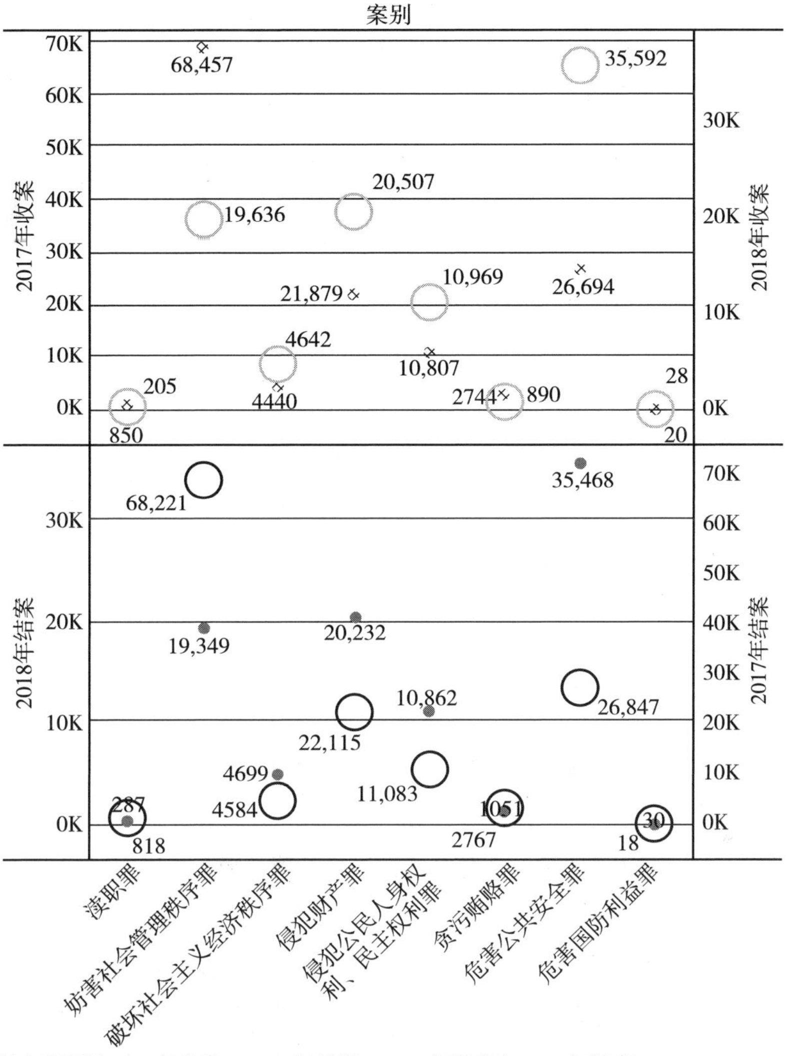

每个案别的2017年收案，2018年收案，2018年结案与2017年结案。
颜色显示有关2017年收案，2018年收案，2018年结案与2017年结案的详细信息。对于窗格2017年收案总和：标记按2017年收案进行标记。对于窗格2018年收案总和：标记按2018年收案进行标记。对于窗格2018年结案总和：标记按2018年结案进行标记。对于窗格2017年结案总和：标记按2017年结案进行标记。

度量名称			
2017年收案	2017年结案	2018年收案	2018年结案

图 2－36　河南省人民法院 2017 年、2018 年刑事一审收案、结案对比图

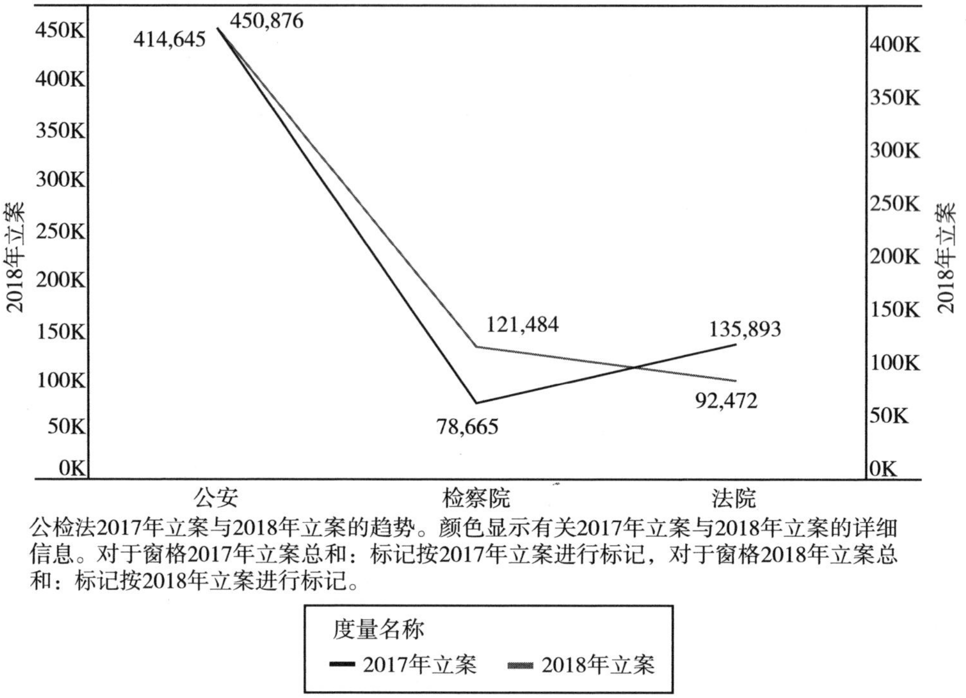

图 2-37　河南省公检法 2017 年、2018 年立案趋势对比图

(三)湖南犯罪数据构成及统计分析(2019 年)

2019 年湖南省人民检察院依法批准逮捕 47,219 人,起诉 69,744 人,其中起诉危害国家安全及邪教组织等犯罪 95 人;起诉非法传销、集资诈骗等涉众型经济犯罪 1225 人;起诉故意杀人、绑架、抢劫等严重暴力犯罪 6904 人;起诉破坏扶贫开发秩序、侵吞扶贫资金等犯罪 266 人;起诉非法采砂、非法排污、滥砍滥伐等破坏生态环境资源犯罪 2390 人;起诉哄抢企业财物、敲诈企业家、干扰企业生产经营等犯罪 68 人;起诉涉恶案件 5383 人,不批准逮捕 256 人,不起诉 122 人,纠正漏捕 393 人以及漏诉 398 人;批准逮捕涉恶“保护伞”53 人,起诉 75 人;立案侦查涉“保护伞”司法工作人员 26 人,立案侦查司法工作人员利用职权实施侵犯公民权利、损害司法公正犯罪 42 人;对涉嫌严重犯罪的未成年人依法批准逮捕 2066 人、起诉 2503 人,对涉嫌轻微犯罪且有悔罪表现的未成年人依法不批准逮捕 789 人、不起诉 561 人。①

---

① 载湖南省人民检察院网站:https://www.hn.jcy.gov.cn/xwfb/gzbg/jcgzbg/2020/content_77619.html,2020 年 8 月 1 日最后访问。

2019 年湖南省人民法院一审审结刑事案件 4.7 万件、6.7 万人，审结涉黑涉恶案件 1021 件、5115 人，非法集资等案件 535 件，1195 人，各类金融纠纷案件 5.9 万件，涉农案件 5.7 万件，贪污挪用扶贫资金等案件 167 件、241 人，非法集资等案件 535 件、1195 人，贪污挪用扶贫资金等案件 167 件、241 人；审结故意杀人、绑架、抢劫等严重暴力犯罪案件 4963 件、7466 人，毒品犯罪案件 5946 件、8262 人，危害食品药品安全犯罪案件 153 件、322 人；审结"套路贷"、"校园贷"、电信诈骗等多发性侵财犯罪案件 9202 件、1.2 万人。①

（四）江西省犯罪数据构成及统计分析（2019 年）

2019 年江西省人民检察院批准逮捕各类刑事犯罪 36,626 人，起诉 53,733 人，同比分别上升 9.1%、21.4%。其中，起诉危害国家安全、利用邪教组织破坏法律实施犯罪 209 人，同比上升 171.4%；起诉杀人、故意伤害、绑架等暴力犯罪 3708 人，同比下降 10.2%；起诉黄赌毒、盗抢骗、涉枪涉爆等犯罪 20,122 人，同比上升 5.4%；起诉危害食品药品安全犯罪 160 人；批准逮捕涉黑涉恶犯罪 3053 人，起诉 6993 人，追加认定涉黑涉恶案件 293 件，依法不认定涉黑涉恶案件 250 件，起诉包庇纵容黑恶犯罪的"保护伞"112 人；批准逮捕破坏金融管理秩序犯罪和金融诈骗犯罪 641 人，起诉 865 人，同比分别上升 18.9%、34.9%；起诉贪污、挪用扶贫款物等"蝇贪"55 人；起诉制售假劣农资产品等坑农害农犯罪 263 人，起诉各类破坏环境资源犯罪 2369 人；批准逮捕侵害民营企业家人身权、财产权、创新权益及经营自主权等犯罪 2502 人，起诉 3472 人；起诉侵害未成年人权益犯罪 2222 人，同比上升 50%；起诉涉罪未成年人 1838 人，不起诉和附条件不起诉 519 人；起诉侵害妇女人身权犯罪 2445 人，同比上升 84%；起诉侵害老年人权益犯罪 1747 人，同比上升 24%；起诉侵害残疾人权益犯罪 176 人，同比上升 36.4%。②

2019 年江西省人民法院收案 700,006 件，结案 678,797 件，同比分别上升 11.53%、13.9%；其中，省高级人民法院收案 6549 件，结案 6026 件；审结一、二审刑事案件 39,161 件，同比上升 10.04%。其中，审结破坏资源、污染环境等违法犯

① 载湖南人大网站：http://www.hnrd.gov.cn/Info.aspx？ModelId = 1&Id = 30579，2020 年 8 月 1 日最后访问。

② 载江西省人民检察院网站：http://www.jx.jcy.gov.cn/tjzj/jcgzbg/202003/t20200303_2784193.shtml，2020 年 8 月 2 日最后访问。

罪案件1427件;审结涉黑涉恶案件1164件、7266人,结案率92.23%;审结纵容黑社会性质组织案等"保护伞"案件90件、105人;审结杀人、绑架、抢劫等严重暴力犯罪案件4021件;审结危险驾驶、危害食品药品安全、侵害妇女儿童权益等犯罪案件5670件;审结涉众型经济犯罪、非法吸收公众存款等案件351件,涉毒品案件2354件;审结受贿案等职务犯罪案件443件、585人,其中被告人原为县处级以上51人。①

四、华北地区犯罪数据统计及分析

(一)北京犯罪数据构成及统计分析(2017~2019年)

2019年北京市人民法院共办理审查逮捕案件20,144件、28,837人,批准和决定逮捕13,430件、17,887人;办理审查起诉案件24,285件、32,712人,起诉19,921件、25,332人。人民检察院办理强奸、强制猥亵、拐卖妇女儿童等犯罪660件、683人;起诉煽动滋事、网络政治谣言、冒用党和国家机关名义实施诈骗等犯罪77件、116人;起诉爆炸、涉枪、重大安全事故等犯罪88件、126人;依法办理各类涉军犯罪23件、26人;受理监察委员会移送职务犯罪案件326件、357人,经审查决定逮捕183件、201人,起诉266件、289人;起诉非法集资、走私、危害税收征管秩序等犯罪990件、2099人,其中,涉案金额过亿元的重大非法集资犯罪案件142件;办理网络电信诈骗犯罪,起诉22件、121人;办理涉黑犯罪案件5件、53人,涉恶犯罪案件130件、575人;打击侵犯知识产权犯罪,起诉142件、279人;对失足未成年人进行教育、感化、挽救,决定附条件不起诉84人。②

2017年北京市法院刑事案件收案18,584件,结案18,628件,各类案件中危害公共安全类案件上升数量最高,可能与执法力度逐渐加强相关。2017年案件情况按照案件类别和数量排名如下:第一,侵犯财产罪,收案5560件,结案5616件;第二,危害公共安全罪,收案4152件,结案4137件;第三,妨害社会管理秩序罪,收案3823件,结案3811件;第四,侵犯公民人身权利、民主权利罪,收案3287件,结案3320件;第五,破坏社会主义市场经济秩序罪,收案1453件,结案1417件;第六,贪污贿赂罪,收案259件,结案288件;第七,渎职罪,收案22件,结案20件;第八,危

---

① 《江西省高级人民法院工作报告》,载《江西日报》2020年2月13日,第7版。

② 载北京市人大常委会网站:http://www.bjrd.gov.cn/zdgz/zyfb/bg/202003/t20200305_201593.html,2020年8月1日最后访问。

害国防利益罪，收案 20 件，结案 18 件。2018 年北京市法院刑事案件收案 17,089 件，结案 17,059 件，按照案件类别和数量排名如下：第一，侵犯财产罪，收案 5321 件，结案 5293 件；第二，危害公共安全罪，收案 3914 件，结案 3959 件；第三，妨害社会管理秩序罪，收案 3043 件，结案 3042 件；第四，侵犯公民人身权利、民主权利罪，收案 3050 件，结案 3063 件；第五，破坏社会主义市场经济秩序罪，收案 1581 件，结案 1512 件；第六，贪污贿赂罪，收案 142 件，结案 144 件；第七，渎职罪，收案 12 件，结案 19 件；第八，危害国防利益罪，收案 26 件，结案 27 件。[①] 总体来看，案件数量大多呈减少趋势，总体犯罪构成占比维持不变，其中渎职罪、贪污贿赂罪案件数量减少比例约为 50%，其他案件数量都有不同程度的减少，值得关注的是破坏社会主义市场经济秩序罪占比呈上升状态（见图 2－38、图 2－39）。

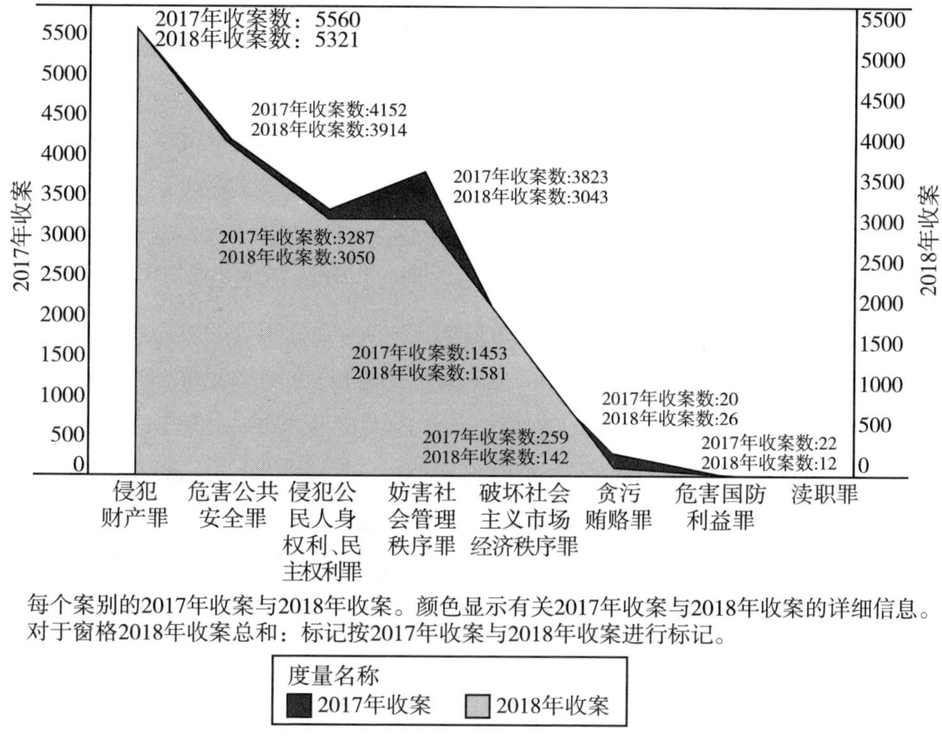

图 2－38 北京市人民法院 2017 年、2018 年刑事一审收案对比图

① 载北京市统计局网站：http://nj. tjj. beijing. gov. cn/nj/main/2019 - tjnj/zk/indexch. htm，2020 年 8 月 1 日最后访问。

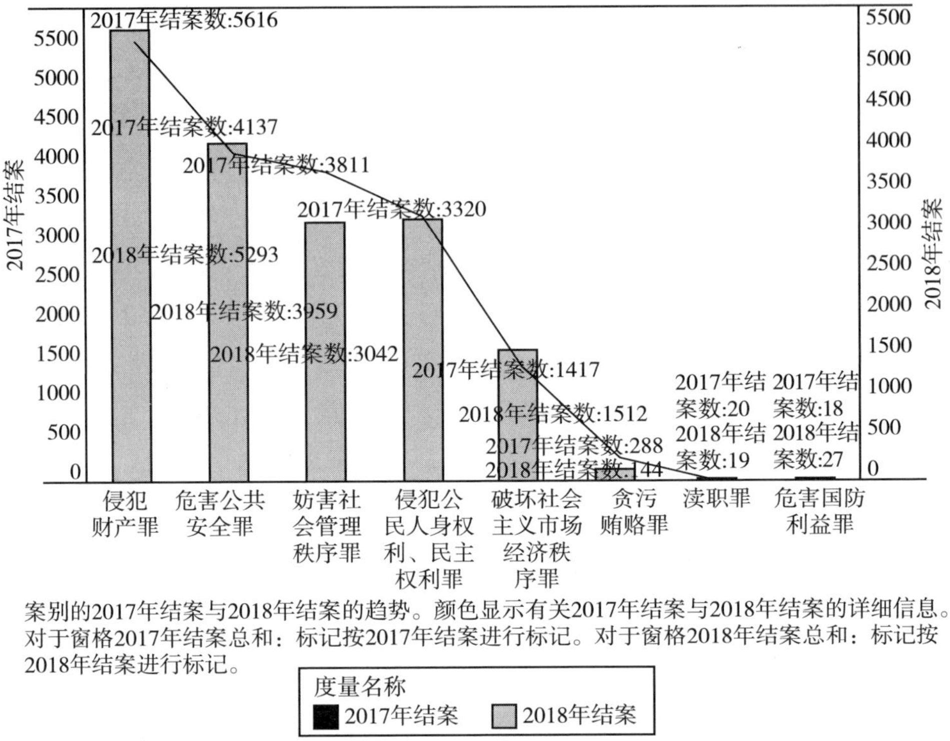

图 2-39　北京市人民法院 2017 年、2018 年刑事一审结案对比图

(二)天津犯罪数据构成及统计分析(2019 年)

2019 年天津市全市检察机关共批准和决定逮捕各类刑事犯罪 10,800 人,起诉 20,981 人。其中,起诉金融诈骗、破坏金融管理秩序犯罪 553 件、1434 人;起诉走私、传销、合同诈骗等破坏市场经济秩序犯罪 2952 人,同比上升 60.3%;起诉侵犯公民人身权利、民主权利犯罪 2679 人;起诉抢劫、盗窃等侵财犯罪 5153 人;惩处侵害未成年人合法权益的犯罪,批捕 329 人,起诉 546 人;对监察委移送案件提起公诉 270 件、313 人;批捕涉黑涉恶犯罪 499 人,起诉 1033 人,起诉“保护伞”13 人。[①] 2019 年天津市人民法院审结一审刑事案件 13,753 件,判处罪犯 15,789 人。其中,审结贪污贿赂等犯罪案件 253 件、492 人,其中被告人原任处级以上职务 43 人;惩处黑恶势力罪犯 483 人;审结“保护伞”案件 9 件;判决抢劫、盗窃等多发性侵财犯

① 载天津市人民检察院网站:http://www.tj.jcy.gov.cn/jwgk/gzbg/202001/t20200121_2763363.shtml,2020 年 8 月 2 日最后访问。

罪和制假售假、危害食品药品安全等罪犯 1967 人。[①]

(三)内蒙古自治区犯罪数据构成及统计分析(2018 年、2019 年)

2018 年内蒙古自治区公安机关刑事案件立案 69,358 件,按照犯罪类别和数量排列如下:第一,盗窃案件 30,171 起,占 43.50%;第二,诈骗案件 15,675 起,占 22.60%;第三,伤害案件 1727 起,占 2.49%;第四,强奸案件 645 起,占 0.93%;第五,抢劫案件 305 起,占 0.44%;第六,杀人案件 270 起,占 0.39%;第七,拐卖妇女、儿童案件 21 起,占 0.03%;第八,伪造、变造货币、出售、购买、运输、持有、使用假币案件 14 起,0.02%;第九,走私案件 0 起[②](见图 2－40)。

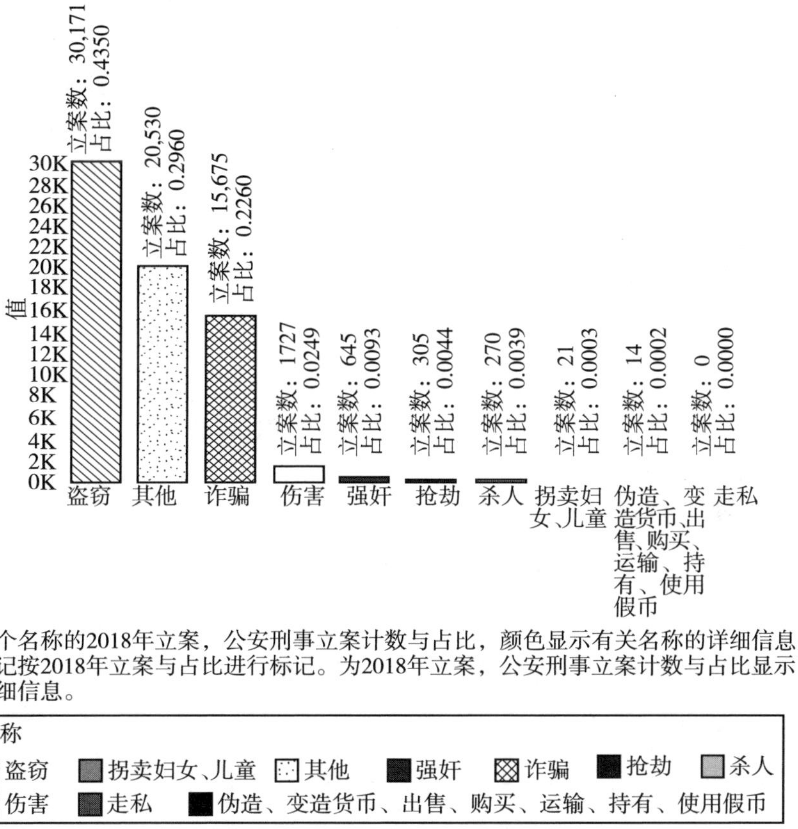

图 2－40 内蒙古自治区公安机关 2018 年刑事立案构成图

---

① 载天津法院网站:http://tjfy.chinacourt.gov.cn/article/detail/2020/01/id/4774977.shtml,2020 年 8 月 2 日最后访问。

② 载内蒙古自治区统计局网站:http://tj.nmg.gov.cn/tjgb/14035.html,2020 年 8 月 2 日最后访问。

2018 年,内蒙古自治区公安机关受理治安案件共计 136,223 件,依法查处治安案件 127,932 件,按照案件类别和数量排列如下:第一,殴打他人案件,受理 55,135 起,查处 53,086 起;第二,毒品违法活动案件,受理 10,729 起,查处 10,744 起;第三,盗窃案件,受理 10,249 起,查处 6955 起;第四,赌博或为赌博提供条件案件,受理 8704 起,查处 8699 起;第五,寻衅滋事案件,受理 3292 起,查处 3219 起;第六,故意伤害案件,受理 3005 起,查处 2832 起;第七,违反旅馆业管理案件,受理 2632 起,查处 2621 起;第八,卖淫、嫖娼案件,受理 1801 起,查处 1807 起;第九,扰乱单位秩序案件,受理 1456 起,查处 1432 起;第十,诈骗案件,受理 1386 起,查处 831 起;第十一,阻碍执行职务案件,受理 957 起,查处 946 起;第十二,扰乱公共场所秩序案件,受理 829 起,查处 787 起;第十三,非法携带枪支、弹药、管制刀具案件,受理 571 起,查处 572 起;第十四,违反危险物质管理规定案件,受理 500 起,查处 496 起;第十五,盗窃、损毁公共设施案件,受理 184 起,查处 116 起;第十六,违反房屋出租管理案件,受理 103 起,查处 103 起;第十七,敲诈勒索案件,受理 62 起,查处 49 起;第十八,抢夺案件,受理 38 起,查处 34 起;第十九,伪造、变造、倒卖有价票证、凭证案件,受理 36 起,查处 36 起[①](见图 2-41)。

2018 年内蒙古自治区检察院共批捕、决定逮捕 11,368 起案件,决定起诉 26,521 起案件,以案别为标准进行分类,依据案件数量排序:第一,侵犯财产罪,批准逮捕 3630 件,起诉 4806 件;第二,妨害社会管理秩序罪,批准逮捕 3284 件,起诉 5643 件;第三,侵犯公民人身权利、民主权利罪,批准逮捕 2471 件,起诉 3703 件;第四,危害公共安全罪,批准逮捕 1012 件,起诉 10,706 件;第五,破坏社会主义市场经济秩序罪,批准逮捕 815 件,起诉 1212 件;第六,贪污贿赂罪,批准逮捕 144 件,起诉 389 件;第七,渎职罪,批准逮捕 10 件,起诉 54 件;第八,危害国防利益罪,批准逮捕 2 件,起诉 6 件[②](见图 2-42、图 2-43)。

---

① 载内蒙古自治区统计局网站:http://tj.nmg.gov.cn/tjgb/14035.html,2020 年 8 月 2 日最后访问。

② 载内蒙古自治区统计局网站:http://tj.nmg.gov.cn/tjgb/14035.html,2020 年 8 月 2 日最后访问。

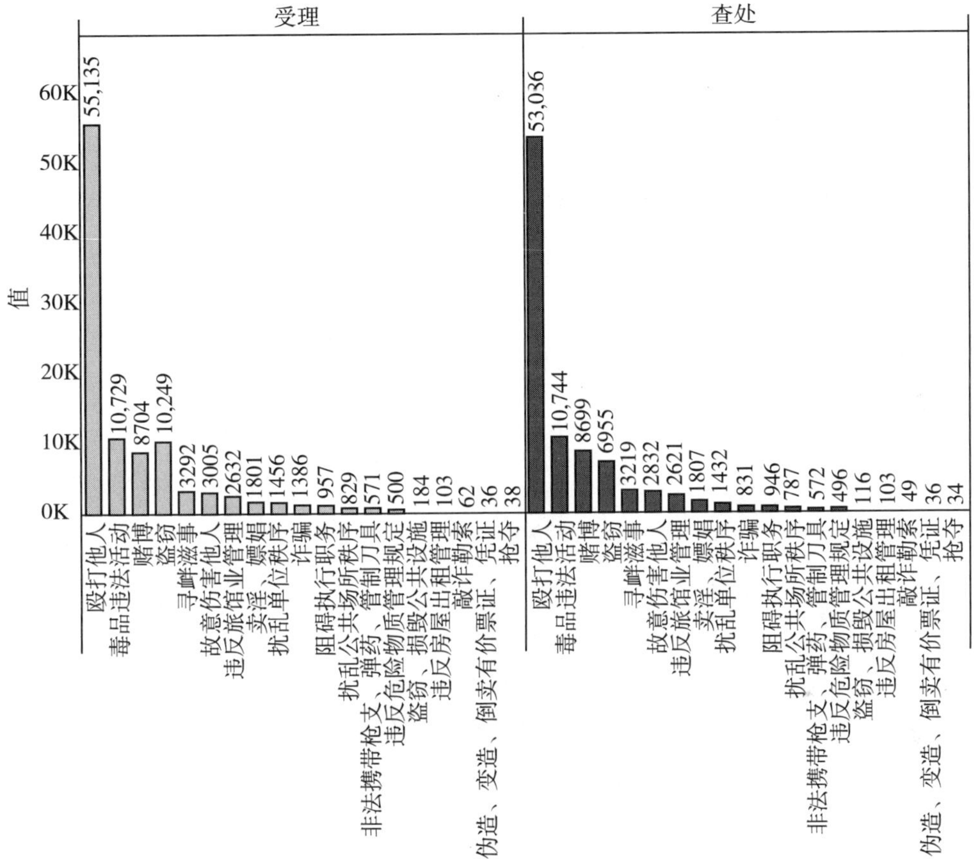

每个案别的受理与查处，颜色显示有关受理与查处的详细信息。

度量名称

受理　查处

图 2-41　内蒙古自治区公安机关 2018 年治安案件受理、查处对比图

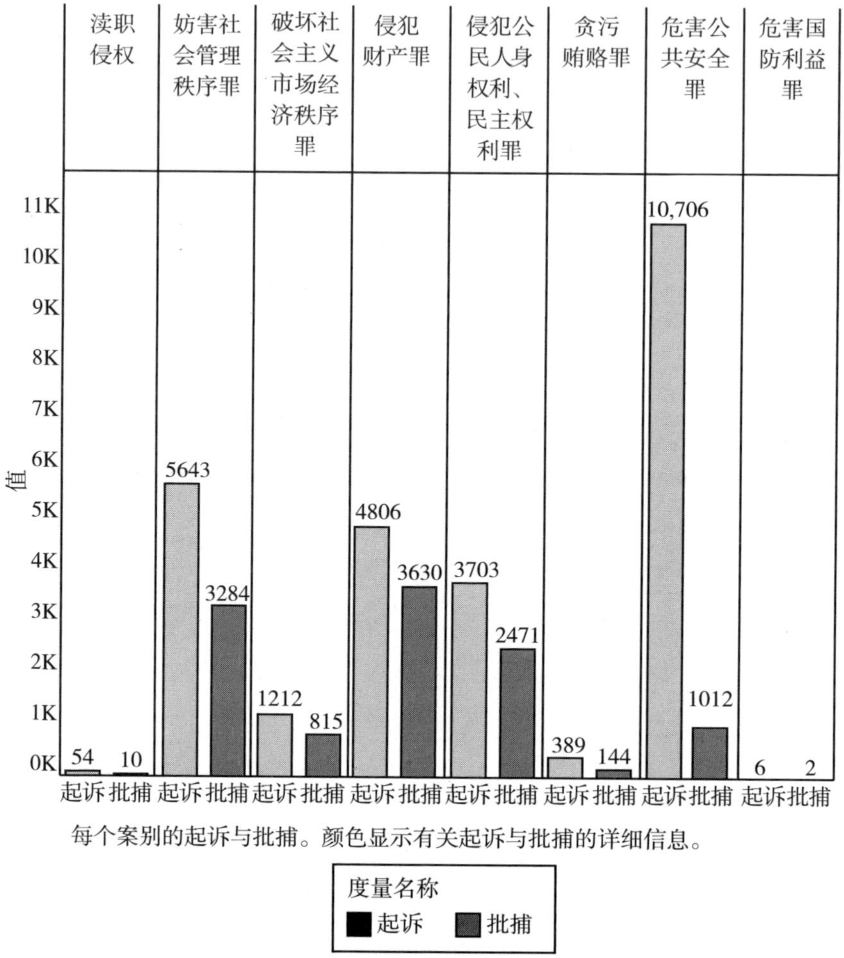

图2－42　内蒙古自治区人民检察院2018年批捕、起诉对比图

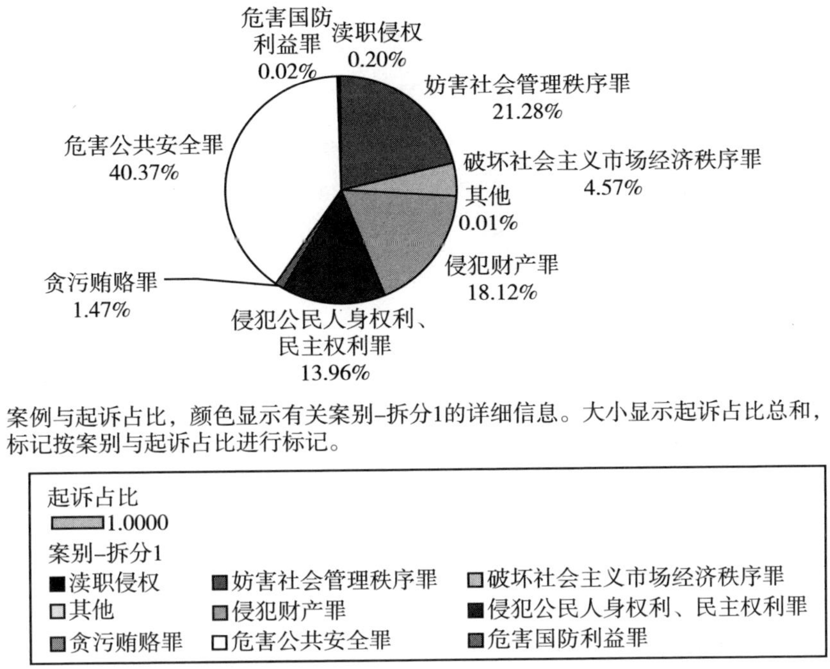

图2-43　内蒙古自治区人民检察院2018年起诉占比图

2019年内蒙古自治区受理审查逮捕15,545件，同比上升7.7%，办案周期缩短40%，诉判一致率达95.9%；受理审查起诉32,154件，同比上升11.4%。其中，起诉非法吸收公众存款、集资诈骗等涉众型经济犯罪273人；起诉各类金融诈骗、破坏金融管理秩序犯罪626人；起诉危害食品药品安全犯罪255人；起诉侵吞、私分、挪用扶贫资金等犯罪43人；起诉破坏环境资源犯罪2097人；起诉性侵、伤害、虐待未成年人等罪犯1221人，同比上升15.8%；认罪认罚从宽适用率从开始时的23.4%上升到12月的85.6%。[①] 案别与逮捕占比具体见图2-44。

① 载内蒙古自治区人民检察院网站：http://www.nm.jcy.gov.cn/ygjw/gzbg/202001/t20200115_2759828.shtml，2020年8月2日最后访问。

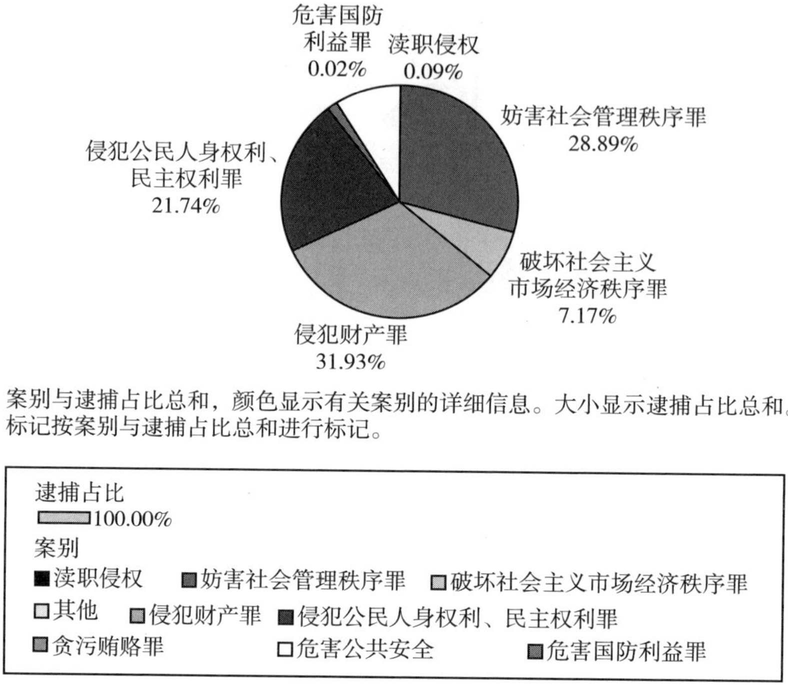

图2－44　内蒙古自治区人民检察院2018年逮捕占比图

2018年内蒙古自治区法院受理案件85.3万件,同比上升6.7%,刑事一审案件收案27,020件,依照案件类别分类,按照数量排序如下:第一,危害公共安全罪,收案10,832件,占比40.08%;第二,妨害社会管理秩序罪,收案5650件,占比20.90%;第三,侵犯财产罪,收案4966件,占比18.37%;第四,侵犯公民人身权利、民主权利罪,收案3821件,占比14.14%;第五,破坏社会主义市场经济秩序罪,收案1204件,占比4.45%;第六,贪污贿赂罪,收案460件,占比1.70%;第七,渎职侵权罪,收案86件,占比0.32%;第八,危害国防利益罪,收案10件,占比0.04%。① 具体见图2－45。

① 载内蒙古自治区统计局网站:http://tj.nmg.gov.cn/tjgb/14035.html,2020年8月2日最后访问。

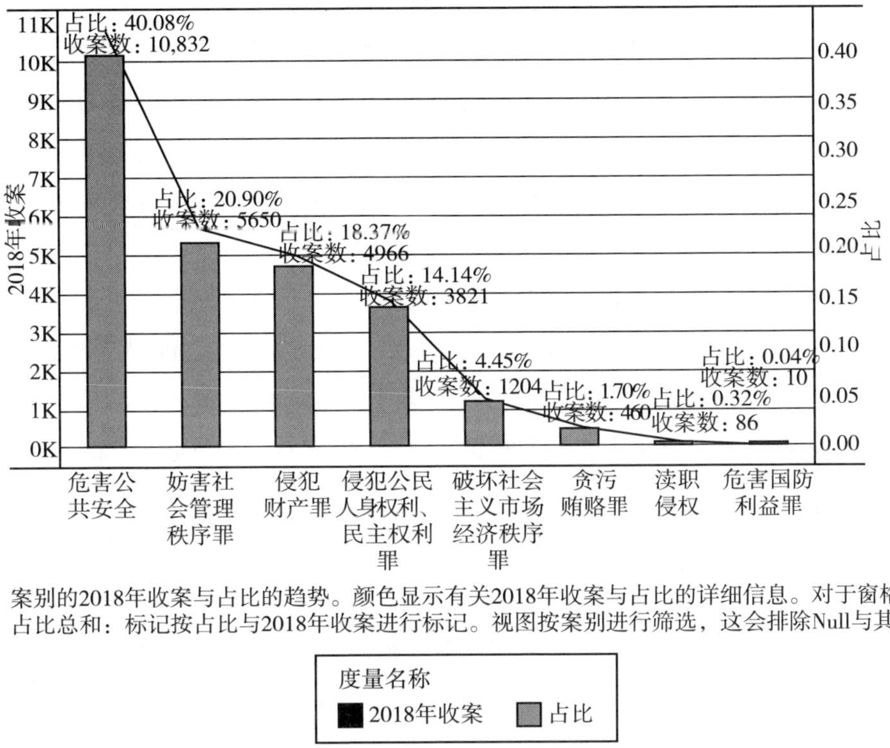

图 2-45　内蒙古自治区人民法院 2018 年一审刑事案件收案

(四)河北省犯罪数据构建及统计分析(2019 年)

2019 年河北省人民检察院起诉非法吸收公众存款、“套路贷”“校园贷”等破坏金融管理秩序犯罪 2864 人;起诉危害国家安全、公共安全犯罪 1169 人;起诉涉恐涉枪涉爆、故意杀人等严重暴力犯罪 1199 人;起诉“两抢一盗”、诈骗等多发性侵财犯罪 13,929 人;批捕黑恶势力犯罪 2803 人,起诉 3954 人,追捕 203 人,追诉 199 人;对于侵犯未成年人合法权益的犯罪案件批捕 2119 人,起诉 2838 人,对涉嫌轻微犯罪并有悔罪表现的未成年人决定不捕 483 人,不诉 370 人。①

2019 年河北省法院新收各类案件 106.69 万件,同比下降 2.19%,结案 112.38 万件,同比上升 6.11%,其中省高级人民法院新收案件 1.79 万件,结案 1.77 万件。其中,审结一审刑事案件 5.78 万件、8.07 万人,审结危害国家安全犯罪和涉邪教犯

① 载河北省人民检察院网站:http://www.he.jcy.gov.cn/jwgk/gzbg/202003/t20200319_2795716.shtml,2020 年 8 月 2 日最后访问。

罪案件67件;审结杀人、抢劫、绑架等案件3061件,对1726人判处五年有期徒刑以上刑罚;审结一审涉黑案件69件、1267人,涉恶案件722件、3181人;审结吉林省纪委原副书记邱大明受贿、贪污案等职务犯罪案件643件,其中被告人原为厅局级以上9人、县处级以上34人;审结"套路贷""校园贷"、制售假药劣药、有毒有害食品等涉及群众切身利益的刑事案件1725件;审结拒不支付劳动报酬罪案件176件、201人。①

(五)山西省犯罪数据构建及统计分析(2019年)

2019年山西省人民检察院共批捕各类犯罪嫌疑人23,348人,提起公诉40,915人。其中,办理邪教、恐怖斗争等犯罪案件批捕68人,起诉162人;办理故意杀人、绑架、强奸等严重暴力犯罪,批捕701人,起诉734人;办理破坏生态环境犯罪,批捕370人,起诉753人;办理侵害未成年人犯罪,批捕721人,起诉1149人;办理涉黑涉恶犯罪,批捕2249人,起诉5145人,案件审结率89.8%,以涉黑涉恶移送审查起诉的,依法不予认定111件,监督立案33件,追诉漏犯262人,不捕151人,不诉89人;起诉挪用、侵占扶贫专项资金等犯罪64人,制假售假等破坏经济秩序犯罪3623人,强揽工程等破坏公平竞争犯罪2232人,侵犯民营企业合法权益犯罪627人。②

2019年山西省法院受理各类案件504,806件,同比上升10.57%,审执结485,376件,同比上升12.27%,结案率95.16%,同比上升1.46%,审结各类刑事案件43,878件。其中,审结黑社会性质组织犯罪案件67件、954人,恶势力犯罪案件618件、3035人;审结颠覆国家政权、间谍等犯罪案件5件,邪教组织等犯罪案件49件;审结故意杀人等严重暴力犯罪案件1073件,判处无期徒刑以上刑罚143人;审结涉众型经济犯罪案件521件;审结贩卖、运输、制造毒品犯罪案件2000件。③

---

① 载河北法院网:http://www.hebeicourt.gov.cn/public/detail.php?id=32142,2020年8月2日最后访问。

② 载陕西省人民检察院网站:http://www.sx.jcy.gov.cn/qwfb/202002/t20200217_2774078.shtml,2020年8月5日最后访问。

③ 载山西省人民政府网站:http://www.shanxi.gov.cn/yw/zcjd/tpjd/202001/t20200117_761373.shtml,2020年8月3日最后访问。

五、西南地区犯罪数据统计及分析

(一)四川犯罪数据构成及统计分析[1](2018 年)

2017 年四川全省治安案件发现 476,973 起,2018 年治安案件发现 250,865 起,同比下降 47.40%。2017 年四川全省治安案件查处 342,653 起,2018 年治安案件查处 164,857 起,同比下降 51.89%。

2018 年四川全省公安机关受理治安案件共 250,865 起,查处治安案件 164,857 起,按照案件类别和数量排名如下:第一,盗窃,受理 112,638 件,查处 43,665 件;第二,殴打他人,受理 61,828 件,查处 49,666 件;第三,毒品违法活动,受理 48,686 件,查处 46,871 件;第四,扰乱单位、公共秩序,受理 7344 件,查处 6563 件;第五,卖淫、嫖娼,受理 6154 件,查处 5804 件;第六,侮辱、诽谤、诬告陷害,受理 3547 件,查处 3107 件;第七,违反旅馆业管理,受理 3000 件,查处 249 件;第八,阻碍执行职务,受理 2925 件,查处 2666 件;第九,非法携带枪支、弹药、管制刀具,受理 2454 件,查处 2187 件;第十,盗窃、损毁公共设施,受理 1114 件,查处 554 件;第十一,发送信息干扰正常生活,受理 240 件,查处 135 件;第十二,强迫他人劳动,受理 8 件,查处 5 件。[2] 具体见图 2-46。

2018 年四川全省检察机关批捕、决定逮捕案件 30,283 件,批捕、决定逮捕犯罪嫌疑人 43,003 人,决定起诉案件 50,353 件,决定起诉犯罪嫌疑人 71,208 人,按照犯罪类别和数量排名如下:第一,侵犯财产案,批捕、决定逮捕 11,923 件、15,861 人;第二,妨害社会管理秩序案,批捕、决定逮捕 11,806 件、18,334 人;第三,侵犯公民人身、民主权利案,批捕、决定逮捕 3514 件、4449 人;第四,危害国家安全、公共安全案,批捕、决定逮捕 1339 件、1444 人;第五,破坏社会主义市场经济秩序案,批捕、决定逮捕 1329 件、2498 人;第六,危害国防利益案,批捕、决定逮捕 12 件、14 人。2018 年四川全省检察机关直接立案侦查案件批捕、决定逮捕 360 件、404 人。其中,贪污贿赂案,批捕、决定逮捕 341 件、380 人;渎职侵权案,批捕、决定逮捕 19 件、23 人。具体见图 2-47。

---

① 除特别标注外,数据来源均为国家统计局 2019 年四川省统治年鉴。

② 数据来源:四川省统计局,四川年鉴·2019。

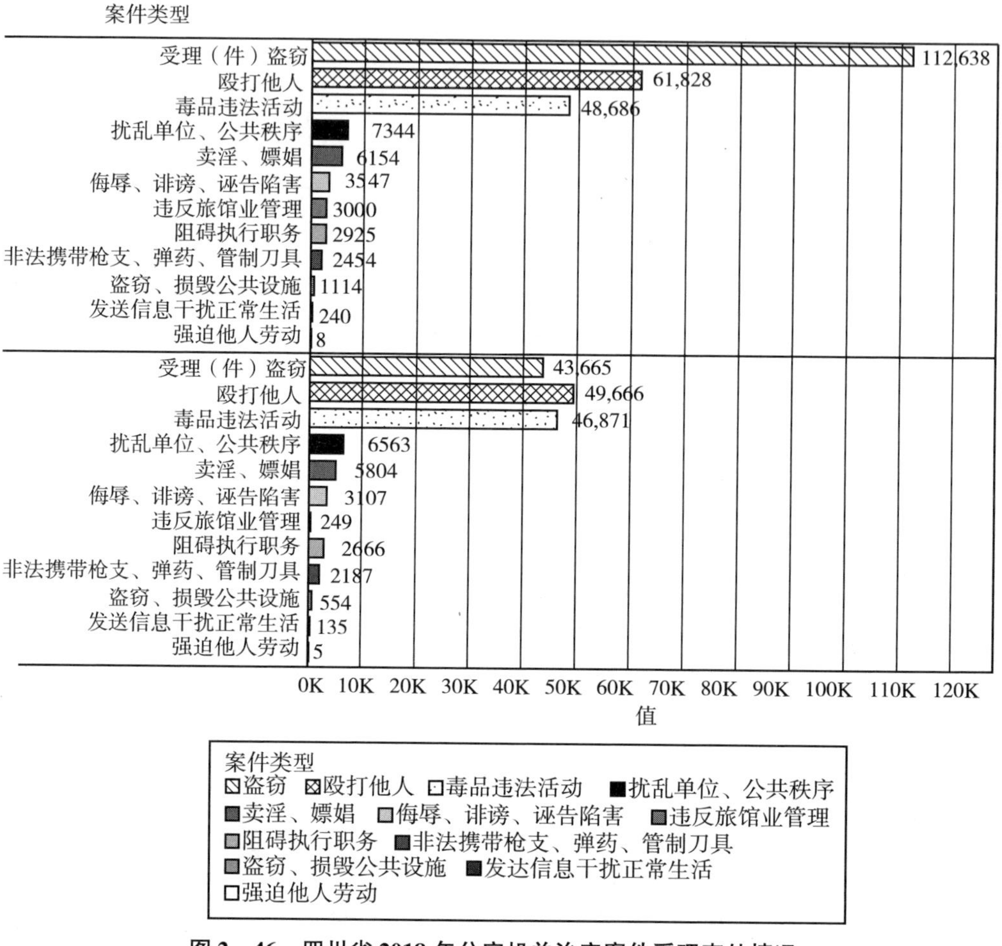

图 2-46　四川省 2018 年公安机关治安案件受理查处情况

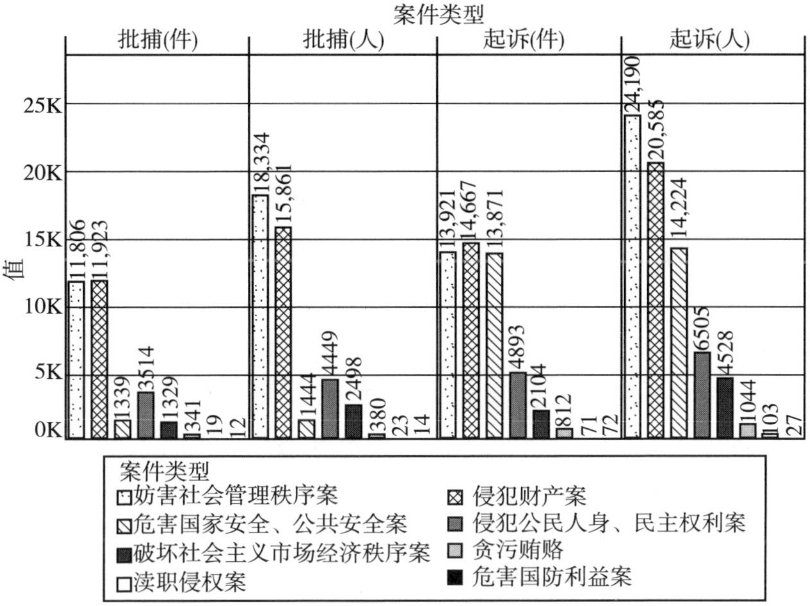

图2-47 四川省2018年检察院批捕起诉图

2018年四川全省公安、安全、监狱机关提请的案件决定起诉50,353件、71,208人,按照犯罪类别和数量排名如下:第一,侵犯财产案,决定起诉14,667件、20,585人;第二,妨害社会管理秩序案,决定起诉13,921件、24,190人;第三,危害国家安全、公共安全案,决定起诉13,871件、14,224人;第四,侵犯公民人身、民主权利案,决定起诉4893件、6505人;第五,破坏社会主义市场经济秩序案,决定起诉2104件、4528人;第六,危害国防利益案,决定起诉12件、27人。2018年四川全省检察机关直接立案侦查案件决定起诉883件、1147人。其中,贪污贿赂案决定起诉812件、1044人;渎职侵权案决定起诉71件、103人。

2018年四川全省人民法院一审刑事案件受理53,560件,结案507,02件;二审刑事案件受理6778件,结案6290件;审判监督刑事案件受理119件,结案91件;审判监督刑事案件受理146件,结案115件。

(二)贵州省犯罪数据构成及统计分析①(2017~2018年)

2017年贵州省检察院批准、决定逮捕案20,800件、28,000人,2018年批准、决定逮捕20,600件、29,700人,同比分别下降0.96%、上升6.07%。2017年贵州检

① 本节除特别标注外,数据来源均为国家统计局2018年贵州省统计年鉴。

察院决定起诉29,300件、40,000人,2018年决定起诉27,300件、38,700人,同比分别下降6.83%、3.25%[①]。

2017年贵州省法院刑事一审案件收案30,552件,结案29,611件;2018年收案29,146件,结案27,995件,同比分别下降4.60%、5.46%。法院刑事收案、结案量逐年下降,表明当地居民法治意识逐年增强,与公安刑事立案数据趋势相吻合,综合说明贵州省当地治安形势逐渐转好。

2018年贵州省法院案件数据按照案件类别和数量排名如下:第一,侵犯财产罪,收案8595件,结案8355件;第二,妨害社会管理秩序罪,收案8067件,结案7753件;第三,危害公共安全罪,收案6198件,结案6094件;第四,侵犯公民人身权利、民主权利罪,收案4712件,结案4451件;第五,破坏社会主义市场经济秩序罪,收案812件,结案693件;第六,贪污贿赂罪,收案671件,结案568件;第七,渎职罪,收案88件,结案78件;第八,危害国防利益罪,收案3件,结案3件;第九,危害国家安全罪,收案0件,结案0件。具体见图2-48。

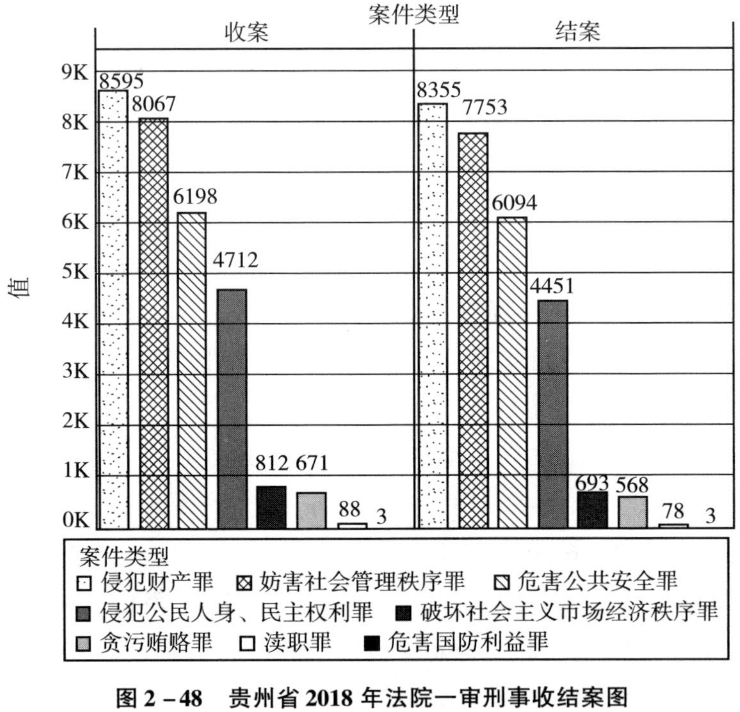

图2-48 贵州省2018年法院一审刑事收结案图

① 数据来源:贵州省统计局,贵州年鉴·2019。

2018 年贵州省青少年犯罪总人数达 9099 人，占贵州省当年刑事犯罪总人数的 24.48%，同比下降 16.35%。其中不满 18 周岁的有 1712 人，同比下降 32.89%；18 周岁以上不满 25 周岁的有 7387 人，同比下降 11.29%。数据表明，贵州省青少年犯罪总体呈下降趋势，预防青少年犯罪有一定的进展。

（三）重庆犯罪数据构成及统计分析[①]（2018 年）

2017 年重庆市公安机关立案的刑事案件立案数为 132,699 起，2018 年重庆市公安机关立案的刑事案件立案数为 126,201 起，同比下降 4.83%。2017 年重庆市公安机关刑事破案率 26.30%，[②]2018 年重庆市公安机关刑事破案率 25.72%。总体来看，2018 年重庆市刑事案件减少，公安机关的工作取得一定成效。

2018 年重庆市检察机关批捕、决定逮捕案件 13,919 件，批捕、决定逮捕犯罪嫌疑人 18,685 人，决定起诉案件 23,908 件，决定起诉犯罪嫌疑人 33,771 人，按照犯罪类别和数量排名如下：第一，侵犯财产案，批捕、决定逮捕 6588 件、8815 人；第二，妨害社会管理秩序案，批捕、决定逮捕 5266 件、7232 人；第三，侵犯公民人身、民主权利案，批捕、决定逮捕 1306 件、1642 人；第四，破坏社会主义市场经济秩序案，批捕、决定逮捕 420 件、639 人；第五，危害国家、公共安全案，批捕、决定逮捕 219 件、246 人；第六，危害国防利益案，批捕、决定逮捕 9 件、9 人。2018 年重庆市检察机关直接立案侦查案件批捕、决定逮捕 110 件、120 人。其中，贪污贿赂案，批捕、决定逮捕 341 件、380 人；渎职侵权案，批捕、决定逮捕 19 件、23 人。

2018 年重庆市检察机关决定起诉的案件 23,908 件，决定起诉犯罪嫌疑人 33,771 人，按照犯罪类别和数量排名如下：第一，侵犯财产案，决定起诉逮捕 9405 件、13,801 人；第二，妨害社会管理秩序案，决定起诉 7246 件、11,236 人；第三，危害国家、公共安全案，决定起诉 4411 件、4578 人；第四，侵犯公民人身、民主权利案，决定起诉 1924 件、2539 人；第五，破坏社会主义市场经济秩序案，决定起诉 683 件、1311 人；第六，危害国防利益案，决定起诉 6 件、7 人。2018 年重庆市检察机关直接立案侦查案件决定起诉 233 件、299 人。其中，贪污贿赂案，决定起诉 232 件、296 人；渎职侵权案，决定起诉 1 件、3 人。具体见图 2－49。

---

① 除特别标注外，数据来源均为国家统计局 2019 年重庆市统计年鉴。

② 数据来源：重庆市统计局，重庆年鉴 · 2019。

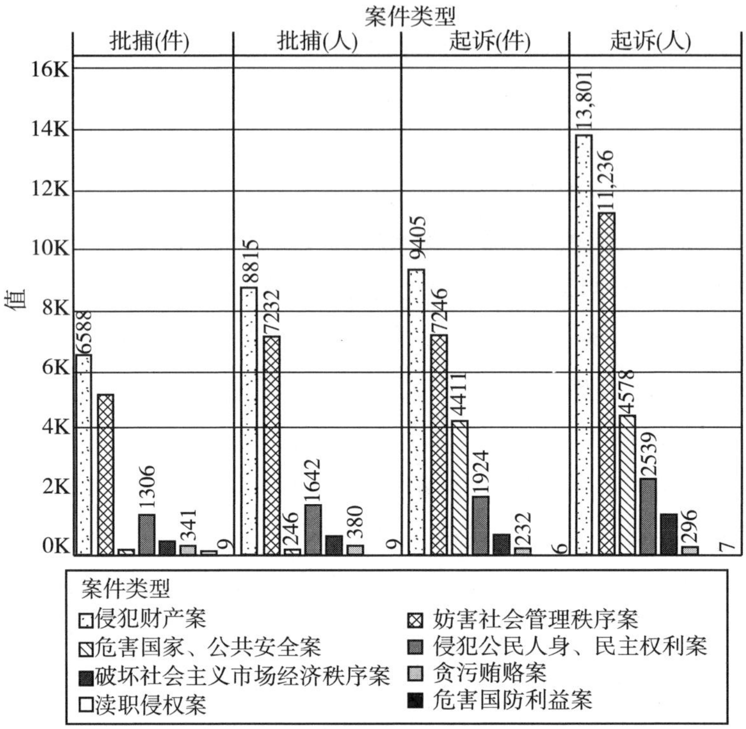

图 2-49　重庆 2018 年检察院批捕起诉图

2018 年重庆全市人民法院刑事一审案件收案 25,224 件,结案 24,198 件,按照具体犯罪类型和数量排名如下:第一,侵犯财产罪,收案 9675 件,结案 9421 件;第二,妨害社会管理秩序罪,收案 7496 件,结案 7190 件;第三,危害公共安全罪,收案 4575 件,结案 4517 件;第四,侵犯公民人身权利、民主权利罪,收案 2233 件,结案 2080 件;第五,破坏社会主义市场经济秩序罪,收案 862 件,结案 709 件;第六,贪污贿赂罪,收案 347 件,结案 260 件;第七,渎职罪,收案 28 件,结案 17 件;第八,危害国防利益罪,收案 3 件,结案 3 件;第九,其他案件,收案 5 件,结案 1 件。具体见图 2-50。

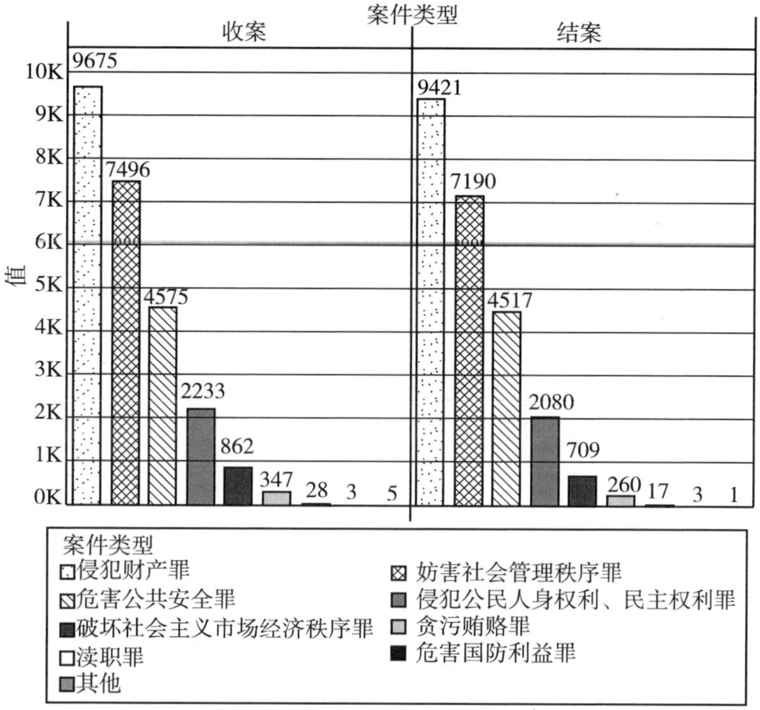

图 2-50 重庆 2018 年法院一审刑事收结案图

六、西北地区犯罪数据统计及分析

(一)新疆犯罪数据构成及统计分析①(2017 年、2018 年)

2018 年新疆公安机关受理治安案件 69,595 起,查处 66,308 起,按照案件类别和数量排名如下:第一,殴打他人,受理 25,844 起,查处 25,239 起;第二,盗窃,受理 7470 起,查处 5924 起;第三,毒品违法活动,受理 5044 起,查处 5038 起;第四,违反房屋出租管理,受理 3640 起,查处 3645 起;第五,赌博,受理 3301 起,查处 3277 起;第六,扰乱单位、公共秩序,受理 1307 起,查处 1297 起;第七,卖淫、嫖娼,受理 1289 起,查处 1287 起;第八,寻衅滋事,受理 1170 起,查处 1150 起;第九,故意伤害,受理 889 起,查处 856 起;第十,违反旅游业管理,受理 865 起,查处 874 起;第十一,诈骗、抢夺、敲诈勒索财物,受理 817 起,查处 577 起;第十二,侮辱、诽谤、诬

① 除特别标注外,数据来源均为国家统计局 2019 年新疆统计年鉴。

告陷害,受理684起,查处661起;第十三,阻碍执行职务,受理647起,查处642起;第十四,盗窃、损毁公共设施,受理225起,查处173起;第十五,非法携带枪支、弹药、管制刀具,受理147起,查处144起。具体见图2－51。

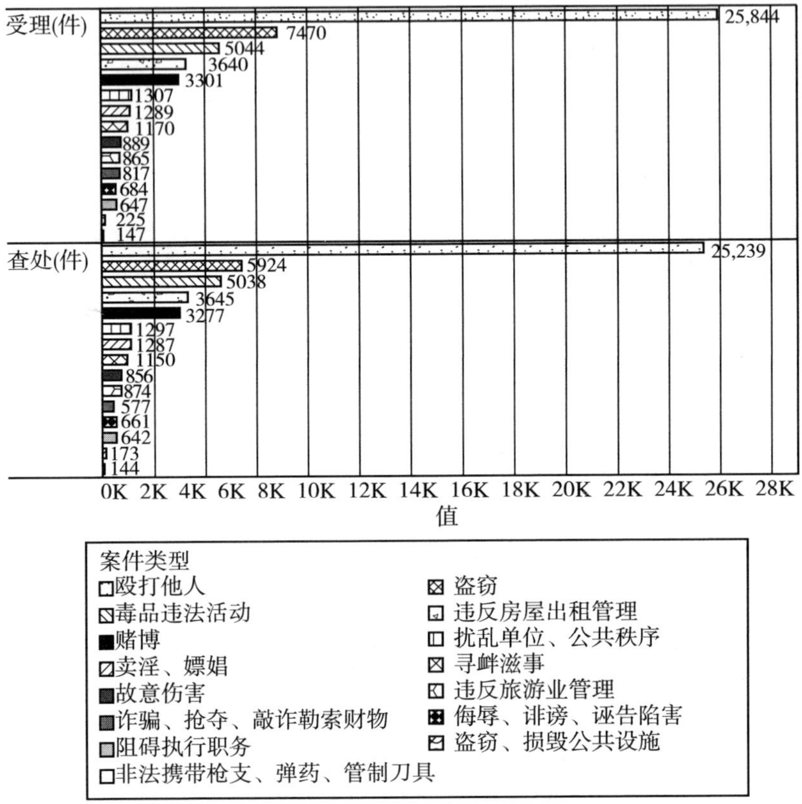

图2－51　新疆2018年公安机关治安案件受理查处情况

2017年新疆刑事案件罪犯总数为34,941人,2018年刑事案件罪犯总数为31,525人,同比下降9.78%。其中,2017年青少年罪犯7734人,2018年青少年罪犯6573人,同比下降15.01%。2017年不满18岁的青少年罪犯1688人,2018年不满18岁的青少年罪犯1923人,同比增长13.92%。2017年18～25岁的青少年罪犯6046人,2018年18～25岁的青少年罪犯4650人,同比下降23.08%。2017年青少年罪犯占刑事罪犯22.10%,2018年青少年罪犯占刑事罪犯20.90%。从2013年至2018年的总体情况来看,在新疆刑事罪犯总数呈增长趋势的情况下,新疆青少年罪犯的数量和占比均有较大幅度的下降,尤其是不满18岁的青少年罪犯数量明显减少,可见新疆在青少年犯罪预防方面取得了较好的成效。

(二)甘肃犯罪数据构成及统计分析①(2018年)

2018年甘肃法院审理涉黑涉恶案件85件,判处罪犯233人。其中,存款、电信诈骗等涉众型经济犯罪,共受理移送审查逮捕各类刑事犯罪17,073人,审查起诉33,527人,批捕12,157人,起诉26,923人,依法办理了受害人达3万余人的酒泉"5·30套路贷"系列案等一批社会关注、危害严重的刑事犯罪案件。此外,审结贪污、贿赂等职务犯罪案件395件,判处罪犯345人。

(三)陕西犯罪数据构成及统计分析②(2016年、2017年)

2016~2017年,陕西人民法院审结一审刑事案件2.38万件,判处罪犯2.86万人,同比分别上升0.83%和6.53%。陕西省推进平安陕西建设。深入推进扫黑除恶专项斗争,审结黑恶势力犯罪案件32件。此外,审结一审贪污贿赂、渎职侵权案件566件、622人。

(四)宁夏犯罪数据构成及统计分析③(2018年)

2018年,宁夏检察机关全年批捕各类刑事犯罪嫌疑人4055人,起诉7338人,同比分别上升0.6%和1.5%。其中,起诉抢劫、抢夺、盗窃等多发性侵财犯罪1539人,起诉毒品犯罪331人。此外,宁夏检察机关保护未成年人群体,严厉打击侵害未成年人权益的刑事犯罪,批捕224人,起诉318人。

七、东北地区犯罪数据统计及分析

(一)吉林省犯罪数据构成及统计分析(2016~2020年)

2020年1月至6月,吉林省检察机关共受理审查逮捕各类犯罪3264件、4785人,批准和决定逮捕2585件、3611人,受理审查起诉各类犯罪10,086件、14,589人。其中,适用认罪认罚从宽制度审结案件12,367人,占同期审查起诉案件审结人数的79.83%。审查逮捕涉疫情刑事犯罪案件59件、68人,审查批准逮捕54件、62人,依法不批准逮捕4件、7人;受理审查起诉131件、164人,决定起诉96件、117人,依法不起诉7件、7人。其中,加大对破坏野生动物资源类犯罪的打击

---

① 本节除特别标注外,数据来源均为甘肃2019年两院公报。

② 本节除特别标注外,数据来源均为陕西2019年两院公报。

③ 本节除特别标注外,数据来源均为甘肃2019年两院公报。

力度,全省检察机关对非法狩猎罪共批捕 7 人,同比上升 133%。全省检察机关共受理审查逮捕黑恶犯罪嫌疑人 11 人,批准和决定逮捕 11 人,其中批捕黑恶势力保护伞 9 人;受理审查起诉黑恶犯罪 329 人,提起公诉 617 人,其中起诉黑恶势力保护伞 16 人。对影响非公经济发展的刑事犯罪,共逮捕 11 件、13 人,决定起诉 23 件、53 人。对破坏环境资源保护类犯罪批捕 4 人,起诉 11 人。起诉破坏金融管理秩序犯罪、金融诈骗犯罪 808 人,同比上升 76%;起诉非法吸收公众存款犯罪 572 人,同比上升 137.3%。①

2019 年,吉林全省法院共受理案件 542,650 件,审执结 518,915 件,比 2018 年分别增长 11.1% 和 23.2%;案件结收比 109.2%,同比提升 15.5 个百分点,整体结案率 95.6%,同比提升 9.4 个百分点,执行结案率 96.2%,同比提升 15.6 个百分点,审结一审刑事案件 25,823 件,判处罪犯 34,125 人。其中,审结"套路贷"、非法集资、金融诈骗等犯罪案件 425 件、590 人;审结涉黑涉恶案件 372 件,判处罪犯 2321 人、"保护伞"15 人;审结严重危害社会治安犯罪案件 6186 件、8638 人,制售假药劣药、有毒有害食品犯罪案件 182 件、369 人,电信网络诈骗、网络传销、开设网络赌场等犯罪案件 451 件、2172 人,侵害妇女儿童权益犯罪案件 618 件、685 人,审结恶意欠薪犯罪 55 人;审结贪腐犯罪案件 595 件、769 人,其中被告人为省部级干部 1 人、厅局级干部 25 人、县处级干部 51 人;对青少年犯罪处以非监禁刑占比达 52.8%。②

2017 年吉林省法院数据按照案件类别和数量排名如下:第一,侵犯财产罪,收案 7421 件,结案 7384 件;第二,危害公共安全罪,收案 5980 件,结案 5974 件;第三,妨害社会管理秩序罪,收案 4237 件,结案 4205 件;第四,侵犯公民人身权利、民主权利罪,收案 3458 件,结案 3511 件;第五,破坏社会主义市场经济秩序罪,收案 1141 件,结案 1106 件;第六,贪污贿赂罪,收案 574 件,结案 576 件;第七,渎职罪,收案 190 件,结案 179 件;第八,危害国防利益罪,收案 7 件,结案 8 件。2018 年吉林省法院数据按照案件类别和数量排名如下:第一,危害公共安全罪,收案 8419

① 《吉林省检察院发布 2020 年 1 至 6 月全省检察机关主要办案数据》,载中国吉林网:http://fazhi.cnjiwang.com/jjzs/202007/3185621.html,2020 年 10 月 17 日最后访问。

② 载吉林法院网:http://jlfy.chinacourt.gov.cn/article/detail/2020/01/id/4774502.shtml,2020 年 8 月 3 日最后访问。

件，结案8098件；第二，侵犯财产罪，收案6522件，结案6070件；第三，妨害社会管理秩序罪，收案5388件，结案4847件；第四，侵犯公民人身权利、民主权利罪，收案3753件，结案3448件；第五，破坏社会主义市场经济秩序罪，收案1388件，结案1252件；第六，贪污贿赂罪，收案484件，结案361件；第七，渎职罪，收案71件，结案90件；第八，危害国防利益罪，收案17件，结案16件。[①] 总体来看，危害公共安全罪2018年大幅上涨，相比往年上升6.34%，妨害社会管理秩序罪则上升2.28%；侵犯财产类犯罪则下降7.21%。具体见图2－52、图2－53。

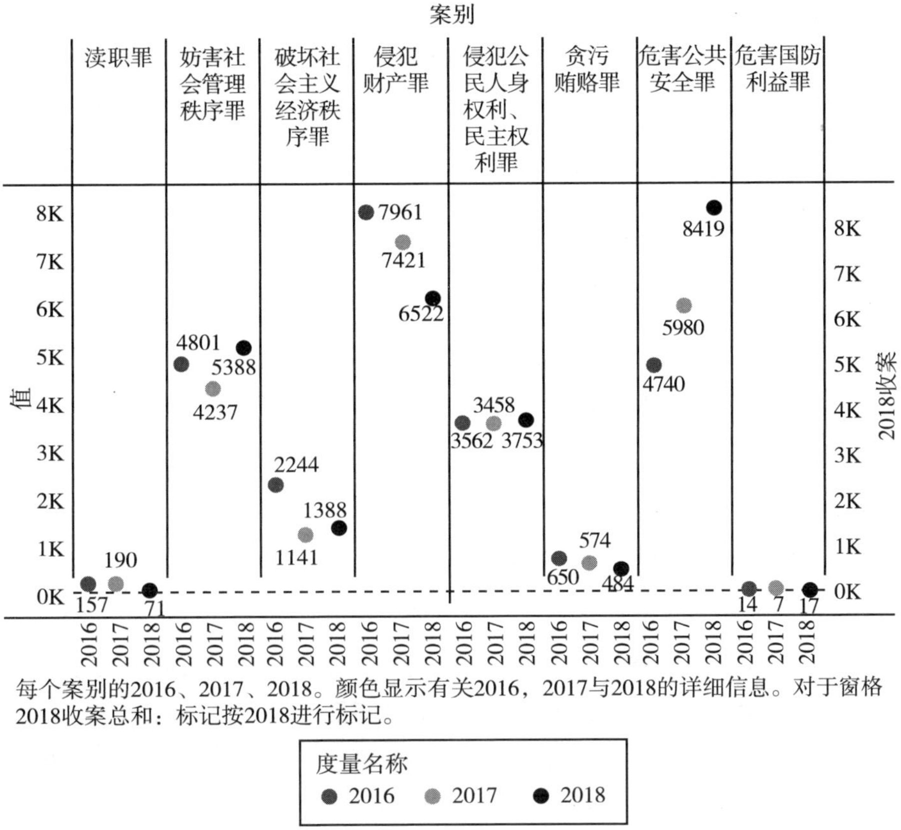

图2－52　吉林省人民法院2016年、2017年、2018年刑事一审收案对比图

---

① 载吉林省统计局网站：http://tjj.jl.gov.cn/tjsj/tjnj/2019/ml/indexc.htm，2020年8月3日最后访问。

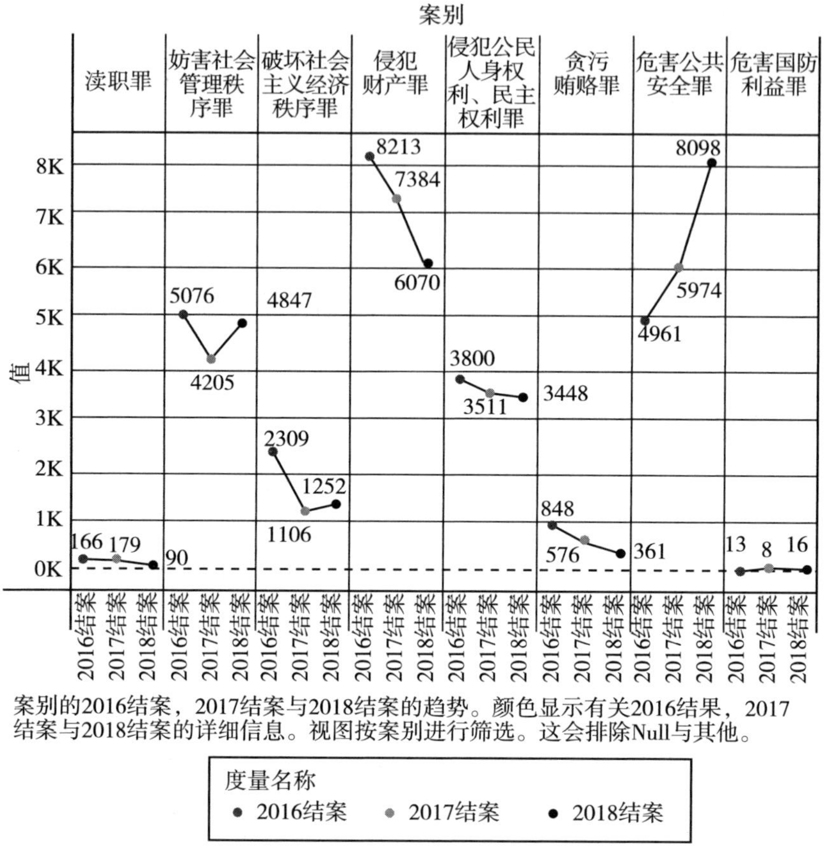

图 2-53　吉林省人民法院 2016 年、2017 年、2018 年刑事一审结案对比图

(二)辽宁省犯罪数据构建及统计分析(2019 年)

2019 年辽宁省人民检察院依法批准逮捕各类刑事犯罪 20,441 件、27,165 人，提起公诉 37,398 件、48,959 人。其中，批捕危害国家安全、宣扬恐怖主义等犯罪 12 件、15 人，起诉 7 件、9 人；批捕邪教组织成员犯罪 213 人，起诉 261 人；批捕故意杀人、强奸、抢劫等严重暴力犯罪 1544 人，起诉 1753 人；对 2035 名涉黑涉恶犯罪人员提起公诉，同比上升 74.5%；起诉金融诈骗、非法吸收公众存款等犯罪 1071 人；起诉套取侵吞、截留私分扶贫资金等犯罪 32 人；批捕侵犯知识产权犯罪 56 件、88 人，起诉 70 件、143 人；受理监察机关移送审查起诉 862 人，同比上升 13.7%，已提起公诉 712 人，同比上升 6.9%，对于犯罪情节轻微、依照刑法规定不需要判处刑罚或者免除刑罚的 27 人依法作出不起诉决定，案件不起诉率下降 15%，退回补充调查率下降 29%；起诉制售假药劣药、制售有毒有害食品等犯罪 384 人；起诉侵害残疾人合法权益犯罪 164 人;起诉拒不支付劳动报酬等侵害农民工合法权益犯罪 230 人;起诉侵害未成年人犯罪案件 885 件、1284 人,对未成年人涉嫌轻微犯罪、附条件不起诉 116 人,对涉嫌严重犯罪的未成年人批捕 563 人,起诉 955 人。[①] 2019 年,辽宁全省法院全年受理案件 1,183,844 件,审执结 1,106,691 件,同比分别上升 6.82%、9.96%。其中,受理刑事案件 72,860 件,审结 70,149 件,同比分别上升 6.63%、7.18%。[②]

(三)黑龙江省犯罪数据构成及统计分析(2019 年)

2019 年黑龙江省检察机关批捕各类刑事犯罪嫌疑人 21,639 人、起诉 36,986 人,其中批捕危害公共安全犯罪 1067 人、起诉 8667 人,批捕侵犯公民人身和民主权利犯罪 3594 人、起诉 5021 人;批捕侵犯财产权利犯罪 6552 人、起诉 8017 人;依法批捕黑恶犯罪嫌疑人 2244 人、起诉 1893 人;查办司法工作人员侵犯公民权利、危害司法公正职务犯罪 72 人;提前介入职务犯罪案件调查 142 件,受理移送审查起诉 1265 人,起诉 1104 人,其中涉黑恶腐败及"保护伞"230 人;办理危害金融安全、破坏金融市场秩序犯罪,批捕 959 人、起诉 1232 人;办理涉众型经济犯罪、互联网诈骗犯罪以及"套路贷"、非法传销犯罪活动,批捕 1231 人、起诉 1496 人;惩治生态环境和资源保护领域犯罪,批捕 558 人、起诉 1709 人。[③]

2019 年黑龙江全省法院收案 82.9 万件,比上年增加 13.5 万件,增长 19.4%;结案 78.4 万件,增加 13.6 万件,增长 20.9%。省高级人民法院收案 12,896 件,增加 1454 件,增长 12.7%;结案 12,295 件,增加 1293 件,增长 11.8%。其中,审结涉黑涉恶及"保护伞"案件 814 件、4917 人;快审严判把持基层政权、垄断矿产资源、"暴力讨债""套路贷"等黑恶势力犯罪 232 件、1677 人。一审判处罪犯 3.4 万人,同比上升 4.4%。其中,判处危害国家安全、公共安全等犯罪 8459 人,危害人民群众生命财产安全犯罪 11,749 人,危害生产安全犯罪 93 人,哈尔滨"森耀"案、黑河"3M"案、"财源宝"案等涉众型经济犯罪 467 人,王尔智、韩冬炎等职务犯罪 946 人。[④]

---

① 载辽宁省人民检察院网站:http://www.ln.jcy.gov.cn/art/2020/3/18/art_43_27898.html,2020 年 8 月 3 日最后访问。

② 《辽宁省高级人民法院工作报告》,载《辽宁日报》2020 年 2 月 17 日,第 5 版。

③ 《黑龙江省人民检察院工作报告》,载东北网:https://heilongjiang.dbw.cn/system/2020/02/03/058330864.shtml,2020 年 8 月 3 日最后访问。

④ 载黑龙江法院网:http://www.hljcourt.gov.cn/public/detail.php?id=29664,2020 年 8 月 3 日最后访问。

2019 年度典型案件研究报告

第一节 职务犯罪典型案件研究报告：艾文礼受贿案

一、案情简介①

1955 年 3 月，艾文礼出生在艾庄子村。1975 年，艾文礼于柏各庄农垦区商业局工作。1994 年，艾文礼担任唐海县（现曹妃甸区）县长。1997 年，由唐海县县长被提拔为唐山市委常委、宣传部部长，同年年底上调省城石家庄，成为河北省农垦局局长。

2003 年，艾文礼离开农垦局，出任石家庄市委副书记，并为提拔多次前往北京。2006 年，艾文礼接任承德市市长。2008 年，艾文礼调任石家庄市市长，2011 年后升任河北省委常委、宣传部部长。自担任承德市市长起，艾文礼便与前任衡水市委书记景春华相互勾结，走上了贪污腐败的道路。艾文礼违反政策做人情，不断利用自身影响敛财，对上门钱财来者不拒，并收受不法商人礼品礼金，要求他人为其在北京购房。同时，艾文礼还促使家人经商办企业，托借关系帮助家人在承德承揽工程，违规从事营利活动。2006 年至 2014 年，艾文礼直接或通过其近亲属收受上述单位和个人给予的财物，共计折合人民币 6478 万余元。

---

① 案例来源：中国纪检监察报：《投案自首，是迷途知返自我救赎》，载中国纪检监察报：http://www.ccdi.gov.cn/yaowen/201808/t20180801_176825.html，2020 年 10 月 17 日最后访问。

2015 年 3 月，河北省委常委、秘书长景春华涉嫌严重违纪违法，接受组织调查。随着景春华的落马，许多与其有利益勾结的下属、商人纷纷落马或协助调查。

2018 年 6 月 25 日，艾文礼慑于反腐的压力，主动向中央纪委国家监委投案自首。

2018 年 12 月 27 日，江苏省苏州市中级人民法院一审公开开庭审理了河北省政协原副主席艾文礼受贿一案。

2019 年 4 月 18 日，江苏省苏州市中级人民法院公开宣判河北省政协原副主席艾文礼受贿案，对被告人艾文礼以受贿罪判处有期徒刑 8 年，并处罚金人民币 300 万元；对艾文礼受贿所得财物及其孳息予以追缴，上缴国库。本案系《监察法》实施以来，首例携带赃款赃物主动到中央纪委国家监委投案的案件。

二、该案入选理由

（一）党中央高度重视反腐败工作推进

党的十八大以来，党中央及时研判反腐败斗争形势，审时度势作出重大判断，调整工作部署，不断将反腐败斗争引向纵深。[①] 党的十八届三中全会对深化党的纪律检查体制改革作出部署，强化上级纪委对下级党委和纪委的监督，推动纪委双重领导体制落到实处；党的十九大则重点提出健全党和国家监督体系；党的十九届三中全会审议通过《深化党和国家机构改革方案》，组建国家监察委员会；第十三届全国人民代表大会第一次会议表决通过了《监察法》，其出台是国家以法治思维和法治方法对惩治腐败的决心的外在表现。

（二）反腐败形势依旧严峻，职务犯罪仍是社会关注的热点

习近平在省部级主要领导干部坚持底线思维着力防范化解重大风险专题研讨班开班式上发表重要讲话时强调："党的十八大以来，我们取得了反腐败斗争压倒性胜利，但反腐败斗争还没有取得彻底胜利。"反腐败工作不断开展，但近年来机构内腐败仍层出不穷，群众身边腐败和作风问题常有发生，重点领域和关键环节治理体系仍存在盲区，部分腐败分子仍不知收手，不断尝试各类腐败手段，甚至变本加厉，据不完全统计，党的十八大以来，副部级及以上落马官员中涉案金额过亿元的

① 钟龙彪：《反腐败斗争取得压倒性胜利的判定依据与巩固路径》，载《理论导刊》2019 年第 9 期。

便超过15人。由此可见,腐败链条仍在不断形成,部分官员为各自私利沆瀣一气,反腐败斗争的胜利果实仍需不断巩固发展。

(三)开创两个"首次"

艾文礼受贿案有两个"首次"需要特别关注。①

艾文礼是《监察法》颁布实施以后,首次携带赃款赃物主动到中央纪委国家监委投案的省部级领导干部。艾文礼主动投案的实例,是对走上职务犯罪歧途的公职人员的一种强力警示。在其投案自首前,中央第十五巡视组对河北省进行了为期3个月的巡视,严肃地指出"反腐败斗争压倒性态势的措施不够全面深入,一些违纪违法问题易发多发",话音刚落,艾文礼便投案自首,折射出我国反腐败斗争取得的卓著成效,同时也反映出纪检监察机关依规依纪依法履行职责,持续取得良好的政治效果、纪法效果和社会效果。

艾文礼受贿案是中央纪委国家监委对外发布的有关通报中,首次使用"提出减轻处罚的建议"的案件。其司法裁判具备样本性的指导意义。艾文礼在任各职期间,直接或者通过特定关系人收受财物,共计折合人民币6478万余元。其受贿金额巨大,按照这一数额,应当判处10年以上有期徒刑或无期徒刑,但其在犯罪后自动投案,并如实供述自己的罪行,在中央纪委国家监委的建议下,最终被判处8年有期徒刑。其判决结果较之数额相近的全国人大教科文卫委原副主任委员王三运受贿案截然不同,这一判决鲜明地展示了我国目前在惩治腐败犯罪过程中宽严相济的政策,体现出新的监察体制之下宽严相济刑事政策的妥当运用。艾文礼受贿案的判决结果有利于促使走上贪污贿赂道路的官员悬崖勒马,感召腐败分子积极投案自首,进一步推动我国的反腐败工作。

三、该类案件发展趋势

(一)职务犯罪势头得到遏制,但近期有所回升

相关报道显示,自2017年以来,职务犯罪案件数量有所减少,2017年检察机关查处职务犯罪人数为47,650人。2018年至2019年,两年间全国检察机关共受理各级监委移送职务犯罪40,326人,其中2018年受理16,092人,2019年受理

---

① 《艾文礼案判决,两个首次的法治意义》,载《法制日报》2019年4月20日,第1版。

24, 243 人，同比上升 50.6%。[①] 由此可见，我国职务犯罪在国家监委成立后得到了有效抑制，但是腐败势态依旧严峻，面对不敢腐的持续高压震慑，部分腐败分子仍一意孤行。

（二）高压反腐势态依旧存在，“关键少数”干部查处数量仍不断保持高位并呈增加势态

国家监察体制改革之后，监察委员会调查职务犯罪案件高效统一，反腐败力度不断增大，反腐败目标朝着既定目标不断推进。相关数据表明，我国通报执纪审查省管干部人数逐年递增。通报执纪审查的中央一级党和国家机关、国企和金融单位干部人数则呈现大幅度增加势态，由 2017 年的 9 位增加到 2019 年的 408 位，反映出我国“关键少数”干部腐败现象仍然较为严峻，同时也体现出我国目前反腐工作“精准反腐”“紧盯关键少数”等特点。[②]

四、基于犯罪学角度的治理对策

（一）开展思想道德法治教育，精准适用“四种形态”

职务犯罪中公职人员主观方面表现为自我约束能力匮乏，法律意识淡薄，自身无限膨胀的欲望无法满足。因此，根治腐败首先要清除思想上错误的认识，要加强领导干部思想道德建设，开展法治教育，提高领导干部运用法治思维和法治方式开展工作的意识和本领，并在工作中积极运用“第一种形态”，开展批评和自我批评，要让咬耳扯袖、红脸出汗成为常态。

为此，应设立多种主题教育活动，针对主要风险点以及“微腐败”问题，展开警示教育活动，筑牢拒腐防变的思想道德防线，树立人民公仆形象，以德倡廉，强化其廉政、勤政意识，充分发挥榜样作用。同时，利用多媒体技术进行法律法规宣传活动，开展职务犯罪法治教育，注重“以案化人”，利用近年来领导干部职务犯罪案件为参考，以案释纪、释法，形成巨大的震慑作用，使党员干部对搞腐败心生戒惧、收敛收手。机关内部应当精准适用“四种形态”的第一种形态，使得问题干部知悉相

---

① 《最高人民检察院工作报告》（2019 年），载最高人民检察院网站：https://www.spp.gov.cn/spp/gzbg/202006/t20200601_463798.shtml，2020 年 7 月 19 日最后访问。

② 《中央纪委国家监委网站通报执纪审查中管干部 20 人省管干部 408 人》，载人民网：http://fanfu.people.com.cn/n1/2020/0103/c64371-31533341.html，2020 年 7 月 20 日最后访问。

关政策,[①]在抓“早”、抓“准”上下功夫,对领导干部身上存在的问题应早发现、早介入、早纠治,一旦存在不良倾向,应当深挖病根,做到精准出击、防微杜渐。

(二)加强腐败高风险领域防控,建立腐败预警机制

正如前文所提及,工程建设、房地产开发、扶贫等是腐败极易发生的领域。工程建设是涉及经济发展、改善民生、增强国力的全局性、基础性、战略性事业,[②]其事关重大。因此,针对这些较为容易发生职务犯罪的领域,国家应当予以持续重视,采取多种腐败防控手段,推进防控工作的标准化建设。其中最为关键的是建立腐败预警机制。

治理腐败资源的有限性决定了治理工作不可能面面俱到,因此对腐败高发领域进行风险评估势在必行。应当对不同领域腐败风险评析,以腐败发生可能性的大小进行分类管理。对市场风气渗透较多的政府部门予以持续把控,关注其部门公职人员与市场接触程度以及频率,每一笔资金去向用途公开透明,杜绝猫腻,使工程建设、房地产开发、矿产资源开发等腐败易发环节流程公式化、预算管理精细化、民主决策制度化。一旦出现预算不合理、程序不透明或者公职人员过多过深地干预市场,该领域就应当被评定为腐败高发领域,纪检监察工作应当就该领域提前展开。

(三)完善职务犯罪相关立法,主动适应改革要求

2018 年,党的纪律检查体制改革、国家监察体制进行改革,《监察法》随之施行。作为一部新法,其不可避免地会出现一系列漏洞,需要一段时间的磨合,这为别有用心者提供了腐败机会。堵塞法律漏洞,完善职务犯罪相关立法,精准履行执纪执法职责是预防职务犯罪的有力措施。具体而言,应当采取如下措施:

1. 明确监察委员会监察调查优先管辖范围,提高监察委员会调查效率。《监察法》第 34 条第 2 款规定:“被调查人既涉嫌严重职务违法或者职务犯罪,又涉嫌其他违法犯罪的,一般应当由监察机关为主调查,其他机关予以协助。”对此,面对包含多种其他性质犯罪的职务犯罪案件,监察委员会难以一一细致地进行案件处理,如监察委员会如果为追求职务犯罪的彻查而将其他案件也收入管辖范围,

---

① 《实现政治效果、纪法效果、社会效果相统一》,载中国纪检监察杂志网站:http://zgjjjc.ccdi.gov.cn/bqml/bqxx/202003/t20200314_213500.html,2020 年 7 月 25 日最后访问。

② 参见曹溢:《工程建设领域腐败问题易发》,载《中国纪检监察报》2016 年 2 月。

这将阻碍调查效益的实现。为此，笔者建议，应当借鉴监察体制改革前的最高人民法院、最高人民检察院、公安部、国家安全部、司法部、全国人大常委会法制工作委员会《关于实施刑事诉讼法若干问题的规定》，将两种不同性质的案件，即混合职务犯罪与其他非职务犯罪案件的管辖划分开来，分别交由监察机关和其他机关进行调查或侦查，以防止监察权与调查非职务犯罪权力属性不相符情况的出现。

2. 完善认罪认罚从宽的适用条件，保障被调查人权利救济，促使职务犯罪者主动投案。《监察法》以及《刑事诉讼法》并没有规定监察机关所提出的认罪认罚从宽建议的效力、标准，以及这一建议是否对检察机关、审判机关具有约束力。[①] 因此，应当明确"从宽"适用的标准及相关程序，保证监察机关认罪认罚从宽建议的效力，通过法律规定使其所提出的从宽处理建议能在一定程度上产生法律约束力，促使审查"从宽"建议权的检察机关慎重对待此类建议，最终促使法院将之作为定罪量刑的依据。其次，应当完善事中及事后被调查人的权利救济制度，通过立法解释的途径说明留置场所设置、监督等问题，为留置措施提供相应法律依据。《监察法》应当明确留置的合理时间和时长，如不得在夜间讯问被留置人员。此外，应当对《监察法》第 49 条中"原处理机关应当及时予以纠正"进行必要的细化或完善，在规定立即予以纠正的同时，规定纠正的方法、纠正的程序、事后的监察赔偿等。

3. 规范职务犯罪量刑，加大惩治职务犯罪力度。近年来，"微腐败"频发，根据法律相关规定，涉案金额 3 万元以下即可具备判处缓免刑的条件，这使免刑频率比较高，难以起到警示作用。对贪腐道路上的迷途知返者，应当予以相应救济；对孤注一掷、死不悔改者，应当加大惩治力度。笔者认为，对于职务类犯罪案件，在适用主刑的同时，应当加大财产刑的处罚力度，对于犯罪情节特别严重、社会危害性极大的贪污、受贿等职务犯罪，依法应当判处死刑的，坚决判处死刑，绝不手软。

---

① 韩旭：《监察委员会办理职务犯罪案件程序问题研究》，载《浙江工商大学学报》2020 年第 4 期。

第二节　涉黑涉恶类犯罪典型案件研究报告：孙小果案

一、案情简介

1995年,孙小果因犯强奸罪被云南省昆明市盘龙区人民法院判处有期徒刑3年,后其父母通过伪造病历帮助孙小果非法取保候审、保外就医,致使其未执行刑期2年4个月又12天。1998年,孙小果因犯强奸罪等罪,数罪并罚,一审被判处死刑后,[①]二审维持原判,但后死刑未被核准,改为死缓。[②] 孙小果服刑期间,此案又启动再审程序,[③]改判其为有期徒刑20年。[④] 2010年起,孙小果以"李林宸"之名在狱外活动。2019年,昆明市打掉了孙小果等一批涉黑涉恶犯罪团伙。12月23日,法院对孙小果犯强奸罪、强制侮辱妇女罪、故意伤害罪、寻衅滋事罪再审案件[⑤]依法公开宣判,维持1998年2月一审对孙小果判处死刑的判决,[⑥]并与其出狱后犯组织、领导黑社会性质组织等罪被判处有期徒刑25年的终审判决[⑦]合并,决定对孙小果执行死刑。19名涉孙小果案公职人员和重要关系人职务犯罪案也于2019年12月15日公开宣判。这是2019年全国扫黑除恶办公室挂牌督办的典型案件之一,是《人民法院报》评出的2019年度人民法院十大刑事案件之首。[⑧]

---

① 云南省昆明市中级人民法院刑事判决书,(1998)昆刑初字第74号。

② 云南省高级人民法院刑事判决书,(1998)云高刑一终字第104号。

③ 云南省高级人民法院再审决定书,(2006)云高刑监字第48号。

④ 云南省高级人民法院刑事判决书,(2006)云高刑再终字第12号。

⑤ 云南省高级人民法院再审决定书,(2019)云刑监1号。

⑥ 云南省高级人民法院刑事判决书,(2019)云刑再3号。

⑦ 云南省高级人民法院刑事判决书,(2019)云刑终1321号;云南省玉溪市中级人民法院刑事判决书,(2019)云04刑初149号。

⑧ 《人民法院报评出2019年度人民法院十大刑事案件》,载中国法院网:https://www.chinacourt.org/index.php/article/detail/2020/01/id/4769091.shtml,2020年7月3日最后访问。

二、该案入选理由

(一)社会影响重大

孙小果案及其相关案件引发社会广泛关注,除因孙小果前后犯下的诸多严重罪行,还有孙小果“起死回生”过程中发生的一系列匪夷所思的经历。云南省高级人民法院通过再审重新对孙小果判处死刑,并对涉孙小果案的相关公职人员渎职腐败犯罪行为予以严肃惩处,弘扬了法治精神,伸张了社会正义,回应了群众关切,彰显了党和国家惩治腐败和扫黑除恶的坚定决心。该案从案发、宣判到执行死刑,始终受到各界高度关注,该案及其系列案件最终得到公正处理,在全社会产生了重大而又积极的影响。①

(二)涉案面广且深

孙小果系列案件,前后经历了 20 余年,案件时间历经之久,案情复杂程度之高都是前所未有的。云南省高级人民法院先后作出两次刑事再审决定和四次刑事判决,更是反映出该案背后的复杂性和反复性。孙小果系列案件不仅仅是普通的刑事案件,更是涉黑涉恶的典型案件,孙小果从“死里逃生”到破格减刑再到重新犯罪,背后的“保护伞”起到了关键的作用,2019 年 12 月 15 日,涉孙小果案公职人员和重要关系人案一审宣判。19 名公职人员和重要关系人因职务犯罪分别被判处 2 年至 20 年不等的有期徒刑。②

(三)教育警示作用显著

20 余年间,孙小果屡屡作恶,多次被追究刑事责任却一直未曾得到法律应有的惩处,在当地造成了极其恶劣的影响,极大损害了司法公信力。多年来,法律规定和司法程序被孙小果的“保护伞”和“关系网”视若无睹,使孙小果在恢恢法网中一次次成为“漏网之鱼”。在这些强大的“保护伞”和“关系网”的纵容下,以孙小果为代表的黑恶势力屡屡作奸犯科,却次次得到从轻处理,人民群众对此深恶痛绝,苦不堪言,这严重损害了司法权威。为此,最高人民法院和最高人民检察院于 2020 年 5 月 25 日在第十三届全国人民代表大会第三次会议上作的工作报告中都指出

---

① 《孙小果案、张扣扣案等入选 2019 中国十大影响性诉讼》,载新浪新闻网:http://news.sina.com.cn/c/2020-04-09/doc-iircuyvh6764883.shtml,2020 年 7 月 3 日最后访问。

② 《孙小果保护伞案宣判,打伞破网绝不姑息手软》,载《法制日报》2019 年 12 月 16 日,第 1 版。

了孙小果案件对严格依法推进“扫黑除恶”专项斗争的重要作用和贡献。

(四)典型的“保护伞”式涉黑案件

开展“扫黑除恶”专项斗争,是一项事关社会稳定和国家长治久安、人心向背和基层政权巩固的重要决策部署。孙小果系列案件涉及公职人员充当“保护伞”,让作为一方恶霸的孙小果在20世纪90年代因犯诸多重罪被判处死刑后,二审改判缓刑,再审又改判20年有期徒刑,甚至在服刑期间多次违规减刑,导致其实际服刑仅仅12年零5个月,严重违背了刑罚的教育和改造初衷,出狱后不到10年的时间,孙小果再次涉黑犯罪。回望整个案件过程,为孙小果违法获得改判、减刑、取保候审等“特权”的涉案公职人员、重要关系人多达19人,这背后的“保护伞”关系网之复杂、严密、牢固令人震惊。

三、该类犯罪发展趋势

(一)黑社会性质组织呈多样化趋势

我国的黑社会性质组织大致上从20世纪70年代末到20世纪90年代末,数量逐渐增多。进入21世纪,在党中央和国务院的高度关注之下,我国对黑社会性质组织保持持续打击的高压态势。[①] 其具体表现形式为“村霸”与“蝇贪”相互勾结,向上寻求“保护伞”逃避刑法追责,向下欺压百姓横霸一方;利用公司或合伙企业等合法外衣,从事套路贷、债务追讨、洗钱等业务,以商养黑、以黑护商,不断向经济领域渗透,危害正常的经济秩序。[②]

(二)犯罪数量呈上升趋势

以“组织、领导、参加黑社会性质组织罪”为案由查阅威科先行网所刊载的案例,2016年1月1日至2019年12月31日,我国作出判决的该类案件数量共计563件,其中一审案件共计528件,二审案件共计30件,再审案件共计5件;各年度案件总数量分别为57件、87件、111件、308件,呈现出不断上升趋势。(见图3-1)

---

① 参见何秉松:《中国有组织犯罪研究》,群众出版社2009年版。

② 张小虎:《有组织犯罪的犯罪学类型性考究》,载《江苏社会科学》2016年第6期。

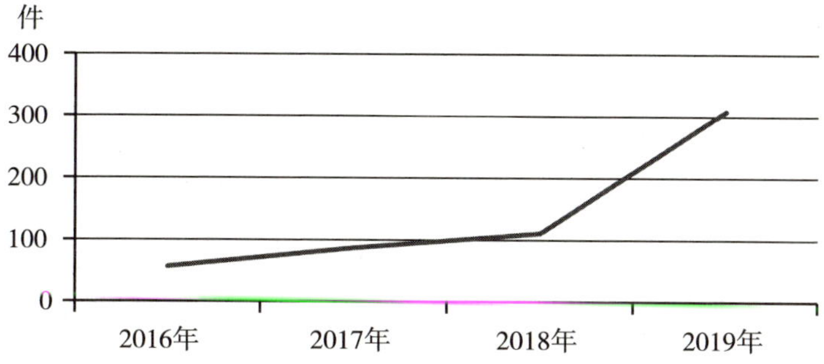

图 3－1　2016～2019 年全国以"组织、领导、参加黑社会性质组织罪"为案由作出判决的案件数量

（资料来源：威科先行法律案例网，最后访问日期为 2020 年 7 月 6 日）

分析以上数据可知，2018 年、2019 年黑社会性质组织犯罪的案件数量较上年增幅较大，且 2018 年和 2019 年案件总数约是 2016 年和 2017 年案件总数的 3 倍，这与 2018 年 1 月中共中央、国务院发出《关于开展扫黑除恶专项斗争的通知》（以下简称《通知》），在全国范围内开展"扫黑除恶"专项斗争有关。

（三）案件集中经济发达省份

从地理分布维度考察，2016～2019 年组织、领导、参加黑社会性质组织犯罪案件主要分布在广东、河南、浙江、湖北、江苏等经济较为发达的省份。该五省在 2016～2019 年的案件总数为 324 件，占全国同期同类案件总数量的 57.55%。（见图 3－2）

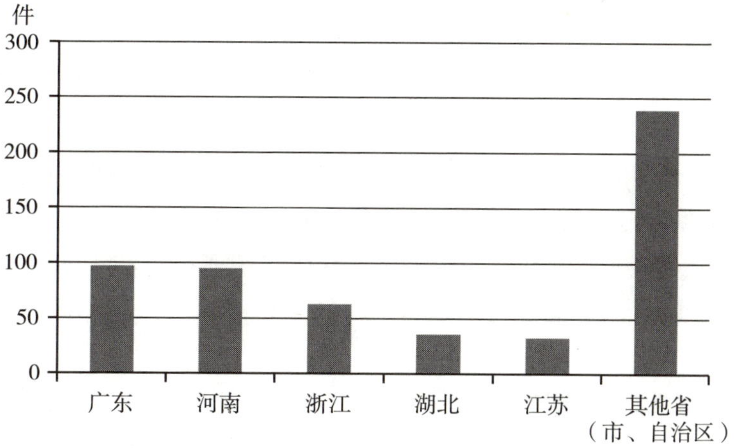

图 3－2　2016～2019 年广东、河南、浙江、湖北、江苏五省组织、领导、参加黑社会性质组织犯罪案件数量对比图

（资料来源：威科先行法律案例网，最后访问日期为 2020 年 7 月 6 日）

分析以上数据可知,在地域分布上,黑社会性质组织犯罪相对集中并呈现出一定的内在规律,主要集中分布在人口稠密和经济发达的省市。

(四)拥有复杂且严密的"保护伞"

以"包庇、纵容黑社会性质组织罪"为案由查阅聚法案例网所刊载的案例。2014 年 1 月 1 日至 2019 年 12 月 31 日,我国作出判决的该类案件数量共计 77 件,其中一审案件共计 75 件,二审案件共计 1 件,再审案件共计 1 件;各年度案件总数量分别为 4 件、3 件、0 件、1 件、2 件、67 件,呈现出不断上升的趋势。(见图 3 -3)

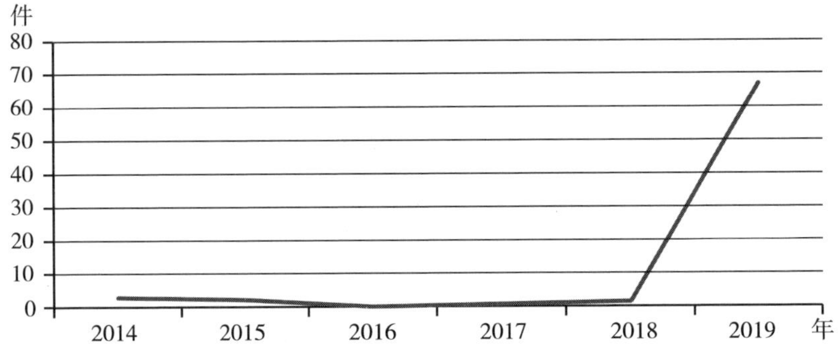

图 3 -3　2014 ~2019 年全国以"包庇、纵容黑社会性质组织罪"为案由作出判决的案件数量

(资料来源:聚法案例网,最后访问日期为 2020 年 7 月 6 日)

分析以上数据可知,2019 年以"包庇、纵容黑社会性质组织罪"作出判决的案件数量约是前 5 年数量总和的 7 倍。黑社会性质组织犯罪大多需要国家工作人员的庇护,如果没有其庇护或者不作为,黑社会性质组织可能不会壮大,甚至很多都会被扼杀在萌芽之中。随着我国法治化进程的加快和社会治理能力的提高,黑社会性质组织在实施违法犯罪活动时必然会被国家机关及其工作人员发现,为了掩盖犯罪事实,逃避法律的制裁,一些黑社会性质组织通过行贿等非法手段"拉拢"国家机关工作人员,为实施违法犯罪行为提供便利,让其成为"保护伞"。

四、该类案件的犯罪特点分析

(一)犯罪人特征

1. 从性别差异维度看,罪犯大多以男性为主。黑社会性质组织犯罪具有暴力性特征,正因此特点从而大大降低了女性犯罪人参与组织、领导黑社会性质组织的可能性。在统计的 293 份一审判决书中,共计 928 名被告人,除去判决书中未写明性别的和依法不公开的,女性被告人仅有 20 人,占比约 2% ,男性高达 908 人,占比约 98% 。[①] (见图 3 – 4)。

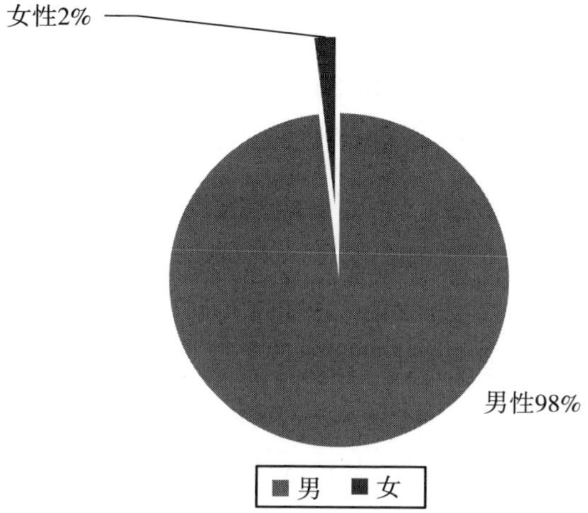

图 3 – 4　组织、领导、参与黑社会性质组织犯罪的犯罪人性别比例图

(资料来源:威科先行法律网,最后访问日期为 2020 年 7 月 7 日)

2. 从年龄结构维度看,黑社会性质组织犯罪的主体大多是中青年人群。一方面,黑社会性质组织犯罪的暴力性特点决定了主体年龄特征;另一方面,中青年人员,特别是青少年,其心智尚未成熟,精力旺盛且对世界充满好奇心,[②]加之激烈的就业竞争等残酷现实更是刺激和吸引他们进入黑社会性质组织的内在原因。[③] 在统计的 293 份一审判决书中,共计 928 名被告人,除去判决书中未写明出生日期和不公开的外,样本人数共计 708 名,年龄最大的为 70 岁,“涉黑”未成年人数量总计为 34 人,占样本总人数 4. 8% 。18 ~ 40 岁年龄段的人数最多,约占样本总数的 68. 5% 。(见图 3 – 5)

---

① 资料来源威科先行法律网,以“组织、领导、参与黑社会性质组织犯罪”为案由,搜索时间为 2019 年 1 月 1 日至 2019 年 12 月 31 日的一审刑事判决书。

② 陈世伟:《近墨者黑:未成年人“涉黑”犯罪实证研究——以重庆“涉黑”案件为素材》,载《青少年犯罪问题》2011 年第 5 期。

③ 严励:《浙江省黑社会性质组织犯罪实证调查分析——以 30 个黑社会性质组织案件为例》,载《山东警察学院学报》2011 年第 6 期。

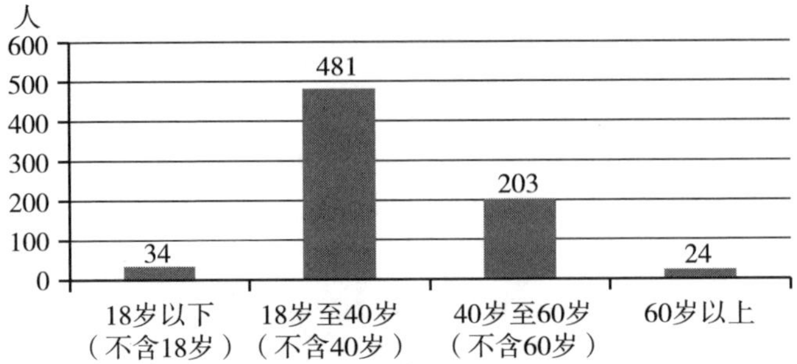

图3-5　组织、领导、参与黑社会性质组织犯罪犯罪人年龄结构对比图

(资料来源:威科先行法律网,最后访问日期为2020年7月7日)

3. 从教育层次维度看,犯罪活动形式、种类及其发展走向与犯罪人受教育程度有很大联系,尤其是黑社会性质组织犯罪。[①] 低学历犯罪人是黑社会性质组织犯罪的又一显著特点,在统计的293份一审判决书中,共计928名被告人,除去判决书中未写明文化程度的,样本人数共计542名,接受过本科及以上教育的仅为4人,占样本总数的0.7%,接受过大专教育的也仅为20人,占比3.6%,高中及以下学历至少占比93.5%。

(二)组织特征

1. 组织结构稳定。《刑法修正案(八)》中明确了黑社会性质组织的特点,要求黑社会性质组织需形成较为稳定的犯罪组织,人数较多,有明确的组织者、领导者,骨干成员基本固定。也就是说,黑社会性质组织系一个有稳定的内在组织架构制约的犯罪集体,并不同于刑法学一般意义上的共同犯罪,这也是区别于其他普通团伙犯罪案件的显著特征。在2018年最高人民法院、最高人民检察院、公安部、司法部出台的《关于办理黑恶势力犯罪案件若干问题的指导意见》(以下简称《指导意见》)指出,黑社会性质组织一般在短时间内难以形成,而且成员人数较多,但鉴于"恶势力"团伙和犯罪集团向黑社会性质组织发展是个渐进的过程,没有明显的性质转变,故在司法实践中,认定组织结构稳定的关键不在于考察每个成员的变动情况,而在于核心人员的变动情况,从时间跨度和演变过程维度去考察认定,并结合

① 周芳苓:《西部地区黑社会性质组织首领的基本构成与行为特征——基于129个黑社会性质组织首领的调查分析》,载《贵州警官职业学院学报》2015年第5期。

地域和行业的影响力进行综合判断。①

2. 人数众多。有学者指出,黑社会性质组织的"人数较多"这个标准必须要在3人以上,黑社会性质组织才能被称为犯罪集团,只要是有3人以上的犯罪活动就应该和犯罪集团适用一样的法规。② 在2019年4月出台的"扫黑除恶"4个意见中,③《关于办理恶势力刑事案件若干问题的意见》第6条在2018年出台的《指导意见》中"恶势力一般为三人以上,纠集者相对固定"的规定基础上进一步明确如何区别恶势力纠集者和其他成员。

3. 组织者、领导者、骨干成员基本固定。在司法实践中,认定黑社会性质组织的组织者、领导者的认定较为容易,但在骨干成员、积极参与者的认定方面较为模糊,应根据组织分工、组织纪律和原则、组织严密程度、组织人事任用等多个维度进行综合判断,区别组织者、领导者和骨干成员。黑社会性质组织一般采取下级服从上级的"军队式"管理模式,层级之间信息不畅通,实施违法犯罪行为的过程中,领导者能够起到全面协调的作用,骨干成员就所实施的行为向上级负责,骨干成员对领导者绝对服从和尊重。④

(三)经济特征

1. 获取经济利益的手段非法且多样化。黑社会性质组织获取经济利益的手段多样化,通过其稳定的组织结构共同体实施违法犯罪活动,最根本的目的就是维持组织运作获取经济利益,这也是实现黑社会性质组织扩大规模的必要物质基础。根据统计的293份一审判决书,黑社会性质组织犯罪的类罪名包括但不限于寻衅滋事罪、聚众斗殴罪、抢劫罪、开设赌场罪、非法拘禁罪、故意伤害罪、敲诈勒索罪、行贿罪、协助组织卖淫罪等33起罪名,共682起犯罪。除了犯组织、领导、参与黑

---

① (2019)浙0421刑初583号,陆志敏、胡胜超、周晨凯等组织、领导、参加黑社会性质组织罪一审刑事判决书。

② 胡学敏、万富海:《有组织犯罪、带黑社会性质的团伙犯罪和流氓恶势力犯罪的特征及其认定》,载《华东政法大学学报》2001年第5期。

③ 最高人民法院、最高人民检察院、公安部、司法部《关于办理利用信息网络实施黑恶势力犯罪刑事案件若干问题的意见》,最高人民法院、最高人民检察院、公安部、司法部《关于办理恶势力刑事案件若干问题的意见》,最高人民法院、最高人民检察院、公安部、司法部《关于办理黑恶势力刑事案件中财产处置若干问题的意见》,最高人民法院、最高人民检察院、公安部、司法部《关于办理实施"软暴力"的刑事案件若干问题的意见》。

④ (2019)赣0425刑初202号,袁自龙组织、领导、参加黑社会性质组织、聚众斗殴、故意伤害、开设赌场一审刑事判决书。

社会性质组织犯罪外,其中寻衅滋事罪多达173起,非法拘禁罪82起,故意伤害罪91起,抢劫罪39起,开设赌场罪91起,敲诈勒索罪79起,协助组织卖淫罪6起,聚众斗殴罪65起。(见图3-6)

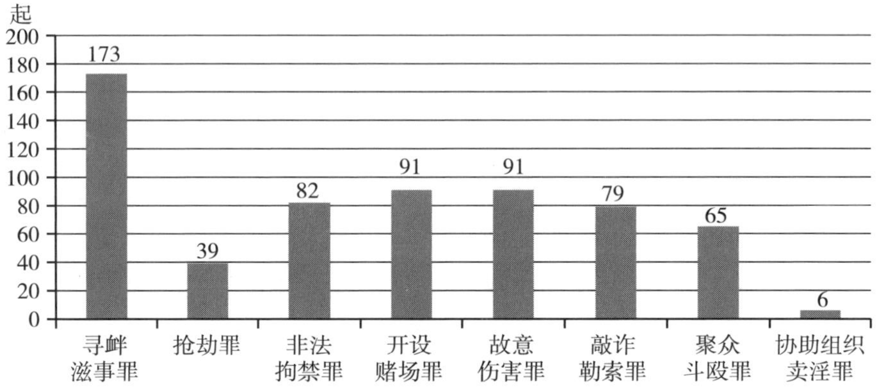

图3-6 组织、领导、参与黑社会性质组织犯罪犯罪人所涉其他主要罪名

(资料来源:威科先行法律网,最后访问日期为2020年7月7日)

2.具有较强的经济实力。拥有强大的经济实力是黑社会性质组织的基础,是黑社会性质组织得以存在及运转的物质保障,是黑社会性质组织"扩展壮大"的内在动力。在司法实践中,传统的以暴力手段获取经济利益的黑社会性质组织数量较少,绝大多数黑社会性质组织涉足高风险、高回报甚至高科技、高智能领域或者行业。最为常见的是开设赌场,赚取高额的"入场费";[①]开设"追债公司",进行非法"追债",收取高额"回扣",获取非法经济利益;[②]设立夜总会、KTV、足浴店等高档消费娱乐场所,组织卖淫活动,进行敲诈勒索行为。[③]

(四)行为特征

1.采用暴力、威胁以及"软暴力"手段。黑社会性质组织犯罪中,暴力、危险手段是其犯罪手段的基本特点,近年来,非暴力性黑社会性质组织犯罪也层出不穷。2019年4月最高人民法院、最高人民检察院、公安部和司法部联合发布的《关于办理实施"软暴力"的刑事案件若干问题的意见》中明确了"软暴力"的定义,系指行

① (2019)豫0212刑初539号,邵卫杰组织、领导、参加黑社会性质组织、开设赌场一审刑事判决书。

② (2019)粤0103刑初737号,杨能坤、王晓恭组织、领导、参加黑社会性质组织、非法拘禁、敲诈勒索一审刑事判决书。

③ (2019)皖1602刑初229号,武永超组织、领导、参加黑社会性质组织一审刑事判决书。

为人为谋取不法利益或形成非法影响,对他人或者在有关场所进行滋扰、纠缠、哄闹、聚众造势等,足以使他人产生恐惧、恐慌进而形成心理强制,或者足以影响、限制人身自由、危及人身财产安全,影响正常生活、工作、生产、经营的违法犯罪手段。根据统计的293份一审判决书,被认定为采用"软暴力"手段实施犯罪的案件数为57起,占比19.5%。被认定为采用"暴力"手段实施犯罪的案件数为141起,占比48.1%。被认定采用"威胁"手段实施犯罪的案件数为217起,占比74.1%。由此可知,黑社会性质组织犯罪仍以"暴力、威胁"等手段为主,以"软暴力"手段为补充。(见图3-7)

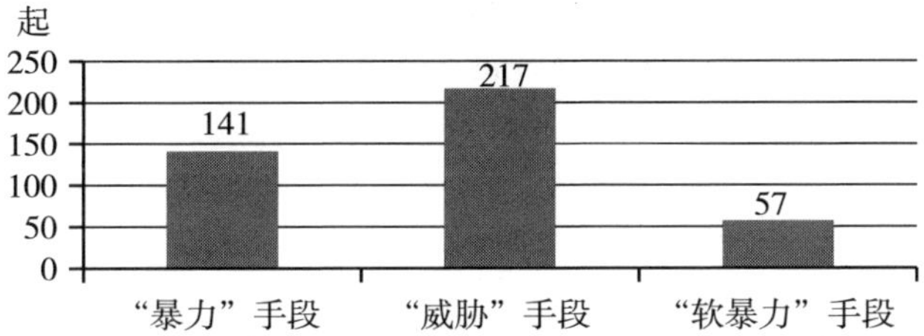

图3-7　黑社会性质组织犯罪行为手段案件数量对比图

(资料来源:威科先行法律网,最后访问日期为2020年7月7日)

2. 寻求"保护伞",官黑勾结。虽然我国黑社会性质组织犯罪的主要犯罪行为还是以聚众斗殴、故意伤害等传统暴力型犯罪为主,但也存在一小部分黑社会性质组织已经有国家工作人员作为保护伞。通常来说,寻求"保护伞"并成功受到"保护"的黑社会性质组织拥有更大的组织规模、活动范围,更强的经济实力以及更严重的社会危害性。① 根据统计的293份一审判决书,涉及"包庇、纵容黑社会性质组织犯罪"的案件数为9起,占3.1%。涉及贪污受贿罪的案件数为11起,占3.8%。涉及渎职罪的案件数为2起,约占0.7%。从涉案数量上看,当前只有少数的黑社会性质组织与贪腐势力相勾结,合计约占总数不到5%。

(五)危害性特征

1. 一定地域范围内形成较大影响力。根据2002年颁布的全国人民代表大会常务委员会《关于打黑除恶的立法解释》(以下简称《立法解释》)的规定,危害性特征表现为在一定地域范围内形成较大影响力。黑社会性质组织的非法控制形成影

① 于阳、吴承麟:《黑社会性质组织与保护伞勾结模式研究》,载《警学研究》2019年第6期。

响力主要体现在两个方面:一是对经济的控制,以非法经济秩序的建立为标志。二是对社会的控制,以树立强大的“非法权威”和影响力为标志[①]。在司法实践中其表现存在多样化特点:犯罪人通过设立公司的形式,结合“软暴力”等手段,在当地形成一定的“威慑力”;[②]直接通过实施违法犯罪行为,树立非法权威,称霸一方,为非作恶,对当地造成恶劣的社会影响。[③]

2. 国家工作人员的包庇与纵容。从立法维度考察,根据《立法解释》的规定,危害性特征还表现为黑社会性质组织利用国家工作人员的包庇或者从容。从前文数据分析可知,涉黑犯罪与贪污腐败案件存在一定的联系。从我国相关刑事政策和公共政策维度考察,反腐与打黑是同步的,是同一问题的不同角度的阐释。“扫黑除恶”专项斗争的进行必须要重视这两个问题之间的联系。由于“保护伞”的存在可能给黑社会性质组织提供生存和发展的土壤,打击“保护伞”也是治理黑社会性质组织犯罪的一项重要工作。[④]

五、基于犯罪学角度的治理对策

(一)加强普法宣传,大力发展教育事业

法制宣传是提高群众法律意识的重要途径,也是遏制黑恶势力渗透的重要抓手。监管部门、公安部门、宣传部门、社会媒体等多元主体要切实担负起社会责任,充分利用各自的资源优势,发挥网络、自媒体平台的优势,利用互联网、宣传栏、公交、出租车、地铁等多种公共平台普及涉黑涉恶案件的防范知识。各地公安机关、人民检察院和人民法院可以尝试通过真实的案例提高干部和群众对此类刑事案件的警惕性和辨识能力,一方面防止其“误入歧途”,另一方面有助于打击此类违法犯罪行为。教育部门、学校可以针对不同年龄段的学生特点,组织开展法律知识问答竞赛等活动,在学习知识的同时,宣传防范涉黑涉恶案件的处理方法,提高学生的自我保护能力和是非辨别能力。

---

① 参见吕晓庆:《黑社会性质组织刑法学研究》,大连海事大学 2019 年硕士学位论文。

② (2019)苏 1081 刑初 294 号,戚春元组织、领导、参加黑社会性质组织罪、寻衅滋事罪一审刑事判决书。

③ (2019)赣 0425 刑初 202 号,袁自龙组织、领导、参加黑社会性质组织、聚众斗殴、故意伤害、开设赌场一审刑事判决书。

④ 汪鹏:《打击黑恶势力犯罪的治理化路径探析》,载《法治研究》2019 年第 5 期。

另外,由于黑社会性质组织犯罪人大多是文化水平较低、法制意识淡薄、对事物尚未形成正确的认知和判断的中青年(根据前文统计的数据,仅接受过初中及以下教育的黑社会性质组织犯罪人的占比最大),大力发展教育事业能够有效预防黑社会性质组织的形成。所以,要保证九年制义务教育政策的落实,在一些经济发达的地区可以考虑普及普通高中教育,实行免费职业中专教育,让青少年能够获得良好的教育和技能培训,充分发挥教育单位和部门的指引作用,避免青少年因失学走上"涉黑涉恶"的道路。

(二)有效打击"保护伞"式涉黑涉恶案件

1.保持反腐高压态势,强化干部监管。对黑社会性质组织来说,拥有"保护伞"意义非同小可。犯罪人利用各种手段拉拢、引诱甚至诱骗一些法制意识淡薄、信仰意识薄弱的国家工作人员为其提供保护。收买国家工作人员比培养犯罪集团成员的投入成本更低,产出效益更高。打击黑社会性质组织的"保护伞"是阻断黑恶势力传播和渗透的重要途径。具体来说:一是要重点关注重点地方、重点部门、重点行业、重点领域中的干部人员,加强内部干部纪律监察力度,对违法乱纪的干部要及时移送监察部门调查。二是要继续加大反腐力度,腐败和涉黑犯罪是同一问题的不同视角,坚持反腐和反黑两手都要抓,两手都要硬。三是充分发挥行政和执法监督作用,政府和司法机关要相互联系、相互配合,实现政务公开化、透明化、法治化。

2.扩大案件线索来源,做好长期斗争准备。公安机关作为"扫黑除恶"专项斗争的主力军和最前线,在日常的接警处理的过程中应当充分发挥警员的主观能动性,甄别案件的基本性质,特别是出现报案人以聚众赌博、聚众斗殴、卖淫嫖娼、寻衅滋事、非法拘禁、绑架等罪名进行报案时,深挖线索,顺藤摸瓜,掌握发现和打击犯罪的主动性。现场处置警情时应当详细询问被害人、证人和报案人等是否存在涉黑涉恶的情形。侦查机关在侦办涉黑涉恶案件时要发挥阵地控制优势,利用好特情耳目,深入黑社会性质组织内部,及时获取涉黑涉恶案件相关的犯罪情报,并及时固定相关证据,从相关犯罪入手追踪和打击黑社会性质组织,进而抓获黑社会性质组织的组织者、领导者和参与者。公安部门对社会不良团体、刑满释放人员、外来闲散人员等进行密切关注,涉嫌犯罪的严格按照法律规定惩处,对公众的举报要认真排查并记录,同时要建立动态的社会人员流动数据库,运用大数据等科技手段预测可能的犯罪,主动出击。①

3. 掌握“涉黑”犯罪的一般作案手法,收集核心证据。黑社会性质组织结构复杂、稳定性高、内部有严格的等级制度,有的组织甚至拥有强大的“保护伞”,这给侦查机关发现案件、收集调查证据、抓捕犯罪嫌疑人等工作带来了很大的挑战。一是要严格按照《立法解释》的规定,对黑社会性质组织的判断应从组织特征、经济特征、行为特征和危害性特征四个方面入手,以此指导侦查机关开展侦查工作,收集和固定犯罪证据过程也需紧紧围绕该四个特征进行,提高案件的移送率。二是收集证据必须围绕犯罪嫌疑人的犯罪行为,及时发现查处寻衅滋事、聚众斗殴行为,通过审讯犯罪嫌疑人,挖出违法犯罪行为实施者的上下级关系,对黑社会性质组织内部结构有初步的认识和掌握。三是广泛听取群众的意见,公安机关会同多部门共同作战,建立案件线索共享机制,涉黑犯罪案件的侦查不能仅限于发现、查明、终结预备犯罪,需要系统探究犯罪发生的土壤、环境和条件,在此基础上,以预防犯罪为侦查的最高价值,实现侦查治理与社会治理的一体化目标。

(三)完善社会保障制度,防范潜在犯罪人的转化

社会主义市场经济的繁荣发展,带来了改革开放的丰厚红利,但随之带来的是城乡发展不平衡、地区发展不平衡、行业发展不平衡等问题的凸显。同时,有些人的道德观念、思想意识、价值观念以及思维模式都发生了变化,物欲主义、利己主义等思想侵蚀了一些人的思想,严重的犯罪问题逐渐增多,这也为黑社会性质组织犯罪的滋生和肆意提供了温床。从经济层面,特别是从社会保障视野维度去思考如何防范黑社会性质组织犯罪,系高效且长远的角度。一是完善基本分配制度。当前,我国实行的是按劳分配为主体、多种分配制度并存的分配制度。在基本分配制度的基础上,着力提高按生产要素分配的比例,着力提高低收入人群的收入水平,着力缩小城乡居民人均可支配收入的差距,减少贫困人口的数量。二是完善基本社会保障体系,探索建立社会福利制度。社会保障是指国家通过制定各种措施,使公民在年老、患病、失业、遭遇灾害或者丧失劳动能力的情况下,能够获得一定的物质帮助以保障公民基本的生活需要。② 基本社会保障体系的完善对整个社会的和

① 参见王名湖、陈娟:《黑社会性质组织与保护伞》,载莫洪宪等主编:《中国犯罪学年会论文集(2010年度)》,中国人民公安大学出版社2010年版。

② 张德寿:《黑社会性质组织犯罪与对策研究》,中国人民公安大学出版社2006年版,第109页。

谐稳定起到举足轻重的作用。失业青壮年、低收入人群以及外来务工人员是社会保障的主要对象,也是黑社会性质组织犯罪的“潜在犯罪人”,确保其基本生活需要,防止其迫于生计进行违法犯罪活动。另外,积极探索建立我国适度普惠型社会福利制度作为重要补充,“适度”系表示我国福利水平和经济发展保持协调适应,“普惠”系我国社会福利对社会公平的价值追求,坚持以福利需求和福利文化为导向,坚持公平和效率结合、就业与弱者优先、福利与经济相适应、国家主导与多方参与等原则为基本框架的福利制度体系。① 三是保障就业民生,完善就业政策。正所谓“授人以鱼不如授人以渔”,“最好的社会政策就是最好的刑事政策”,坚定就业是民生之本,政府应采取多种方式促进不同人群就业,积极发展职业教育培训,充分发挥政府宏观调控作用。同时,破除户籍壁垒,加快户籍制度改革,逐步在就业、生活、教育、医疗等方面给予外来务工人员“市民待遇”,最大限度地降低农村剩余劳动力向城市转移的障碍阻力。保证全体公民都能够通过相对公平公正的途径享受充分就业的机会,避免“潜在犯罪人”因失业和生活压力走上违法犯罪的道路。

(四)创新社会管理方式,健全社会共同治理机制

一是利用人工智能技术,创新管理手段。社会主义市场经济飞速发展的同时,高发的流窜作案和流动人口犯罪问题是黑社会性质组织犯罪滋生和“壮大”的重要推手。流动人口聚居区域成为犯罪分子的“庇护所”,给公安机关侦查造成了困难。随着互联网、人工智能、大数据等技术的不断创新和发展,政府应利用先进的科学技术辅助对流动人口的管理。二是强化金融监管,从源头削弱黑社会性质组织的经济实力。对于大额转账,大宗交易等账户进行重点监督、适时申报制度,发现可疑交易时,及时通报立案侦查机关进行追踪。做到有疑应查,有疑必查。三是密切联系群众,多元主体共建共享。发挥多元主体特别是基层群众力量,建立社会共建机制,构建社会防治涉黑涉恶势力犯罪体系。犯罪作为一种社会现象,仅凭借立法、行政、司法等国家机关的打击是远远不足的,落实群众参与机制,发动群众参与到预防犯罪的活动中来。例如,开展形式多样的“扫黑除恶”的宣传活动;建立“扫黑除恶”专项奖励基金,将其纳入政府财政预算体系;设置预防涉黑涉恶犯罪社区专员岗位,实施网格化管理,落实社区责任。

---

① 张军:《论我国适度普惠型社会福利制度构建的基本原则》,载《学术探索》2019年第12期。

第三节 职务犯罪以及涉黑涉恶犯罪典型案件研究报告：湖南新晃“操场埋尸”案

一、案情简介

根据法院相关判决和相关材料、报道可得知，邓世平于2001年被调到湖南新晃一中，因为之前有过工程经历，所以被委派负责学校操场改造工程的质量监督管理工作，工程质量由他签字把关。承包新晃一中操场改建项目的，是时任新晃一中校长黄炳松的外甥杜少平。邓世平与杜少平两人因工程问题闹过不少矛盾，且邓世平还因为工程价款和质量不合格等问题向上级提出过异议，导致杜少平经济利益受损。

时隔一年多，直至2003年1月操场改造项目还未竣工。2003年1月22日，邓世平与当时的总务处主任姚本英以及项目包工头杜少平在校商讨工程扫尾工作。杜少平计划、并与罗光忠伙同杀害邓世平，并藏匿尸体。

邓世平的妻子在丈夫失踪后，几度寻找都无果，欲报警时，学校称已报案。2003年1月25日，邓世平妻子到当地公安局询问案件进展，但公安局并没有学校的报案记录，于是邓妻自行报案，未再通过学校。2月11日，邓世平的弟弟又向当地公安局再次报案。3月，邓家向湖南省公安厅寄送了相关材料。案件转交怀化市公安局警官办理，但也无下文。

16年后，2019年4月，在国家加强“扫黑除恶”力度、开展“扫黑除恶”专项斗争的背景下，杜少平等人因涉黑团伙涉嫌故意伤害、非法拘禁、聚众斗殴等犯罪事实被逮捕。在公安机关的审讯与深挖下，杜少平及其团伙供认当年杀害邓世平并埋尸于操场一事，且牵扯出与此案相关的原新晃一中校长黄炳松，新晃县公安局党委副书记、政委杨军等人涉及职务犯罪。

湖南省怀化市中级人民法院一审判决杜少平、罗光忠死刑立即执行，剥夺政治权利终身，并处罚金。被告提出上诉，并经死刑复核，二审法院和最高人民法院都维持原判。

二、该案入选理由

(一)案件性质极为恶劣

作为工程监工,邓世平耿直、公正地曝光了操场项目存在的问题,侵害了杜少平和罗光忠的经济利益,所以二人决定杀害邓世平。几次迷信杀人失败后,最后一次两人终于得手。杀人后,杜、罗二人先藏匿尸体,后将尸体掩埋于事先挖好的土坑中,并于第二日填平土坑。

上述的杀人、尸体处理行为都证明杜少平与罗光忠的杀人行为不是突发的激情犯罪,这是一起早有预谋的、手段极其恶劣的杀人事件。并且,案发后,杜少平也没有认罪服法的意愿,而是找了时任新晃一中校长的舅舅,希望其能够为自己逃脱法律制裁。这些行为表明杜少平等人都认为自己可以凌驾于法律之上,可以以人情越过法治,严重侵害了我国依法治国的理念。

(二)本案存在较为典型的"保护伞""关系网"现象

湖南新化操场埋尸案并不是一起单纯的黑恶团伙故意杀人事件,而是同时涉及了黑恶团伙作案和公职人员职务犯罪。该案并不是由当地公安机关在 2003 年立案后,按照一般案件侦办流程破获的,因为 16 年来该案都是以失踪立案的,并未被刑事立案。作案人杜少平是在 2019 年"扫黑除恶"过程中,先因其他案件涉黑涉恶而被抓获,后才供述出本案。

在 2003 年杀人埋尸后,杜少平将事发过程告诉了其舅舅,即时任新晃一中校长的黄炳松,并向其寻求帮助,以求逃脱法律的制裁。黄炳松知情后,为隐瞒真相而拉拢了时任新晃县公安局政委杨军,并在其帮助、安排下,联合公安局局长、法医、干警等人形成关系网。"保护伞"在明知杜少平、罗光忠有杀害邓世平的重大犯罪嫌疑下,仍故意包庇、故意延迟对现场痕迹的提取,不按上级要求对可能埋尸地进行清查,对于相关证据和线索延迟提交或者不予提交,以积极的作为和消极的不作为阻挠案件的侦破,使得杜少平、罗光忠一直未受到法律的制裁。

司法机关的行为在当地造成了极为恶劣的影响,对该案的消极怠工,既重创了民众对当地公权力的信任,也违背了"法律面前人人平等"原则。

(三)本案可以视作是以杜少平为首的黑社会性质组织的开端

从最高人民法院对杜少平死刑复核的刑事裁定书中可以看出,杜少平触犯了故意杀人罪、故意伤害罪、寻衅滋事罪、非法拘禁罪、聚众斗殴罪和强迫交易罪。其还涉嫌在湖南省新晃县境内,以首要分子身份纠集犯罪成员,在当地形成较为固定的恶势力集团,为非作歹,欺压百姓。

根据中共中央纪律检查委员会和国家监察委员会对于案件事实的认定,可以看出杜少平实际成为涉恶犯罪首要分子,纠集团伙是从2008年开始的。2001年的这起故意杀人案严格来讲并不属于涉黑犯罪的典型,但从逻辑上讲,正是因为之前2001年的杀人、2005年的故意伤害、2007年的寻衅滋事等犯罪,杜少平都顺利逃脱了法律的制裁,这才使得他变本加厉,认为自己可以永远不受法律约束。所以笔者认为,本案可以认为是国家工作人员滥用其影响力所造成的严重后果,是后续成立黑社会性质组织的前提。

(四)案件影响较大

从2019年6月20日凌晨在新晃一中操场跑道内挖出遗体,到2019年12月一审宣判杜少平死刑,到最高人民法院2020年1月16日就作出了死刑复核裁定,于该案来说,从侦查到宣判经历了半年多的时间,可见上至中共中央纪律检查委员会、国家监察委员会、国家湖南省扫黑办等国家机关,下至国民舆论对于此案的关注。

三、该类案件的犯罪特点分析

(一)黑社会性质组织犯罪的特点

1.组织结构性完整

黑社会性质组织除了具备犯罪集体的一般特征,即3人以上较为稳定的主体共同犯罪外,其还需要满足犯罪实施是有组织、有计划的。实践中,黑社会性质组织通常不是先有犯罪意图再"招兵买马",而是结合在一起的,大部分的黑社会性质组织是在多次违法犯罪活动中逐渐闭合的。且在单次的违法活动后,团伙不会立即解散,团伙成员之间具有粘连性,这也是组织结构稳定性的基础。

黑社会性质组织的组成不像一般的合意犯罪,在黑社会性质组织中存在"金字塔"结构,由较为明确的组织者领导骨干成员,再由骨干成员安排其下的一般打手。所以有学者提出,黑社会性质组织是犯罪集团向黑社会组织过渡的中介形式,其组织结构具有严密性和稳定性,其犯罪活动具有持久性和职业性,能够较为长久地从事一种或几种犯罪。①

2. 具有一定经济基础

黑社会性质组织从事违法犯罪活动通常为了获取一定的经济利益，而这部分经济利益的累加也是组织生存、发展和扩大的物质基础。具有一定的经济实力是黑社会性质组织在获取非法的经济利益这一目的的支配下疯狂聚敛社会财富的必然结果，是黑社会性质组织企图在以刑罚等国家强制力为后盾的法律秩序中建立以暴力等犯罪手段为后盾的反社会秩序的物质保障。②

3. 违法犯罪行为严重破坏经济、社会秩序

黑社会性质组织犯罪不同于一般的团伙犯罪，其更加强调违法犯罪行为对经济秩序和社会秩序的严重破坏，这也就使得它对“势力范围”有所要求，案件的发生需要存在于一定的空间范围或行业领域内。黑社会性质组织往往通过暴力、威胁或者其他手段，非法控制某一地区或行业，如黑龙江的乔四案。20 世纪 80 年代，乔四及以其为首的黑社会性质组织掌控了黑龙江乃至东北地区的拆迁工程和基建项目，基本上所有的项目都要先从他们手中经过，和他们意见不合者多受到威胁、恐吓，乃至施暴。这种非法的“行业垄断”严重阻碍了当地经济秩序和社会秩序的自由运作和发展，也影响了当地群众的正常生活，使其受到非自然的压迫。

4. “保护伞”不是黑社会性质组织认定的必要条件

黑恶势力与腐败的联系最根本的体现就是“保护伞”问题，据调查，大部分黑恶势力的背后都有“保护伞”的存在，而“保护伞”则又存在严重的腐败现象。③ 2000 年，最高人民法院公布的《关于审理黑社会性质组织犯罪案件具体应用法律若干问题的解释》第 1 条中曾将“保护伞”列为黑社会性质组织必须满足的条件，这一规定引起了学界和实践部门的讨论。考虑到打击犯罪和预防犯罪的需要，在之后的 2002 年全国人大常委会通过的《关于〈中华人民共和国刑法〉第二百九十四条第一款的解释》和《刑法修正案（八）》都改变了原先的解释，而将“保护伞”列为黑社会性质组织的选择性要件，不再强调其必然存在。

---

① 张文军：《试论组织、领导、参与黑社会性质组织罪的犯罪构成与认定》，载《湖南公安高等专科学校学报》1999 年第 3 期。

② 王志祥：《论黑社会性质组织的界定》，载《法治研究》2010 年第 2 期。

③ 龚美华、姜俊杰：《刍议涉黑犯罪与“保护伞”》，载《南昌高专学报》2005 年第 5 期。

(二)涉黑、涉恶案件的异同点

“涉黑”的“黑”通常指上述的黑社会性质组织,“涉恶”的“恶”一般指恶势力,而“恶势力”并不是一个严格的刑法概念。陈兴良教授认为,2009 年《办理黑社会性质组织犯罪案件座谈会纪要》首次在司法文件中对恶势力做了专门规定。恶势力就是指,经常纠集在一起,一般人数不少于 3 人,以暴力、威胁或者其他手段,在一定区域或行业内多次实施违法犯罪活动,为非作恶,扰乱经济、社会生活秩序,造成较为恶劣的社会影响,但尚未形成黑社会性质组织的犯罪团伙。其本质特征在于,“为非作歹,欺压百姓,扰乱经济、社会生活秩序,造成较为恶劣的社会影响”这几个点上。

所以关于“黑”与“恶”,可以认为两者造成的社会危害和恶劣影响会波及一定区域或行业,社会危害具有散发性和辐射性,即具有扰乱公共秩序的性质,这也是二者区别于一般犯罪的地方。不同的是,“恶”是还没有成规模、没有成形态的“黑”,是“黑”的雏形;“黑”具有更高的危险性和社会危害性,造成的社会影响更为恶劣且影响范围和幅度更加深远。只有在黑社会性质组织发展趋势的意义上理解和认定恶势力,才能把握其本质与要义,而不能机械扣取规定的构成要件。[①]

(三)“保护伞”的认定

与“恶势力”相同,“保护伞”的概念界定也并没有出现在《刑法》法条当中,但是在最近与黑恶犯罪相关的司法文件甚至判决书中都能看到这个词的身影。《全国部分法院审理黑社会性质犯罪案件工作座谈会纪要》指出,个别国家机关工作人员的包庇、纵容,不仅会对黑社会性质组织的滋生、蔓延起到推波助澜的作用,而且会使此类犯罪的社会危害进一步加大。《指导意见》中提到“《刑法》第二百九十四条第三款中规定的‘包庇’行为,不要求相关国家机关工作人员利用职务便利”。

结合上述两点以及其他相关司法文书和判决书的意见,笔者认为“保护伞”的认定就是指有关国家工作人员,包括但不仅限于国家机关工作人员,[②]在明知或应当知道该组织是从事违法犯罪活动的组织,仍然以积极的作为方式帮助犯罪或者以消极的方式不作为纵容犯罪,无论国家机关工作人员本身有没有参与这个组织,都可以认定其是该组织的“保护伞”,是属于包庇该组织违法犯罪事实的。

---

① 何荣功:《避免黑恶犯罪的过度拔高认定:问题、路径与方法》,载《法学》2019 年第 6 期。

② 黄立:《“保护伞”研究》,载《河北法学》2005 年第 8 期。

四、该类案件发展趋势

分析 2018 年“扫黑除恶”专项斗争以来的案件和其犯罪活动轨迹，可以发现近年来黑恶势力犯罪有了新的发展变化，体现在犯罪活动的隐蔽性、广度和深度上。

首先，黑恶势力犯罪越来越注重伪装，多使用借壳行事和“软暴力”等手段较为不留痕迹地进行违法犯罪活动，这就给证据的收集和案件的侦破带来了难度。在一些黑恶势力与“保护伞”勾结的案件中，“警伞”在有风向之时就提前通知团伙幕后组织者，其就会迅速斩断与成员的联络，把自己“撇”出来。这样的一些操作，[①]使得犯罪活动越来越隐蔽，真正的组织者也潜伏得越来越深，给其脱罪创造了机会。

其次，随着互联网平台和新兴技术的发展，信息的传播和交互更加便利。近年来的一些性质比较恶劣的黑恶势力案件，诸如云南孙小果案、湖南操场埋尸案等，消息一经发布，便引起舆论哗然。这些案件不但在当地直接造成了巨大的影响，且间接地也在全国范围内引起恐慌，造成恶劣的后果。

最后，近年来的黑恶势力犯罪越来越具有政治性色彩，而不再只是追求经济利益。从 2018 年 1 月，中共中央、国务院发布了《关于开展扫黑除恶专项斗争的通知》，强调了要深刻领会“扫黑除恶”工作的政治性、全面性和彻底性，这就表明我国现在的黑恶势力犯罪具备了向政治方向转变的特征，需要引起重视。

五、基于犯罪学角度的治理对策

（一）明确指导思想，坚持“三个彻底”

黑恶势力团伙的存在严重破坏了当地群众的生产生活，其背后“保护伞”的存在又加剧了危害的辐射范围与辐射程度，在一定程度上给当地社会带来极大的不稳定性。并且，如果不在打击黑社会性质组织的同时彻查其后台，那么整个侦查、审理过程必定阻力重重。即使勉强结案，在一定条件下，该组织还有可能死灰复燃。[②]

---

① 陈红卫、胡胜辉、周霞：《当前黑恶势力犯罪的新特点新变化及其对策分析》，载《检察调研与指导》2019 年第 3 期。

② 黄立：《“保护伞”的形成规律及打击对策》，载《中国人民公安大学学报》（社会科学版）2007 年第 3 期。

所以,在打击涉黑涉恶案件的时候,我们必须坚持“彻底摧毁犯罪组织”“彻底摧毁其经济基础”“彻查保护伞”这三个彻底。要克服在查处过程中遇到的问题,坚持以问题为导向,坚决除恶务尽,将“扫黑除恶”专项斗争和惩腐打伞斗争贯彻到底。

(二)建立有效的举报、申诉机制

从实践中看,“保护伞”职务犯罪案件的大部分线索还是公安机关在办理涉黑犯罪案件中发现的,这就意味着“保护伞”类案件的来源和证据获取途径都十分狭窄。而同时,有的执法、司法一线的公安民警往往又是黑社会性质组织倾向于拉拢的“保护伞”。如果只寄希望于公安移送相关案件的证据线索,那么或许存在部分证据缺失的可能。

对于黑恶势力及“保护伞”的每一次成功打击都要进行有力宣传,这既表明国家对于此类案件坚决打击的力度和决心,也是重建当地居民对于公权力的信任。要充分发挥人民群众在同案件作斗争中的巨大作用,坚持专门机关和群众路线紧密结合。

配套建设针对黑恶势力有效的举报和申诉机制。一是鼓励、引导公民在确有其事、确有线索的情况下,积极通过相关途径进行举报,拓宽案件来源,形成对黑恶势力重点打击的社会氛围。二是在如今严查严打黑恶势力犯罪的态势下,各地对于打击的力度、方法和认定上都有些许差别,有些地方指标性地规定了当地需要打击的黑恶势力团伙数量,存在扩大化打击犯罪的倾向,这与事实和党中央的精神并不相符。2019 年《最高人民检察院工作报告》中就指出,坚持以事实为依据,以法律为准绳,是黑恶犯罪一个不放过,不是黑恶犯罪一个不凑数。所以,笔者认为有必要前置还未被宣判的黑恶犯罪相关人的申诉渠道,允许其自我陈述与辩解,这样既能够更快、更好地对证据进行调查、验证,也更有利于真相的查明。

(三)加强我国清廉党政建设,提高国家机关工作人员综合素质

“保护伞”是黑社会性质组织对国家党政机关、国家机关工作人员的一种腐蚀,但是其存在的原因很大程度上还是“保护伞”其本身立场不够坚定、政治思想觉悟不够高。只有从源头上控制、预防住,减少乃至消除“保护伞”存在的可能性,才能更好地控制和减少黑社会性质组织犯罪。“深挖和打掉黑恶势力背后的‘保护伞'是打黑除恶的关键,'保护伞'不挖出来,黑恶势力除不了。"[①]目前,可以将"保护伞"分为寻求型保护伞和培养型保护伞。[②]

对于初级的,以拉拢和利益交换为主的寻求型保护伞形式,如金钱贿赂、情感联络、跑官要官、美色引诱、威逼就范,[③]要加强对各级领导干部和工作人员的党风廉政教育,使其能筑牢拒腐防变的思想堤坝,能够抵御住外在的诱惑,保持正直。

高级形式的培养型保护伞,不同于寻找靠山模式,而是转由黑社会组织先在组织内挑选、培养自己人,再寻找合适的时机,通过"铺路""打通关系"等方法将其安插到国家机关、机构中,从而达到直接向国家公权力内部渗透的效果。这种模式下的"保护伞"可以说是由黑社会性质组织一手"提拔"起来的,这些人的身份本来就是黑社会性质组织的一员,自然行事上会更以黑社会性质组织的利益为重,而忽视国家工作人员应有的素质与原则。

针对这一类型的"保护伞",我国应完善国家机关工作人员的选任、提拔和地方人大代表、政协委员的推荐、遴选机制,强化背景调查工作。对担任重要领导职务的,通过制定干部廉政档案、干部管理条例和有效监督制约机制等,加强对领导干部的考察监督力度。对于公权力机关的干部,尤其是司法机关工作人员,更是要关注其8小时之外的考察并落实个案负责制度。[④] 国家机关工作人员要对其经手过的案件终身负责,且可以将责任制与福利制度挂钩,以此来倒逼工作人员严格按照规章制度行事,减少渎职懈怠发生的概率。

(四)完善黑恶势力案件的执法结构

徒法不足以自行。没有坚强过硬的司法队伍,就没有执法环节的公正和平等,严格的刑事诉讼程序对于公检法之间相互制约、相互监督的规定更是无从谈起。[⑤]黑恶势力案件的侦查、起诉、审理更是要求每一个环节、每一个机关及部门都能够严格贯彻落实法律要求并能够在制度内高效、有力地办理案件。

---

① 张耕:《深挖"保护伞"是打黑除恶关键》,载《人民检察》2006年第11期。

② 李高峰:《"保护伞"的认定探析》,载《河南科技大学学报》(社会科学版)2010年第4期。

③ 黄立:《"保护伞"的形成规律及打击对策》,载《中国人民公安大学学报》(社会科学版)2007年第3期。

④ 梁琪:《当前查办涉黑"保护伞"职务犯罪案件的难点及对策》,载《人民检察》2003年第7期。

⑤ 肖建华:《公开宣判涉孙小果案人员　扫黑除恶打"伞"破"网"持续发力》,载《人民法院报》2019年12月17日,第2版。

1. 上级机关的督办

对有“保护伞”的黑恶势力组织进行打击时,很有可能受到来自社会、体制内部的阻力。因为有的黑社会性质组织可能在当地开办了大型公司、企业,在当地提供工作岗位并缴纳高额税收,且组织领导者可能在自身运作与“保护伞”的帮助下,在当地较有声望。这些因素的存在,都使得查处这些“名人”“高官”时,其背后盘根错节的关系网都会逐渐施加压力,希望能够大事化小,小事化了。

在查办“保护伞”职务犯罪与有“保护伞”的黑社会性质组织时总会面临方方面面的压力与阻力,调查取证困难重重,在没有上级机关强力介入配合的情况下,往往进展缓慢,难以向纵深突破。[①] 所以笔者认为,在遇到推行有困难的、可能涉及“保护伞”的案件时,相关负责机关可以向上级申请要求提升案件等级,由上一级机关直接接手调查或介入指导,掌握案件的发展。

2. 同级机关的协作

“保护伞”类案件涉及的罪名可能较为复杂,既包括职务犯罪又包括普通刑事犯罪,调查取证往往涉及公安、监察委员会、当地纪律检查委员会等多个机关。但是往往大家各自为政,单纯负责自己职责范围内的证据收集和调查,相互之间的沟通交流较少。有时因为案件管辖权问题,在具体案件的处理中可能会出现争着办,或者都不办,造成贻误侦查时机,错失证据收集,查处不及时、不彻底等重大损失。[②] 同案中,也存在许多问题,比如对于证据线索在各部门之间的流转,规定还不够明确,有些问题实践中只能通过党委政法委或者各自的上级机关来具体协调,没有实现常态化、规范化。[③]

笔者认为,针对这些涉黑涉恶团伙“保护伞”类案件可以在有证据调查之时就建立专案小组,各相关单位派驻人手对接,对于案件的信息可以实现实时互通共享,增加情报流转,提高效率。

3. 巡视组的监督

国家对黑恶犯罪一直奉行“打早打小”的治理策略,近些年,每隔一段时间,中

---

① 崔灿、邢敏:《查处黑社会性质组织“保护伞”职务犯罪问题研究》,载《山东警察学院学报》2014 年第 6 期。

② 梁琪:《当前查办涉黑“保护伞”职务犯罪案件的难点及对策》,载《人民检察》2003 年第 7 期。

③ 崔灿、邢敏:《查处黑社会性质组织“保护伞”职务犯罪问题研究》,载《山东警察学院学报》2014 年第 6 期。

央都会适时部署对黑恶犯罪的专项斗争。① 但是其效有所不足，几次专项斗争都暴露出我国存在“重打击、轻预防”的问题，②对于黑恶势力及其背后“保护伞”的治理还没有形成一个可持续操作的治理路径，还缺乏一定的外力监管。

笔者认为，可以设立专门针对黑恶势力犯罪的中央巡视组或是以省（直辖市、自治区）为单位的巡视组，常态化开展地方对于黑恶势力的扫除行动。各巡视组可以阶段性开展随机巡视活动，在本省（直辖市、自治区）自查或者跨省（直辖市、自治区）互查，以线索为导向，不将结果指标化。在巡视过程中发现问题的，可以监督地方尽快解决，也可以亲自督办案件。设立地区或中央巡视组，一来有利于各地群众越过当地公权力机关和可能的“保护伞”，使案件不会“销声匿迹”；二来可以更好落实针对黑恶势力“打早打小”的政策，尽快尽早地发现问题、解决问题，最大限度发挥刑罚的震慑作用，对那些“平时无案，‘严打’时一抓一串”的地方和问题进行重点监督。③

（五）加强黑恶势力和保护伞的一体化惩治

黑社会性质组织与保护伞之间的关系，是一种相互利用、各取所需的利益关系联合体。黑社会性质组织依托保护伞，扩大组织自身的势力，并以求逃脱受到法律的制裁；“保护伞”借黑社会性质组织“摆平”一些自身的麻烦，并得到黑社会性质组织交付的利益对价，需要做的只是对其违法犯罪行为“睁一只眼闭一只眼”。离开了一定的“保护伞”，也就很难存在黑社会性质组织。④ 公权力的消极不作为是黑恶势力滋生的土地。在相当一部分的案件当中，地方恶势力团伙是在“保护伞”的帮助、庇护下，才逐渐具备黑社会性质组织的全部特征，转化成黑社会性质组织的。

虽然“保护伞”是黑社会性质组织成立的选择性要件，但要谨防其角色转变导致的一体化治理体系改变，提防司法机关放松对“保护伞”的追查。⑤ 弱化“保护

---

① 何荣功：《准确认定黑恶犯罪的方法论思考》，载《武汉大学学报》（哲学社会科学版）2020年第2期。

② 汪鹏：《打击黑恶势力犯罪的治理化路径探析》，载《法治研究》2019年第5期。

③ 陈正云、苗春瑞：《“保护伞”职务犯罪剖析》，载《人民检察》2001年第9期。

④ 刘宪权、吴允锋：《黑社会性质组织犯罪司法认定中若干疑难问题探讨（上）》，载《犯罪研究》2002年第1期。

⑤ 徐永伟：《黑社会性质组织“保护伞”的刑法规制检视与调试——以涉黑犯罪与腐败犯罪的一体化治理为中心》，载《北京社会科学》2019年第5期。

伞”在黑社会性质组织中的存在必要性是为了解决黑社会性质组织的认定问题,但并不意味着对其在相关案件中的不重视。相反,要解决黑恶势力必须要把“保护伞”纳入惩治体系中,形成事实上的一体性。①

要解决黑恶势力与“保护伞”的问题,一是要加强对地方黑恶势力的打击,做到“打早打小”和“露头就打”。在类似案件发生之初就严格按照法律要求定罪量刑,做到有法必依,执法必严,不给黑恶势力壮大、恶化的机会。二是要加强反腐和扫黑的一体化惩治。黑恶势力组织与“保护伞”之间的关系,虽然相互依存,但主要还是有赖于“保护伞”提供的帮助,黑恶势力对“保护伞”有所求、有所图。要彻查、深挖我国黑恶势力团体,必离不开解决其保护伞问题。只有对这两个问题双管齐下,反腐和扫黑两手一起抓,才能更迅速、更果断、更有针对性地解决地方黑恶势力,以及黑恶势力与公权力勾结的问题。

(六)针对黑恶势力案件加强反思、复盘

对于有“保护伞”的涉黑涉恶案件,要注重侦破后对案件的复盘和反思,主要厘清黑恶势力是如何逐步侵蚀我国公权力机关的。确认问题后,对症下药,在系统内开展自查与他查,在相对薄弱环节制定更具有针对性的措施,分类实施打击政策,保障清廉建设的有效开展。

新时代背景下,只有坚持反腐倡廉,保证政治生态的健康文明,才能更好地带给人民群众获得感和安全感,也才能更好地满足人民群众不断增长的对美好生活的需要,最终实现法治中国的目标。

第四节 知识产权犯罪典型案件研究报告:金义盈知识产权案

一、案情简介

温州明发光学科技有限公司(以下简称明发公司)成立于1993年4月6日,经

① 徐永伟:《黑社会性质组织“保护伞”的刑法规制检视与调试——以涉黑犯罪与腐败犯罪的一体化治理为中心》,载《北京社会科学》2019年第5期。

营范围为生产销售光学塑料显微镜、望远镜、太阳能聚光透镜、充电器。经多年研究掌握了菲涅尔超薄放大镜生产技术,并将供应商安排在不同的地区。被告人金义盈于 2005 年到明发公司工作,先后担任业务员、销售部经理、副总经理。2009 年 7 月 16 日,被告人金义盈与明发公司签订劳动合同书和保密协议。2011 年年初,被告人金义盈从明发公司离职,并成立温州菲涅尔光学有限公司,到明发公司的供应商处购买相同类型设备、材料等,使用相同的方法顺利生产出与明发公司同样的菲涅尔超薄放大镜进入市场销售,造成明发公司经济损失。

经上海市科技咨询服务中心知识产权司法鉴定所鉴定,菲涅尔公司制作菲涅尔超薄放大镜的工艺与明发公司制作菲涅尔超薄放大镜的工艺实质相同,且涉及的“三合一”塑成制作方法属于“不为公众所知悉”的技术信息。

经温州申诚会计师事务所评估,2011 年 3 月至 2016 年 12 月,菲涅尔公司销售侵犯明发公司商业秘密的放大镜产品,其销售毛利额为人民币 1, 220, 782. 94 元,即明发公司因商业秘密侵权所造成的经济损失为 1, 220, 782. 94 元。

2019 年 2 月 14 日,瑞安市人民法院判决被告人金义盈犯侵犯商业秘密罪成立,判处有期徒刑 1 年 6 个月,并处罚金 70 万元。被告人金义盈上诉,温州市中级人民法院裁定驳回上诉,维持原判。

二、该案入选理由

本案作为最高人民检察院发布 2019 年度检察机关保护知识产权典型案例之一,在案件办理过程中,检察机关充分发挥引导补充侦查和自行侦查职能,夯实案件证据体系;积极探索商业秘密案件认定规则,运用“实质相同 + 接触”规则认定被告人侵权行为,有效降低案件认定难度;根据侵犯商业秘密具体行为模式,明确侵犯商业秘密损失认定方法,合理界定违法所得,采用“违法所得 = 产品销售金额 - 材料费 - 工人工资 - 制造费用 - 电费”的计算方式认定损失;案后针对具体问题制发检察建议,提出有效整改方案,助力民营企业打造商业秘密“防护墙”。

随着知识经济的不断发展,知识成为经济发展和社会进步的重要推动力,知识产权作为一种重要的无形财产在市场经济体制中越来越得到重视。商业秘密作为知识产权保护体系中的重要一员,在商业主体的市场竞争中发挥着重要的作用。而随着经济全球化的迅速发展以及市场技术竞争的不断加剧,商业秘密也越来越成为商业主体取得巨大经济效益和竞争优势的重要法宝。1997 年我国《刑法》修改中新增了“侵犯商业秘密罪”的罪名,拉开了用刑事手段保护商业秘密的序幕,也标志着对于商业秘密的保护从民法层面上升到了刑法层面。作为知识产权保护的重要内容之一,商业秘密的保护具有一定的复杂性与专业性,国家设立商业秘密保护制度的基础涉及职工流动性的维持、企业合法权益的保护以及市场竞争秩序的平衡等多项价值的博弈,因此在运用刑事手段保护商业秘密的过程中需要把握公共利益与私人权益之间的平衡。

侵犯商业秘密罪的对象是商业秘密,根据《刑法》第 219 条第 3 款的规定,商业秘密是指“不为公众所知悉,能为权利人带来经济利益,具有实用性并经权利人采取保密措施的技术信息和经营信息”。换言之,能够被认定为商业秘密进行保护的对象必须具备以下特征:(1)不为公众所知悉(秘密性);(2)能够实际投入生产或者经营(实用性);(3)能够为权利人带来经济利益(价值性);(4)权利人对商业秘密采取保密措施(保密性)。[①] 而《刑法》第 219 条第 1 款、第 2 款规定了侵犯商业秘密罪的四种实行行为分别是:(1)以盗窃、利诱、胁迫或者其他不正当手段获取权利人的商业秘密的;(2)披露、使用或者允许他人使用以前项手段获取的权利人的商业秘密的;(3)违反约定或者违反权利人有关保守商业秘密的要求,披露、使用或者允许他人使用其所掌握的商业秘密的;(4)明知或者应知上述所列行为,获取、使用或者披露他人的商业秘密的。与其他的知识产权权利相比,商业秘密不具有绝对排他性和授权公开性,不能对抗第三人自主研发的与商业秘密相同或者近似的技术信息和经营信息,也不能对抗第三人从合法渠道知悉或者对合法知悉的商业秘密加以利用的行为。[②] 因此,在实际案件对于商业秘密侵权行为的认定中存在一定的困难,特别是在被告人拒不认罪的情况下。本案就是一个典型的案例,在“零口供”的情况下,检察机关认真梳理全案证据,理顺指控犯罪的证明思路,有力指控犯罪行为。检察官根据被告人与明发公司的保密协议,论证其明知具体保密的内容包括涉案技术信息和经营信息;根据被告人在明发公司从业务员到副总经理的任职经历和 2010 年年底离职的情况,结合两公司员工、客户、供应商的证人

---

① 周光权:《侵犯商业秘密罪疑难问题研究》,载《清华大学学报》(哲学社会科学版)2003 年第 5 期。

② 《中华全国律师协会律师办理商业秘密法律业务操作指引》(2015 年修订),载北大法律信息网文献库:https://www.pkulaw.com/chl/2e6a36aadd7a49e2bdfb.html,2019 年 8 月 18 日最后访问。

证言、菲涅尔公司 2011 年成立和变更登记的书证等，论证其具备接触并掌握涉案技术秘密和经营信息的条件且是菲涅尔公司的实际控制人；通过多份鉴定意见论证其使用的生产工艺与权利人的生产工艺实质性相同；结合审计没有发现菲涅尔公司任何研发资金投入且未发现有证明菲涅尔公司工艺合法来源于他人的证据，从正反两方面综合论证侵犯商业秘密行为系由被告人实施，得到法院支持。在本案中，检察机关积极探索侵犯商业秘密罪的认定规则，运用“实质相同 + 接触”规则认定被告人侵权行为，有效降低了案件认定难度，也为类似案件中侵犯商业秘密行为的认定提供了宝贵的司法实践经验。

另外，侵犯商业秘密行为构成犯罪的另一个构成要件即给商业秘密的权利人造成巨大损失，根据最高人民法院、最高人民检察院《关于办理侵犯知识产权刑事案件具体应用法律若干问题的解释》的规定，“重大损失”的认定标准是给商业秘密的权利人造成损失数额在 50 万元以上。然而，司法解释的规定只规定了损失的数额在 50 万元以上，没有对损失的具体内容做详细的规定，因此，关于“重大损失”的认定问题一直是理论界与司法实践界的争议焦点。最高人民法院编《刑事审判参考》第 9 辑刊登的昌达公司侵犯商业秘密案的裁判理由中首次提出了将商业秘密侵权人在侵权期间因侵犯商业秘密实际获得的非法利益认定为权利人的损失。当然，最高人民法院在该案中也强调只有在权利人的实际损失难以计算时，才可以参照行为人在侵权期间因侵犯商业秘密所获得的实际非法利润来认定。在金义盈侵犯商业秘密案中，在被害人无法对损失举证、无法核算研发成本的情况下，检察机关确定以侵权人违法所得，即已经获得或应得的非法收入来认定损失数额。同时，考虑到被告人在生产、销售中支出的合理成本，在销售金额中对该部分予以扣减，即违法所得 = 销售毛利 = 产品销售金额 - 产品销售成本（材料、工资、制造费用、电费）。而公司管理人员工资、社保、福利费、房租、固定资产折旧费等管理费用，即便没有生产侵权产品也需要支出，系公司的整体经营成本，而非因侵权行为产生的必要成本，不予扣减。由此可见，检察机关采用“违法所得 = 产品销售金额 - 材料费 - 工人工资 - 制造费用 - 电费”的计算方式认定损失，是对违法所得数额认定的积极有益探索，创设了合理明确的数额认定规则，为相应法律与司法解释的规定提供了有益的司法实践经验补充。

三、该类案件的犯罪特点分析

在北大法宝数据库司法案例界面输入“侵犯商业秘密罪”作为关键词进行检索,共搜索到189份刑事判决书,从中随机抽取50份不涉密的侵犯商业秘密案判决书,以此作为基础进行数据分析。

(一)“重大损失”的认定是侵犯商业秘密案件的难点所在,实务中存在“认定方法多元化”的现象

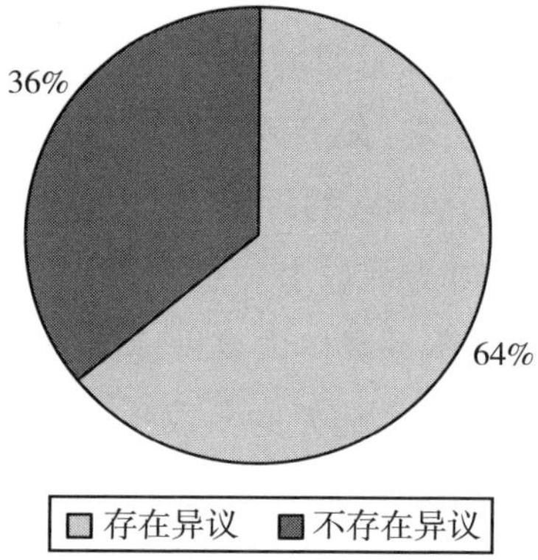

图3-8 被告人及其辩护人是否对“重大损失”存在异议情况

从图3-8可知,在50份侵犯商业秘密罪的刑事裁判中,32份中被告人及其辩护人对“重大损失”的认定情况存在异议,占比达到64%。这一方面说明了给权利人造成“重大损失”是认定侵犯商业秘密罪的一个重要构成要件,“重大损失”的认定是区分侵犯商业秘密罪与非罪界限的重要标准;另一方面也说明了无论是在理论中还是司法实践中,对于“重大损失”的认定都存在疑点与争议,因而司法实践中存在“认定方法多元化”的现象。

根据最高人民法院、最高人民检察院《关于办理侵犯知识产权刑事案件具体应用法律若干问题的解释》的规定,给商业秘密的权利人造成损失数额在50万元以上的,属于“给商业秘密的权利人造成重大损失”。但由于司法解释中只有对数额的规定,没有如何计算具体数额的详细规定,因此在理论和实践中产生了争议。在理论和实务界,有关“重大损失”的认定有“权利人利益损失说”“侵权人获利说”“商业秘密研发成本说”“商业秘密价值说”“商业秘密许可使用费说”等多种方法,具体如下:

1.“权利人利益损失说”是指以权利人因侵权行为所遭受的市场竞争利益损失认定“重大损失”,包括实际损失和可得利益损失,具体可以权利人因侵权行为而减少的产品销售量乘以其产品合理利润率计算。[①] 从立法原意看,“权利人利益损失说”应当是最符合立法原旨的,因为侵犯商业秘密罪所侵犯的法益即社会主义市场经济的正常竞争秩序。而侵权人侵犯商业秘密的行为正是削弱了权利人因商业秘密具有的竞争优势,从而对权利人所占有的市场份额造成了冲击,以权利人由此减少的利润损失作为“重大损失”的认定标准是法律规定的应有之义。

但由于市场形势的变化莫测,权利人因商业秘密受到侵犯产生的利润损失往往难以计算,特别是可得利益损失。经营者的收益受到各种市场因素的制约与影响,谁也无法断言该商业秘密在未来经营者的市场竞争中能够带来多大的利润,也就无法计算侵权人的侵犯商业秘密行为会造成多大的利润损失。因此“权利人利益损失说”的最大问题就在于难以对此进行统一标准的核算,评估的标准具有一定的任意性。

2.“侵权人获利说”是指将商业秘密侵权人在侵权期间因侵犯商业秘密实际获得的非法利益认定为权利人的损失。这种认定方法实际上是《反不正当竞争法》中商业秘密侵权行为对应民事责任的规定。《反不正当竞争法》第17条第3款规定:“因不正当竞争行为受到损害的经营者的赔偿数额,按照其因被侵权所受到的实际损失确定;实际损失难以计算的,按照侵权人因侵权所获得的利益确定……赔偿数额还应当包括经营者为制止侵权行为所支付的合理开支。”可见,“侵权人获利说”实际上参照了一部分知识产权领域民事法律对于商业秘密民事责任的相关规定。当然,按照最高人民法院在《刑事审判参考》第9辑中所强调的,“侵权获利说”只能在权利人的实际损失确实无法认定的情况下才能采用。

3.“商业秘密研发成本说”是指以权利人取得商业秘密所付出的研发成本作为“重大损失”的认定基础。研发成本是指权利人为研发商业秘密所投入的人力、物力等资源总和,根据权利人的会计账簿等凭证,研发成本在实务中可以比较容易地鉴定评估出确切数额。但商业秘密的价值并不一定取决于权利人所投入的研发

---

① 杨帆:《侵犯商业秘密罪“重大损失”司法认定的困境、成因及突破——以“刑、民损失”认定区分为切入点》,载《政治与法律》2013年第6期。

成本,实践中不乏投入了大量的研发成本但得到价值很小的成果的例子。在这种情况下,侵权人侵犯商业秘密造成权利人的实际损失显然是远远小于研发成本的,此时若通过研发成本认定“重大损失”缺乏一定的合理性。

4.“商业秘密价值说”是指以商业秘密的市场公允价值认定权利人的损失。该观点着眼于商业秘密的经济价值,却忽略了商业秘密属于无形财产,与有形财产存在巨大区别,“对无形财产的犯罪只是破坏了权利人的独占使用权,权利人并未丧失商业秘密中的技术信息和经营信息,该信息对权利人仍有实用性和价值性,只是竞争优势下降”。① 因此,将商业秘密的市场公允价值认定为权利人的损失存在一定的不合理之处。

5.“商业秘密许可使用费说”是在“价值说”基础上提出的一种认定方法,该方法在一定程度上改进了“价值说”没有注意商业秘密无形财产属性的缺点,将商业秘密的合理许可使用费认定为权利人的损失。这种认定方法承引了商业秘密侵权民事领域的相关规定,根据最高人民法院《关于审理专利纠纷案件适用法律问题的若干规定》以及最高人民法院《关于审理不正当竞争民事案件应用法律若干问题的解释》的规定,被侵权人的损失或者侵权人获得的利益难以确定,有许可使用费可以参照的,人民法院可以根据商业秘密的类别、侵权人侵权的性质和情节、许可使用费的数额以及许可的性质、范围、时间等因素,参照该许可使用费的 1 倍至 3 倍合理确定赔偿数额。② 但无论是“价值说”还是“许可使用费说”,都过度强调了商业秘密的财产属性,侵犯商业秘密罪属于《刑法》分则第三章破坏社会主义市场经济秩序罪,其保护的法益主要是社会主义市场的合理秩序,而非财产权利,因此这两种认定“重大损失”的方法与立法原意并不相符。换言之,如果采用“价值说”“许可使用费说”的方法认定“重大损失”,那么实质上将《刑法》第 219 条解释成了“侵犯商业秘密,在商业秘密自身价值极高时,即构成犯罪”。而这样的理解,有违反罪刑法定义的嫌疑。③

① 徐启明、孔祥参:《侵犯商业秘密罪的立法定位与司法认定》,载《政法学刊》2011 年第 4 期。

② 范晓波:《侵犯商业秘密罪“重大损失”认定研究——以损失评估为中心》,载《知识产权》2014 年第 7 期。

③ 周光权:《侵犯商业秘密罪疑难问题研究》,载《清华大学学报》(哲学社会科学版)2003 年第 5 期。

表3-1 50份判决中"重大损失"认定方法的运用情况

认定方法	权利人利益损失	侵权人获利	商业秘密研发成本	商业秘密价值	商业秘密许可使用费	未确定
样本数	11	20	10	5	1	3
所占比重	22%	40%	20%	10%	2%	6%

从表3-1可知,在50份判决中,除去3份判决中未确定"重大损失"的认定方法,运用最多的认定方法是"侵权人获利说",其次是"权利人利益损失说"与"研发成本说",再次是"价值说"和"许可使用费说"。"权利人利益损失说"虽然最符合立法原意,但由于权利人因商业秘密侵权行为所减少的市场份额难以确定,加上相关证据收集困难,因此运用的次数并不多。而"侵权人获利说"由于在实践中计算数额较为便利、简单,因而运用的次数在几种认定方法中是最多的。当然,虽然"侵权人获利说"运用的次数最多,但也仅占了40%的比重,其他的各种认定方法在实务中均有体现,显示出在司法实践中"重大损失"认定方法的多元化。并且以上所说的同一种认定方法在实务的运用中也存在分歧,如"侵权人获利说",有时以侵权人销售侵权产品实际取得的利润进行计算,如上文提到的金义盈侵犯商业秘密案正是采取这种方式,通过"违法所得=产品销售金额-材料费-工人工资-制造费用-电费"的计算方式认定损失。有时则考虑到侵权人为抢占市场会采用低价倾销的策略,因而采用"侵权人销售侵权产品的数量×权利人销售单位产品的合理利润"的方式进行计算。这进一步导致了实践中认定标准的多样化,并不统一的认定标准带来的是司法裁判的任意和混乱,"重大损失"的认定主要依靠于司法鉴定机构的鉴定评估与法官的自由心证,容易出现类似情况认定迥异的情况,导致实质上的不公平。

(二)侵犯商业秘密多从内部泄露,企业内部员工泄露是主要表现形式

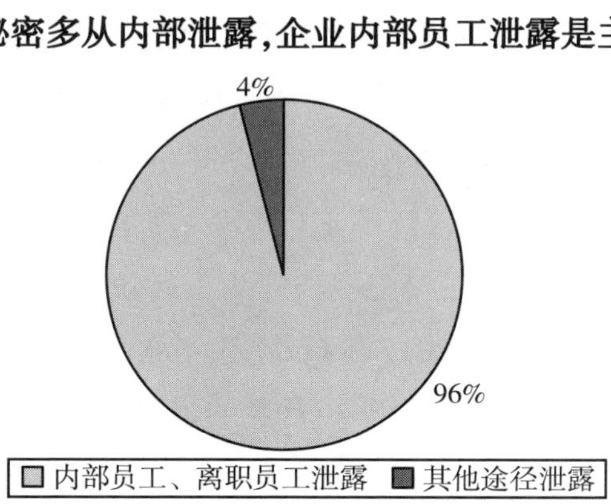

图3-9 商业秘密是否由企业内部员工泄露情况

从图3－9中可知,商业秘密的主要泄露途径是由企业内部员工或离职员工泄露,在50个统计案例中占到96%的比重。当然具体的泄露形式有所差别,主要有:(1)在职员工将商业秘密泄露给企业的同业竞争者;(2)在职员工利用商业秘密私自在企业外开展类似业务;(3)离职员工将商业秘密泄露给企业的同业竞争者;(4)离职员工利用在职期间掌握的商业秘密与原企业开展同业竞争。从以上商业秘密泄露的形式看,主要涉及在职员工的保密问题以及离职员工竞业禁止问题。

四、基于犯罪学角度的治理对策

侵犯商业秘密罪属于《刑法》规定的知识产权犯罪之一,预防和控制侵犯商业秘密犯罪不仅要完善刑事法律的相关规定,也需要完善民事领域的相关立法,从而形成架构严密、设定科学的法律规制体系,形成对于商业秘密的周延保护,遏制商业秘密侵权行为的发生。同时,由于商业秘密本身受到企业的保密措施保护,最容易接触到商业秘密也最容易造成商业秘密泄露的个体即企业内部的员工,因此减少侵犯商业秘密案件出现的关键在于加强对于企业内部员工的管理。

(一)完善商业秘密法律规范体系

我国现有商业秘密法律规范主要存在两个问题:一是相关民事法律规范散见于各个法律之间,缺少统一、专门的保护商业秘密立法;二是刑事法律规定中对于“重大损失”的认定不明确。

1. 在民事领域加快商业秘密专门立法

我国现有关于商业秘密的民事法律规范散见于各个法律之间,如《民法典》《反不正当竞争法》《科学技术进步法》《劳动法》《劳动合同法》等,虽然看似保护得比较全面,但相关的规定都比较笼统、原则,可操作性不强,并且不同法律规定中的概念不一致、称谓不统一,容易产生法律竞合问题,增加法律适用难度。[①] 另外,有关商业秘密保护的主要法源是《反不正当竞争法》第9条的相关规定,民事司法实践中也主要依靠该条款对商业秘密侵权行为进行规制。这一条款在2019年进行了一定的修改与更新,原本的2017年《反不正当竞争法》第9条仅针对经营者进行规制,无法解决现实中诸如雇员等非经营者的侵犯商业秘密纠纷。于是在2019

---

① 李薇薇、郑友德:《欧美商业秘密保护立法新进展及对我国的启示》,载《法学》2017年第7期。

年的修法中,增加了“经营者以外的其他自然人、法人和非法人组织实施前款所列违法行为的,视为侵犯商业秘密”的表述,解决了这一问题,并对商业秘密的概念、侵犯商业秘密的行为等表述也进行了一定的修改。但即使在修改后,这一条款的规定仍显得过于笼统,难以应对越来越多的商业秘密市场竞争纠纷,也难以真正有效地保护商业秘密、规范市场秩序。

与我国相比,欧盟和美国都在 2016 年出台了各自的商业秘密保护专门立法,2016 年 5 月 11 日美国总统正式签署《保护商业秘密法》,随后 6 月 8 日欧洲议会和理事会过了《商业秘密保护指令》。专门立法不仅可以解决现有立法碎片化和司法原则化弊端,更加明确、具体、富有可操作性的法律条文也可以更好地为商业秘密保护提供依据。因此,民事领域的商业秘密专门立法必然是我国未来加强商业秘密保护的趋势所在。

2. 重构侵犯商业秘密罪中“重大损失”的认定标准

前文已提到,我国现行《刑法》与司法解释对于“重大损失”的认定标准规定不够明确,在司法实践中存在“认定方法多元化”的现象。这实际上是司法解释将“重大标准”限定于经济损失数额的弊端所在,在司法实践中,由于有时经济损失的数额难以确切地认定,必然需要参照其他的认定方法来核算经济损失,而这些其他的认定方法大多是参照了商业秘密民事责任领域的相关规定。如“侵权人获利说”主要参照的是《反不正当竞争法》第 17 条关于赔偿数额的规定,而“商业秘密许可使用费说”主要参照了最高人民法院《关于审理专利纠纷案件适用法律问题的若干规定》以及最高人民法院《关于审理不正当竞争民事案件应用法律若干问题的解释》关于赔偿数额的相关规定。

实际上,这种参照民事领域有关损失赔偿的规定来认定刑事案件中的经济损失的方法存在一定的不合理之处。民事审判注重的是对权利人个人利益的补偿,以化解矛盾和修复社会关系为目的,法官在判决民事案件时,不需要过多地考虑判决的预防价值和社会效益,也无须过分担心补偿过多所带来的负面效应。因此,在认定民事损害赔偿数额时,可以允许一定的弹性和空间存在,其相对不合理性或者模糊性所带来的负面影响极其轻微,能够被民事案件的特质所消化。[①] 而刑事审

① 刘秀:《侵犯商业秘密罪中“重大损失”的认定》,载《中国刑事法杂志》2010 年第 2 期。

判则注重于对于法益的保护,以惩罚和预防犯罪为目的,此外,由于刑罚措施的严厉性与不可回转性,为防止对犯罪人实施不正当的刑罚,刑事案件的损失认定必须采取严格的认定标准,不允许有弹性空间和模糊性的存在,否则便会违反罪刑法定原则和人权保护原则的精神。

因此,就"重大损失"认定标准的重构,一方面需要扩展思维,不能将经济损失的数额作为认定的唯一标准,可以在此基础上增添侵权数量、比例等量值因素,并将企业关停并转等情节作为定罪量刑情节。[①] 事实上,在侵犯商业秘密罪的立案标准上,相应的司法解释已经对"重大损失"的认定标准有所拓展,根据最高人民检察院、公安部《关于公安机关管辖的刑事案件立案追诉标准的规定(二)》第73条的规定,侵犯商业秘密,涉嫌下列情形之一的,应予立案追诉:(1)给商业秘密权利人造成损失数额在50万元以上的;(2)因侵犯商业秘密违法所得数额在50万元以上的;(3)致使商业秘密权利人破产的;(4)其他给商业秘密权利人造成重大损失的情形。另一方面,即使涉及需要认定经济损失数额的案件,也应当出台相应明确、具体、具有可操作性的司法解释,详细规定各种认定方法的适用情形,而不能仅仅依靠司法鉴定机构或者法官根据具体情形自由地选择认定方法。

(二)加强企业内部员工管理

前文已提到,企业内部员工泄密是商业秘密泄露的主要途径,而商业秘密的泄露是实施其他商业秘密侵权行为的前提所在。因此,加强企业内部员工的管理、防止员工泄密是预防侵犯商业秘密犯罪的关键所在,其中包括两个方面:一是要做好职员工的保密工作,二是要解决离职员工的竞业禁止问题。当然,这方面的内容还涉及劳动者权益的保护与职工流动性的问题,企业在应对相关问题时需要平衡两方的利益,在确保劳动者权益不受损的情况下,做好商业秘密保护的工作。

(三)加强在职员工的保密工作

加强在职员工保密工作的首要任务是在企业内部制定科学、明确的商业秘密管理规章制度,内容可以包括商业秘密保护责任制、商业秘密范围、涉密人员管理、办公自动化设备管理、涉密载体管理、奖惩等。科学、明晰的规章制度是规范管理的前提和基础。其次,要加强员工对于公司商业秘密管理制度以及相关法律规定

---

① 赵秉志、刘志伟、刘科:《关于侵犯商业秘密罪立法完善的研讨》,载《人民检察》2010年第4期。

的培训与学习。一方面,可以让员工明确在具体工作中的保密职责和义务,提升保密意识;另一方面,也让员工了解泄露商业秘密的相应法律后果,警示其不能越过法律的红线。另外,需要特别关注涉密员工的管理,涉及商业秘密的工作岗位,要优先选取工作年限长、忠诚度高、对公司企业文化认同感强的员工参与,同时与涉密员工及时签署符合劳动法规定的保密协议,明确员工的保密责任,对员工的保密行为给予经济上的鼓励和补偿。最后,做好商业秘密"物防"措施,让员工难以得到输出商业秘密的机会,如对存有重要商业秘密的计算机实行拷贝限制,用移动储存介质拷贝计算机内存储信息的行为需要进行登记审批。

(四)解决离职员工的竞业禁止问题

我国现行法律对于竞业禁止问题的相关规定集中于《劳动合同法》第 24 条,将竞业限制的人员限定为企业的高级管理人员、高级技术人员和其他负有保密义务的人员。这要求企业及时与涉密员工签署相应的保密条款或协议,明确其保密义务,以便在离职时可以与之签订竞业禁止协议。另外,对于即将离职的涉密员工,企业需要及时清退其手中使用或保管的商业秘密,并做好记录封存工作;在涉密员工离职并签署竞业禁止协议之后,企业也要进行定期的回访,关注其最新就业动向。

第五节 新型网络犯罪典型案件研究报告:全国首例"爬虫"技术侵入计算机系统犯罪案

一、案情简介

本案被告单位系上海晟品网络科技有限公司,主营计算机网络科技领域内相关业务。被告人张某、宋某、侯某、郭某系上海晟品网络科技有限公司的主要负责人及员工,其中宋某、侯某曾是北京字节跳动网络技术有限公司视频项目的经理和主要负责人。2016 年起,张某、宋某、侯某共谋通过"爬虫"技术手段抓取被害单位北京字节跳动网络技术有限公司服务器中储存的视频数据。2016 年至 2017 年,在侯某的指使下,由公司职员郭某对字节跳动公司服务器的"反爬虫"抓取的措施进行破解,并通过"tt_spider"文件实施了视频数据抓取行为。该文件中包含通过头条视频列表、分类视频列表、相关视频及评论3个接口对字节跳动公司的今日头条服务器进行数据抓取,并将结果存入到数据库中的逻辑。在数据抓取的过程中使用伪造的device_id绕过服务器的身份校验,使用伪造UA及IP绕过服务器的访问频率限制。最终,造成被害单位北京字节跳动网络技术有限公司损失技术服务费人民币2万元。①

二、该案入选理由

本案案情虽然简单,意义却重大,最高人民法院将其入选为2019年度人民法院刑事案件。作为全国首例"爬虫"技术侵入计算机系统犯罪案,该案的判决确认了利用"爬虫"技术进行数据抓取行为的"刑事违法性",标志着对于"爬虫"行为的规制从以往的民法、竞争法规制递进到刑法规制的状态。

随着互联网技术的飞速发展,人类逐渐进入一个由人工智能主导的大数据时代,数据的交互与共享无疑便利了人们的生产、生活,但是同时也带来了风险和挑战。2017年国务院发布的《新一代人工智能发展规划》中指出:"人工智能发展的不确定性带来新挑战。人工智能是影响面广的颠覆性技术,可能带来改变就业结构、冲击法律与社会伦理、侵犯个人隐私、挑战国际关系准则等问题,将对政府管理、经济安全和社会稳定乃至全球治理产生深远影响。在大力发展人工智能的同时,必须高度重视可能带来的安全风险挑战,加强前瞻预防与约束引导,最大限度降低风险,确保人工智能安全、可靠、可控发展。"②而大数据正是促进人工智能进行深度学习的基础所在,大数据驱动学习也是未来人工智能的发展重点之一,在人工智能的时代,数据不仅仅是计算机程序中的一串字符,也转变成一种资源、一种重要的生产要素,在以大数据为基础的技术应用之下,提高了各产业生产效率、激发了各产业生产活力。而作为一种重要的生产资源,数据本身也容易成为违法犯罪分子觊觎的对象,网络数据安全也成为一个亟待解决的热点问题。因此,为实现《新一代人工智能发展规划》的要求,抓住人工智能发展的新机遇,应对新挑战,必须重视对于人工智能学习基础——数据的保护,通过法律对于数据的生产、流转、

① 北京市海淀区人民法院刑事判决书,(2017)京0108刑初2384号。

② 国务院《关于印发〈新一代人工智能发展规划〉的通知》,载中华人民共和国中央人民政府网:http://www.gov.cn/zhengce/content/2017-07/20/content_5211996.htm,2020年7月29日最后访问。

融合、使用等各个环节进行合理明确的规制。这样法律规制不仅要体现在民事法律的范畴,还需要在刑事领域中有所体现,从而通过"私法赋权、公法规制"的架构形成一个严密的数据保护体系。本案中,上海晟品网络科技有限公司利用"爬虫"技术进行数据抓取的行为受到刑法处罚恰恰表明了刑法开始在我国的数据保护体系之中发挥作用,是我国数据保护司法实践领域的重大进步。

网络"爬虫"技术是指通过一定程序和脚本能够自动从互联网检索、提取、收集数据的技术行为,由于"爬虫"高效、便捷获取数据的能力,其在互联网世界的应用相当广泛,如大众所熟知的网络搜索引擎,最初正是基于"爬虫"技术发展而来。1993 年,世界上首个应用"爬虫"技术的网络搜索引擎 Jump Station 便已问世,换言之,"爬虫"技术已有 20 多年的发展历史。当今互联网世界的多元和繁荣,离不开"爬虫"技术的应用,因为它使数据的交互和共享变得更加高效便捷。实际上,"爬虫"技术在应用和实践中一直被认为是一种中立技术,但是近年来却触及了违法犯罪的边缘,这不仅源于人们数据保护意识的觉醒,同时也是数据作为一种新兴的生产要素能够为人们带来更多利益的体现。因此,通过法律手段规制网络"爬虫"技术需要注意价值的把握平衡,既要维护数据安全,也要注意不能压抑数据的流通和共享,从而创造一个多元、稳定、繁荣、安全的网络数据空间,驱动人工智能的蓬勃发展。为实现以上的要求,需要多个部门法的协同努力,特别是刑法,既要填补民法、竞争法规制的空白,起到震慑犯罪的作用,也要保持刑法的谦抑性,只有切实侵犯刑法法益的"爬虫"数据抓取行为才能运用刑罚手段进行规制。网络"爬虫"数据抓取行为在我国《刑法》中主要由第 253 条之一所规定的"侵犯公民个人信息罪"以及第 285 条所规定的"非法侵入计算机信息系统罪""非法获取计算机信息系统数据、非法控制计算机信息系统罪""提供侵入、非法控制计算机信息系统程序、工具罪"进行评价。相关的司法解释有 2011 年 8 月 1 日最高人民法院、最高人民检察院联合颁发的《关于办理危害计算机信息系统安全刑事案件应用法律若干问题的解释》以及 2017 年 5 月 8 日最高人民法院、最高人民检察院颁发的《关于办理侵犯公民个人信息刑事案件适用法律若干问题的解释》。这些规定主要是关于危害计算机信息系统安全刑事案件、侵犯公民个人信息刑事案件的总体规定,缺乏关于网络"爬虫"数据抓取行为的相关细致规定,而海淀区人民法院有关本案的判决为此提供了宝贵的司法实践经验,明确了网络"爬虫"数据抓取行为有关入罪与出罪的关键点所在,也为刑法对“爬虫”行为的规制创设了新的合理规则。正如吴沈括教授在对本案的点评中所说的:“在本案中,法官突破性地将‘反爬虫’机制认定为与用户身份信息认证机制同态的计算机信息系统安全措施,并将常见的对抗‘反爬虫’措施的技术行为认定为‘侵入’计算机信息系统行为,这实际上等于创设数据流转领域新的规则,为规范数据流转行为起到了一定的积极意义。”[①]网络“爬虫”数据抓取行为的刑事违法性在于突破了网站的“授权”而非法窃取数据,因而判断“授权”状态是否存在是认定网络“爬虫”数据抓取行为罪与非罪的关键所在。在以往有关《刑法》第285条第2款罪名的司法实践中,我国司法人员通常通过分析用户身份认证信息机制来认定计算机系统访问者是否突破了“授权”的状态和范围。而在本案中,在首次涉及网络“爬虫”数据抓取行为的情况下,法官创造性地将“反爬虫”的技术措施认定为是突破“授权”的一种表现形式,这种规则的创设与美国的“代码责任理论”不谋而合,可以有效地保护有益的网络“爬虫”行为并制止有害的网络“爬虫”行为,有利于网络“爬虫”技术在合法的基础上得到广泛应用。

三、该类案件发展趋势

在北大法宝数据库中以“爬虫”为关键词进行司法案例的检索,得到与网络“爬虫”数据抓取行为相关的刑事判决共30份,以此30份刑事判决书进行数据分析,可得以下结果:

从图3-10可知,网络“爬虫”刑事案件的数量从2013年至今,总体呈一种上升的趋势,[②]特别在2017年以来,涉及网络“爬虫”行为的刑事案件数量陡然上升,在此之前,虽然存在对“爬虫”行为的刑法规制,但数量是极低的。这种趋势的背后存在两方面的原因:一方面,大数据作为一种新兴生产要素的价值逐渐为人们所认识,并且越来越多的人期望通过网络“爬虫”的技术手段在互联网上进行数据抓取以牟利;另一方面,2017年审判的上海晟品公司网络“爬虫”行为入罪案作为全国首例“爬虫”技术侵入计算机系统犯罪案,展现了刑事司法领域对于网络“爬虫”行为的重视与关注,释放了刑法将网络“爬虫”行为纳入常态化规制的信号。而在

① 陈丽英:《2019年度人民法院十大刑事案件》,载《人民法院报》2020年1月12日,第4版。

② 本文写作时间为2020年7月,由于2020年才行至一半,法院的相关案件可能还未审结或未上网,因此该年的数据并不具有参考价值。

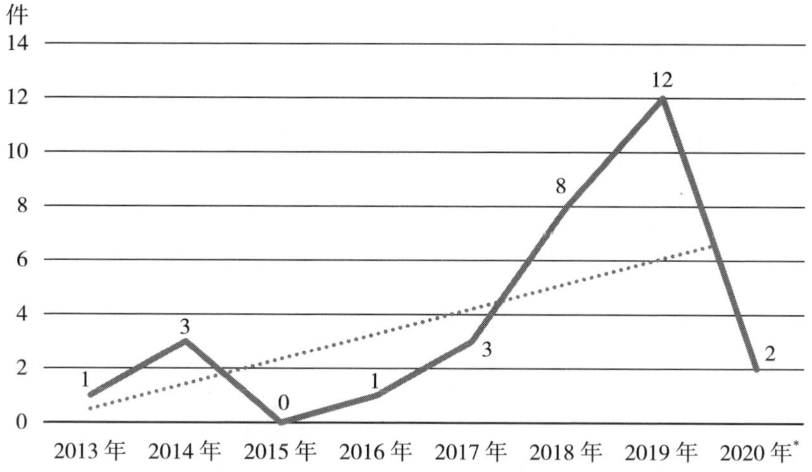

图3－10　30份“爬虫”刑事裁判时间分布折线图

＊制图于2020年7月，数据不全。

2017年以前，大量的网络“爬虫”行为纠纷主要是通过民法、竞争法的规定进行解决。典型的如2014年的百度公司与北京奇虎公司之间的诉讼纠纷，原被告双方是为大众所熟知的百度和360，当时，百度是国内的第一大搜索引擎，而360紧随其后，作为直接的竞争对手，二者之间纠纷不断。在该案中，百度以违反爬虫协议非法抓取数据构成不正当竞争为由起诉360索赔1亿元经济损失与20万元合理支出。本案的争论焦点正是在于360违反“Robots协议”（爬虫协议）并通过爬虫技术抓取百度数据的行为是否构成反不正当竞争。法院对此做了确认，认为360违反“Robots协议”（爬虫协议）抓取数据的行为构成不正当竞争，判决北京奇虎公司向百度公司赔偿人民币70万元。① 上述的百度诉360案即通过竞争法规制网络“爬虫”行为的一个典型案例，此外，还有大量的通过民法、竞争法规定挑战网络“爬虫”纠纷的案例，如深圳市谷米科技有限公司与武汉元光科技有限公司、邵某等不正当竞争纠纷案、深圳市迅雷网络技术有限公司诉北京卓易讯畅科技有限公司侵害信息网络传播权案、浙江泛亚电子商务有限公司诉北京雅虎网咨询服务有限公司等侵犯著作权纠纷案等。即使在2017年全国首例“爬虫”技术侵入计算机系统犯罪案判决之后，绝大部分的网络“爬虫”纠纷也应当由民法、竞争法进行调

① 骆倩雯：《百度诉360案索赔亿元判赔70万元》，载《北京日报》2014年8月8日，第6版。

整,刑法作为“后盾法”,是保障社会的最后一道防线,应当保持自身的被动性和谦抑性。因此,刑法将网络“爬虫”行为纳入规制范围,并不意味着要大包大揽地将所有的网络“爬虫”纠纷都交由刑法进行调整,而是要填补民法、竞争法的空白,依靠民法、竞争法、刑法等各部门法的协同发力,规范网络“爬虫”技术的有序应用,从而形成繁荣、稳定、安全、有序的网络数据共享新格局。

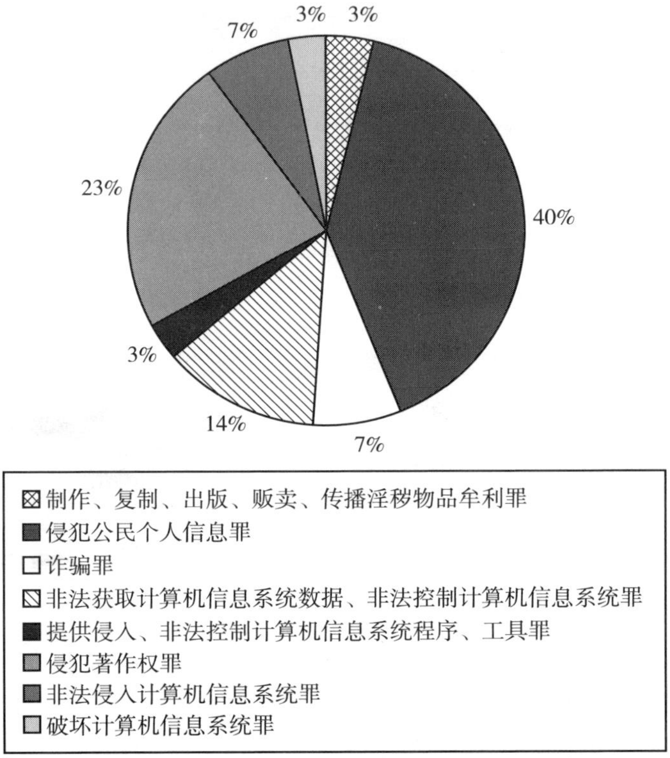

图 3－11　30 份“爬虫”刑事裁判涉及罪名饼状图

从图 3－11 信息可知,网络“爬虫”行为涉及的罪名主要有侵犯公民个人信息罪、侵犯著作权罪、非法获取计算机信息系统数据、非法控制计算机信息系统罪 3 种,分别占总数的 40%、23%、14%,合计占 77%。除此之外,从 30 份“爬虫”行为刑事裁判文书所涉及的其他犯罪来看,“爬虫”行为还涉及提供侵入、非法控制计算机信息系统程序、工具罪,诈骗罪,制作、复制、出版、贩卖、传播淫秽物品牟利罪,非法侵入计算机信息系统罪和破坏计算机信息系统罪等罪名。分析这些罪名可以发现,除了非法获取计算机信息系统数据、非法控制计算机信息系统罪,非法侵入计算机信息系统罪和破坏计算机信息系统罪这3种犯罪的行为属于使用网络“爬虫”进行非法数据抓取的行为,其他犯罪是按照时间顺序纵向围绕在“爬虫”数据抓取行为周围的。提供侵入、非法控制计算机信息系统程序、工具罪是犯罪人为他人提供已经设计好的“爬虫”程序或软件,他人则利用犯罪人提供的“爬虫”软件进行非法数据抓取,属于非法数据抓取行为上游的犯罪。而诈骗罪和制作、复制、出版、贩卖、传播淫秽物品牟利罪显示的则是犯罪人通过非法抓取到的数据实施诈骗、传播淫秽物品牟利的行为。由上至下,实际上是以“爬虫”非法数据抓取行为为核心的一个互联网黑色产业链,上游提供能够非法抓取数据的“爬虫”工具,而下游则通过抓取来的数据牟取非法利益,如进行电信诈骗、传播淫秽物品进行牟利、盗窃、非法数据买卖等。这显然值得刑事司法机关引起重视,不能就案论案,需要把握有关“爬虫”犯罪的全链路与各环节,进行全面的犯罪打击。

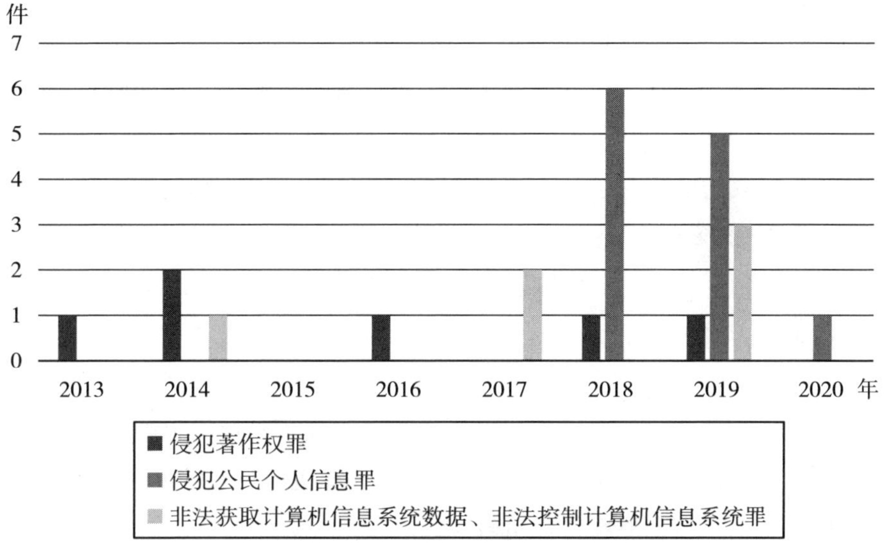

图3-12　30份“爬虫”刑事裁判涉及主要罪名年份分布柱状图

从图3-12的信息可知,“爬虫”行为犯罪涉及的3种主要罪名随着时间的变化有所差异,在2013年至2017年,以侵犯著作权罪为主,而2017年以后,则以侵犯公民个人信息罪,非法获取计算机信息系统数据、非法控制计算机信息系统罪为主。产生这种现象主要有以下一些原因:

(一)刑法与相关司法解释的修改与更新

侵犯公民个人信息罪的法律规定是在2015年11月1日出台的,《刑法修正案(九)》将"出售、非法提供公民个人信息罪"和"非法获取公民个人信息罪"整合为"侵犯公民个人信息罪",扩大了犯罪主体和侵犯个人信息行为的范围。而在2017年5月8日,最高人民法院、最高人民检察院又颁发了《关于办理侵犯公民个人信息刑事案件适用法律若干问题的解释》,明确了侵犯公民个人信息罪的两项定罪标准与一些法律适用问题。在这种情况下,有关网络"爬虫"侵犯公民个人信息案件的数量自然在2017年以后有了大幅度的增长。

(二)罪名之间的竞合关系

《刑法》第253条之一的侵犯公民个人信息罪和第285条第2款的非法获取计算机信息系统数据、非法控制计算机信息系统罪是法条竞合的关系,公民个人信息也是数据的一种,只不过我国《刑法》第253条之一对个人信息数据予以特别保护。因此,侵犯公民个人信息罪是特别法,非法获取计算机信息系统数据、非法控制计算机信息系统罪是普通法,根据特别法优于普通法的法条竞合处理原则,非法获取的信息是公民个人信息的,应构成我国《刑法》第253条之一的侵犯公民个人信息罪;如果非法获取的信息是公民个人信息之外的其他信息,则构成我国《刑法》第285条第2款的非法获取计算机信息系统数据、非法控制计算机信息系统罪。① 《刑法》第217条侵犯著作权罪和第285条第2款的非法获取计算机信息系统数据、非法控制计算机信息系统罪也是如上述所言的法条竞合关系。因此,通过网络"爬虫"非法抓取互联网数据,如果抓取的数据属于公民个人信息或者属于著作权保护的范畴,那么就需要优先适用侵犯公民个人信息罪或者侵犯著作权罪的罪名。因此,非法获取计算机信息系统数据、非法控制计算机信息系统罪相较于侵犯著作权罪、侵犯公民个人信息罪案件数量较少。

(三)全国首例"爬虫"技术侵入计算机系统犯罪案的审理是一个转折点

"爬虫"抓取数据一般分为三类:第一类是具有"识别可能性"的个人信息数据,代表的是个人信息权益;第二类是数据经营者通过对基础数据的收集、加工、利用、交易等而形成的能够为经营者带来利益的、具有财产属性的数据,其中包括具

---

① 刘艳红:《网络爬虫行为的刑事规制研究——以侵犯公民个人信息犯罪为视角》,载《政治与法律》2019年第11期。

有知识产权属性的数据,如具有“独创性”的著作权数据;第三类是与个人信息数据、企业财产数据无关的大量非结构化数据——由单个数据组成的集合体,包含了“海量”特性但又缺乏“技术分析、加工”的无数个低价值数据和无价值数据。① 侵犯著作权罪涉及的正是第二类企业财产数据中具有“独创性”的部分,它的前置法律是著作权法,因而是从知识产权犯罪的切入点对网络“爬虫”犯罪进行规制,在2017 年以前,网络“爬虫”行为涉及的犯罪大多是侵犯著作权罪,这显示当时刑法对于网络“爬虫”行为的规制是不全面的,仅仅是对于第二类企业财产数据中具有著作权属性的数据进行了保护。而在 2017 年以后,随着全国首例“爬虫”技术侵入计算机系统犯罪案的审理,刑法将网络“爬虫”数据抓取行为本身纳入了规制的范畴,因而非法获取计算机信息系统数据、非法控制计算机信息系统罪和侵犯公民个人信息罪的案件数量显著增加,显示了刑法开始全面地对网络“爬虫”行为进行规制,将上述的三类数据都纳入了保护的范畴。

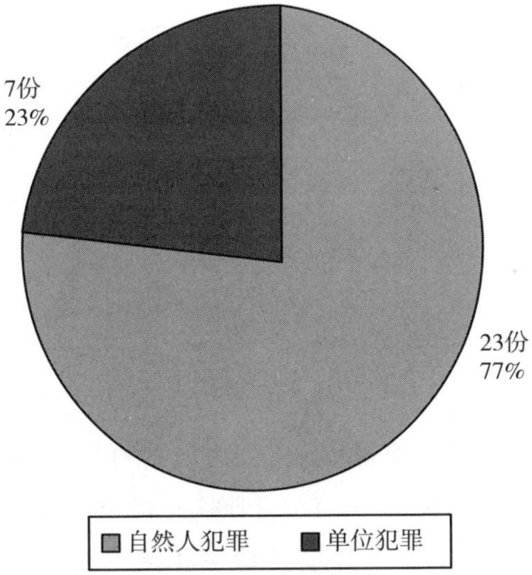

图 3－13　“爬虫”刑事裁判区分自然人犯罪、单位犯罪柱状图

从图 3－13 中可以看出,在现有网络“爬虫”犯罪中,自然人犯罪的数量更大,占到总数的 77%。这充分显示了网络“爬虫”犯罪虽然属于新型网络技术犯罪,但

① 李爱君:《数据权利属性与法律特征》,载《东方法学》2018 年第 3 期。

其本身所需要的技术成本并不高,无论是自己编写"爬虫"程序还是从他处购买"爬虫"软件,对于一个自然人个体来说都能够负担,并不需要雄厚的财力或者高超的互联网技术予以支持。如在上海金山发生的侵犯公民个人信息一案,被告人马某为牟利,使用自己编写的爬虫程序窃取 APP 及网站的用户信息,后使用微信(微信号 sky53789,昵称 mm)聊天的方式出售给苏某某(微信号 mrsu8124,昵称苏某)(另案处理)包括姓名、联系方式等内容的公民个人信息约 20 万条,非法获利共计人民币 2.4 万元。① 可见,"爬虫"技术经过 20 多年的发展,已经比较成熟,其应用门槛并不高,每一个自然人都可以运用"爬虫"技术在网络上进行数据抓取。并且,犯罪人应用网络"爬虫"软件进行非法数据抓取的门槛也并不高,犯罪所需的经济成本和技术成本较低。

四、基于犯罪学角度的治理对策

"爬虫"技术本身是一种中立的技术,其发展与应用有利于互联网时代的数据交互与共享。刑法对网络"爬虫"进行规制的最终目的是保护有益的网络"爬虫"行为、遏制有害的网络"爬虫"行为,促进网络"爬虫"技术的规范应用。另外,现有"爬虫"技术的应用门槛并不高,每一个自然人都可以运用"爬虫"技术在网络上进行数据抓取。因此,对于网络"爬虫"行为不能全面禁止,也不可能做到全面禁止。对于网络"爬虫"案件的预防和控制思路应当包括以下两方面:

(一)建立法律规制体系,保护个人与企业的数据权益

现有网络"爬虫"应用乱象频出的原因主要在于数据的权属和开放利用模式不明确,因此,预防类似案件的发生不能仅仅依靠刑法的力量,需要多个相关部门法之间的配合,从而形成一种"私法赋权、公法规制"的法律规制体系。"爬虫"案件涉及的法律部门主要包括民法、竞争法和刑法,其中,民法看重数据的隐私保护和商业利用价值,重视事前对数据"赋权"以制止网络爬虫的侵权行为;竞争法着重数据竞争秩序建构,重视事后对竞争利益损害进行追认以制止网络爬虫的不正当竞争行为;而刑法偏重网络数据安全保护,重视事后对网络爬虫法益侵害进行认定以惩罚犯罪。②

① 上海市金山区人民法院刑事判决书,(2018)沪 0116 刑初 924 号。
② 杨志琼:《数据时代网络爬虫的刑法规制》,载《比较法研究》2020 年第 4 期。

如上文所言,“爬虫”抓取数据一般分为三类:一类是具有“识别可能性”的个人信息数据;一类是数据经营者通过对基础数据的收集、加工、利用、交易等而形成的能够为经营者带来利益的、具有财产属性的数据;最后一类是与个人信息数据、企业财产数据无关的大量非结构化数据。在民法规制的层面,目前理论与实务界对于个人信息数据和企业财产数据的权利属性仍然存在争议,在立法上也缺乏相应的明确规定。因此,首先需要解决的问题是在民法上对于个人信息数据和企业财产数据的权利进行确认,这是个人与企业数据权益保护的基础。另外,基于数据“受控开放模式”在私人领域的广泛应用,民法也需要明确如“爬虫协议”等一系列授权合约的效力及应用规则,①这是判断网络“爬虫”数据抓取行为是否需要承担法律责任的依据所在。在竞争法规制的层面,主要是在民法确权的基础上,通过事后对于网络“爬虫”不正当竞争行为进行制裁,维护数据要素市场的合法、合理秩序,相对于民法的静态规制,竞争法主要针对企业财产数据在收集、流转、应用进行动态规制。在我国现有的法律框架下,竞争法可以弥补民法的不足,对于企业财产数据中无法纳入知识产权却具有经济利用价值的数据给予法律上的保护。

在刑法规制的层面:一方面,刑法对于民法、竞争法所保护的个人信息权益与企业财产权益做了进一步的保护,侵犯公民个人信息罪是对于严重侵犯公民个人信息行为的一种惩罚,而侵犯著作权罪,非法获取计算机信息系统数据、非法控制计算机信息系统罪等罪名的设置是对企业财产数据的进一步保护。另一方面,刑法需要弥补民法、竞争法在数据保护方面的不足,对上述第三类数据——与个人信息数据、企业财产数据无关的大量非结构化数据进行周延的保护,非结构化数据虽然不具备权利属性和经济价值,但是这类数据在泄露后可能引起后续的刑事犯罪,如传播淫秽物品牟利、诈骗、盗窃等,属于数据黑灰产业链的前端,仍然具有法益侵害的风险,需要刑法予以规制和保护。另外,为进一步明确网络“爬虫”犯罪的入罪门槛,需要把握网络“爬虫”犯罪刑事违法性的形式要件和实质要件。形式要件即网络“爬虫”的数据抓取行为是没有得到授权的,而“授权”的判断标准主要分为两种:一是违反合约授权,最典型的如“爬虫协议”,“爬虫”的数据抓取行为如果违反“爬虫协议”,即会被认为没有得到“授权”,属于非法的数据抓取行为;另一种是

---

① 高富平:《数据经济的制度基础——数据全面开放利用模式的构想》,载《广东社会科学》2019年第5期。

突破网站设置的维护数据安全的技术措施,典型的如本文所介绍的全国首例“爬虫”技术侵入计算机系统犯罪案,该案中犯罪人突破“反爬虫”措施的技术行为被认定为突破了“授权”,属于非法侵入计算系统、非法获取数据的行为。实质要件则是需要考察“爬虫”所抓取的数据属性,如果该数据属于开放数据,即任何个体在任何地点、任何时间都可以获取的数据,则即使“爬虫”的数据抓取行为没有得到“授权”,性质上属于非法抓取数据的行为,但因为其实质上没有对法益造成损害,阻却了刑事责任的发生,不构成犯罪;只有当数据的内容属于限制访问、抓取的情况下,才能认定为形式要件和实质要件的统一,可能构成犯罪。除此之外,具体罪名的认定仍要考虑相应的法律与司法解释的规定,如要认定侵犯公民个人信息罪,就必须要求非法抓取的数据具有对于个体身份的“识别可能性”,如果不具备“识别可能性”,则该数据不属于公民个人信息,不能认定侵犯公民个人信息罪的成立。

(二)打击互联网数据黑灰产业链,维护网络数据安全

前文提到,以“爬虫”非法数据抓取行为为核心存在一个互联网黑色产业链,上游提供能够非法抓取数据的“爬虫”工具,而下游则通过抓取来的数据牟取非法利益,如进行电信诈骗、传播淫秽物品进行牟利、盗窃、非法数据买卖等。维护网络数据安全需要对整个以“爬虫”非法数据抓取为核心的互联网黑色产业链进行全面打击,压缩利用非法数据牟取非法利益的空间,从而达到预防、控制“爬虫”犯罪的效果。

为达到以上效果,首先需要加强企业数据的运维管理和防御保护,由于“爬虫”技术应用的成本和门槛不高,很难从技术的源头通过禁止“爬虫”技术传播和应用来达到控制的目的。因此,需要加强企业数据在收集、应用、流转等过程中的保护,建立贯穿于开发、建设、运维等全过程的数据保护机制,包括设置清楚明晰的“爬虫协议”和“反爬虫”技术措施。一方面,可以最大限度地减少数据被“爬虫”抓取的可能性;另一方面,即使数据遭到“爬虫”程序的非法抓取,也可以更好地通过法律对自身的数据权益予以保护。另外,对于特别重要的数据信息,国家应当要求企业对建设和运维等全环节进行报备管控,监督企业建立相应的数据防护措施,最大限度地减少数据泄露事件的发生。①

其次,要针对互联网数据黑灰产业链的关键链接点即非法数据买卖行为进行重点打击,压缩利用非法数据牟取非法利益的空间,一旦行为人难以通过非法数据牟取到足够的利益,自然会减少利用“爬虫”软件进行非法数据抓取的行为。打击非法数据买卖行为主要包括两方面的内容:一是非法数据买卖的行为主要集中于一些非法论坛与“暗网”平台,要加大对于这些非法论坛与平台的打击,持续开展净网行动,减少非法数据买卖的渠道。二是拓宽合法的数据交易渠道,2015年4月14日,全国首个大数据交易所——贵阳大数据交易所正式挂牌运营并完成首批大数据交易,②发展到今天,国内已经建立了十余家大数据交易平台与中心,其中安徽大数据交易中心、贵阳大数据交易所等交易平台还出台了相应的数据交易规则。但现有的大数据交易市场还不够成熟,仍处于探索之中,存在数据交易模式单一、缺乏统一的数据交易规则等问题,难以满足日益高涨的数据交易需求。在数据交易需求难以通过合法渠道予以满足之时,自然会催生大量的非法数据交易行为。因此,国内需要继续推进大数据交易市场的建设,同时探索更加高效有序的数据合法交易规则,推动数据交易朝合法有序的方向蓬勃发展。

最后,要加强政府与企业的联动合作,推动企业在数据安全领域发挥积极的作用。企业作为市场主体,具有政府部门不具备的灵活性,在互联网革命的大潮中,中国有不少企业脱颖而出,在互联网领域具有一定的权威地位,如阿里巴巴、腾讯、百度等企业。这些互联网企业在相应的网络数据安全领域储备有大量的技术和人才,如阿里巴巴公司建立的阿里双子座、阿里猎户座、阿里潘多拉、阿里归零等研究安全问题的实验室。加强政府与互联网企业的合作以及互联网企业自身之间有关数据安全的合作,对于政府来说,有利于减少负担,可以借助企业的技术和设备建设有关的数据安全防护机制,帮助侦破、打击相关的数据安全犯罪;对于企业来说,也有利于构建一个高效有序的数据要素市场,让数据作为生产要素更好地创造财富。

---

① 明乐齐:《网络黑产犯罪的趋势与治理对策研究》,载《山东警察学院学报》2019年第4期。

② 邱玥:《大数据时代的数据买卖》,载《光明日报》2015年4月23日,第8版。

第六节 暴力伤医犯罪典型案件研究报告：员明军故意杀人案

一、案情简介

2017 年 2 月 9 日，被告人员明军到甘肃省兰州市五洲皮肤病医院治疗其鼻根两侧暗褐色沉着斑，该院皮肤科主任张某(被害人，女，殁年 35 岁)对其进行了色素分离、表浅电解术等治疗。一个疗程结束后，员明军自认为疗效不好并对其造成烧烫伤，要求医院赔偿并扬言报复。后由医疗纠纷人民调解委员会等进行调解，因员明军无端索要高额赔偿而未果。同年 12 月，员明军决意报复张某，并购买了作案工具尖刀、菜刀。2018 年 1 月 22 日 14 时 20 分许，员明军携带刀具闯入五洲皮肤病医院张某的办公室，将门反锁，持尖刀朝张某胸背部等处连刺十余刀，在张某倒地后又持菜刀连续砍击张某颈部等处，致张某颈内外动脉、颈内静脉断裂及左肺静脉、双肺破裂大失血死亡。员明军作案后明知有人报警而在现场等候公安人员。①

二、该案入选理由

(一)案件性质恶劣，犯罪人被判处死刑

2019 年，最高人民法院发布 8 件 2019 年以来审结的涉医犯罪典型案例，其中两件被判处死刑，为员明军故意杀人案、孙文斌故意杀人案(“民航总医院杀医案”)。

本案由甘肃省兰州市中级人民法院一审，甘肃省高级人民法院二审。最高人民法院对本案进行了死刑复核。法院认为，被告人员明军故意非法剥夺他人生命，其行为已构成故意杀人罪。员明军不能正确认识治疗效果，在索要高额赔偿未得到满足后蓄意报复，到医生办公室持尖刀、菜刀连续捅刺、砍击医生致死，犯罪情节恶劣，手段特别残忍，罪行极其严重，应依法惩处。员明军虽有自首情节，但综合其

---

① 《员明军故意杀人案》，载中国法院网：https://www.chinacourt.org/index.php/article/detail/2020/05/id/5201429.shtml，2020 年 7 月 20 日最后访问。

犯罪的事实、性质、情节和社会危害程度，不足以对其从轻处罚。据此，依法对被告人员明军判处并核准死刑，剥夺政治权利终身。

本案是一起患者因对治疗效果不满，经调解未果，报复杀害医生的典型案例。被告人员明军虽有自首情节，但其蓄意报复，在就诊近一年后携刀具到医生办公室连续捅刺、砍击医生致死，主观恶性深，罪行极其严重。人民法院依法对员明军判处死刑，体现了对此类犯罪的严惩。员明军已于 2020 年 5 月 9 日被依法执行死刑。

（二）医师执业环境需改善

在我国，2018 年，中国医师协会在 2018 年会上发布了《中国医师职业状况白皮书》。全国共有 4.46 万家医疗机构的医务人员参与本次调查，共约 14.62 万医师参与。

根据 2018 年《中国医师职业状况白皮书》统计，62% 的医师认为职业环境没有改善，50% 的医护人员认为工作没有得到社会的认可。其中仅有 38% 的医师从未亲身经历过医疗纠纷，62% 的医师发生过不同程度的医疗纠纷，34% 的医师从未亲身经历过暴力伤医师事件，66% 的医师经历过不同程度的医患冲突，但绝大多数为偶尔的语言暴力（51%）。①

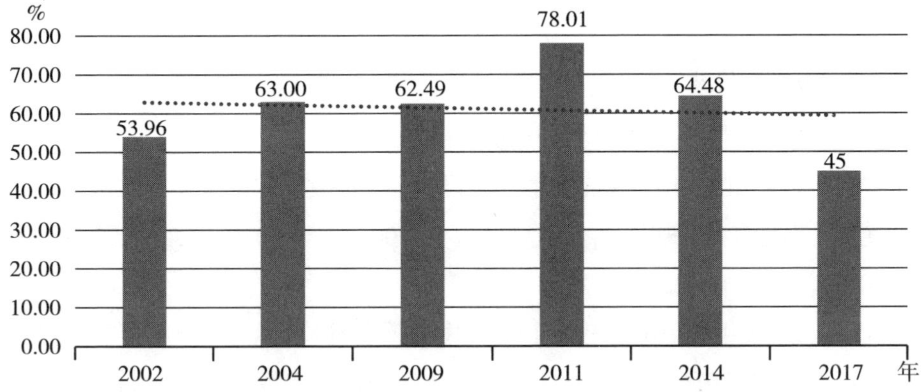

图 3－14 医师不希望子女从医百分比

对比 2014 年的调研数据，2014 年仅有 27.14% 的医师未遭受过暴力事件，数

---

① 《中国医师职业状况白皮书》，载搜狐网：https://www.sohu.com/a/215900176_367186，2020 年 7 月 23 日最后访问。

据比对显示,针对医师的暴力事件以及事件的严重程度均有所下降。数据还显示,2017 年 45% 的医师不希望子女从医,是不希望子女从医的比例历年最低,从侧面印证了医师对自身职业的信心正在逐步恢复。

(三)社会影响大、网络舆论大

当某一伤医事件曝出时,网民们在互联网上迅速围观,对事件进行讨论的同时以伤医事件为由头对当前社会的医患关系进行热议。他们在发表看法的同时,也比以往更迫切、更迅速地寻找观念一致的群体,最后在群体内形成极端的观点,要么表现为对医生一边倒的同情和对行凶者的辱骂,要么表现为对医生的极度不信任和对患者的怜悯,因此网络群体极化现象也更容易产生,加速医患关系的恶化。主流媒体将该伤医事件作为报道热点,追踪报道事件发展进程以及深入挖掘事件发生的动因和折射的问题,并在传统媒体及两微一端(微博、微信及新闻客户端)平台上发布信息,加速形成议程,企图引导舆论。在这样一个“微博爆料—微信刷屏—新技术平台跟进—传统媒体报道—新闻门户客户端打通最后一公里”的新接力传播模式下,媒介舆论压力进一步增大,舆情中民意诉求进一步强化,每一个环节都为群体极化现象的加剧增添动力。所以当某一伤医事件突然发生时,信息能在短时间内由零散发布的局面演变成为爆炸式增长,在公众快速集聚热议的情况下增长量迅速达到顶峰。

三、该类案件发展趋势

(一)犯罪发展势头总体呈上升趋势

从 2000 年至 2019 年全国范围内暴力伤医犯罪数据来看,暴力伤医事件总体呈上升趋势,而近年来呈现一个下降趋势(自 2000 年至 2019 年,共收录暴力伤医事件 400 例)。[①]

2005 年、2013 年、2016 年是三个爆发性增长的高峰,其中,2005 年发生 27 例,2013 年发生 59 例,2016 年发生 54 例。2013 年发生的暴力伤医时间是 2012 年的约 4.5 倍,在 2014 年和 2015 年发生的暴力伤医事件较 2013 年有所减少,但是于 2016 年再次迸发,达到 54 例。随后于 2017 年至 2019 年,暴力伤医事件大幅降低,

① 赵敏、姜锴明、杨灵灵、屈万勇:《暴力伤医事件大数据研究——基于 2000 年 ~2015 年媒体报道》,载《医学与哲学》(A)2017 年第 1 期。

呈下降趋势。

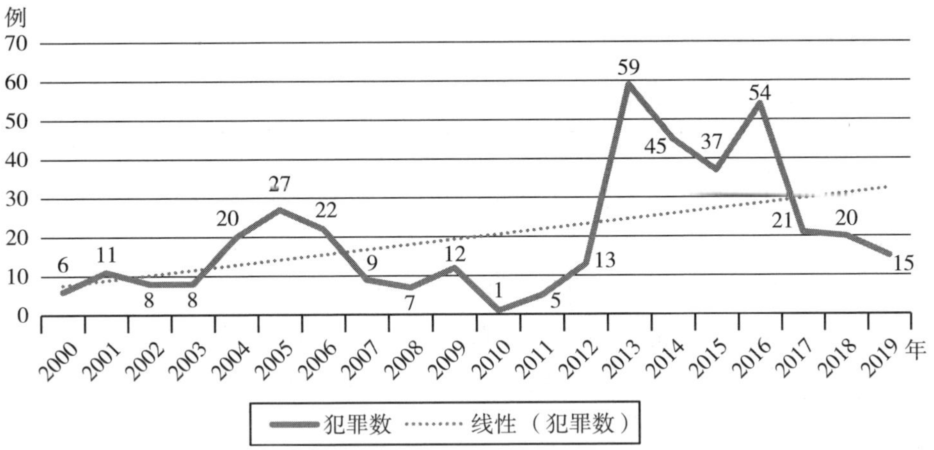

图3－15　2000～2019年全国范围内暴力伤医事件统计图

(二)暴力伤医事件多发地区

2000年至2015年,暴力伤医事件发生地点差异性较大,广东、江苏、四川、浙江和北京是暴力伤医事件多发省(市),广东44例(15.2%)、江苏25例(8.6%)、四川24例(8.3%)、浙江22例(7.6%)和北京20例(6.9%)。在广东发生的44例案件中,2013年和2005年发生率较高,分别为22.7%和15.9%,2014年和2015年均降至4.9%。而江苏和四川暴力伤医事件在2013年后总体仍呈上升趋势。

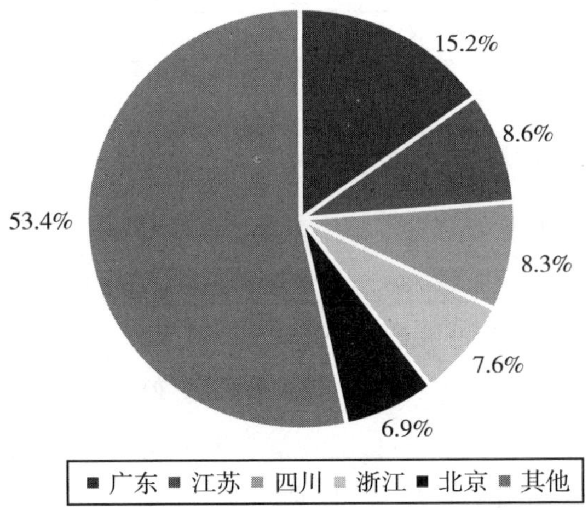

图3－16　2000年至2015年,暴力伤医事件发生地点

四、该类案件的犯罪特点分析

(一)近年来犯罪数量减少

2016 年至 2019 年,暴力伤医犯罪数量呈下降趋势,犯罪数量是犯罪水平最直观地反映刑事,从近年来的犯罪案件数量来看,我国暴力伤医犯罪数量总体呈下降趋势,但也正是因为犯罪数量的降低,每一起暴力伤医案件都引人注目。见图 3－17。鉴于 2011 年至 2014 年我国暴力伤医犯罪数量的急速增长,从 2015 年开始,我国陆续出台了一系列政策以防止暴力伤医犯罪的发生,其中 2015 年的"医闹入刑"使此类型犯罪数量呈断崖式下降。由于暴力伤医犯罪一直具有较大的社会影响力,社会各界对于制止医院暴力事件的呼声始终很高。

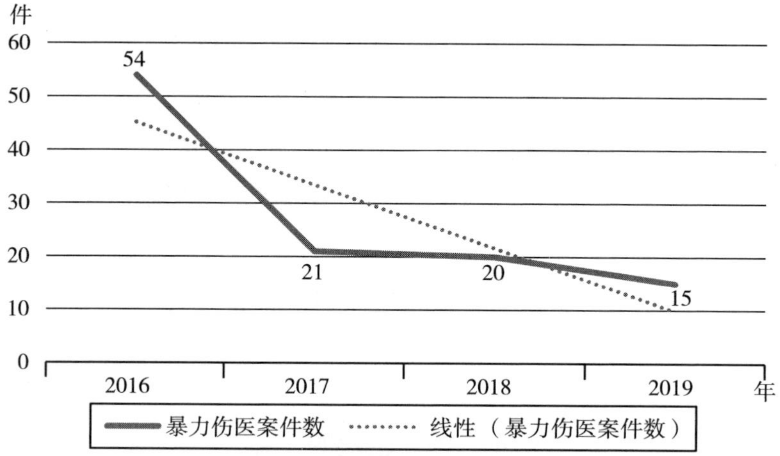

图 3－17　近年来暴力伤医案件数

(二)犯罪人以患者的男性青年亲属为主

根据 2016 年至 2019 年 110 份暴力伤医案件的统计,中国裁判文书网所公布的刑事判决书共涉及 150 名犯罪人,分析发现犯罪人的年龄和性别具有明显的特征。性别方面,在公布了犯罪人性别的 104 份判决书中,男性犯罪人数量为 115 名,占犯罪人总数的约 80%,女性犯罪人数量仅为 29 名。这种性别差异:一方面,可能是由于男性的相关激素,特别是睾丸激素的分泌,较之于女性要旺盛很多;另一方面,可能是由于男性在社会中的"性别角色"而引起的。从犯罪人的年龄分布情况来看,在公布了犯罪人年龄的 77 份判决书中,犯罪人的年龄分布情况如

图3－18所示。

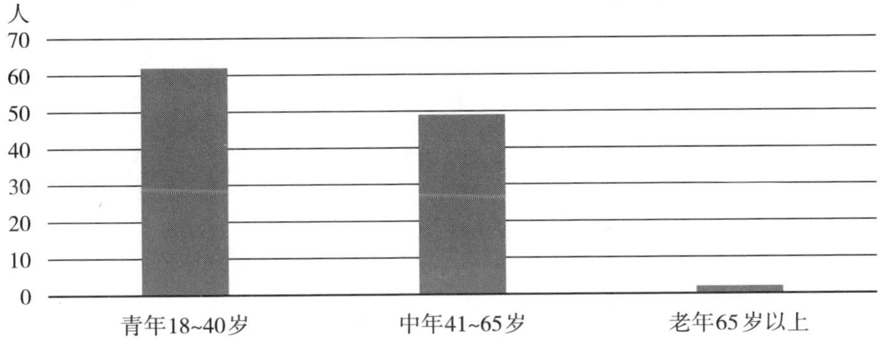

图3－18　犯罪年龄分布

施暴者多为患者近亲属,57.6%的施暴群体包含患者的近亲属施暴者,为患者本人仅占28.6%。我国传统的亲情和血缘关系导致许多患者家属者有很强的保护欲望,当患者在诊疗过程中出现差错时,其亲属就会为保护患者的"权益"从而向医院表达不满情绪。其次,施暴者多为青年人,占总数57.2%,其中男性占71.4%。青年男性在家庭中多同时担任父母、子女养家者等多重身份,心理生理压力较大,负面情绪容易累积,很容易失控引起暴力行为。造成犯罪人年龄分布集中的原因:一方面,是由于中青年相比于未成年人和老年人,在体力上更具攻击力,同时也容易冲动;另一方面,是由于中青年是家庭中的"顶梁柱",家人生病就医时,陪伴者往往为中青年人,与医务人员发生冲突的机会更多。

(三)暴力伤医案件多发医院

暴力伤医案件如图3－17所示,从2016年到2019年共发生110例。其中2016年54例,2017年21例,2018年20例,2019年15例。从发生的医院层级来看,三级医院是暴力伤医事件多发医院,共196例(占比约为67.6%),二级医院发生69例(占比约为23.8%),一级医院发生12例(占比约为4.1%)。医院的等级越高,规模越大,其报道的暴力事件越多。

(四)暴力伤医事件多发于急诊和门诊

暴力伤医事件发生率从高到低的科室分别为急诊科、门诊大厅、内科、ICU、医务处等行政科室、外科、妇产科、院外出诊、儿科,其中急诊和门诊大厅发生暴力伤医的占比较高,其他科室(康复科、肿瘤科、五官科、眼科、影像科等)占比较低。急诊和门诊发生暴力伤医事件的比例分别为24.1%与21.4%。医务处等行政科室发生暴力伤医事件占比有降低趋势,门诊则一直是高发科室,而急诊科的暴力伤医事件占比有显著的增长趋势。①

关于致死性暴力伤医事件:第一,各科室暴力伤医事件致死率,发生在急诊科的暴力事件70例,死亡1例,致死率为1.4%;发生在门诊大厅的暴力伤医事件62例,死亡9例,致死率为14.5%;发生在院外出诊时的暴力伤医事件8例,死亡3例,致死率达37.5%。第二,各科室致死性暴力伤医事件占全部致死性暴力伤医事件的比例,急诊科占3.7%,门诊大厅占33.3%,医务处等行政科室及院外出诊时均占11.1%。

五、基于犯罪学角度的治理对策

近年来,随着一系列法律法规的出台,以及各级执法、司法部门的管控,暴力伤医犯罪数量显著下降。但要想从根本上防止暴力伤医犯罪的发生,需要从根源上消除此类犯罪产生的条件。不难看出,犯罪人自身的因素对于此类犯罪影响重大。同时,医疗机构安防系统情况、国家对于法律法规的完善、一级医务人员自身的情况也对防止犯罪的发生具有一定的作用。

(一)继续推行和完善医疗保险制度

我国医疗保险制度目前主要存在医保控费不力、药费虚高、总额预付引致医患关系紧张,以及居民医疗保险待遇提高与筹资模式间存在冲突等问题,导致这些问题产生的原因可能是多方面的,但这与我国政府经办医保,"管办不分",缺少医、患、保之间的协调机制不无关系。以医保控费为例,作为事业单位的社会保险经办部门并没有动力控费,而主管部门又没真正对经办部门施加压力,导致控费效果欠佳,医患关系日益紧张。我们或可借鉴德国法定医疗保险领域的经验。② 德国作为世界上最早建立社会医疗保险制度的国家,在医疗保险领域建立了政府治理与社会治理相结合的体系。政府只在法制框架下进行政策执行和必要监管,保费的收支、医疗服务的供给数量与质量、医疗费用控制的具体事务等则由社会治理机制

① 贾晓莉、周鸿柱、赵越等:《2003年—2012年全国医院场所暴力伤医情况调查研究》,载《中国医院》2014年第3期。

② 王玲玲、王晨、曹艳林等:《医院场所暴力伤医趋势、不良影响分析与思考》,载《中国医院》2014年第3期。

来完成。德国这种治理体系在控制医疗费用增长、协调各方利益、减少医患矛盾方面发挥了重要作用。社会治理是德国法定医疗保险制度的核心,“自治与伙伴关系”原则贯穿其始终,可以将其引入我国基本医疗保险领域。在医保控费、医疗服务价格改革等方面,确立政府主导、不同利益主体参与的透明的博弈和协商机制,由医保方、医疗服务提供方和消费者的代表共同参与、公开讨论决定,实现医疗服务供给数量与质量平衡,达到医患利益平衡的目的,最终达成全民健康的目标。①

(二)完善医疗场所安全防范体系

医疗场所的安全防范体系由警察、保安、安保装备、监控系统和报警系统组成,这一体系是阻止有犯罪意念的人实施犯罪行为的可靠手段。风险分析的结果表明,行为人酗酒是导致暴力伤医犯罪发生的一个重要因素。另外,一部分犯罪人原本没有实施犯罪行为的意图,但由于在诊疗过程中与医务人员忽然起冲突,或者对于治疗效果不满意,一时冲动而实施犯罪。安全防范体系应当确保在各种情况下,一旦出现暴力伤医的苗头,能及时制止,防止事态恶化。②

首先,应当全面落实原卫生部、公安部于 2012 年发布的《关于维护医疗机构秩序的通告》(以下简称通告),全国二级以上医院,应当协调当地公安局和派出所,在医院内设立警务室,并指派警力值班、巡逻。目前,我国大部分医院按照通告的要求,在医院内设立了警务室。由于各种原因,警务室形同虚设,要么成了“休息室”,要么成了保安亭,长时间没有公安民警在警务室内值班。对此,各地公安机关应科学分配警力,确保各二级以上医院能“24 小时见警”。

其次,应当定期对保安人员进行技能培训,培训不合格者禁止上岗。培训的一大重点是徒手防卫控制以及相应的体能锻炼。训练有素是关键时刻能否应对恶性事件的根本,加强培训的目的是使保安人员能够沉着、冷静地应对突发的暴力伤医事件,尽力在警察赶来前避免人员伤亡。此外,还应对保安人员进行基本的人员识别训练,对于出现在医疗场所内的饮酒或情绪有明显异常的人员,应当保持密切的关注,尽量避免这两类人员和医务人员在密闭空间独处。

最后,应当完善技术防范系统。技术防范系统包括视频监控系统和报警系统,

---

① 姜锴明、赵敏:《国外暴力伤医现象及防控对策研究》,载《医学与哲学》(A)2018 年第 11 期。

② 梁韵、姜锴明、屈万勇、赵敏:《我国近五年暴力伤医事件之原因及对策研究综述》,载《医学与法学》2016 年第 2 期。

视频监控系统的构建应确保医疗场所各个大厅、走廊、楼梯间以及非隐私诊室无死角。在构建系统时,可采用竞标的方法,选用视频清晰度高、储存期限长、环境适应性强的摄像头。构建报警系统是为了在暴力伤医犯罪发生时,在保安无法控制事态的情况下,能够及时通知当地派出所。为了达到这一目的,各医疗场所应和当地公安机关共建一套通讯体系,确保能够"一键报警"。同时,公安端口要确保能够及时收到医院的报警信号并立即通知到离当事医院最近的执勤民警。

(三)加强医疗与法律知识的宣传教育

犯罪人法律知识的缺乏以及对于医疗水平的过高期望,也是造成部分暴力伤医犯罪发生的原因。因此,应加强宣传和教育,使人们在树立正确法制观念的同时,对目前的医疗水平有一个正确的认识。一方面,应当加强法律知识宣传。宣传的方式要多种多样,可以通过在医院发传单、拉横幅的方式进行,也可以通过定期举办讲座等方式进行,新闻媒体在其中起着重要作用。宣传的内容应当包括当前我国对于暴力伤医的相关政策和法规,使人们明白,一旦实施暴力伤医犯罪,将付出沉重的代价。同时,也要让人们知道,在对医务人员有不满时,可以通过合法、正当的途径投诉或举报,而不是诉诸暴力。另一方面,应当加强基本的医疗常识教育。如今,部分患者及其家属还抱有"医生万能论",认为所有疾病在经过诊疗后都应当痊愈。一旦出现后遗症或者患者病症加剧的情况,部分患者及其家属就认为是医务人员的过错,从而对其产生怨恨。因此,应当在人民群众中广泛开展基本的医疗常识教育,使人们明白医生并非万能,部分重大疾病以现有的医疗技术是无法治愈的,而部分疾病即使治愈,留下后遗症也在所难免。

(四)完善针对保护医护人员的法律法规制度

1. 设立"医闹入刑"法律制度

"医闹入刑",可以根据医务人员职业保护的特殊性在《刑法》里增设相应的罪名,如"酒驾入刑","医闹入刑"可以对医闹、医暴行为者起震慑作用。根据医闹程度的不同,设立标准,而不再是以故意伤害罪、寻衅滋事罪等罪名对医闹者进行处罚。在设立新罪时,可以参考《刑法》中故意伤害罪和故意杀人罪进行设定。必须明确"医闹入刑"行为针对的对象是依法进行医疗工作的医务人员。非医务人员或者非法行医人员不是该新罪的客体,对其实施暴力杀伤,只能以故意伤害罪或者故意杀人罪论处。同时,必须明确刑法所保护而被伤医行为所侵害的社会关系,包括医务人员的生命权、健康权、人格尊严、人身自由、财产权等。犯罪人实施某些行为只要是达到了足以阻碍医务人员进行正常医疗的程度即视作实施暴力伤医行为，根据其造成后果对其定罪量刑。行为应该包括但不限于破坏医疗机构设备设施或个人财产、干扰医疗机构场所正常工作秩序以及威胁、辱骂、挑衅、殴打、性侵、杀伤医务人员等行为。

2. 增设针对突发事件和疫情时期的加重保护机制

最高人民法院、最高人民检察院、公安部、司法部在 2020 年 2 月 6 日印发了《关于依法惩治妨害新型冠状病毒感染肺炎疫情防控违法犯罪的意见》，要求对于抗拒疫情防控措施、暴力伤医等 9 类犯罪行为，将一律从严从重追究刑事责任。该意见显示了中央政府在疫情期间对医务人员安全防护工作的高度重视。建议可以在《基本医疗卫生与健康促进法》《突发事件应对法》《传染病防治法》等多项法律中增加特定针对保护医疗机构、医务人员在应对突发事件和传染病疫情时期的加重保护，对此特殊时期的暴力伤医、杀医行为给予比一般时期更加沉重的处罚力度。

第七节　爆炸犯罪典型案件研究报告：四川夹江公交车爆炸案

一、案情简介

2018 年 12 月 5 日，被告人卢仕兵利用自制爆炸物，在四川省夹江县漹城镇迎春南路的王水井公交站台，对车牌为川 L××××× 号的 3 路公交车实施爆炸，造成 20 余名乘客受伤、公交车严重受损的后果。

乐山市中级人民法院对此案公开开庭审理。因该案社会影响重大，乐山市中级人民法院依法由 3 名审判员和 4 名人民陪审员组成 7 人合议庭，采用庭审实质化的方式进行审理。2019 年 11 月 15 日，乐山市中级人民法院一审公开宣判，被告人卢仕兵犯爆炸罪，依法判处卢仕兵死刑，缓期 2 年执行，并对卢仕兵限制减刑。

二、该案入选理由

(一)损害后果严重

区别于在其他场所实施的爆炸行为,公交车空间较为封闭,人员更加密集,遇害后逃生难度更大,本案中的被告人选择在公交车上制造爆炸事件,杀伤范围更大,损害后果极其严重。本案被告人的爆炸行为造成1人重伤二级、1人轻伤一级、7人轻伤二级、7人轻微伤,其余多名乘客一定程度。案发后,为医治受伤乘客,医疗费用共计220,385.62元。被炸公交车严重受损,于认定基准日的损失参考价格为63,460.00元。虽然该案没有造成人员死亡,但对被袭击乘客来说,这次经历一点都不亚于死亡给他们带来的恐惧。

(二)产生大量间接被害人

爆炸罪作为危害公共安全犯罪的罪名之一,犯罪行为势必会给公共场所内的不特定被害人群造成损害。本案中被告人在公共场所制造爆炸事件,在给十余个直接被害人带来身心重创的同时,也给大量无辜社会公众造成了心灵创伤。惨烈的爆炸事故使目击者和听闻者感到恐慌,有的人甚至开始不信任公共安全管理制度,出行时不愿选择乘坐公共交通工具,进而造成整个社会的公众安全感降低。

(三)犯罪手段残忍

本案被告人从捡到的鞭炮中提取火药和引线,并利用饭盒、钢筋、竹片、铁丝等物品制成炸弹。案发当日,被告人卢仕兵携带装有自制炸弹的背包来到位于夹江县的王水井公交站台,17时33分,车牌为川L×××××号的3路公交车到达该站台上下乘客,17时34分,卢仕兵待站台上的乘客上车后,怀抱其装有自制炸弹的背包踏上公交车前门踏板,用随身携带的打火机将炸弹点燃后扔向车内,随即发生爆炸。

(四)典型的报复社会型犯罪

近年来,个人攻击无辜社会群众的事件越来越多,令社会公众感到恐慌和震惊,学界和媒体将这一类行为称作“报复社会”型犯罪。这种类型的犯罪是指行为人为了宣泄自己的压力及消极情绪,而迁怒社会无辜群众,采用爆炸、放火、凶杀、投毒等极端手段危害公共安全的行为。这类犯罪往往有以下的犯罪模式:(1)行为人面临社会关系紧张、生活贫困、罹患重大疾病等刺激源;(2)行为人多为社会中的弱势群体，由于社会地位低下等原因长期无力改变刺激源带来的压力；(3)行为人在自身性格缺陷或者心理障碍的催化下滋生报复社会的犯罪动机，并且决意实施；(4)犯罪人在公共场所采取爆炸、放火等极端手段伤害不特定群众，以达到报复社会的目的。

三、该类案件的犯罪特点分析

利用公交车这样人员极为密集且不易逃脱的场合实施报复社会犯罪行为的，早有先例，笔者通过整理归纳10起引起社会广泛关注的典型公交车爆炸、放火案，运用个案研究、文献研究等方法，进行共性和个性分析，从犯罪人、犯罪行为、被害人等角度总结出该类案件的主要特征。这十起典型案件的整理情况见表3－2：

表3－2　10起典型公交车爆炸、放火案件统计表

编号	案件名称	被告人特征	案发时间	犯罪方式和作案工具	犯罪诱因	伤亡情况
1	福州公交车爆炸案	黄茂金，男，42岁，小学文化	2005年8月8日 14时30分	爆炸 自制爆炸物、土制炸药	患肺癌晚期，为报复社会，进行自杀式爆炸	2死 30伤
2	昆明7·21公交车连环爆炸案	李彦，男，30岁，小学文化	2005年7月21日 7时5分 8时10分	连环爆炸、自制爆炸物	性格灰暗，生活困窘，仇恨社会，制造爆炸报复社会	3死 14伤
3	成都6·5公交车放火案	张云良，男，62岁，小学文化	2009年6月5日 8时	放火、 汽油	长期不务正业，加之女儿减少其生活费，悲观厌世，进行自杀式纵火	27死 74伤
4	长沙7·21机场大巴放火案	谌海涛，男，35岁，文化程度不详	2010年7月21日 16时	放火、 汽油	生意亏本，加之浏览境外反动网站，仇恨社会，实施放火报复社会	2死 14伤
5	厦门6·7公交车放火案	陈水总，男，60岁，初中文化	2013年6月7日 18时20分	放火、 汽油	生活贫困，社保没有办成，实施放火以报复社会	47死 34伤

续表

编号	案件名称	被告人特征	案发时间	犯罪方式和作案工具	犯罪诱因	伤亡情况
6	贵阳2·27公交车放火案	苏大华,男,年龄不详,文化程度不详	2014年2月27日12时	放火、汽油	家庭矛盾纠纷,迁怒社会,实施放火报复社会	6死35伤
7	杭州7·5公交车放火案	包来旭,男,34岁,初中文化	2014年7月5日17时	放火、可燃液体	因经济拮据、旧疾复发产生轻生念头,放火以报复社会	30伤
8	长沙7·11公交车放火案	陈永森,男,30岁,初中文化	2014年7月11日17时30分	放火、可燃花露水	穷困潦倒,无以为继,想通过制造事端进监狱解决食宿问题	2伤
9	广州7·15公交车爆炸案	欧长生,男,25岁,初中文化	2014年7月15日19时46分	爆炸、自制爆炸物	身体患病,久治不愈,对社会产生不满情绪,通过实施爆炸报复社会	2死32伤
10	山东龙口8·20公交车放火案	徐孝福,男,56岁,小学文化	2014年8月20日8时	纵火、汽油	怀疑妻子系他人所杀,上访反映无果,于是仇恨社会,实施爆炸进行报复	1死19伤

(一)犯罪人特征

1. 犯罪人多为30岁以上男性。通过对10起典型公交车爆炸、放火案件进行分析,可以看出,除贵阳2·27公交车放火案的犯罪嫌疑人苏大华年龄不详外,其他几起案件的犯罪嫌疑人年龄分布如下:20~29岁1人(10%)、30~39岁4人(40%)、40~49岁1人(10%)、50~59岁1人(10%)、60岁以上2人(20%)。由此可见,实施公交车爆炸、放火案件的犯罪人多为30岁以上的中年人。所分析的10个样本案例中,犯罪嫌疑人均为男性,这是由于男性在荷尔蒙分泌异常的情况下，易产生暴怒的情绪，在这种情绪的触动下易发生暴力犯罪事件，男性和女性在生理上、骨骼上、肌肉上的构成不同，也导致了男性易发生与力量相关类型的犯罪如暴力犯罪等。

2.“三低”：犯罪人文化程度偏低、收入偏低、社会地位较低。通过分析 10 位犯罪人的教育背景、生活环境，可以发现 10 名犯罪嫌疑人中，除苏大华和谌海涛文化程度不详之外，有 5 名为小学文化程度（黄茂金、李彦、张云良、徐孝福），3 名为初中文化程度（包来旭、陈永森、欧长生）。虽然文化程度并不是决定人是否犯罪的根本因素，但是教育环境对人的世界观、人生观、价值观的形成有极为重要的塑造作用。在这 10 起典型案例中，犯罪嫌疑人在面临生活中的困难时，都表现出了悲观厌世、迁怒他人的扭曲心理，这与他们没有接受过系统良好的教育不无关系。通过对犯罪人犯罪诱因的分析，可以发现，10 起案例中有 6 起（昆明 7·21 公交车连环爆炸案、成都 6·5 公交车放火案、长沙 7·21 机场大巴放火案、厦门 6·7 公交车放火案、杭州 7·15 公交车放火案）是因为生活贫困、经济拮据，无法获得生活来源，继而迁怒社会，通过爆炸、放火等极端手段进行报复。这些案件的犯罪嫌疑人多为务农人员或城市务工人员，这类人员多为处于社会底层的低收入阶层，社会地位较低且向上流动的机会少，受到上流社会的排斥；与此同时，医疗、教育、就业等方面的福利政策并未完全覆盖到这些社会底层群体，这就有意无意地损害了这些人的利益。无法通过正常手段获得生活来源，也无法通过社会政策获得救济，生活压力和消极情绪日积月累，导致了犯罪人愤世情绪的爆发，进而选择极端手段报复社会。

3. 犯罪人多存在不同程度的心理障碍，表现为报复社会、迁怒他人的扭曲心理。在这 10 起典型案件中，除了陈永森是想通过制造事端进监狱以解决食宿之外，其他 9 名犯罪人的犯罪动机都包含报复社会的目的。在这 9 起以报复社会为目的的犯罪案件中：犯罪人有的是因为身患绝症、消极厌世（黄茂金、欧长生）；有的是因为经济拮据、生活困窘，进而迁怒社会（李彦、张云良、包来旭、谌海涛、陈水总）；有的则是因为家庭、情感纠纷，迁怒于社会无辜群众（苏大华）；有的则是自己的诉求没有得到满意的答复，继而心生怨恨，报复社会（徐孝福）。虽然刺激这些犯罪发生的导火索各不相同，但是在面对这些导火索事件时，犯罪人都表现出了消极、自卑、焦虑的情绪，并且这种情绪不断积累，最后导致心理状态失衡。他们迁怒无辜群众、报复社会的做法反映出了他们冲动、偏执、缺乏责任感、报复心强、自我调节能力差等心理障碍特征。

(二)犯罪行为特征

1. 犯罪手段残忍、极端。从10起样本案件的作案方式来看,犯罪人选择的不是爆炸就是放火这种极端手段,在昆明7·21公交车连环爆炸案中,犯罪人李彦甚至采取了连环爆炸的方式来扩大杀伤范围,两起爆炸仅相隔1小时,地点也只相距6公里,如果不是第二辆54路公交车绕行,爆炸地点也许还会重合。这种精心策划的爆炸行为,让昆明一度陷入恐慌。[①] 从犯罪工具来看,犯罪人多选择炸药、汽油、可燃液体等杀伤力大、破坏范围广的危险物品,这些物品一旦引燃引爆,其杀伤速度和范围都远远大于传统作案工具,而且在短时间内制止险情难度较大。

2. 犯罪时间相对集中,犯罪场所人员密集。对比10起样本案件的发案季节,可以发现,大部分发生在6~8月,这个时间段已经进入一年当中的夏季,因为夏季天气炎热,会影响人们的心理和情绪,人们情绪比较急躁,容易被激发,引起暴力行为。[②] 在一天当中的具体时间段中,犯罪人往往选择下午16时至19时的城市晚高峰时段,因为这个时段往往是公交车人流量最大的时候,此时实施爆炸、放火,会造成更多的人员伤亡。在犯罪场所的选择上,犯罪人选择的多为人员密集的公交车。在四川夹江公交车爆炸案中,犯罪人卢仕兵携带炸药到站台等待,直到站台上的所有人都上车之后才实施爆炸,目的就是杀伤更多的无辜群众。因为报复社会型犯罪人的目的就是向社会宣泄自己的不满情绪,所以选择人员密集的公交车能够最大限度地制造恐慌,达到报复社会的目的。

(三)被害人特征

1. 被害人数多,包括直接被害人和间接被害人。发生在公交车上的爆炸、纵火案件由于作案工具杀伤力大、犯罪场所较为封闭以致逃生困难,加之人员密集,伤亡人数众多。同时,犯罪人为了制造大范围的社会创伤,通过爆炸、放火伤害无辜群众,这些与犯罪人无冤无仇的无辜者成为犯罪行为的间接被害人。有的间接被

---

① 王鸿谅:《公交车连环爆炸案:“7·21”的昆明记忆》,载新浪新闻中心:http://news.sina.com.cn/c/2009-01-08/142417004277.shtml,2020年7月28日最后访问。

② 冯卫国、王超:《个人极端暴力犯罪及其防控机制研究——基于75个犯罪案例的实证分析》,载《河南警察学院学报》2015年第6期。

害人在案件发生后，乘公共交通工具时更加开始关注灭火器与安全锤，纷纷选择坐在离车门较近的位置以便逃生。① 犯罪人的行为也给这些间接被害人带来了心理创伤。

2. 被害对象具有不特定性。犯罪人在仇恨社会心理的驱使下，将自己生活中的不幸迁怒于整个社会，所以在选择被害对象时，从与其关系亲密的家人到无辜的群众都成为他们发泄的对象。

四、该类案件的理论犯罪学解释

（一）社会支持理论的解释

1994 年，美国犯罪学家卡伦发表《理解犯罪学的综合性概念的社会支持》，文中卡伦首次给出了社会支持的定义，“由社区、社会网络以及可信任的他人所实际或想象中可能提供的物质和精神上的帮助”。② 社会支持理论假设人都有犯罪的动机，但是一个人是否会去实施犯罪则受到他所接受的社会支持的多少的影响，一个人受到的社会支持越多，那么他犯罪可能性就会越小。社会支持理论认为，一个社区的犯罪率和该社区的社会支持量成反比；在家庭当中，家庭支持越多，家庭成员的犯罪可能性就越小。这一理论对于报复社会型的公交车爆炸、放火案件有一定的解释力。

通过研究样本案例中的犯罪人生活环境可以发现，10 名犯罪人受到的社会支持都十分有限。家庭是社会支持最关键、最直接的来源，但是 10 名犯罪人当中的绝大部分都没有从家庭中获得足够的社会支持，典型的如苏大华，因怀疑妻子与其他人有不正当关系，迁怒社会，在公交车上放火，造成 6 死 30 伤的严重后果；张云良因为女儿减少了他的生活费，便以自杀相威胁向家人要钱，并为宣泄自己的悲观厌世情绪，在公交车上放火，造成 27 名无辜群众丧生，74 名无辜者受伤。在来自社会大环境的社会支持方面，这些犯罪人同样没有获得足够的社会支持。10 起案例的犯罪人多面临着失业、技能缺乏、收入低下、丧失健康、住房困难等问题，这些困境给他们带来了巨大的生活负担和消极情绪，也将他们推到了社会底层和边缘的位置。加之社会福利政策尚无法全面地覆盖到社会的各个阶层，尤其是社会底层

① 王玥：《公交车爆炸、纵火犯罪研究》，载《江西警察学院学报》2017 年第 4 期。
② 曹立群、任昕主编：《犯罪学》，中国人民大学出版社 2008 年版，第 90 ~ 91 页。

群众,这就使得他们无法从社会中获得足够的物质和精神支持,一部分人在极端心理的驱使下走上了报复社会的歧途。

(二)社会失范理论的解释

失范理论侧重从社会经济文化结构的角度解释犯罪,该理论认为社会鼓励的目标与人们通过社会提供的合法手段来实现这些目标两者之间存在不协调,这种不协调就会必然导致犯罪行为的产生。默顿将这一理论运用到解释社会底层群体的犯罪问题上。默顿认为,社会上的经济不平等严重、贫富差距悬殊的客观事实会刺激底层群体经济成功的欲望,当他们目睹周围的人取得成功时,这种欲望会更加强烈;但是,日益拉大的贫富差距、贫穷使底层群体很难通过合法途径达到经济成功,这种"失范"状态必然导致了犯罪的增长。

改革开放以来,我国实现了经济上的腾飞,2019 年我国国内生产总值(Gross Domestic Product,GDP)已经超过 99 万亿元人民币,稳居世界第二。[①] 但是,经济发展的同时,贫富差距也越来越大。基尼系数可以客观、直观地反映出居民之间的贫富差距。联合国开发计划署等组织规定,基尼系数在 0.4 至 0.59 之间则表示贫富差距较大。图 3-19 为 2003 年至 2016 年全国人均可支配收入基尼系数。[②] 可以发现,在这经济快速发展的十几年间,基尼系数一直处于 0.4 以上,居民收入差距一直处于较大水平。2012 年我国家庭净财产的基尼系数达到 0.73,顶端 1% 的家庭占有全国 1/3 以上的财产,底端 25% 的家庭拥有的财产总量仅在 1% 左右。[③] "富人越富,穷人越穷"的现象越来越严重,社会提供的实现经济成功的合法手段被富裕阶层占据。富人们占据了越来越多的社会资源和财富,实现了经济成功的梦想;而底层阶级却没有足够的合法途径和资源实现成功的目标,他们饱受贫困之苦,心理逐渐失衡,最终将自己的苦闷和怨怼发泄给了整个社会。

---

① 《2019 我国 GDP 为 99.0865 万亿同比增 6.1%　稳居世界第二》,载新浪财经客户端:https://finance.sina.com.cn/china/gncj/2020-01-17/doc-iihnzhha3005933.shtml,2020 年 7 月 28 日最后访问。

② 国家统计局:《全国住户调查　2017 大样本轮换》,载中华人民共和国国家统计局:http://www.stats.gov.cn/ztjc/zdtjgz/yblh/,2020 年 7 月 28 日最后访问。

③ 谢宇等:《中国民生发展报告 2014》,北京大学出版社 2014 年版,第 100~101 页。

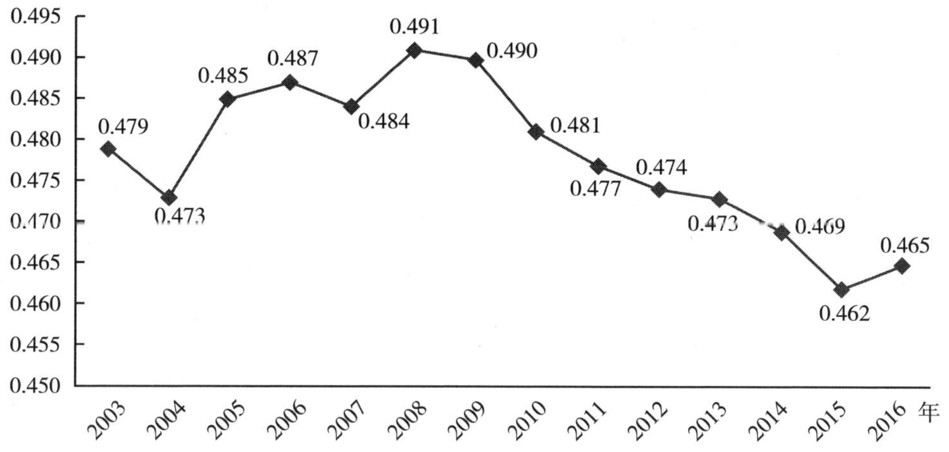

图3-19 2003年至2016年全国人均可支配收入基尼系数

(三)社会控制理论的解释

社会控制理论将研究重点放在人为什么不犯罪,而不是人为什么犯罪上。这一理论的代表人物之一赫希认为,个体是否犯罪取决于社会控制因素作用的强弱。他将这些控制因素概括为社会纽带一词,社会纽带由来自四个方面的社会控制力构成——依附、承诺、参与和信念。依附是指个体对其他社会成员的依附感;承诺是指个体付出时间和精力置身于传统的社会活动,尤其是教育和职业;参与是指个体对传统社会活动的投入;信念则是指个体对社会规则,尤其是法律与秩序的理解和认知。个体受到来自这四个方面的社会控制越多,其犯罪的可能性就越小。

社会当中的绝大多数成员都处在与其他社会成员的紧密联系当中,并且通过工作、受教育等主流社会活动与社会制度形成了紧密的纽带。但是通过研究10起样本案例中犯罪人的生活史,可以发现,这些犯罪人受到的社会控制十分有限。他们大多与其家庭成员有矛盾,对家人的依附感减弱;这些犯罪人多数都没有固定工作,不务正业,没有把精力和时间投入到主流社会活动上,所以他们受到的来自承诺和参与的社会控制力也非常弱;最后,受消极悲观的厌世情绪的影响,这部分人往往缺乏遵纪守法的坚定意志,无法处于法律与秩序带来的社会控制之下。如此一来,个体与社会的纽带联系越来越松散直至破裂,最终诱发了犯罪行为。

五、基于犯罪学角度的治理对策

(一)增加社会支持

1. 构建完善的、全面覆盖的社会保障体系,增加物质支持。任何社会都有弱势群体,任何人都可能因为天灾人祸而陷入困境,这就需要社会保障体系来支持。如前所述,我国城市底层弱势群体有时会成为社会保障制度覆盖不到的死角,要从根本上改变这种现象,使弱势群体在面临失业、疾病等天灾人祸时,不会因为求助无门走向绝望。要完善社会分配和保障机制,公共服务、社会救助、医疗卫生、养老等方面的社会保障制度要积极向弱势群体倾斜,完善对困难群体的社会支持和社会帮扶。

2. 完善矛盾纠纷化解机制,增加精神支持。首先,要完善纠纷调处机制,建立一套完善的矛盾纠纷化解机制。对社会上的各级各类矛盾及时、大力进行排查,并对各类矛盾进行分类、分级管理,使各级各类矛盾都能够找到对应的部门去化解。并且,负有矛盾调处责任的部门,必须积极作为,及时发现问题并妥善处置。其次,要建立科学合理的诉求表达机制,确保民众的表达渠道畅通,有关部门要认真听取民众的意见并及时为其排忧解难,切实保障民众的合法权益。最后,建立完善的心理疏导服务体系。加强对于高危群体的心理问题的关注,及时地对他们进行心理疏导。重点强化基层社会心理疏导机制,有关部门要利用互联网、大数据等平台排查民众的不良心理,并且采取及时有效的措施对有心理障碍的高危群体进行针对性疏导,尤其是对流动人口、失业人口等群体,要重点关注他们的特殊情况,及时有效地进行心理疏导。

(二)消除社会“失范”

1. 完善分配制度,缩小贫富差距。推进收入分配制度改革,健全职工工资增长机制,完善工资宏观调控指导体系。再分配中要更加注重公平,加快完善财税体制,扭转财税增长快于经济增长的趋势、政府支出偏投资性增长的趋势。以缩小城乡差距为重点,发挥城镇化在缩小收入差距和促进经济发展中的重要支撑作用。要从根本上解决城乡居民收入差距问题,有赖于经济发展水平和城镇化进程。加大农村扶贫工作力度,坚持开发式扶贫,从根本上提高贫困地区和贫困人口自我发展能力。

2. 增加就业机会,改善民生问题。扩大就业,增加就业岗位,让更多失业者有工作有收入。扶持中小微企业发展,对中小微企业加大资金投入。鼓励创业,完善灵活就业扶持政策。建立健全失业保险制度,确保失业人员的基本生活。完善职业技能培训制度,降低底层劳动群体的失业风险。着力解决低收入群体最突出的民生问题,在住房、就业、看病以及子女上学等突出的民生问题上要加强社会保障和社会救助。让社会低收入群体能够享受经济社会发展成果。有关部门要畅通弱势群体的救助渠道,切实关心、解决弱势群体的生活困难。

(三)加强社会控制

1. 改善教育理念,加强法制教育。犯罪心理的形成受到遗传因素的影响,但犯罪心理并非不可逆转,环境因素对犯罪的发生起着关键的作用,尤其是后天的教育环境可以从根本上矫正不良心理甚至是犯罪心理。在教育内容上,要做到"智育"和"德育"并重,教育不仅仅是灌输科学知识的过程,更是培养健全人格和正确三观的过程。要从根本上改革应试教育,注重培养青少年的独立思考能力。加强法治教育,尤其是加强规则意识和秩序意识的培养。公民素质教育也是改革教育内容的重要一环,要引导青少年养成通过合法的社会化渠道解决问题的习惯。家庭教育同样在心理和人格塑造过程中发挥着重要作用,家长应采取科学的教育方法和教育态度,引导子女形成正确的世界观、人生观、价值观、道德观等,从小形成良好的个性品质和健全的人格,以预防犯罪。

2. 关注精神需求,丰富文化生活。公民的精神需求同生存物质需求一样会影响公民的幸福感,改善民生不可忽视对公民精神需求的满足。关注公民的精神需求,首先要从与公民联系最为密切的社区环境下手,鼓励社区开展形式丰富的文化、体育活动,通过社区间的邻里互动活动加强社区居民之间的联系,增强居民之间的信赖感,从而增强社区居民共同维护集体利益的意识和能力,进而形成非正式的社会控制,减少社区居民犯罪的可能性。

(四)做好犯罪预防

1. 完善社会预防。加强对于危险品的管控,危险品流通的各个环节必须做到防患于未然。加强对酒精、汽油等易燃易爆物品的购销渠道的治安管理,严格落实危险易燃品购买、收寄的实名登记政制。在危险品的流通过程中,一旦发现可疑情况,必须立即向有关部门报告;有关部门接到危险品可疑情况报告后必须及时、严肃调查处理。实施高峰时段公交车安检制度,在公交车内安装安检危险液体检测仪、自动感应报警器等设备,要求乘客高峰时段乘坐公交车必须进行安检。同时,增设公交车内的灭火装置及其他配套安全设备。为了提高险情应对能力:一是要加强对公交车驾乘人员的培训;二是要在全社会范围内开展突发公共安全事件应急演练,提高全民的应急能力。

2. 做好被害预防。犯罪预防除了从犯罪人、犯罪原因方面入手之外,被害预防也是犯罪预防的重要组成部分。被害预防的重点就是从被害人个体层面,消解被害人的行为或个性中存在的致罪因素,降低被害可能性,从而达到预防犯罪的效果。做好被害预防,关键是要提高社会公众的防范意识,减少潜在被害人。充分利用各类传播媒介,尤其是微信公众号、微博等网络平台,对公众进行大规模的安全教育和宣传。利用各类新媒体平台,定期推送有关犯罪产生原因、犯罪时空分布特征及常见的犯罪手段等内容。利用大数据手段,分析、总结易引发犯罪的被害人个性特征及行为特征。在学校内,通过开设安全教育必修课程、定期开展安全知识讲座、举行安全演练等方式,提高青少年的防范意识。在社区内,通过发放宣传单页、橱窗展示等方式,向社区居民科普安全知识,提高防范意识和防范能力。

第八节 危害公共安全犯罪典型案件研究报告:上海首例高空抛物危害公共安全案

一、案情简介

蒋某因家庭矛盾与父母发生了激烈的争吵。争执过程中,恼羞成怒的蒋某将手边的平板电脑、手机、水果刀等物品从 14 楼扔出窗外,窗户下方是小区公共道路,车辆、行人络绎不绝。蒋某抛出的物品将三辆轿车击中,造成不同程度的损坏。2019 年 11 月 29 日,上海市闵行区人民法院对该案公开宣判,蒋某因以危险方法危害公共安全罪,被判处有期徒刑 1 年。该案系最高人民法院《关于依法妥善审理高空抛物、坠物案件的意见》施行后,上海法院判决的首起高空抛物入刑案件。[①]

二、该案入选理由

(一)该案具有历史意义

该案系最高人民法院《关于依法妥善审理高空抛物、坠物案件的意见》施行后,上海法院判决的首起高空抛物入刑案件。为有效预防和依法惩治高空抛物、坠物行为,切实维护人民群众"头顶上的安全",2019 年 10 月最高人民法院发布《关于依法妥善审理高空抛物、坠物案件的意见》,提出加强源头治理,依法惩处高空抛物、坠物行为,准确认定并从重惩治高空抛物犯罪等相关原则要求和处理规则,对司法机关在具体办理高空抛物案件具有重要指导意义。在此背景下,上海市闵行区人民法院根据该意见中"故意从高空抛弃物品,尚未造成严重后果,但足以危害公共安全的,依照刑法第一百一十四条规定的以危险方法危害公共安全罪定罪处罚"规则认定高空抛物行为人蒋某的高空抛物行为虽未造成人身伤害或财产重大损失的严重后果,但足以危害公共安全,最终认定为以危险方法危害公共安全罪,给予有期徒刑 1 年的刑事处罚。该案是上海市贯彻落实最高人民法院针对近年来高空抛物这一重要城市治理之痛而颁布的预防惩治措施的重要体现,具有重要的历史意义。

(二)该案具有典型意义

该案行为人蒋某的犯罪动机、行为方式、危害后果在高空抛物类犯罪中具有典型性。据媒体了解,该案中,蒋某从学校毕业后多年无业,也无稳定收入来源。因家庭矛盾与父母感情恶化,在一次争吵中心生怒火,愤怒的蒋某抡起手中的棒球棍对家中电器、窗户玻璃等一顿打砸,并将手边的平板电脑、手机、水果刀等物品扔出 14 楼窗外,将停靠在停车区域的三辆轿车击中,造成不同程度的损坏,窗户下方是小区公共道路,车辆、行人络绎不绝。[②] 此案的几个重点要素包括犯罪行为人的自身情况、犯罪动机、犯罪行为手段和危害结果都在高空抛物类犯罪中具有典型性,

---

① 《上海首例高空抛物危害公共安全案》,载中国法院网:https://www.chinacourt.org/article/detail/2020/01/id/4769102.shtml,2020 年 7 月 25 日最后访问。

② 《上海首例高空抛物构成以危险方法危害公共安全罪案宣判》,载中国法院网:https://new.qq.com/omn/20191130/20191130A0E0DZ00.html?pgv_ref=aio2015,2020 年 7 月 25 日最后访问。

深入剖析该案有利于举一反三,促进对于高空抛物犯罪预防的机制设计。

(三)该案具有指引意义

该案结合蒋某的动机、抛物场所、抛掷物的情况以及造成的后果等因素最终将蒋某行为认定为以危险方法危害公共安全罪。这将有利于为近年来司法实践中对高空抛物定性定罪存在的争议提供审理思路,并为司法机关今后处理该类案件提供重要参考价值,对于今后办理该类案件准确把握司法认定标准发挥重要作用。

三、该类案件发展趋势

(一)民事案件数逐年显著上升

高空抛物案件第一个趋势是涉民事案件呈逐年上升趋势。在中国裁判文书网检索“高空抛物”结果显示,民事案由共1200余起,其中2019年高达427余起,而2018年、2017年均只有200余起,2016年、2015年均为170余起,2014年为90余起,2013年为13起。中国裁判文书网检索“高空坠物”结果显示,2019年因高空坠物引发的民事案件为500余起,而2018年和2017年均约为360起,2016年为255起,2015年为277起,2014年为130起,2013年为28起。可见,涉高空抛物民事案件呈逐年上升的趋势,其原因主要有两点:一是随着我国经济的发展和房地产市场的兴起,高楼层的建筑显著增加,相应地高空抛物、坠物的风险概率也随之加大;二是随着高空抛物、坠物事件的增加,社会加大了对于高空抛物问题的重视程度,提高了对于高空抛物的防范和打击力度,这也客观上促使了高空抛物相关民事案件的增加。

(二)刑事案件数总量较低

高空抛物案件第二个趋势是刑事案件总量仍较低。中国裁判文书网对“高空抛物”刑事案件检索结果共计50条,其中2019年11件,2018年4件,2017年7件。检索“高空坠物”刑事案件检索结果共计36条,其中2019年6件,2018年4件,2017年9件。因为高空抛物本身并不属于刑法条文的具体罪名,因此通过检索裁判文书全文的高空抛物、坠物检索结果难免有失精准,如上海首例高空抛物危害公共安全案《蒋某以危险方法危害公共安全一审刑事判决书》对高空抛物行为的用词为“将手机、平板电脑、水果刀等物从14楼的高处扔出窗外”。[①] 不过，通过上述数据依然可以部分证明，高空抛物涉刑案件总体数量较低，其主要有两个原因：一是很多高空抛物行为实际并未造成危险结果，如高空抛物后未对其他人的生命、健康、财产造成危险且没有目击证人，导致很多高空抛物行为不涉及刑事犯罪；二是很多可能涉刑的高空抛物犯罪因为相关当事人尚未向司法机关反馈而选择私下解决，导致部分犯罪行为没有受到应有的刑事处罚。

（三）涉刑案件罪名多样，此罪与彼罪界限区分不明显

高空抛物案件第三个趋势是涉刑案件罪名较多，根据高空抛物动机、环境、行为对象及危险结果的不同，高空抛物行为可能涉嫌构成以危险方法危害公共安全罪、故意杀人罪、故意伤害罪、寻衅滋事罪、故意毁坏财物罪、重大责任事故罪等罪名。实践中，同样是高空抛物的相似犯罪行为可能获得不同的罪名认定。其原因主要是司法机关对于危害公共安全概念的理解存在不一致的认知，导致无法准确将高空抛物犯罪定性为以危险方法危害公共安全罪或是寻衅滋事罪、故意杀人罪、故意伤害罪。

四、该类案件的学理分析

（一）高空抛物犯罪的刑法学释义

1. 高空抛物犯罪之刑法定位

若需将高空抛物犯罪归为危害公共安全犯罪之列进行诠释分析，需要梳理三点，一是何为公共安全，二是何为危害公共安全，三是高空抛物是否危害公共安全。

首先，公共安全为《刑法》分则第二章所保护的主要客体，而《刑法》分则第二章危害公共安全罪囊括了放火罪，决水罪，爆炸罪，以危险方法危害公共安全罪，破坏交通工具罪，非法持有、私藏枪支、弹药罪等几十种具体罪名。公共安全在刑法上是一种规范性的构成要件，即需要结合一定的经验、事实来综合判断分析的概念，而不是一看即知悉的内容。我国刑法理论通说认为，公共安全是不特定（或

① 《蒋泽城以危险方法危害公共安全一审刑事判决书》，载中国裁判文书网：http://wenshu.court.gov.cn/website/wenshu/181107ANFZ0BXSK4/index.html? docId=ea274addc3144ab19a66ab34009bc392，2020年7月28日最后访问。

者)多数人生命、身体或者重大公私财产的安全。[①] 如危害公共安全犯罪需要综合考虑该犯罪行为是否足以给不特定的或者多数人的生命、健康或重大财产造成危险,而不能将仅对特定的个体或财产造成威胁的行为归为危害公共安全范畴。

其次,就危害公共安全而言,危害公共安全犯罪是一种危险犯,即给不特定的多数人的生命或健康和重大财产安全造成危险状态,而危险犯又可分为抽象危险犯和具体危险犯。其中,抽象危险犯为行为人只要实施了特定的行为,即具有这种危险,如非法持有、私藏枪支、弹药罪,只要行为人实施了《刑法》分则中规定的犯罪行为,即具有产生某种后果的危险,无须再结合具体案情加以判断。具体危险犯是指行为人的相关行为是否造成某种具体的危险结果,需要结合实际情况加以判断,如放火罪、决水罪需要具体判断放火和决水的行为模式和状态来具体实际判断是否足以造成危险结果。因高空抛物行为本身不必然引发危险状态,而需要通过高空抛物的动机、环境和结果等综合判断其是否造成了某种具体的危险结果,危及不特定的多数人的生命、身体和财产,因此,高空抛物行为应归为具体的危险犯行列。

最后,高空抛物犯罪是否足以危害公共安全?综合上述,可以得出结论,显然并非所有的高空抛物都足以威胁公共安全,如单次的高空抛物或者高空抛物杀伤力不足以对不特定的多数人造成危险或者高空抛物结果必然仅只可能造成财产的损失,此时,高空抛物犯罪将只能被认定为故意杀人罪、故意伤害罪、故意或过失毁坏财物罪等犯罪。只有在人流量较大区域,多次高空抛物或者高空抛物物体将足以威胁到楼下不特定人群的生命、健康或重大财产的情况下,方可将高空抛物认定为危害公共安全犯罪。相关法律规定也印证此观点,根据最高人民法院《关于依法妥善审理高空抛物、坠物案件的意见》要求司法机关应"准确认定高空抛物犯罪。对于高空抛物行为,应根据行为人的动机、抛物场所、抛掷物的情况以及造成的后果等因素,全面考量行为的社会危害程度,准确判断行为性质,正确适用罪名,准确裁量刑罚"。《刑法修正案(十一)(草案)》拟规定:"从高空抛掷物品,危及公共安全的,处拘役或者管制,并处或者单处罚金。有前款行为,致人伤亡或者造成其他

① 张明楷:《高空抛物案的刑法学分析》,载《法学评论》2020 年第 3 期。

严重后果,同时构成其他犯罪的,依照处罚较重的规定定罪处罚。”①

此外,需要明确的是,此处研究的高空抛物犯罪为针对所有高空抛物的违法行为的分析和预防,不仅限于危害公共安全此类刑事案件的高空抛物行为。

2. 高空抛物的犯罪故意

在犯罪主观方面上,高空抛物犯罪可分为故意高空抛物和过失高空坠物两大类。其中故意高空抛物包括明知危害后果并实施抛物危险行为的直接故意犯罪和放任危害结果发生的间接故意抛物行为。其中直接故意如针对明确目标实施高空抛物以致他人生命、健康或重大财产遭受损失,间接故意如为了发泄或者娱乐,明知高空抛物有可能造成他人的生命、健康或重大财产损失,依然实施抛物的相关行为。

另外,过失高空抛物更加类似于裁判文书和媒体经常报道的“高空坠物”,即行为人本应当预见高空抛物可能造成他人的生命、健康或重大财产损失,却由于过于自信或疏忽大意没有预见,导致危害结果的发生。实践中多为为了节约时间而高空倾倒建筑或生活垃圾等案例。

3. 高空抛物的定义

因高空抛物不属于特定的法律用语,高空的标准在立法上并未明确规定。因此,要深入研究高空抛物行为势必需要优先解析“高空抛物”的含义,包括高空的标准,抛的定义,物的范围等。

(1)高空的标准

根据语义解释,“高空”指“与地面相距高远的空中”,可以肯定的是正常住宅或商场1楼不属于高空,起码需要较高的楼层或环境。而具体几楼以上开始算高空还需要结合实际案例中抛物的破坏力来计算,综合抛物行为方式和物的重量体积来综合衡量,如工地上大型重物的倾倒,即使是从2楼或3楼抛出,其所造成的破坏力也大于20楼抛出的鸡蛋,应当认定为高空抛物。

(2)抛的定义

抛的基本语义为投掷或者甩落,是一种主动为之的行为动作。而现实生活中同“高空抛物”相近的行为还有高空坠物,坠的意思是掉落掉下,更多是指物体被

---

① 罗沙、熊丰、翟翔:《七大看点解析刑法修正案(十一)草案》,载新华网:http://www.npc.gov.cn/npc/c30834/202006/35d4834b30c4486a85aa988c9aa623e3.shtml,2020年7月30日最后访问。

动从高空中掉落,如晾衣竿、花盆被风吹落或年久失修的墙体脱落下坠。由于高空坠物更多的是有关建筑设计的标准考量,同人的活动关联性不大,显然一般而言只涉及民事赔偿而不构成刑事犯罪,也就谈不上犯罪行为分析和犯罪预防了。因此,笔者所研究和预防的主要是主观性较强的高空抛物的犯罪行为。

(3)物的范围

再看高空抛物中"物"的范围,同"高空"的概念类似,高空抛物的物没有统一的认定标准而需结合高空抛物的具体破坏力、抛物地点和方式来综合分析判断。如2018年3月,深圳市某小区,一高空抛出的苹果将一婴儿砸至昏迷,被送入ICU抢救。[①] 如在车流量较大的地段抛出大量容易遮挡视线的塑料袋或者对加油站等场所抛出爆竹或火柴等行为都可能涉及刑事犯罪和危害公共安全。

由此看来,高空抛物涉刑事犯罪的标准主要还是看抛物行为的破坏力是否足以对他人生命、健康或重大财产造成威胁,而对于抛物的具体模式没有固定的限定。

(二)高空抛物犯罪的犯罪学分析

1.犯罪人的主要共性特征

中国裁判文书网"高空抛物"刑事案件检索结果显示,笔者归纳出高空抛物的犯罪人普遍存在一些共性的因素,包括受教育程度低、工作多为蓝领或无业,拥有一定的暴力犯罪前科以及酒后或争吵后的犯罪情形较多等情况。

(1)受教育程度相对较低

通过浏览中国裁判文书网有关高空抛物刑事犯罪案例,课题组发现犯罪行为人的文化水平普遍不高,多为文盲或半文盲、小学、初中、中专文化。虽然文化水平的高低同犯罪没有直接联系,但高空抛物不同于一般常人所熟知如盗窃、抢劫、杀人类犯罪。高空抛物犯罪的历史虽然较为长久,但是近年来由于其被司法机关和媒体广泛报道且政府加强了对此行为的关注才使得此类犯罪行为逐渐走进群众视野。然而部分受教育程度不高的群体显然并不知晓高空抛物的危害后果,虽在刑法适用上并无"不知者不为罪"这一规定,但是就犯罪学的犯罪预防角度而言,对不知者的犯罪预防难度显然更大,需要首先对其进行法治教育,明确高空抛物的法

① 史洪举:《以刑罚手段遏制高空抛物这一社会公害》,载《检察日报》2020年7月1日,第6版。

律风险。

(2)无业或蓝领居多

此外,笔者发现高空抛物犯罪行为人的职业多为无业或务工。这或许可以说明工作性质和高空抛物犯罪存在某些联系,根据犯罪学家萨瑟兰对于社会经济地位与犯罪关联的研究成果表明,劳动阶层的人实施犯罪的比率随违法的种类不同也有差别。一个人在经济结构中的地位决定了他实施犯罪时表现出的设施和技巧。[①] 而犯罪本质上是一种文化的产物,往往经济地位、社会地位处境接近的群体持有较为相似的思想和价值观念。[②] 可以推测实施高空抛物行为的群体也同样拥有类似的价值观念,无论是内在对主流社会和思想的对抗或是对高空抛物危险后果的侥幸或轻视,其寻求的是一种与正统社会价值观不同的生活方式,因此也就需要有针对性地予以预防疏解。

(3)拥有一定的犯罪前科,具有一定暴力倾向

笔者还发现,高空抛物犯罪行为人大部分都具有一定的犯罪前科或者暴力倾向,这或许可以解释暴力倾向和高空抛物行为存在某种内在的联系。如李某某故意伤害罪中行为人李某某曾在2001年1月因扒窃被劳动教养3年;2004年7月因扒窃被劳动教养3年;2010年3月因扒窃被劳动教养3年。[③] 刘某以危险方法危害公共安全、危险驾驶罪中刘某曾犯故意伤害罪于2012年11月19日被判处有期徒刑11个月,缓刑1年。[④] 陈某妨害公务罪中陈某曾因犯故意伤害罪,于2016年3月被判处有期徒刑1年6个月。[⑤] 高空抛物虽然不属于典型的暴力型犯罪如抢劫、杀人,大部分高空抛物都是一种情感的宣泄和释放,虽然其不具有合理性,但是其本质是一种用武力解决问题的手段。正如沃尔夫冈和弗拉柯蒂研究结果所称,都

---

① 张杰、傅跃建编著:《萨瑟兰与犯罪学》,法律出版社2010年版,第206页。

② 张杰、傅跃建编著:《萨瑟兰与犯罪学》,法律出版社2010年版,第106页。

③ 《李某某故意伤害罪二审刑事附带民事裁定书》(2015)抚中刑终字第00140号,载中国裁判文书网:http://wenshu.court.gov.cn/website/wenshu/181107ANFZ0BXSK4/index.html? docId=a0a5fb0f42fc4ee49c6c284307d10603,2020年7月29日最后访问。

④ 《刘杨以危险方法危害公共安全、危险驾驶二审刑事判决书》(2018)鄂刑终375号,载中国裁判文书网:http://wenshu.court.gov.cn/website/wenshu/181107ANFZ0BXSK4/index.html? docId=eb20bbbb4d6a4b069aceab3400af8e3f,2020年7月29日最后访问。

⑤ 《陈小明一审刑事判决书》(2019)鄂0106刑初773号,载中国裁判文书网:http://wenshu.court.gov.cn/website/wenshu/181107ANFZ0BXSK4/index.html? docId=09a33e30b38645aeb304aaa8012d7ecf,2020年7月29日最后访问。

市暴力源于经济剥削、歧视和都市生活的综合压力,所有这些导致了一种包含愤怒的攻击和对于更大自尊需求的"愤怒亚文化",这些因素反过来增加了在人际冲突中使用暴力的意愿。① 而高空抛物正是这类有相似价值观和冲突解决思路的群体面对压力和冲突的一种解决手段。

(4)酒后或争吵后犯罪概率较大

此外,笔者研究所有的高空抛物犯罪案件文书发现,绝大部分的高空抛物都是发生于酒后或者争吵过程中或过程后,这给予我们一个重点提示是高空抛物对于这类犯罪行为人而言无论其是否后悔,是当时其意识中最有效的冲突解决手段。这也印证了前文的观点,即高空抛物是一种冲突解决手段,犯罪行为人由于受到各方面的外界压力,为了维持其家庭尊严和社会尊严,高空抛物成为一种在情绪激动或难以控制状态下的应激反应方式。这对于后续研究高空抛物的犯罪动机和犯罪预防有重要的指引意义。

2. 犯罪动机

根据前文高空抛物的犯罪故意和犯罪行为人共性因素,结合高空抛物犯罪实例,笔者总结其犯罪动机为三类:情感释放型、节约成本型和自娱自乐型。

(1)情感释放型

如前文分析,高空抛物犯罪最主要的犯罪动机便是情感释放,尤其负面情感的释放。高空抛物多发生于争吵中或争吵后以及酒后,而行为人在争吵中和酒后的共性因素便是情绪控制能力较弱。这或许可以证明两点:一是大部分情感释放类的高空抛物犯罪人在情绪稳定的时候不见得会实施高空抛物的行为;二是高空抛物对于这类人群而言法律风险后果并非严重,其内心还是对高空抛物的法律后果不重视。正如其争吵中或酒后可以实施高空抛物行为却不会实施杀人、伤害的行为,因为其内心还是明知晓杀人伤害的法律风险远大于高空抛物。笔者认为,犯罪行为人在争吵过程中采取高空抛物行为最主要是想通过恐吓或者威胁的手段维护其地位和尊严,寄希望于通过高空抛物的形式展示其潜在的暴力性手段而恐吓威胁争吵对象或第三人,借此达到其释放情感压力和维护个人尊严的目的。当然,这也同样证明即使是在情绪不稳定的情况下行为人依然有部分理性的衡量与考虑,

① [美]斯蒂芬·E.巴坎:《犯罪学:社会学的理解》,秦晨译,上海人民出版社2011年版,第217页。

该分析思路将对于此类犯罪预防机制研究有重要的帮助。

(2)节约成本型

除情感释放外,高空抛物另一主要类型是节约成本类。此类人群主要指为了节约时间或者人力、物力、财力,行为人通常表现为将建筑垃圾或生活垃圾向下抛出或倾倒。此类高空抛物犯罪人群通常心存侥幸心理和轻视心理。第一,此类人群轻信认为高空抛物不会对他人的生命、财产造成损害,如犯罪人往往认为楼下无人可以放心抛掷物品。第二,此类人群认为即使因其抛物行为造成了损害后果,也侥幸认为其犯罪行为不会被发现,自认为犯罪风险低。

(3)自娱自乐型

最后一种是自娱自乐型,此类型犯罪的实际发生案例较少,多为因自我娱乐而实施高空抛物行为,如扔爆竹、砖头等。其犯罪心理同节约成本型类似,均是怀着轻视心理和侥幸心理,归根结底还是内心认为实施高空抛物的犯罪成本较低,法律风险较低,因此高空抛物对其而言并无太大的心理负担。

五、基于犯罪学角度的治理对策

综合上述,对于高空抛物犯罪人共性因素和犯罪几类人群动机,笔者认为对于高空抛物犯罪预防的根本之道是综合运用民事、行政、刑事法律规制,结合媒体宣传和社会舆论等力量来减少或杜绝高空抛物现象的发生。笔者拟总结高空抛物治理的总体思路,并提出内在和外在限制行为人实施高空抛物行为的治理策略。

(一)总体治理思路

第一,需要明确的是,无论运用何种治理措施和策略,高空抛物仍不可避免,其主要原因是无论如何通过立法规制提高对于高空抛物的惩处力度,均不能保证所有人消除侥幸心理和轻视心理,因为每个人对风险的认知是不同的,只要存在一定的逃避法律惩罚的概率便会有人铤而走险。

第二,同样可以确定的是,绝大多数人的行为是理性的,那么便可以通过法律规范和行政手段大幅降低高空抛物的发生率和犯罪率,就根本上而言,目前大部分高空抛物犯罪人内心认为高空抛物的犯罪成本较低,法律风险较低,只要结合多种手段提升高空抛物的犯罪成本,便可以增加高空抛物犯罪预防效果。

具体而言,笔者拟从内在限制和外在限制两个角度提出预防治理策略。

(二)内在方面

内在方面主要是增强高空抛物在所有人内心的犯罪成本和法律风险,让其认为高空抛物所得远远小于犯罪所失。根据费尔巴哈心理强制说相关论点,人是避免不快、追求快乐、权衡利弊之后进行活动的动物,如果把刑罚作为犯罪的后果预先予以规定,实施犯罪时立即执行法律上规定的刑罚,那么人们就会把不犯罪而产生的小的不快和因受刑罚而产生大的不快合理地加以权衡,为了避免大的不快抑制小的不快而不去犯罪。因此,就有必要在法律上预先规定犯罪与刑罚的关系。就此而言,通过增加高空抛物的犯罪成本,让高空抛物实施者内心产生高空抛物的抵触情绪,笔者认为有以下几种策略:

1. 加强高空抛物涉刑事犯罪的法律教育和宣传

因绝大部分高空抛物犯罪行为人都存在文化水平不高的现象,因此,高空抛物犯罪预防的首要任务便是加强对于高空抛物民事责任和刑事责任的教育与宣传。如将最高人民法院《关于依法妥善审理高空抛物、坠物案件的意见》用通俗易懂的方式在小区、街道、商场等实体场景及电视、网络等虚拟场景予以宣传,提高社会大众尤其是文化水平不高的群体对于高空抛物危害后果和法律责任的风险认知。

2. 提高行政罚款和刑事罚金额度

就现阶段而言,对于高空抛物的处罚主要局限于民事赔偿和刑罚,而民事赔偿和刑罚都是建立在高空抛物已然造成一定损害结果基础上而言的,因为行为人往往认为高空抛物造成损害的实际发生率并不高,所以仅仅通过实害结果来反推行为人责任不足以对其内心产生足够的心理强制。笔者结合高空抛物行为人普遍经济条件不好以及部分行为人存在为节约成本而高空抛物的思想,笔者认为应增加对于高空抛物行为人给予行政罚款的处罚,此种行政处罚同样适用于并未造成实害后果的行为人。同时,应增强对于高空抛物刑事处罚的罚金刑适用力度。如此,便可以消灭行为人部分侥幸心理,从此前的没有损害便没有惩罚到即使没有实害结果只要实施了行为就会遭受相应的行政处罚,提高了犯罪成本,矫正了行为人部分心理预期。

(三)外在方面

外在方面,笔者主要结合社区综合治理相关经验,联动政府、社区、街道的力量,对高楼较多人流量较大的区域实施重点监控预警,对有高空抛物前科的群体予以重点关注并限制其相应行为，一方面保证其不易再犯，另一方面也是通过综合治理的手段向社会展示政府打击高空抛物的决心，可起到一定教育和威慑功能。

1. 加强社区联防联控

因高空抛物的多发地仍然集中在居民区内，所以在高楼小区中，需要保证社区的摄像头可以覆盖所有楼层，并组建定期高空抛物巡查队，如此便可以杜绝他人对于高空抛物不被发现的侥幸心理。

2. 对有高空抛物行为的人群进行重点标记

对已有高空抛物前科的人群而言，政府、街道、小区均需要对其进行重点关注和监控，并实施如强制性安装门窗限位器等一定的限制措施，让其无法实施高空抛物行为。

3. 对醉酒高空抛物人群颁发一定时期的禁酒令

对因醉酒而引发高空抛物前科的人群而言，行政机关可以有针对性地对其颁布禁酒令，在预防其高空抛物的再犯同时也预防其他酒后冲动犯罪。

笔者提出的上述外在限制措施归根结底还是希望通过进一步增加高空抛物的犯罪成本，纠正社会大众对于高空抛物的心理预期，改善当前高空抛物屡屡发生的现状，解决这一困扰已久的城市治理之痛。

第九节　生殖医学典型案件研究报告：贺建奎基因编辑婴儿案

一、案情简介

贺建奎，男，1984 年出生，2006 年毕业于中国科技大学近代物理系，2010 年于美国莱斯大学从事生物物理学研究并取得博士学位，2011～2012 年于斯坦福大学进行博士后研究，具有多学科学术背景，2012 年经深圳市孔雀计划引进回国，就职于南方科技大学，同年 7 月在深圳成立瀚海基因生物科技有限公司。

2017 年 3 月至 2018 年 11 月，贺建奎及其团队开始进行基因编辑婴儿实验，贺建奎通过北京艾滋病公益组织“白桦林”联系并筛选了 8 对成为丈夫艾滋病毒抗体阳性、妻子艾滋病毒抗体阴性的夫妻作为志愿者进行人类胚胎基因编辑研究。①

在实验中,贺建奎及其团队使用常间回文重复序列丛集/常间回文重复序列丛集关联蛋白技术(CRISPR/Cas9 技术)敲除了胚胎细胞中与艾滋病免疫有关的 CCR5 基因,计划使婴儿获得对 HIV 病毒的免疫能力。基因编辑后的胚胎被移植入母体发育,参与实验的 8 对志愿者中有 1 对中途退出实验,5 对未受孕,2 对成功受孕。②

2018 年 11 月,基因编辑婴儿"露露"和"娜娜"在中国诞生,另有 1 名婴儿尚在孕育中。

2018 年 11 月 26 日,贺建奎在人类基因大会前夕公开了这个消息。人民网深圳频道发表文章《世界首例免疫艾滋病的基因编辑婴儿在中国诞生》,措辞较为正面,舆论发酵之后删除。

同日,南方科技大学发表声明称贺建奎早在 2018 年 2 月已经停薪留职,校方对实验项目不知情。

2018 年 11 月 28 日,贺建奎现身在香港举行的人类基因编辑国际峰会并作公开演讲。

2019 年 1 月 21 日,南方科技大学发布公开声明解除与贺建奎的合同关系。

2019 年 12 月 30 日,深圳市南山区人民法院一审以非法行医罪判处贺建奎有期徒刑 3 年,并处罚金 300 万元人民币;同案判处广东省某医疗机构张仁礼有期徒刑 2 年,并处罚金 100 万元人民币;深圳市某医疗机构覃金洲有期徒刑 1 年 6 个月,缓刑 2 年,并处罚金 50 万元人民币③。

二、该案入选理由

(一)罪案发生在与人类自身相关的前沿科技领域

本案属于随着科技发展产生的新类型犯罪,"露露"和"娜娜"是目前已知的世

---

① 《贺建奎的香港一小时:道歉、悖论与争议》,载新京报:https://baijiahao. baidu. com/s? id = 1618370651634223999&wfr = spider&for = pc,2020 年 8 月 24 日最后访问。

② 《广东初步查明"基因编辑婴儿事件"》,载新华网:http://www. xinhuanet. com/2019 - 01/21/c_1124020517. htm,2020 年 8 月 24 日最后访问。

③ 《"基因编辑婴儿"案一审宣判贺建奎等三被告人被追究刑事责任》,载新华网:http://www. xinhuanet. com/2019 - 12/30/c_1125403802. htm,2020 年 8 月 24 日最后访问。

界首例基因编辑婴儿，本案也随之成为世界首个“基因编辑婴儿”案件，引起了我国有关生物伦理等方面的法律和规定的讨论，本案的审判将对以后可能出现的同类案件起到判例示范效果。贺建奎一审因“非法行医罪”获刑3年，但本案与传统意义上的非法行医案件有显著不同。关于基因编辑案例，目前尚没有任何一个基因编辑法律规制的成熟模式可供遵循，整个世界都处在踌躇与探索之中。[1] 法律需要保持谦抑性与开放性的平衡，一方面需要对越线的实验项目合理管控，另一方面又不能阻碍正常的科学发展。

（二）犯罪行为关乎人类福祉

2018年11月26日，112名科学家联名对该实验表示明确反对；2018年11月29日，300余名华人学者以联名信的方式“十问贺建奎”，对实验的安全性、有效性等关键问题提出质疑。2019年年初，美国斯坦福大学对多位与贺建奎有联系的教授展开调查，包括贺建奎的导师史蒂芬·夸克教授，以明确他们在此次事件中起到的作用。《自然》杂志将贺建奎评为2018年十大科学人物，并在人物标题中称其为“基因流氓”（CRISPR rogue）。《科学》杂志也将基因编辑婴儿事件评为“2018年三大年度负面事件之一”。

本案的影响力不仅局限于学术界，还局限于我国，基因安全事关全人类福祉，因此吸引着全世界的目光。人类基因池是否会被污染？迈出基因编辑婴儿的第一步之后，人类是否会滑入基因改造和基因歧视的恐怖科幻小说剧情中？问题纷至沓来，答案莫衷一是。这进一步加大了人们的恐慌，甚至引发对基因编辑技术的排斥。

（三）犯罪后果难以估量

CRISPR/Cas9技术被称为“上帝的手术刀”，在医学、农学等多个领域广泛应用，其核心是将sgRNA（single guide RNA）和含有Cas9基因的质粒导入宿主细胞，sgRNA介导识别对应的DNA位点，然后通过Cas9的DNA内切酶切割目标DNA，[2]是简便、高效、廉价的基因裁切工具。CRISPR技术从2012年首次由加利

---

① 田野、刘霞：《基因编辑的良法善治：在谦抑与开放之间》，载《深圳大学学报》（人文社会科学版）2018年第4期。

② 陆俏颖：《人类基因编辑与基因本质主义——以CRISPR技术在人类胚胎中的应用为例》，载《自然辩证法通讯》2019年第7期。

福尼亚大学伯克利分校的詹妮弗·杜德纳(Jennifer Doudna)等提出可以作为基因编辑工具使用,此后数年 CRISPR 技术迅猛发展,但时至今日这项技术仍然称不上完善,存在一些缺陷和风险。

对于风暴中心的两个婴儿"露露"和"娜娜"来说,她们承担的高风险是毋庸置疑的,风险主要有三类:首先要面临的风险是嵌合体胚胎的发生,这意味着胚胎中只有部分细胞得到了编辑,其余细胞依然具有 CCR5 受体,无法起到实验设计的天然免疫 HIV 病毒效果。其次,实验过程中也可能发生脱靶效应,脱靶效应是指 sgRNA 序列识别出特定序列之外的部分错配,脱靶效应会导致计划外的基因组获得编辑。贺建奎本人在人类基因编辑峰会上承认,观察到两个胚胎中的一个发生了脱靶效应,目前还不清楚被错误编辑的基因具有什么作用。除此之外,即便实验完美实施,对于"露露"和"娜娜"两姐妹而言最为现实的风险依然存在——基因和疾病之间并非单线逻辑关系,CCR5 基因并非只有辅助 HIV 病毒进入细胞这一个作用,在免疫系统功能和神经发育等方面 CCR5 基因都有其特殊作用,敲掉 CCR5 基因可能会导致健康方面的隐患,如部分肿瘤易感、冠心病、多发性动脉硬化等。①

除了基因编辑婴儿本身面临着与收益不匹配的高风险外,该项实验对公众利益也造成了严重侵害,人工修饰过的基因(包括脱靶效应导致被修饰了的未知基因)将随着"露露"和"娜娜"的生育进入人类基因池,这些基因一旦进入基因池将很难剔除。另外,被编辑基因可能打破现有基因与基因之间的平衡,再加上与环境的相互作用,可能会产生无法预测的负面效果。本案造成的损害后果是多维度的,难以某种固定尺度对损害的严重程度作出详尽的评估和计量。

(四)对学术世界的伦理规则冲击巨大

CRISPR/Cas9 技术在生物科学领域是热门的研究项目,应用广泛,以"CRISPR/Cas9"为关键词在知网进行检索,指数分析图显示截至 2019 年与"CRISPR/Cas9"相关的中文文献共计 1130 篇,外文文献共计 3059 篇,文章涉及农业、渔业、癌症和遗传病治疗等多个领域。

事实上我国关于生殖系基因编辑的研究一直以来比较激进,早在 2015 年黄军就通过编辑医院丢弃的三枚无活性胚胎登上《自然》十大年度人物,他对胚胎中的

① 朱长斌、蒋子恺、程枫等:《趋化因子受体 CCR5 的研究进展》,载《上海交通大学学报》(医学版)2012 年第 6 期。

地中海贫血致病基因进行了敲除,这是首次有报道的人类胚胎基因编辑。即使这三枚胚胎无法发育成人,此举依然引发了有关生物伦理的大讨论,2015 年的华盛顿人类基因编辑国际峰会上,各国科学家达成关于生殖系基因编辑的共识:可以在法律和伦理规则监督下对人类早期胚胎或生殖系细胞进行基因编辑,但不应将修改过的细胞用于生殖。①

贺建奎的实验打破了这则共识,越过了伦理规则的红线,这使他一夜成名,贺建奎利用这两个婴儿走在了世界舞台的"聚光灯"下,即使对他的评价多为负面。生殖系基因编辑并非基因编辑领域的前沿或难点问题,贺建奎使用的也不是新的突破性的技术方法,之前没有人进行这样的实验并非因为技术限制,而是囿于法律限制与道德原则。贺建奎此举是一个负面示范,突破技术限制很难,突破道德与伦理限制却显得很容易,冒险将基因编辑胚胎发育成婴儿的案例也许会越来越多。很难说贺建奎的选择是否受到黄军的影响——打破规则,引发讨论,然后规则发生一定程度的变化。据国际顶级学术期刊《自然》2019 年 6 月 10 日报道,俄罗斯分子生物学家 Denis Rebrikov 表示,他计划制造基因编辑婴儿。如果计划得以实施,他将成为全球公开的第二名完成这一工作的人。②

三、该类案件的犯罪特点分析

(一)对实施人学历水平要求较高

人类胚胎基因编辑具有高技术依赖性,对科研人员的教育背景要求较为严格,实验涉及生物学、医学、遗传学等多个学科,牵涉的技术有 DNA 测序、动物模型建立、人类辅助生殖、基因编辑技术等,需要完整的科研团队配合,未经过专业科研训练的人很难完成此类犯罪。

(二)需要资金和实验室场地支持

基因编辑的专业性、精确性决定了实验需要在专业生物实验室内进行,进行基因编辑常用仪器包括二氧化碳细胞培养箱,离心机,低温离心机,PCR 仪,电泳仪,

---

① 《华盛顿人类基因编辑国际峰会闭幕》,载中国科学院网:http://www.cas.cn/zkyzs/2015/12/30/gzjz/201512/t20151208_4489403.shtml,2020 年 8 月 25 日最后访问。

② 《俄科学家计划制造更多基因编辑婴儿,为免罚正寻求官方批准》,载澎湃网:https://www.thepaper.cn/newsDetail_forward_3654020,2020 年 8 月 25 日最后访问。

成像仪,流式细胞仪,恒温摇床,细菌恒温培养箱等,[1]普通实验室很难满足实验需求。同时基因编辑实验也需要巨额资金支持,就本案而言,同行业专家根据贺建奎在人类基因编辑峰会上展示的数据,粗略估计需要至少千万元人民币的投入。[3]贺建奎实验资金来源不明,南方科技大学否认为项目提供资金支持,广东省"基因编辑婴儿"调查组表示贺建奎实验资金为"自筹资金"。

(三)实验人员与志愿者之间具有知识壁垒

此类案件具有明显的非暴力性,实验人员不需要对志愿者进行暴力胁迫或强制,只需要利用两者之间的信息差,就足以说服志愿者参与实验。

根据媒体披露的知情同意书版本,知情同意书全部由英文写成,充斥着大量的专业名词。贺建奎自己在演讲中提及他花了10分钟(后改称1小时10分钟)向志愿者解释实验内容,但行业专家提出质疑:这么短的时间能够使志愿者充分理解他们为自己的子女选择了一条什么样的道路吗?他们是否明确知晓他们有其他可供选择的方式生下健康的孩子,基因编辑不是唯一道路,甚至不是最优选项。[2] 贺建奎解释志愿者具有较高的学历和受教育水平,但学科间的知识壁垒不是学历和受教育水平可以轻易抹平的,越复杂的科研项目越是如此。除了复杂的实验设计之外,知情同意书中不仅包括许多免责条款,还包括实验中可能出现的脱靶风险和女性志愿者感染艾滋病毒的风险等。退出条款同样严苛,志愿者需要退回项目组在志愿者身上花费的经费,超期还需要另交10万元罚款。

从对项目的了解程度和知识储备的角度来说,研究人员与实验参与人员具有信息差,两者地位明显不对等,沟通的主动权掌握在研究人员手中,他们只需要在向志愿者介绍实验项目时着重强调志愿者有望在实验中获得的收益并在措辞中弱化风险,就有可能给志愿者造成收益大于风险的错误印象,这对志愿者而言是一种隐晦的知识性胁迫。

---

① 参见粟小平:《应用CRISPR/Cas9系统对哺乳动物GDF8基因编辑的初步研究》,广西大学2018年博士学位论文。

② 《300余位学者联名:十问贺建奎》,载知识分子:http://zhishifenzi.com/depth/depth/4711.html,2020年8月25日最后访问。

四、该类案件的原因分析

(一)研究人员追求超越学术伦理规范的科研成果

根据媒体披露的深圳和美妇儿科医院医学伦理委员会审查申请书中的内容,贺建奎形容基因编辑婴儿项目为“将是超越2010年获得诺贝尔奖的体外受精技术领域的开创性研究”。但事实上贺建奎并未在技术上获得明显突破,这在一定程度上反映出国内科研的部分不良风气——诺贝尔奖崇拜和论文导向。科研项目以论文发表级别为标尺,项目选择以是否容易发论文为第一要旨,科研人员扎堆选择热门技术、热门方向、热门材料,流水线批量炮制科研论文,项目选择脱离创新导向逐渐发展为猎奇。追求类似“首次”“第一人”“××之父”之类的荣誉光环,有人为此学术造假,更有甚者不惜越过道德与法律的红线,韩春雨“NgAgo-gDNA”技术闹剧和陈进“汉芯”一号造假就属于此类,在贺建奎案中,通过成熟的精子清洗技术足可以使得男性HIV阳性、女性HIV阴性家庭生下HIV阴性的后代,志愿者承担的高风险缺乏必要性,同时敲除CCR5基因的免疫方法也对我国流行的AE重组亚型无效。有专家称贺建奎的实验是“为了实验而实验”。

贺建奎曾提出基因编辑临床应用的五项原则,即“同情有需要的家庭”“只服务于重大疾病,不虚荣”“尊重孩子的自由”“基因不能定义每一个人”“每个个体都值得被治愈,远离基因疾病”,这说明他很清楚基因编辑婴儿面临的伦理风险,并非“意识薄弱”。

(二)学术界的伦理审查形同虚设

我国目前对涉及人体的医学实验实行备案审查制度,伦理审查由实验开展机构的伦理委员会进行独立审查,各级卫生行政部门成立的伦理委员会负责提供咨询、指导、培训与监督。这种审查模式存在审查过于宽松的弊端,各机构内设的伦理委员会从资金到人事管理都严重依赖单位,独立性无法保障,有既当裁判又当运动员之嫌。伦理委员会成立的初衷是维护人的生命健康和尊严,尊重和保护受试者的合法权益,如果伦理委员会缺乏中立性,受试者的利益与机构利益相冲突时,很难保证伦理委员会能够完全站在受试者一方。贺建奎案将医学伦理委员会推入公众视野,也引发了对国内伦理委员会是否形同虚设的质疑。除了中立性难以保证之外,审查项目不分层级,部分项目超出伦理机构审查能力也是一个严重的问题。《涉及人的生物医学研究伦理审查办法》第7条规定了从事涉及人的生物医学研究的医疗卫生机构应当设立伦理委员会,但对医疗卫生机构的级别和能力没有任何要求,对于一些小医疗机构,专家的全面性和能力水准都很难保证,影响伦理审查的充分进行。贺建奎案中,媒体披露的伦理审查申请书为《深圳和美妇儿科医院医学伦理委员会审查申请书》,无论该申请书真伪都反映出现行伦理审查制度的一个缺陷——关系全人类基因安全的实验项目可以由一家二级医院的伦理委员会授权通过吗?

伦理审查缺乏统一标准,对于什么情况可以通过审查,涉及哪些问题的项目应该禁止缺乏成文规定,各伦理审查委员会自由度过大。同时现行制度中缺乏对伦理委员会审查时限和不良后果责任承担的规定。

伦理审查缺乏延续性,停留在事前对申报材料审核,对实验中出现的违法违规行为管控能力较弱,缺乏对申报材料和实验实行的一致程度的审查。

(三)基因技术领域缺少体系化规制

我国目前尚未制定用以规范基因技术的专门法律,有关基因技术的规定分散在各个部门中,整理部分规定如表3-3所示。

表3-3　有关基因技术的相关法律规定

文件名称	颁布日期	颁布单位	相关法条
《民法典》	2020年5月28日	全国人民代表大会	第1009条　从事与人体基因、人体胚胎等有关的医学和科研活动,应当遵守法律、行政法规和国家有关规定,不得危害人体健康,不得违背伦理道德,不得损害公共利益
《基因工程安全管理办法》	1993年12月24日	国家科技委员会(已变更)	第13条　从事基因工程工作的单位,应当依据遗传工程产品适用性质和安全等级,分类分级进行申报,经审批同意后方能进行。 第18条　凡符合下列各项条件的基因工程工作,应当予以批准,并签发证明文件:……(2)保证所申报的基因工程工作按照安全等级的要求,采取与现有科学技术水平相适应的安全控制措施,判断不会对公众健康和生态环境造成严重危害……

续表

文件名称	颁布日期	颁布单位	相关法条
《人胚胎干细胞研究伦理指导原则》	2003年12月24日	科学技术部、卫生部(已撤销)	第6条　进行人胚胎干细胞研究,必须遵守以下行为规范:(1)利用体外受精、体细胞核移植、单性复制技术或遗传修饰获得的囊胚,其体外培养期限自受精或核移植开始不得超过14天。(2)不得将前款中获得的已用于研究的人囊胚植入人或任何其他动物的生殖系统……
《人类辅助生殖技术管理办法》	2001年2月20日	卫生部(已撤销)	第14条　实施人类辅助生殖技术应当遵循知情同意原则,并签署知情同意书。涉及伦理问题的,应当提交医学伦理委员会讨论
《人类辅助生殖技术规范》	2003年6月27日	卫生部(已撤销)	禁止以生殖为目的对人类配子、合子和胚胎进行基因操作

由表3-3可以看出,相关法规的法律层级不高(《民法典》尚未开始实施),强制性和惩罚性不足,不足以震慑违法行为。相关法条大多制定实施年份较早,将近20年的时间里,基因技术不断发展,近年来出现加速态势,相关法律却缺乏更新、停滞不前,在新技术、新情况面前显得捉襟见肘。

我国刑法目前没有专门针对基因犯罪的罪名,这意味着此类案件很难得到追究。有部分观点认为贺建奎案涉嫌医疗事故罪,但医疗事故罪要求造成就诊人死亡或者严重损害就诊人身体健康,贺建奎案中"露露"和"娜娜"受到基因编辑时还是胚胎,不能算作就诊人。同理,本案也不符合故意伤害罪构成要件。

贺建奎案依照非法行医罪相关规定进行了追究,综观全案,贺建奎等人不具备医生执业资格,实施的人工辅助生殖行为是医疗行为,危害结果达到情节严重,尽管贺建奎等人并未亲自进行胚胎植入手术,但其通过指使他人顶替志愿者验血等方式规避法律关于艾滋病毒携带者不得实施辅助生殖的相关规定,利用不知情的医生完成了胚胎植入,构成间接正犯。①

尽管贺建奎案最终得到解决,但刑法面对同类案件依然存在罪名适用问题。若换作是具有医生执业资格的主体进行同类型实验,将很难以"非法行医罪"对其

① 余秋莉:《论人体生殖系基因编辑行为的刑法应对——兼评贺建奎"基因编辑婴儿"案》,载《法律适用》2020年第4期。

进行追究。

在低层级法律法规缺乏强制性处罚性规定、刑法又缺乏合适条款的情况下,法律对科研活动规制能力不足,难以防止部分科研人员突破道德与法律底线,做危害社会的研究项目。

五、基于犯罪学角度的治理对策

(一)完善备案审查制度,构建分级审查机制

我国现行审查制度本质上是机构内部自我审查监管,约束力有限,难以平衡机构与受试者的利益冲突。要摆脱伦理审查形同虚设的尴尬局面,首先要摆脱伦理委员会的医疗机构的附庸地位,独立性是中立性的基础,中立性是医学伦理委员会客观评价实验的前提。

《涉及人的生物医学研究伦理审查办法》中虽然规定了各级伦理委员会的层级和职责,但涉及具体实验的审核权限还是集中在医疗机构伦理委员会手中,上级伦理委员会仅负责监督,分级流于形式。可以考虑将待审查实验按照复杂度、风险性、技术成熟度等要素评分并分流,将审核难度与伦理委员会级别一一匹配,由更高级别的伦理委员会审核难度较高、伦理问题复杂、受试者面临风险较高的项目。

针对审查标准不够明确的问题,建立标准化审查标准有助于提高伦理审查的明确性和可预测性。审查标准要保有一定程度的灵活性,不能给正常的科研行为造成阻碍。

建立伦理审查随访制度,定期审查实验进行中有无违法违规及损害受试人利益的行为,是否偏离事前审查时的预设,及时对违法违规行为进行纠正,避免损害后果扩大。

(二)考虑将基因编辑纳入行政许可管理

根据《行政许可法》第 12 条第 1 款的规定,直接涉及国家安全、公共安全、经济宏观调控、生态环境保护以及直接关系人身健康、生命财产安全等特定活动,需要按照法定条件予以批准的事项可以设定行政许可。基因编辑技术毫无疑问直接关系人身健康,因此基因编辑技术属于可以设立行政许可的事项。医疗机构的医学伦理委员会水平良莠不齐,行业发展环境复杂,行业内未形成独立机构参与管理,将基因编辑纳入行政许可法管理,有利于在临床实验事中和事后进行监督。可以

建立行业专家库，涉及专业问题随机抽取数位专家独立进行审查和评估，为行政许可提供参考。

（三）完善法律法规

人类基因编辑技术一方面在医疗卫生方面表现出强大的潜力，人类有希望通过基因编辑攻克癌症、地中海贫血等医学难题；另一方面人类基因编辑也潜藏着巨大风险，对伦理观念产生冲击。贺建奎案显示，依靠科研人员自律和行业内部自审自纠的管理模式约束能力不足，一旦科研人员道德底线崩盘，现行模式缺乏给违规进行的实验"踩一脚刹车"的能力。我国基因技术发展势头迅猛，法律边界模糊不清的问题也由此凸显，相关法律缺如使得基因编辑研究缺乏明确指引。结合公民的社会意识、法律意志和人类基因技术发展状况为基因相关研究划定"安全区"，在立法层面构建防范体系，有助于保障公众权益，规避基因编辑技术的负面效应，同时也能给科研人员以指引和保护。但在立法的同时也要兼顾基因技术发展，不能因噎废食，"一刀切"地限制相关研究会阻碍技术进步。

（四）肃清行业风气，树立正确的价值导向

科技的进步与发展最终要落实到人的需要和利益上来，研究人员应当树立正确的责任意识，负担起伦理义务，不能堕落为纯粹机械的实验—论文机器。科研人员需要警惕"基金—论文发表—基金"陷阱，如果申请项目的本心不再是做好某一项研究，弄清某一个领域的问题，而是将项目看作攫取商业利益和新闻热度的"敲门砖"，将会对学科发展和公共利益造成负面影响。科学的魅力在于挖掘和探索，科研人员的工作究其根本是填补人类知识框架，应当避免见风转舵型研究和哗众取宠性研究，踏实做好本职工作。涉及基因编辑学科的科研人员及医务工作者应当定期接受科研伦理道德培训或修习相关课程，抵制追名逐利风气在学术圈蔓延。

第十节　危害尊亲属案件典型案件研究报告：北大学子吴谢宇弑母案

一、案情简介

2016 年 2 月 5 日，吴谢宇的舅舅接到吴谢宇发来的短信，说他和母亲谢天琴要从美国波士顿回来,将于2月6日到达福建莆田高铁站。2月6日,谢天琴的家人在莆田站接站未果,拨打手机发短信均无回应。亲属怀疑谢天琴出事遂报案。2016年2月14日,福州警方发现受害人谢天琴被杀死在住处内。房间内安装的两个摄像头和报警器连接到电脑,可以通过手机查看室内情况。谢天琴的尸体在主卧中,用塑料包裹了多层,每一层的缝隙中,都被放入了活性炭。警方侦查发现,凶案发生于2015年7月11日,谢天琴的儿子吴谢宇有重大作案嫌疑。① 据媒体报道,2015年6月底,吴谢宇通过网络购买了刀具、防水布、塑料布、隔离服、医生护士服等物品,其中仅刀具就购买了菜刀、手术刀、雕刻刀及锯条多种。案发后的7月12日至23日,他又数十次购买活性炭、塑料膜、壁纸、真空压缩袋等工具。2016年3月3日,福州警方发布悬赏通告,缉捕吴谢宇。2016年5月19日,河南商丘警方协助发布悬赏通告,称嫌疑人吴谢宇可能潜逃至河南。② 据河南警方公布的悬赏通告显示,2月4日23时许,吴谢宇在河南某处ATM上取钱。这也是吴谢宇最后一次出现在大众影像中,此时距其母亲遇害208天。

从作案到现场被警方发现,吴谢宇平静并且成功隐瞒母亲死讯长达半年。他假借母亲的身份通过手机短信、QQ等方式向多位亲朋好友借款,总额达144万元。其间,他通过复印母亲日记本等方式,伪造了一份辞职信,顺利帮母亲辞去工作,并亲自为母亲操办了辞职宴,邀请母亲生前的同事出席。此后母子二人周围的亲朋好友都开始相信谢天琴已经去美国陪北大毕业的儿子读书。据吴谢宇的挚友回忆,在10月7日吴谢宇生日当天,他们还曾电话联系过,两人聊了聊即将毕业的生活。12月底,北大经济学院一位同学甚至看到吴谢宇回到了北大宿舍。据称,是因为吴谢宇没有参加大三下学期的期末考试而挂了科,回到宿舍后和同学咨询了补考的事情。据财新报道,2015年8月至12月,吴谢宇结识了一位性工作者,并与其谈恋爱,甚至拿出过钱提亲。据搜狐网报道,2016年2月4日至6日,吴谢宇曾入住河南某酒店,结账日期为2月16日。③ 随后,吴谢宇便销声匿迹。

---

① 《吴谢宇弑母案最新进展:交代作案过程,透露案发后有轻生念头》,载大河报网:https://www.dahebao.cn/news/1438602?cid=1438602,2020年7月10日最后访问。

② 《北大学子弑母案嫌疑人吴谢宇被抓》,载人民网:http://tj.people.com.cn/n2/2019/0426/c375366-32882662.html,2020年7月10日最后访问。

③ 《北大学子弑母案嫌犯被抓:网络奇怪提问者曾被亲属怀疑是嫌犯》,载澎湃新闻网:https://www.thepaper.cn/newsDetail_forward_3341882,2020年7月10日最后访问。

2019年4月21日,吴谢宇在重庆江北机场乘机时被公安机关抓获归案,身上带了30多张身份证,都是通过网络购买,这三年来一直在国内活动。2019年5月27日,福州市晋安区人民检察院依法以涉嫌故意杀人罪、诈骗罪、买卖身份证件罪对犯罪嫌疑人吴谢宇作出批准逮捕决定。[①] 8月5日,“吴谢宇弑母案”由福州市晋安区人民检察院报送福州市人民检察院。目前,案件正在进一步办理中。

二、该案入选理由

(一)弑父弑母类案件迭出

近年来,青少年弑父弑母类案件迭出,并呈现低龄化态势。随着吴谢宇的落网,这类案件再次涌入公众视野,成为新闻舆论的焦点。关于青少年犯罪的定义,最高人民法院将其界定为25周岁以下(含25周岁)的人实施的犯罪。因此,本文将选取25周岁以下的弑父弑母类案件犯罪人及案例进行研究。

弑父弑母类案件,早已不是鲜有的个例。2017年8月,安徽宣城一未满14岁少年因母亲对其学习管教严格,玩手机被没收而将母亲杀害。2017年12月,四川大竹13岁少年袁某某因怨恨母亲对其管教过于严格,持刀将母亲杀害。2018年3月18日,湖南邵阳洞口县的15岁高一女生罗某因周末校外补课问题遭到父亲罗某光打骂,随后罗某光又因子女教育问题殴打妻子曾某春,罗某见状持水果刀将罗某光刺伤,致其失血过多抢救无效死亡。2018年12月2日,湖南沅江市泗湖山镇的小学六年级男生吴某康因不满母亲陈某对其管教严格,被母亲打骂之后心生怨恨,盛怒之下持刀冲进卧室将母亲杀死。2018年12月31日,湖南衡南县三塘镇的13岁初一学生罗某因家庭纠纷,用锤子将其母亲谭某花、父亲罗某春锤伤后逃离现场,致其父母伤势过重死亡。2019年3月16日晚,江苏盐城建湖县的13岁初中生邵某因不服母亲杨某管教,双方发生激烈冲突,遂将杨某杀害。

特拉维斯·赫希在《少年犯罪原因探讨》一书中提到他的社会控制理论:社会任何人都是潜在的犯罪人,个人与社会的联系可以阻止个人进行违反社会准则的越轨与犯罪行为,当这种联系薄弱时,个人就会无约束地随意进行犯罪行为,犯罪

① 《福州市晋安区人民检察院依法对吴谢宇批准逮捕》,载“12309”中国检察网:https://www.12309.gov.cn/12309/gj/fj/fzs/fzsjaq/zdajxx/201905/t20190528_6527462.shtml,2020年7月10日最后访问。

就是个人与社会的联系薄弱或受到削弱的结果。[①] 社会控制理论从微观的角度解释犯罪出现的原因,该理论认为,每个人都是潜在的犯罪人,都有可能转变为犯罪人,但是大多数人受制于其与社会的联系而没有实施犯罪,犯罪的出现是社会控制减弱或是崩溃的结果。

赫希指出,青少年犯罪的原因是个体和社会的纽带松散或断裂,社会纽带越松散,青少年犯罪的可能性就越高。社会纽带由四个要素组成,即依附、承诺、参与和信念。赫希强调的依附关系包括父母、学校和同伴,其中青少年与父母的依附关系尤为重要。假设青少年对以上三种关系有较强依附感,其就会因为不想破坏这种社会关系而抑制犯罪冲动,降低犯罪可能。反之,若与上述社会关系的依附较弱,青少年便无惧打破既定联系,任由犯罪行为发展。家庭关系是社会关系中最为基础的一部分,以家庭关系为例,当今社会常见的教育不当、家庭暴力、留守儿童等现象降低了青少年的依附感,亦是造成青少年犯罪频发的诱因。然而,由于家庭关系的隐蔽性和私密性,家庭成员之间的矛盾,尤其是父母子女间的矛盾难以及时得到外部发现与调解,缺乏心理疏导干预机制及其他矛盾化解机制,随着问题的长期积累,当到达压力临界点时,犯罪一触即发。

(二)凶手的天才身份

从以前的弑父弑母类犯罪中可以看出,犯罪人具有相当普遍的特征,例如"文化素质较低、对事物的理解偏激,情绪不稳定、性情暴躁、易受环境支配,法律意识淡漠,行为盲动,攻击性倾向严重,社会支持系统较差,防卫心理较严重"。[②] 这类犯罪人的内心缺乏道德约束,性格偏激,难以形成正确的价值观。而吴谢宇与这些特性恰恰相反,其成绩优异、社会形象良好、周围人对其评价极高,在此类犯罪人中具有极为明显的个体差异。

杀害母亲时,吴谢宇已经是北京大学经济学院大四的学生。李玫瑾教授曾说:"性格属于社会行为方式,那么犯罪也是一种社会行为,故性格必然在犯罪中有所体现。"[③]以往,在悲剧发生后,媒体往往争相报道犯罪人亲友师长口中的知情消

---

① 吴宗宪:《赫希社会控制理论述评》,载《预防青少年犯罪研究》2013 年第 6 期。

② 张倩、陈晨:《关于杀亲犯特点分析与社会化矫治建议》,载《犯罪与改造研究》2014 年第 10 期。

③ 李玫瑾:《心理画像:侦查中犯罪心理画像的实质与价值》,载《中国人民公安大学学报》(社会科学版)2007 年第 4 期。

息，挖掘犯罪人背后的不幸遭遇与性格缺陷。然而在吴谢宇身上，采访者得到的结论却是：这是一个极为优秀、极为完美的人。

从吴谢宇获得的成绩与他人的评价中，可以得知吴谢宇是个“天才”，是个“学霸”。综合《中国新闻周刊》等新闻媒体的报道，笔者总结出吴谢宇的社会形象包含以下五个“标签”：(1)智商超凡、精通外语。2009 年，吴谢宇以全校第一，437 分的成绩考入福州一中，仅比当年福州市中考状元低 1.5 分。2012 年，文理科双双优秀的吴谢宇被北京大学经济学院提前录取。进入北大学习后，吴谢宇以优异的成绩获得了北京大学三好学生荣誉称号与北京大学廖凯原奖学金。除此之外，吴谢宇也在 GRE 考试中也取得了相当不俗的成绩，排名全球前 5%。(2)自律、专注、低调、谦虚。吴谢宇作息规律，固定就寝与起床的时间，每天坚持早起学习。爱好健身的他，被称为身体强壮得像块石头。在同学眼里，吴谢宇是个有理想有规划的人，无论是高中还是大学时期，学习都很自律自觉，不需要老师家长为之操心，为人低调谦逊。(3)待人礼貌和善、具有人格魅力、情商较高。他乐于助人，性格温和，善于倾听，积极阳光，充满魅力，因此获得了极好的人缘，诸多受过采访的同学都对昔日的他夸赞不已。(4)处事理智、逻辑缜密。吴谢宇做事极具条理性、逻辑严谨，在担任班长期间，对于各项工作都制定严格的工作流程与步骤，再逐项执行。(5)富有理想、善于规划。吴谢宇曾在高中时期和挚友谈过人生规划：去美国读经济学，再做学术研究。其社交软件的签名都是恺撒大帝的名言：VENDI VIDI VICI。意为我来，我看见，我征服。他在中学演讲中也多次引用恺撒的话，在同学眼中，他的未来就像恺撒的征途，充满无尽荣耀。[①] 然而在案件发生后，他原本希冀的美好未来也就此瓦解。

(三)高智商犯罪过程

2015 年 7 月，吴谢宇在家庭群中告知，7 月 25 日自己将启程去麻省理工做交换生，为期四年，母亲作为陪读同行。事实上，吴谢宇在 7 月 23 日左右就将其母亲谢天琴杀害了。吴谢宇作案后，用购得的塑料膜把谢天琴的尸体裹上，并在每一层中都放入了活性炭。此外，他还在藏尸的主卧内布下监控器与红外线报警器，连接到自己的设备，确保时刻监视案发现场，掌握是否有人进入。随后他用母亲名义以

---

① 《北大学子弑母案告破：“黑洞”是如何形成的?》，载搜狐网：https://www.sohu.com/a/310446976_617717，2020 年 7 月 10 日最后访问。

出国陪读留学为借口,向亲友总共借款140余万元。同时,他将带有母亲字迹的信件剪下,通过拼贴和复印伪造成一份假辞职信寄到母亲所任职的学校,给谢天琴的消失制造了完美理由。2016年2月5日,吴谢宇给舅舅发信息称他与母亲即将回国,希望舅舅能于2月6日在福建莆田高铁站接母子俩回家过年。由于舅舅未接到人,并且无法拨通吴谢宇手机,遂于2月14日报警。打开谢天琴家门之后,这场弑母犯罪终于暴露在警方视野下。2月5日那通电话后,吴谢宇也就此失踪,展开了为期三年的潜逃。

如此残忍的手段与缜密的犯罪计划,以及作案半年后引导亲人发现尸体的行为,都体现出犯罪者吴谢宇具有极高的智商与心理素质,给这场弑母犯罪的破获带来了诸多难点。

三、该类案件的犯罪特点分析

(一)犯罪人以男性为主

根据最高人民法院公布的《2018年全国法院司法统计公报》数据可以得知,2018年全年刑事案件罪犯人数共1,428,772人,其中男性罪犯1,288,000人,占比为90.1%;女性罪犯140,772人,占比为9.9%。根据对近20年来的青少年弑父弑母案件的不完全统计,可以得知其中男性罪犯约占八成,女性罪犯约占两成,男性罪犯占据着较高比例。

究其犯罪动机,男性弑父弑母的原因多为不满父母管教、家庭矛盾争吵、沉迷网络游戏、索要钱财不成以及保护母亲免受父亲伤害等;而女性犯罪者的动机更偏向于内心敏感,例如管教引发的叛逆、学习问题、父母离异、精神疾病以及血缘问题等。但是无论是男性犯罪者还是女性犯罪者,由于父母管教不当而引发杀人动机的情形都占据了绝大多数。因此,教育问题成为此类案件频发的最大导火索。

(二)被害者多为母亲

在弑父弑母类案件中,受害者多为母亲。这一点无论从中国裁判文书网的判决还是从新闻媒体的报道中均可见一斑。在中国传统家庭结构中,母亲往往需要兼顾孩子的饮食起居、生活情况、学习成绩和行为动向,扮演着孩子直接看护人的角色,是与孩子交往最为密切的人。也正因如此,缺乏沟通的孩子对母亲教育的不满情绪往往会直接宣泄到母亲个人身上,由此引发更为激烈的争吵,并产生隔阂。

极端弑母行为产生的诱因往往也与母亲的直接监管模式有关。

而在弑父案件里,多数是基于反抗父亲的暴力而产生。在施暴前,他们往往长期处于受害者的地位。2010 年 4 月,未成年小山因其父胡某保常年殴打母亲林某兰,为保护母亲,小山用铁锤砸向胡某保,致其抢救无效死亡。2012 年 5 月,未成年郭某因不满其父郭某文长期殴打辱骂家庭成员,遂伙同其姐夫梁某骗其父服下安眠药,再用钢管殴打头部,最后丢入甘蔗地的灌溉渠内致其死亡。与父亲的家庭暴力相比,母亲日常直接互动的教育行为更具有普遍性,这也导致母亲多成为教育不当的牺牲品。

(三)家庭模式存在问题

反观诸多弑父弑母案件,不难发现在犯罪人中,农村人口、留守儿童、缺乏教育的比例居高。据统计,留守儿童犯罪占未成年人犯罪的比例高达 70%,并呈逐年上升趋势。留守儿童中,存在自闭、孤独、暴力倾向等心理问题的人数也日益增多。由于父母外出务工,被留守的子女无法与父母共同生活,难以得到价值观念的引导,容易造成监护不力、教育缺乏、认知偏离、性格偏差、身心健康受损等问题,加之其教育资源有限,无法得到及时的纠正与援助,便由此引发一系列诸如情感冷漠、自卑懦弱、行为孤僻、内心封闭、焦躁易怒等心理发展的异常,部分人甚至会因此走上犯罪道路。这并非个例,而是客观存在的社会问题。究其根本,是犯罪人所处的家庭模式带来了问题。

家庭成员的互动相处与价值观的引导对于孩子的心理健康以及性格形成极为关键。在青少年弑父弑母案件中,犯罪人所处的家庭模式或多或少都存在问题,例如教育过于严厉、纵容溺爱、家庭暴力、父母频繁争吵等。这样的家庭模式孕育出的孩子,性格缺陷较同龄人来说更为明显,尤其是长期经受家庭言语暴力与行为暴力的折磨,健康的性格与价值观更加难以形成。对弑父弑母案件犯罪人的性格进行归纳分析,可以发现孤僻内向、自我封闭、压抑叛逆是最具有共性的性格特点,长期积压的怨恨难以得到排解,致使他们选择犯罪来“解脱”。

四、该类案件发展趋势

(一)犯罪低龄化

根据中国统计局的官方数据,截至 2018 年,我国人民法院审理的刑事案件的罪犯总数达到1,428,772人,其中青少年罪犯有243,275人,青少年罪犯占刑事罪犯比重为17%,较2017年的比重14.5%增长了2.5个百分点。其中不满18岁的有34,365人,占青少年罪犯的14%;18岁至25岁的有208,910人,占青少年罪犯的86%。

在犯罪低龄化的大背景之下,青少年弑父弑母案中的犯罪者年龄也呈逐渐递减态势。近年来的此类案件,犯罪人多集中于13~17周岁。2018年发生的湖南沅江吴某康弑母案,犯罪人甚至仅有12岁,刷新了近几年弑父弑母案件的最低年龄。有学者因此指出,弑父弑母类犯罪不仅侵犯了生命权,更侵犯了整个社会的伦理道德,不应当基于年龄就对此类犯罪人作出刑事责任的豁免,不符合时代发展的过于宽松的刑事责任制度将加重恶性犯罪的低龄化趋势。

(二)手段残忍化

弑父弑母悲剧的背后潜藏着犯罪人压抑多年的矛盾与怨恨,这类案件的犯罪人多采取下药投毒、工具击打、刀具锐器砍刺、机械性窒息等方式实施犯罪行为,或是因情绪瞬间爆发临时起意而就近选择工具进行犯罪。不少犯罪人在犯罪过程中还伴随着对被害者进行多次击打、砍杀或死后分尸、侮辱尸体的行为来发泄怨恨,手段极为残忍。

2014年,甘肃白银的高三学生司某因家庭琐事与母亲张某玲发生争吵,一气之下拿起铁锤朝睡在床上的母亲头部砸去,在母亲的挣扎中仍连续多次击打其头部,后将塑料编织袋套在母亲头上,用弹簧刀隔着编织袋在其头部与颈部多次刺戳致其死亡。2018年,湖南沅江12岁的吴某康因抽烟被发现,遂拿起菜刀对母亲连砍二十余刀,双手被砍断露出骨头,头皮血肉模糊。同样发生在2018年,湖南洞口15岁的罗某因周末校外补课的问题与父亲罗某光产生争执并遭到打骂,遂持家中水果刀将父亲连刺八刀致其死亡。近年来,随着越来越多的恶性弑父弑母案件细节的曝光,犯罪人的犯罪手法不断在警方通报、新闻媒体中进入大众视野,手段残忍化俨然已成为此类案件的一种趋势。

(三)罪行隐蔽化

在弑父弑母类案件中,由于犯罪人与被害者往往存在密切的直系亲缘关系,被害者不存戒备,犯罪人容易采取隐蔽手段实施犯罪。并且受家庭生活隐私性与封闭性的影响,其犯罪行为难以同一般刑事案件一样能得到及时的发现与侦查。这就为犯罪人提供了隐匿犯罪行为、毁灭犯罪证据、制造脱罪伪证以及畏罪潜逃的弹性时间，增加了日后公安机关侦查的难度。“该类案件的发现多是被害人其他亲属的报案、他人举报或犯罪人的投案自首。”①在消息闭塞的落后地区，犯罪人在实施犯罪之后甚至能够以被害者“外出务工”为由隐蔽罪行，用足够的时间处理尸体、清除证据，而后藏匿行踪，导致案件跨度时间过长而丧失重要证据，据此瞒天过海。

2010 年，山东青岛 14 岁的姜某与父亲因学习问题发生争吵，姜某用羊角锤击打父亲头面部十余下，又持水果刀向父亲喉部连捅三刀致其死亡。弑父后姜某将现场血迹清洗干净，洗澡换装之后去网吧上网、书店看书，其间数次将家中物品变卖，并与父亲遗体共同生活长达 24 天直至被家人发现。在吴谢宇案中，吴谢宇犯下罪行后伪造辞职信，以同母亲出国为由消失了半年之久，周围亲友对此皆是深信不疑。若不是其主动给亲人打电话，或许案发的时间跨度将更长，这也印证了弑父弑母犯罪的隐蔽性给刑事侦查带来极大挑战。

五、基于犯罪学角度的治理对策

（一）个人层面

相较于家庭和社会而言，个体是对人生大方向的选择最具主导作用的存在。除却孩童时期，人生的大部分时间往往需要独自面对外界。这就要求个体应当保持向善之心，具有良好的情绪控制能力，在面临挫折和问题之时能够以积极的心态来纠正自己的思维与行动，不被负面情绪吞噬，不致陷入犯罪泥沼。

在激情犯罪类的弑父弑母案中，犯罪人正是缺乏了情绪自控力，在争执中无法克制自我，没有选择更为妥当的方式解决矛盾，而是为了短暂的发泄将犯罪工具挥向了父母，酿成大错。情绪具有双向力，关键在于如何把控。不能消化的负面情绪就像定时炸弹，不仅能引发冲突，甚至会造成无法挽救的伤害；而正面的情绪传递出快乐和阳光，将带来无穷的力量。因此掌握良好的情绪自控力，对于个体的身体机能与行为轨迹的发展乃至预防冲动犯罪都至关重要。

---

① 苏家浒：《杀亲案在刑技工作中规律性与特殊性的思考》，载《云南警官学院学报》2013 年第 5 期。

(二)家庭层面

父母的指引对于子女一生的发展具有不可替代的作用,是子女对事物认知的是非观和价值观的启蒙。在良好的家庭教育之外,父母也应给予子女足够的独立自由、发展探索的空间,不至于事事都受到来自家庭的束缚。健康人格的形成,离不开家庭的培养。父母的管控理应有一个度,过度严厉不可取,过度保护亦不可取,这二者都可能导致子女心理产生扭曲,甚至实施犯罪行为。

在弑父弑母案中,犯罪动机多为家庭矛盾、管教严厉、家庭暴力、学习问题,其中占比最多的犯罪动机来自父母的管教不当。因此,为降低此类案件的发生,父母在家庭教育中应当尊重和保护子女的独立人格,在日常生活中构筑和谐的家庭氛围;重视子女的思想品德教育,培养规则意识;面对子女的不良行为积极干预,晓之以理;密切关注子女心理健康动向,发现问题及时纠正与弥补。

(三)社会层面

在弑父弑母犯罪呈现低龄化、残忍化、隐蔽化趋势的背景之下,单依靠个人预防和家庭预防的力量远远不够,更需要介入社会层面的预防。

首先,树立重视心理健康的风气。学校与社区应当发挥其社会化功能,注重个体健康品格和情绪自控力的培养。组织积极向上的心理健康文化活动,创造关爱身心健康、利于减少犯罪的社会氛围。学校与社区需要定期举行心理测评,关注个体心理健康。重视品德教育、实现个体的综合发展,有助于预防弑父弑母犯罪。

其次,加强青少年犯罪预防研究。如何妥善处理好青少年弑父弑母犯罪问题,社会各界给予了高度重视,因此积极研究其成因及预防措施具有十分重要的现实意义。对于此类案件的预防,我国青少年犯罪预防理论研究尚存不足。鉴于此,学界应推进此类研究,结合时代背景,探究犯罪原因,找出症结并提出有效预防对策。青少年弑父弑母案是一个世界性问题,亦受到世界众多学者的关注,适当借鉴国外对于青少年弑父弑母案件的处理经验,学习其理论成果精华,利于从根源上降低此类犯罪的发生率。

最后,完善刑事责任年龄制度。根据实际,适当降低恶性犯罪刑事责任年龄不失为一个可取的办法。近年来青少年弑父弑母犯罪多发,犯罪人年龄更是不断刷新下限,原因之一就是刑法对于刑事责任年龄的规定较于宽松,不足以震慑此类恶性犯罪。我国刑法对于未满 14 周岁未成年人犯罪,规定其不负刑事责任是基于其尚未定型,因此给予其改过自新与矫正教育的机会。但刑事责任年龄限制不应成为少年恶魔的保护伞。弑父弑母行为自古是“十恶不赦”的忤逆之罪,其不仅侵害了父母生命权,更侵害了整个社会的伦理道德。然而现代刑法对于如此违背人性的犯罪,在刑事责任年龄上却显现包容,不利于犯罪人的引导与教化。适当下调刑事责任年龄,对于预防此类青少年恶性犯罪大有裨益。

第四章 ／ Chapter 4

2019 年度中国犯罪学学科发展动态

第一节 主要学术活动

一、主要学术活动概述

（一）企业在犯罪学学术活动的举办中的积极性不断提高

2019 年全国犯罪学领域的学术活动的主办主体突破传统的现象明显，传统上犯罪学的学术活动主办主体虽然多样，但不外乎中国犯罪学学会或各地的犯罪学学会、高校科研院所、公检法司等政法机关，然而 2019 年的犯罪学的学术活动主体中，企业扮演了重要角色。综观 2019 年全国犯罪学的学术活动，我们可以多次发现主办单位中企业的影子，在我们下文所统计的 10 个主要学术活动中，腾讯公司就出现了两次、大午集团出现了一次、剑桥反经济犯罪国际论坛中国研讨活动由伦敦教育集团资助，这表明企业对于参与到犯罪学学术活动中的兴趣很高。虽然都是企业参与到犯罪学学术活动中，但他们参与到犯罪学学术活动中的初衷和作用不一。伦敦教育集团本就是剑桥反经济犯罪国际论坛的资助人，顺理成章也成为 2019 年剑桥反经济犯罪国际论坛中国研讨活动的资助人。相较其他两家企业，腾讯公司成为多个犯罪学学术活动的主办主体倒是值得关注，这不仅反映了大型互联网企业在大数据时代对犯罪防控所起到的重要作用，还反映了大型互联网企业对犯罪防控研究的重视。随着大量传统涉财案件的犯罪场所迁移到网络,作为互联网平台企业,对犯罪防控的研究不仅是公益事业,也是关乎企业生存的重要事项,所以近年来在犯罪防控领域时常可以看到大型互联网企业的身影,甚至一些大型互联网企业也有自己的学术研究机构,如阿里巴巴的阿里研究院、腾讯公司的腾讯研究院等。不仅如此,各大互联网企业的安全部门通过与承担打击犯罪的实务部门和研究犯罪防控的学术机构交流,从而进入犯罪防控的研究领域。随着网络犯罪案件的高发,互联网企业战斗在网络犯罪防控最前线,他们更多地参与犯罪学的学术活动对推动犯罪学的研究必将起到重要的作用。

(二)2019 年犯罪学学术活动的议题较 2018 年更多关注民生领域犯罪

1. 2019 年犯罪学学术活动的主题与 2018 年一脉相承

以中国犯罪学学会第 28 届学术研讨会为例,第 28 届学术研讨会的主题与第 27 届学术研讨会的主题完全相同都是“现代社会与犯罪治理”。这与党在十九大作出了我国社会主要矛盾已经转化为人民日益增长的美好生活需要和不平衡不充分的发展之间的矛盾这一国家发展历史定位的论断有关,犯罪学作为一门实证性、社会性、政策性较强的社会科学,理应将研究的主题放在解决时代主要矛盾问题上来。其他的沿办几年的犯罪学学术活动的主题变化也不大,如 2019 年第六届犯罪学论坛的主题为“风险社会犯罪治理与防控”,2018 年第五届犯罪学论坛的主题为“国家治理体系中的犯罪治理与预防”。犯罪学论坛这两年的会议主题不仅自身较为相像,与中国犯罪学学会这两年的学术研讨会的会议主题也较为接近,风险社会本身就是理解现代性社会的核心概念,国家治理体系更加契合习近平总书记在 2019 年中央政法工作会议上强调的“要善于把党的领导和我国社会主义制度优势转化为社会治理效能,完善党委领导、政府负责、社会协同、公众参与、法治保障的社会治理体制,打造共建共治共享的社会治理格局”的国家治理理念。所统计的其他犯罪学学术活动由于本身属于主题较明确的学术活动,因此 2019 年相对 2018 年而言,会议主题变动性也不大。

2. 2019 年度犯罪学学术活动的议题对民生领域的关注范围更广,研讨更加深入

仍以 2019 年中国犯罪学学会第 28 届学术研讨会为例,2019 年中国犯罪学学会的第 28 届学术研讨会的会议议题共 8 个,而 2018 年只有 4 个议题。2019 年的“环境领域犯罪的防控与治理”“金融领域犯罪的防控与治理”“扶贫领域犯罪的防控与治

理”“食品药品领域犯罪的防控与治理”等议题均属社会的关键领域,且或者与群众的日常生活关系紧密,或者与国家的经济治理体制息息相关。其他的犯罪学学术会议议题也关注了未成年人犯罪问题、传统犯罪的网络迁移、个人数据安全风险、社区警务反恐、城市环境与犯罪、基层黑恶类犯罪与治理、金融犯罪、市场经济下企业家的法律风险等。由于重视定量研究对犯罪学研究的作用,因此对其中所涉犯罪问题的认识也更加深入,如:最高人民检察院第九检察厅厅长史卫忠在第七届企业家刑事风险防控高端论坛致辞中表示,民营企业对 GDP 贡献达到 60%,80% 的城镇就业岗位集中在民营企业。保障民营企业安全运营,对于维护经济安全具有重要意义。一些企业缺乏法律意识,合规制度审查的缺失易引发纠纷,甚至导致企业家犯罪。在经济下行压力加大的情况下,维护好企业正常运营、避免企业家犯罪发生,对于经济发展和经济安全意义重大。① 随着学术活动中对犯罪定量研究的重视,对犯罪问题认识深入,必在不久的将来推动犯罪学研究的繁荣发展。

二、主要学术活动列表

表 4-1　2019 年国内犯罪学主要学术活动列表

序号	学术活动	主办方	举办时间	活动内容简介
1	青少年犯罪与司法专题研讨会(2019年)	上海市预防青少年犯罪研究会和上海社会科学院法学研究所	2019 年 12 月	本次研讨会聚焦《预防未成年人犯罪法》与《未成年人保护法》的修改,分为主旨演讲、专家研讨、研讨综述等环节。与会代表一致认为,本次修订提升了两法的高度与水平,有很多创新和亮点。未成年人的保护和犯罪预防是一个问题的两面,相信修改后的两法会更为成熟、更具有可操作性,切实起到保护未成年人合法权益和预防未成年人犯罪的立法目的②

---

① 曾诗阳:《第七届企业家刑事风险防控高端论坛在京举办》,载经济日报—中国经济网:http://www.ce.cn/xwzx/gnsz/gdxw/201904/21/t20190421_31906685.shtml,2020 年 1 月 5 日最后访问。

② 陈嘉音:《上海市预防青少年犯罪研究会第二届第二次会员大会举办》,载青年报:http://www.why.com.cn/wx/article/2019/12/26/15773656761117608480.html,2020 年 1 月 5 日最后访问。

续表

序号	学术活动	主办方	举办时间	活动内容简介
2	中国犯罪防控20人论坛(2019年)	北京改革和发展研究会、大午集团	2019年12月	参会人员由国内高校、科研院所的犯罪学学者,公司高管,刑释人员等组成。论坛分为“互联网犯罪凸显,传统的犯罪方式悄然变化”“未成年人恶性案件多发与降低入刑年龄探讨”“立法原点与抑制犯罪的效果研究”“犯罪学理论与犯罪防控规律研究”四个研讨单元,与会专家学者的发言均围绕我国犯罪防控这一主题展开①
3	2019年互联网安全与刑事法制高峰论坛	中国犯罪学学会、中国人民大学刑事法律科学研究中心、腾讯公司安全管理部	2019年12月	本次论坛较前六届高峰论坛进行了升级,扩展到互联网安全与刑事法制领域。来自实务部门、学界、互联网企业等近400位专家学者参会。论坛除对“两高”2019年共同发布的新的关于网络犯罪司法解释的理解和适用进行研讨外,还主要就网络犯罪的防控、网络犯罪的特点、黑产链条与治理、个人数据安全的风险防范等问题展开讨论,并积极探求解决方略②
4	第四届铁路安全与反恐论坛	公安部铁路公安局和铁道警察学院	2019年10月	论坛围绕反恐去极端化、铁路反恐风险评估与重点目标管理、社区警务反恐、国际铁路安全风险防控、“一带一路”安全与风险评估、反恐研究方法创新、新时期反恐人才培养等问题,聚焦完善铁路反恐防范体系、合理配置反恐防范资源,从理论研究和实战操作两个方面展开深入探讨,为完善铁路反恐风险评估与防范体系提出了诸多富有建设性的意见③

① 《中国犯罪防控再听专家意见》,载新浪网:https://k.sina.com.cn/article_5017408937_12b0f95a900100r669.html,2020年1月5日最后访问。

② 杨雪丹:《2019互联网安全与刑事法制高峰论坛在京举行　聚焦金融、数据安全与司法解释适用》,载光明日报客户端:http://news.gmw.cn/2019-12/16/content_33405944.htm,2020年1月5日最后访问。

③ 张佳琪:《第四届“铁路安全与反恐论坛”在铁道警察学院举行》,载中国警察网:http://news.cpd.com.cn/n3559/201910/t20191030_862788.html,2020年1月5日最后访问。

续表

序号	学术活动	主办方	举办时间	活动内容简介
5	中国犯罪学学会第28届学术研讨会	中国犯罪学学会	2019年10月	此次研讨会以“现代社会与犯罪治理”为主题,并首次对外发布《中国犯罪治理蓝皮书——犯罪态势与研究报告(2018)》。会议围绕犯罪防控与被害预防的基础理论、风险社会下刑事政策的基本立场、大数据和人工智能时代的犯罪统计与定量分析、黑恶势力犯罪的防控与治理及环境食药领域犯罪的防控与治理五个单元进行研讨。本次研讨会议题紧扣中央和政法检察工作的重大部署,总结犯罪发展的态势和变化,运用犯罪学的最新理论研究成果,探索适应现代社会犯罪治理的新理念新方法,形成犯罪治理的新对策新机制①
6	环境犯罪学和犯罪分析暨第六届犯罪地理和犯罪分析国际研讨会联合会议	广州大学公共安全地理信息分析中心、广州大学地理科学学院联合广东省公共安全与灾害工程技术研究中心、辛辛那提大学地理系	2019年6月	本次会议是环境犯罪学和犯罪分析(ECCA)这一由环境犯罪学、情景预防犯罪和问题导向警务领域国际知名学者所发起的国际学术研讨会首次在中国召开。会议设“犯罪理论研究与应用”“警务战略和犯罪防控”“人口流动与犯罪”“犯罪大数据分析”“拐卖人口和非法抱养”“城市环境与犯罪”等主题,不仅从不同的层面上促进了研究人员在环境犯罪学、犯罪地理与犯罪分析中的新理论、新方法、新问题和新成果的交流与探讨,同时将我国公安部门本土化的有效应用成果向各国专家学者进行了展示②

① 倪建军:《中国犯罪学学会第28届学术研讨会在西安召开》,载最高人民检察院官网:https://www.spp.gov.cn/spp/zdgz/201910/t20191019_435054.shtml,2020年1月5日最后访问。

② 张卓芳、黄迦钰:《“2019年环境犯罪学和犯罪分析暨第六届犯罪地理和犯罪分析国际研讨会联合会议”成功举办》,载广州大学地理科学与遥感学院:http://geo.gzhu.edu.cn/info/1122/2324.htm,2020年1月5日最后访问。

续表

序号	学术活动	主办方	举办时间	活动内容简介
7	第六届犯罪学论坛	中国犯罪学会预防犯罪专业委员会、上海政法学院、腾讯网络安全与犯罪研究基地	2019 年 5 月	论坛的主题为“风险社会犯罪治理与防控”,论坛设六大单元进行专题讨论,专家学者们就犯罪预防与范式研究,大数据、金融及网络安全风险与犯罪防控,城市安全及智能社会风险犯罪防控研究与“一带一路”反恐研究,基层黑恶类犯罪治理与防控以及犯罪治理与实务等议题,对当前风险社会中犯罪治理与防控议题中的前沿话题,社会热点议题等展开了深入的学术交流与对话①
8	剑桥反经济犯罪国际论坛中国研讨活动	剑桥反经济犯罪国际论坛	2019 年 4 月	论坛的 7 个议题覆盖了预防与控制经济犯罪的新战略、对经济犯罪和腐败进行有效的调查和起诉、预防和控制网络犯罪、金融系统和市场中存在的欺诈和滥用职权行为、通过寻求国际合作有效的打击由于经济驱动而产生的犯罪和腐败行为、合法合规在预防和打击金融违规(不端行为)方面的作用(特别是针对内部交易和洗钱领域),以及对经济犯罪行为的检控等领域。双方专家相互介绍、学习彼此的经验,并进行了热烈的研讨,使得本次研讨活动取得了丰硕的成果,并且为彼此构建反经济犯罪国际合作做出了积极的推动作用②

① 屠炟:《第六届犯罪学论坛在我校隆重召开》,载中国—上海合作组织国际司法交流合作培训基地:http://cnisco. shupl. edu. cn/2019/0523/c7a1227/page. htm,2020 年 1 月 5 日最后访问。

② 苏明龙:《剑桥反经济犯罪国际论坛中国研讨活动在京举行》,载法制网:http://www. legaldaily. com. cn/Lawyer/content/2019 - 04/30/content_7847383. htm,2020 年 1 月 5 日最后访问。

续表

序号	学术活动	主办方	举办时间	活动内容简介
9	第七届企业家刑事风险防控高端论坛	北京师范大学中国企业家犯罪预防研究中心、刑事法律科学研究院、法学院、中国刑法学研究会	2019 年 4 月	本次论坛秉持“助力企业家在财富和创新道路上安全前行,促进市场经济法治建设不断进步”的宗旨,继续坚持“高端、务实、跨领域”的特色。本次论坛会议内容上呈现出两大亮点:一是在连续七年发布《企业家刑事风险分析年度报告》和《企业家腐败犯罪报告》的同时,总结前五年(数据来源于中国裁判文书网)发布的报告内容,对 2014 ~ 2018 年企业家犯罪数据进行了综合分析,从更宏观的层面对企业家在企业经营中面临的刑事风险进行归纳和总结。二是在论坛会议的议程设置上,主题演讲单元既突出了前沿理论与最新风控实践相互融合的特点,又关照了刑事风险防控国际趋势与本土经验的结合①
10	第一届信息犯罪防控论坛	中国犯罪学学会信息犯罪防控专业委员会	2019 年 3 月	本次论坛围绕“智慧社会环境下网络平台犯罪治理”将理论与实务紧密贴合,参会人员中既有来自高校的专家学者,也有实务部门的一线人员及企业代表,他们从不同维度、多重视角对网络平台相关犯罪学的数据分析、网络平台犯罪的治理对策、网络平台犯罪的类型和司法现状、网络平台经营机制及刑事风险等展开深入探讨②

① 曾诗阳:《第七届企业家刑事风险防控高端论坛在京举办》,载经济日报—中国经济网:http://www.ce.cn/xwzx/gnsz/gdxw/201904/21/t20190421_31906685.shtml,2020 年 1 月 5 日最后访问。

② 《第一届信息犯罪防控论坛顺利召开》,载武汉大学法学院:http://law.whu.edu.cn/info/1052/5526.htm,2020 年 1 月 5 日最后访问。

第二节　重大科研项目

一、重大科研项目概述

据不完全统计,2019 年犯罪学领域的省部级以上立项数为 38 项,与 2018 年的 46 项相比,下降约 17%。数据上看似有较大幅度的差距,实际上并无明显变化。这其中的原因在于:(1)目前部分犯罪学研究成果与其他刑事法学的研究成果界限不明,在科研成果的学科属性筛选上仅能依据题目进行辨别,而题目并不一定完全反映科研成果的学科属性,会导致统计上的出入;(2)2020 年在科研成果是否属于犯罪学领域标准较严,例如,2019 年列入的国家社科基金一般项目"人工智能在刑事证据判断中的运用及其界限研究",按照 2020 年的标准就不会列入,这也会对数据统计造成一定的影响。

综观所统计的 2019 年犯罪学的重大科研项目,可以发现如下特点:(1)犯罪学领域的研究继续受到国家重视。2019 年度有 1 项国家社科基金重大项目,国家社科基金一般项目 18 项。国家对犯罪学研究的重视程度可见一斑。(2)科研领域集中。对 38 项重大科研项目的统计如图 4 -1 所示。

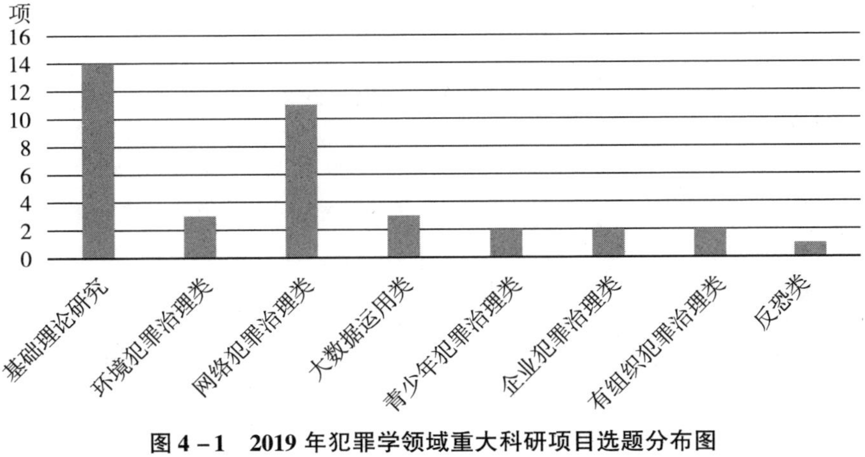

图 4 -1　2019 年犯罪学领域重大科研项目选题分布图

由图 4 -1 可见,2019 年重大科研项目集中分布在犯罪学的 8 个领域。基础理论研究14项占总计的36.8%,网络犯罪治理作为近年来的研究热点,共有11项占总计的28.9%,其余的分散于大数据运用、环境犯罪治理、青少年犯罪治理、企业犯罪治理、有组织犯罪治理、反恐等领域。通过重大科研项目的犯罪学领域分布,既可以反映出2019年犯罪学学者关注的研究领域,也能够反映出国家社会治理过程中关切的问题对犯罪学研究的导向性作用。

二、重大科研项目列表

表4-2 2019年国内犯罪学重大科研项目列表

序号	项目名称	类别	批准号	申请者	所属院校
1	污染环境犯罪多元治理机制研究	国家社科基金重大项目	19ZDA160	汪明亮	复旦大学
			19ZDA161	焦艳鹏	天津大学
2	我国危害生态环境犯罪的罪量要素研究	国家社科基金一般项目	19CFX030	范淼	辽宁大学
3	平安建设中大数据监控体系的“犯罪情境效应”及其治理方案研究	国家社科基金一般项目	19CSH013	杨子飞	杭州电子科技大学
4	刑事跨境数据取证法律问题研究	国家社科基金一般项目	19CFX037	裴炜	北京航空航天大学
5	新型网络犯罪对传统刑事法理论的突破与应对研究	国家社科基金一般项目	19BFX062	阎二鹏	海南大学
6	预防型犯罪的法治体系构造研究	国家社科基金一般项目	19BFX068	敦宁	河北大学
7	互联网金融时代非法集资犯罪认定研究	国家社科基金一般项目	19BFX070	时方	中国社会科学院
8	社会关联视角下的黑恶势力犯罪治理机制研究	国家社科基金一般项目	19BFX071	焦俊峰	中南财经政法大学

续表

序号	项目名称	类别	批准号	申请者	所属院校
9	打击网络犯罪国际刑事司法协助的理论与实践研究	国家社科基金一般项目	19BFX073	刘灿华	中国社会科学院
10	中国 东盟跨境电信网络诈骗犯罪案件的刑事司法协助问题研究	国家社科基金一般项目	19BFX088	伍光红	广西民族大学
11	被害人视野下的我国个人极端暴力犯罪研究	国家社科基金一般项目	19BFX095	于小川	中国人民公安大学
12	犯罪言语识别研究	国家社科基金一般项目	19BYY072	袁瑛	贵州警察学院
13	传播犯罪的趋势、类型及立法司法研究	国家社科基金一般项目	19BXW083	罗斌	中国社会科学院
14	刑事案件事实认定中的经验法则研究	国家社科基金一般项目	19BFX092	张云鹏	辽宁大学
15	刑事案件事实认定中的经验法则研究	国家社科基金一般项目	19BFX093	潘金贵	西南政法大学
16	辩证思维视角下单位犯罪司法适用的逻辑与共识研究	国家社科基金一般项目	19BFX096	聂立泽	中山大学
17	网信技术创新背景下新型侵财犯罪刑法适用困境的实证考察与破解路径研究	国家社科基金一般项目	19BFX099	吴江	苏州大学
18	有组织犯罪防治视域下的来华非法移民现象刑事治理问题研究	国家社科基金一般项目	19BFX078	王俊平	河南科技大学

续表

序号	项目名称	类别	批准号	申请者	所属院校
19	面向生态文明建设的我国污染环境犯罪治理机制研究	国家社科基金一般项目	19AFX008	焦艳鹏	天津大学
20	预防性犯罪化立法的限度研究	司法部国家法治与法学理论研究项目一般课题	19SFB2019	姜敏	西南政法大学
21	新型预防性犯罪化立法的限度研究	司法部国家法治与法学理论研究项目一般课题	19SFB2021	王良顺	中南财经政法大学
22	中美城市青少年犯罪的时空分布与防范对策比较研究	司法部国家法治与法学理论研究项目一般课题	19SFB2023	于阳	天津大学
23	性侵害未成年人犯罪刑事政策体系研究	司法部国家法治与法学理论研究项目一般课题	19SFB2025	李川	东南大学
24	司法解释中的“不按照犯罪处理”研究	司法部国家法治与法学理论研究项目一般课题	19SFB2026	刘科	北京师范大学
25	预防性犯罪化立法对我国刑事立法模式的挑战及应用	司法部国家法治与法学理论研究项目中青年课题	19SFB3017	段阳伟	西北政法大学
26	大数据视阈下犯罪记录利用与管理制度研究	司法部国家法治与法学理论研究项目中青年课题	19SFB3019	于冲	中国政法大学
27	企业犯罪案件认罪认罚从宽制度研究	司法部国家法治与法学理论研究项目中青年课题	19SFB3027	赵恒	山东大学
28	互联网金融犯罪大数据证据的定位与运用	最高人民检察院检察理论研究所互联网刑事法律研究中心课题	GJ2019HX04	吴春妹	北京市朝阳区人民检察院

续表

序号	项目名称	类别	批准号	申请者	所属院校
29	集资类犯罪第三方服务提供者的责任认定	最高人民检察院检察理论研究所互联网刑事法律研究中心课题	GJ2019HX08	曲新久、周绪平	中国政法大学刑事司法学院、江苏省丹阳市人民检察院
30	互联网金融领域单位犯罪研究	最高人民检察院检察理论研究所互联网刑事法律研究中心课题	GJ2019HX09	王刚、胡胜友	江苏大学法学院、安徽省合肥市人民检察院
31	新型互联网金融犯罪刑法规制研究	最高人民检察院检察理论研究所互联网刑事法律研究中心课题	GJ2019HX10	吴飞飞	最高人民检察院法律政策研究室
32	互联网金融犯罪领域刑事推定	最高人民检察院检察理论研究所互联网刑事法律研究中心课题	GJ2019HX11	杜邈	北京市人民检察院第二分院
33	网络空间黑恶势力犯罪治理研究	中国法学会自选课题	CLS(2019)C07	莫洪宪	武汉大学法学院
34	企业合规视野下金融企业贿赂犯罪防治模式研究	中国法学会自选课题	CLS(2019)C08	商浩文	北京师范大学刑事法律科学研究院
35	中国恐怖主义犯罪防治与对策研究	四川社会治安与社会管理创新研究中心2019年度科研课题重大项目	SCZA19A01	李　恒	西北政法大学
36	社会治理创新背景下司法社会工作介入社区矫正的实证研究	四川社会治安与社会管理创新研究中心2019年度科研课题一般项目	SCZA19B01	郑　洁	四川警察学院

续表

序号	项目名称	类别	批准号	申请者	所属院校
37	大流动时代下社会风险的防范化解研究	四川社会治安与社会管理创新研究中心2019年度科研课题一般项目	SCZA19B03	王　斌	西南交通大学
38	大数据背景下重点人员管控创新模式研究	四川社会治安与社会管理创新研究中心2019年度科研课题一般项目	SCZA19B05	冯　荣	四川警察学院

第三节　代表性专著

一、代表性专著概述

(一)中文著作中刑罚领域成为研究热点

统计中2019年度共有15本犯罪学中文著作,其中与刑罚领域直接相关的共有8本,包括:北京师范大学刑事法律科学研究院吴宗宪教授的《罪犯改造论——罪犯改造的犯因性差异理论》(第2版),袁理政、连春亮、陈书成的《社区矫正管理实务》,陈耀鑫的《上海市社区矫正“三分矫正”工作实务指南》,段炼炼的《道德思维视角下青少年犯罪预防与矫正研究》,于阳的《刑罚适应性及其实现问题研究》,邵晓顺的《罪犯心理咨询与矫正》,司绍寒的《社区矫正程序问题研究》,廖斌、何显兵的《构建中国特色的社区矫正制度研究》。刑罚领域尤其是社区矫正领域的著作集中,反映出社区矫正制度经过多年的运行已经到了总结完善阶段。2003年在全国6个省市试点社区矫正工作,2011年《中华人民共和国刑法修正案(八)》确立了社区矫正法律制度,社区矫正制度经过十几年的运行,各地已构建了行之有效的程序运行机制,同时也对社区矫正制度系统性完善有了相应的思考,与社区矫正有关的研究著作的集中推出也在情理之中。

(二)犯罪学基础理论研究获得学者们的持续关注

2019 年度两位犯罪学领域的重要学者王牧教授和张智辉教授均将自己多年的犯罪学研究成果辑录出版。《犯罪研究——学科·事实·规范》以时间为顺序将王牧教授对犯罪学基础理论问题、犯罪对策、犯罪学研究方法等方面的研究成果呈现于众。王牧教授的著作可以从一个侧面展示我国犯罪学学科的研究路径。张智辉教授的《刑事法研究(第四卷·犯罪学)》则体现了他一贯强调的刑法学研究应当同犯罪学和被害者学研究有机地结合起来的论点,著作辑录了作者在科研历程中对犯罪学问题尤其是犯罪预防问题思考的论文。对犯罪学基础理论方面的研究著作共有 3 本,常宇刚的《城镇化视域下的犯罪问题研究》、周凌的《理论犯罪学:犯罪归因之心理学视角》、王瑞山的《犯罪预防原理》。常宇刚的《城镇化视域下的犯罪问题研究》以城镇化为视角,系统地分析了 1983 年以来我国犯罪的总体变化趋势,对侵犯公民人身权、财产权等六大类主要犯罪的特点进行全面剖析,对城镇化程度、经济发展水平和人口因素三大类变量与犯罪的关系进行了客观的分析,并探讨了社区犯罪防控的路径。周凌的《理论犯罪学:犯罪归因之心理学视角》核心内容是从心理学视角研究犯罪归因,其中包括三个心理学犯罪归因视角、两个犯罪归因之社会心理学视角,论证中资料翔实、旁征博引,为实务中对犯罪的预防和罪犯矫正提供了心理学依据。王瑞山的《犯罪预防原理》从我国历史考察和中西方比较研究两视角相结合的方式研究犯罪预防,并重点着墨初级、次级、三级犯罪预防策略,同时对犯罪预测、犯罪预防的评估等都作了较为深入、系统地研究。

(三)专门领域的犯罪学研究成果相对较少

2019 年度共有 2 本专著聚焦专门犯罪领域,唐新波的《集资型犯罪理论与实务问题研究》、张继刚的《风险社会下环境犯罪研究》。《集资型犯罪理论与实务问题研究》偏重于对集资型犯罪的实务认知层面。《风险社会下环境犯罪研究》是从环境保护的现实需求出发,试图建立一套合理的环境保护刑事治理的理论和制度体系,完善环境刑事立法与司法。虽然专门领域的犯罪学研究成果较少,但两专著既延续了 2018 年专著成果的热点研究领域——金融领域,也包括了 2019 年整个犯罪学界关注度较高的领域——环境犯罪领域。

(四)外文译著方面推出国外犯罪学的扛鼎力作

2019 年度所统计的 9 本犯罪学译著,均为犯罪学的重要著作。除了上海三联书店出版的《犯罪人论》,是已经在国内有不同翻译版本的开创犯罪学的经典著作,这里不必赘言。戴维·亚瑟·琼斯教授的《犯罪学的历史》以哲学为视角,融通了科学、宗教、政治、心理学、历史等诸多学科研究人类对犯罪的认识与反映。译者郭建安称之为"为犯罪学学者如何将这一交叉学科的研究和著述提升到一个新高度树立了标杆"。《犯罪心理学:犯罪为何会发生》的作者理查德·沃特利,是国外权威犯罪学研究机构的负责人,他将生物科学和心理科学的研究成果结合起来探索犯罪的复杂成因,剖析个体特征及其经历是如何导致其犯罪的。全书内容全面完整,且具有学术及时性。法律出版社于2019年度推出的犯罪学与刑事司法手册,全套丛书共六册,各册著作的各章节多出自犯罪学领域的著名学者之手,内容涉及犯罪学的各个方面。丛书的名称虽是手册,但是内容的理论性较强,是犯罪学研究者案头的重要参考文献。

二、代表性学术专著、教材列表

表4-3 2019年国外犯罪学代表性学术专著、教材列表

序号	书名	作者	出版社	出版时间	内容简介
1	《犯罪学的历史》	[美]戴维·亚瑟·琼斯;郭建安、宋金莹译	法律出版社	2019年11月	《犯罪学的历史》有三个特点。一是书中所展现的唯物史观。全书共计九章,作者实际上是按时代将犯罪学的产生和发展划分了九个历史时期。犯罪学,作为人类特别是统治者对犯罪现象的认识和反映,具有明显的时代特征,与不同时代的发展水平尤其是科学的进步程度一致。科学越发展,对犯罪的认识越深化,犯罪学的知识化程度越高。二是书中所涉猎的知识之广博。由于作者以作为科学的哲学为视角来透视不同历史时期人类对犯罪的认识和反映,因而牵扯的知识范围很广泛,除哲学之外,还包括自然科学、文学、历史、语言学、法学和犯罪学等不同学科。作者对各个学科的掌握达到了融会贯通的程度,在不同章节娴熟和恰当的引用,为犯罪学学者如何将这一交叉学科的研究和著述提升到一个新高度,树立了

续表

序号	书名	作者	出版社	出版时间	内容简介
1	《犯罪学的历史》	[美]戴维·亚瑟·琼斯;郭建安、宋金莹译	法律出版社	2019年11月	标杆。三是书中所贯穿的中立而专业的研究方法。作者站在中立和专业的立场上,在书中对不同时代的相关文献和研究进行了详尽的阐述,融汇了不同的观点和结论,并予以科学的评价
2	《犯罪心理学:犯罪为何会发生》	[英]理查德·沃特利;马皑、宋业臻译	中国法制出版社	2019年9月	本书提供了一个关于心理学取向的犯罪学理论的综合性研究:聚焦于对与生俱来的一些因素(如人类本性、遗传)的研究,会影响罪犯一生的因素(如学习、发展)的研究,以及犯罪发生情境的因素的研究。本书多强调不同分支路径间的联系,并提出由它们整合而成的、非竞争性的理论解释,这将提供一个与它们各行解释相比,更为完整的画面。立足心理学实验研究,探索犯罪的复杂成因,剖析个体特征及其经历是如何导致其犯罪的
3	《法社会学手册》	[美]奥斯汀·萨拉特、帕特丽夏·尤伊克主编;王文华、刘明、刘冬影等译	法律出版社	2019年3月	犯罪学与刑事司法的诸多议题和研究成果对社会治理都有直接的指导和参考意义,是实践急需。当前社会利益多元,社会治理向精细化方向发展,针对不同的犯罪问题和社会问题的治理和解决,有必要了解世界的前沿实践。我国目前犯罪学出版领域内的图书存在品种丰富度差、体系化程度低的问题。而《犯罪学与刑事司法手册》丛书的引进出版可在一定程度上弥补上述问题。《犯罪学与刑事司法手册》丛书对于推进全面依法治国,提升社会治理水平,打击犯罪,营造良好的社会发展环境,促进犯罪学科发展与国际交流,都大有裨益,具有长期的、正向的社会效益。本书展示了法社会学这一领域重要的研究发现、理论发展以及方法争论,汇聚了该领域的前沿学术成果

续表

序号	书名	作者	出版社	出版时间	内容简介
4	《犯罪学理论手册》	[美]亚历克斯·皮盖惹主编;吴宗宪主译	法律出版社	2019年3月	《犯罪学理论手册》系统地阐述了犯罪学理论,并对各种理论进行了深入的研究和总结,对犯罪学科发展和犯罪预防和改造意义重大,有益于我国法治建设
5	《少年越轨与少年司法手册》	[美]马文·克朗、乔迪·莱恩主编;苏明月、陈朗梓译	法律出版社	2019年3月	《少年越轨与少年司法手册》共分为五大部分,包括青少年犯罪的趋势、青少年犯罪的相关因素、犯罪行为理论、司法方法(包括预防方法和治疗方法)以及特殊问题,强调了应对犯罪、思考研究青少年犯罪与行为的方式所发生的演变
6	《越轨理论手册》	[美]埃里希·古德主编;田林、陈婧婧译	法律出版社	2019年3月	《越轨理论手册》共三十二章,在越轨行为社会学领域核心议题方面,为读者提供了一个前沿、全面的合集
7	《帮伙手册》	[美]斯科特·德克、戴维·普鲁兹主编;周振杰译	法律出版社	2019年3月	《帮伙手册》介绍关于帮派团伙犯罪领域前沿的问题,主要涉及犯罪团伙、团伙成员、对于帮派团伙的评估等方面的内容
8	《毒品与社会手册》	[美]亨利·布朗斯坦主编;时杰、刘志民、鲍彦平、孟适秋、孙艳坤译	法律出版社	2019年3月	《毒品与社会手册》主要章节包括社会中的毒品、社会中特定毒品的使用和市场、毒品在社会中的定位、社会中毒品问题的研究、我们已知和未知的毒品、公共卫生和安全问题等

续表

序号	书名	作者	出版社	出版时间	内容简介
9	《犯罪人论》	[意]切萨雷·龙勃罗梭;贾宁译	上海三联书店	2019年1月	《犯罪人论》是犯罪学领域具有开创性意义的经典著作。它提出了一种关于犯罪人的大胆猜想,那就是存在天生的犯罪人,并且人们能够从外貌等特征将犯罪人辨别出来。其理论基础是龙勃罗梭对101个意大利犯罪人的头骨研究、对1279名意大利罪犯的人体测量和相貌分析、犯罪人的文身等的分析研究。虽然这一理论存在瑕疵,但直到今天,这本书对预防和消灭犯罪仍具有不容忽视的参考意义

第四节　代表性论文

一、代表性论文概述

据统计2019年全国犯罪学学者在CSSCI核心期刊上发表的犯罪学方面的论文达170余篇之多,其中有一篇论文发表在《中国社会科学》。加上犯罪学年会论文集和传统的犯罪学研究期刊,如《犯罪研究》、《犯罪与改造研究》、《青少年犯罪问题》、《预防青少年犯罪研究》、各警察院校学报等论文,关于犯罪学的论文数量相当可观。论文的作者主要是大学、科研院所的犯罪学学者,也有实务部门的专家。论文的选题包括网络犯罪治理、犯罪地理学、犯罪学基础理论、有组织犯罪治理、职务犯罪治理、涉企业犯罪治理、刑法学与犯罪学的交叉研究、青少年犯罪、食药环犯罪治理、反恐犯罪研究领域、比较犯罪研究、毒品犯罪治理、其他传统类型犯罪治理等领域,体现了学者对社会热点问题的关切和回应;同时从对171篇发表在CSSCI上的文章的研究领域的统计发现,有33篇论文属于刑法学与犯罪学的交叉研究,占比19.3%,体现了刑事法学内部研究领域相互渗透的现象,见图4-2。

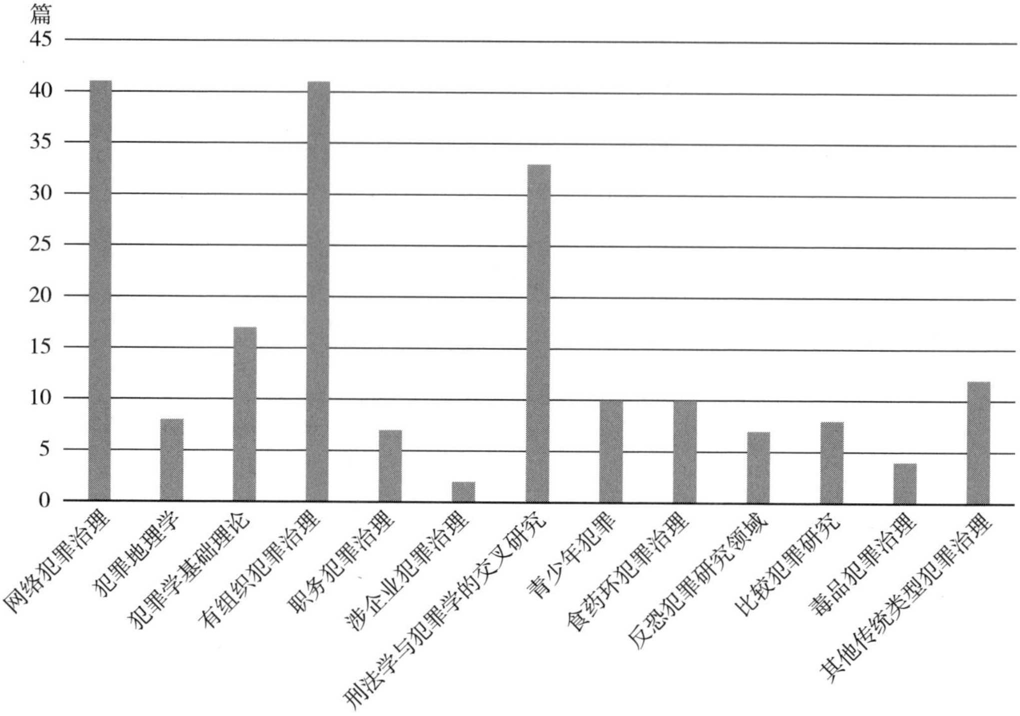

图4-2　2019年CSSCI犯罪学论文研究领域分类统计图

二、代表性论文列表

表4-4　2019年国内犯罪学代表性学术论文列表

序号	篇名	作者	期刊	发表时间	内容简介
1	《犯罪数量与危害的空间分布及建成环境影响——基于北京市刑事案件的纵向研究》	张延吉、朱春武、秦波	《地理科学进展》	2019年12月24日	既有犯罪地理研究存在"重犯罪数量、轻犯罪危害""多横向分析、少纵向分析""求本地影响、弃空间依赖"等局限。为此,论文利用2012~2017年北京刑事案件、兴趣点、道路网3期面板数据,以个案刑罚结果衡量其社会危害性,探究犯罪发生数量与危害程度的空间结构,厘清建成环境对两者的影响异同。研究表明:①犯罪数量与危害均呈集中集聚格局,但犯罪危害的集中程度高于数量、集聚程度低于数

续表

序号	篇名	作者	期刊	发表时间	内容简介
1	《犯罪数量与危害的空间分布及建成环境影响——基于北京市刑事案件的纵向研究》	张延吉、朱春武、秦波	《地理科学进展》	2019年12月24日	量、稳定程度相对偏弱。②如防卫空间理论所言,高强度土地利用、多样化城市功能、通达的次干道支路网、邻近诱发地都对犯罪数量和危害发挥正向作用,后者所受影响更大。③建成环境的上述影响大多存在空间依赖,3D维度和商业场所具有集聚溢出效应,管制较严的教育科研机构、公园广场、旅馆、公交站、停车场、居民区表现出内低外高式的空间竞争效应
2	《涉数据网络犯罪的立法防治对策研究》	梁染	《东南大学学报》	2019年12月20日	随着互联网和云技术的快速发展,大数据时代随之到来,网络逐步渗透到人们的生活、学习、工作等各个领域,大数据价值越发凸显,涉数据网络犯罪也呈爆发式增长趋势。面对涉数据网络犯罪,传统刑法有着立法思维脱节、数据保护依据过于单一、范围过于狭窄等缺陷。在保持自身谦抑性的前提下,转变立法思维、扩大数据保护范围、将大数据予以财产化保护,才是刑事立法规制涉数据网络犯罪的良策
3	《"9·12"恶性案件的犯罪学检视》	王燕飞	《犯罪研究》	2019年12月20日	"9·12"恶性案件案犯的基本情况如婚姻、工作与经济来源、遵纪守法上均显示出特殊,案件发生有着源自社会方面的客观因素与加害人主观的因素。案发处置的机制是稳固的,然而,留下检视的空间很大,个体生命历程剖析、家庭堡垒破坏、人生屡屡受挫等因素所致;在社会环境层面,看到阳赞云所生活的周围社会存在的各种阴影、各种病态以及对其成长带来的负面影响,诸如民间非法借贷、毒品交易、

续表

序号	篇名	作者	期刊	发表时间	内容简介
3	《"9 · 12"恶性案件的犯罪学检视》	王燕飞	《犯罪研究》	2019年12月20日	打牌赌博等。在国家对策体系层面反思,不仅涉及刑事司法是否制造了犯罪,还涉及犯罪的预防与处置反应是否促进犯罪性的发展问题。总之,这一案件暴露的是个体、家庭、社会、国家反应机制存在的诸多问题与弊端,以及我国犯罪学研究对现实问题关注所存在的严重不足
4	《我国数据犯罪的司法困境与出路:以数据安全法益为中心》	杨志琼	《环球法律评论》	2019年11月28日	通过对我国数据犯罪的判决梳理可发现,当前数据法益定位不清,引发了数据犯罪的解释难题和界分难题。究其原因,立法独立性上的"先天不足"和后天技术识别障碍叠加,导致数据犯罪保护法益及其规范体系被传统计算机犯罪体系所遮蔽,难以消弭数据犯罪中技术评价与规范评价的分歧,无法应对不断更新的数字化犯罪技术。大数据时代,由数据保密性、完整性、可用性需求组成的数据安全法益(CIA)应成为我国数据犯罪的独立保护法益,以确保从数据自身内容、使用价值和侵害风险等角度对数据犯罪进行独立规范评价。未来数据犯罪的司法适用应跳脱出传统计算机犯罪体系,以数据安全法益的解释功能重释数据犯罪的构成要件,推动数据犯罪规范体系与技术规则的深度融合;以数据安全法益的界分功能明确数据犯罪与其他计算机犯罪、传统犯罪的区别,合理确定数据犯罪的适用边界

续表

序号	篇名	作者	期刊	发表时间	内容简介
5	《性侵未成年人犯罪中刑事职业禁止的适用——以职业禁止范围为视角》	陈雪梅	《新疆社会科学》	2019 年 11 月 25 日	司法实践中,性侵未成年人犯罪案件的受害者多为 14 岁以下的未成年人,熟人作案比例较高,因而仅对其适用刑罚并不足以预防该种犯罪。《刑法》第 37 条规定了刑事职业禁止,对性侵未成年人犯罪者可适用职业禁止;但此条对"相关职业"的规定并不明确,法官在适用时很难把握。美国和韩国对性侵未成年人犯罪的职业禁止范围予以具体化和专门化,值得我国借鉴。文章认为我国立法上可构建性犯罪职业禁止的个罪化指南,司法实践中可发布性犯罪职业禁止的指导性案例及出台相关司法解释,也可建立性犯罪者信息数据库,以更好地执行刑事职业禁止制度
6	《新中国 70 年来毒品犯罪刑事政策的变迁与完善——从"打击"走向"治理"》	胡江、于浩洋	《广西社会科学》	2019 年 11 月 15 日	中华人民共和国成立 70 年来,我国几乎不间断地对毒品违法犯罪活动进行打击,毒品犯罪刑事政策对各个时期毒品犯罪刑事案件的办理进行全局性指导,体现着国家在一个时期内对于毒品犯罪的态度。我国毒品犯罪刑事政策密切关联我国毒品犯罪形势,与国际禁毒工作保持联动,总体趋严、"严刑禁毒"特征明显。但同时存在过分依赖刑事处罚,毒品综合治理手段、机制亟待完善,难以应对新类型毒品犯罪带来的挑战等问题。因此,我国毒品犯罪刑事政策应当减少"严刑禁毒"的刑事政策偏离,做好毒品犯罪综合治理配套的跟进,加强国际合作,在刑事政策上与时俱进

续表

序号	篇名	作者	期刊	发表时间	内容简介
7	《大学校园财产犯罪的空间视角》	李旭、冯承才	《华东理工大学学报》(社会科学版)	2019年11月15日	近年来,大学生犯罪有愈演愈烈之势,财产犯罪的比例明显提高,这对校园安全构成了挑战。环境犯罪学重视空间对犯罪行为的影响,注重经由对环境的治理来预防和减少犯罪的目的。本文基于问卷调查和访谈,探索大学校园财产犯罪的空间特征,并提出有针对性的校园安全解决方案
8	《刑罚、持续性以及现代监狱制度——读〈论犯罪与刑罚〉》	陈雪	《政法论坛》	2019年11月15日	贝卡利亚的刑罚理论为刑罚实现其社会功能找到了一个兼具正当性与合理性的工具——时间。刑罚的效果在于它在时间中的持续性,这种具有时间上持续性的刑罚是一种自由刑。自由刑让理性人在长久的冷静斟酌之后依然不寒而栗,是一种摄人魂魄的绝望与恐惧,它来源于人所认知的时间本身的恶,来源于人在对抗时间的历史中所遭遇的永久性失败。贝卡利亚利用时间的持续性,构建起了现代刑罚的理论基础,同时也为现代监狱制度找到了理论依据
9	《暴力恐怖主义犯罪的生成与本土治理定量研究 基于“三股势力”理论框架的通径分析》	赵军	《中外法学》	2019年10月15日	基于新疆概率样本的通径分析表明,经济状况、就业就学、家庭生活、民族交往、干群关系、宗教文化等大量犯罪以外的因素,对新疆地区分裂、极端、暴恐倾向的滋生具有显著促成作用,故必须超越以犯罪打击及治安防控为核心手段的通常应对思路,紧紧围绕民族分裂与宗教极端这两个关键点展开系统性的社会治

续表

序号	篇名	作者	期刊	发表时间	内容简介
9	《暴力恐怖主义犯罪的生成与本土治理定量研究 基于“三股势力”理论框架的通径分析》	赵军	《中外法学》	2019 年 10 月 15 日	理。伊斯兰极端主义的治理途径不是“去伊斯兰化”,而是通过对伊斯兰教义的时代解读和“中国解读”解构极端思想,积极推动伊斯兰教的时代化与中国化,促成维吾尔穆斯林的现代化与世俗化。反恐、防恐、治恐的对策、手段和措施,都应采取科学的经验方法并在中国本土情景中得到检验;同时应遵循理性、科学、适度、法治、实效的原则,既反对法教条主义,也反对法虚无主义。解决中国现阶段暴恐问题的根本路径是促进新疆与中东部地区,南疆与北疆,维吾尔族与我国主体民族的平衡发展和充分发展
10	《暴恐犯罪的机理与刑事政策反思》	沙涛	《甘肃政法学院学报》	2019 年 9 月 30 日	暴恐犯罪是一种意识形态犯罪,我国境内的暴恐犯罪主要受宗教极端思想驱动。宗教本身并不蕴含暴力,但经曲解后对暴力具有“正当化”解释功能。我国防治暴恐犯罪的“既严又厉”刑事政策忽视了犯罪的发生机理,因未能对症下药而难以取得预期效果。在预防暴恐犯罪方面,重刑威慑效果有限,以公正为导向的积极一般预防能够发挥较大作用。我国反恐刑事政策应转向“严而不厉”,刑法应凸显公正、淡化威慑,通过严密法网阻断犯罪生成

续表

序号	篇名	作者	期刊	发表时间	内容简介
11	《论我国环境犯罪刑事政策》	高铭暄、郭玮	《中国地质大学学报》(社会科学版)	2019年9月20日	环境犯罪刑事政策决定于我国当前的环境政策与基本刑事政策,后两者均具有相当程度的灵活性,闪耀着辩证的光芒。环境犯罪刑事政策应避免"两极化",摒弃生态中心主义与人类中心主义,兼顾环境保护与经济发展的并行刑事政策是必由之路。通过完善立法,扩张环境犯罪圈,提前介入刑法,探索行之有效的环境刑事公益诉讼路径,以实现全方位、多角度的环境犯罪规制。与此同时,顺应刑罚轻缓化趋势,进一步优化刑罚结构,着力于生态环境的恢复。为了避免客观归罪与人权侵犯,对环境犯罪不可适用严格责任,而应坚持主客观相统一的犯罪构成
12	《犯罪研究中流动青少年概念的多维分析》	王瑞山、许蔓莉	《青少年犯罪问题》	2019年9月20日	现有犯罪研究中,流动青少年及相关概念在对象类型方面较为模糊,不利于对影响犯罪的不同变量进行深入的分析。通过对现有概念的分析,进一步厘清流动青少年概念的维度,有利于促进流动青少年犯罪的研究和应对。基于犯罪学视角,对流动青少年的界定要从流动维度、年龄范围、居留状态来把握,概念使用要注意研究样本中流动青少年流动变化前后及相应期间与父母、伙伴、学校、社区等因素的联结,区别不同流动状态青少年犯罪情况的比较,以利于流动青少年预防政策的精细化

续表

序号	篇名	作者	期刊	发表时间	内容简介
13	《犯罪学视角下校园暴力的预防与处理》	侯艳芳、秦悦涵	《法学论坛》	2019年9月10日	校园安全是影响青少年成长的重要因素,校园暴力的预防与处理至关重要、任务艰巨。从犯罪学的视角看,校园暴力的预防应在政府主管部门主导和司法机关协同之下,督促学校树立主动预防的意识,从预案制定、预防教育的常态化和风险评估的常态化三个方面予以完善;应抓紧建立一般性预防和特殊性预防有效结合的校园暴力预防体系,对其中的家庭功能和社会功能进行重点塑造。校园暴力处理措施的体系构建与机制完善应从处理措施的系统化、应急体系的法治化、矫治手段的全面化以及参与主体的多元化四个方面来展开。在校园暴力的预防与处理过程中,不能对青少年进行具有歧视的差别性对待,应根据暴力的程度和形式进行切实有效的整治
14	《恶势力犯罪研究》	陈兴良	《中国刑事法杂志》	2019年8月15日	我国当前正在进行"扫黑除恶"的专项斗争,"黑"指黑社会性质组织,"恶"指恶势力犯罪。我国《刑法》第294条对黑社会性质组织作了专门规定,但对恶势力犯罪未作规定,只是在相关司法解释中涉及恶势力犯罪。因此,从刑法教义学原理出发,正确界定恶势力犯罪的特征,为司法机关认定恶势力犯罪提供规范根据具有重要意义。本文描述了恶势力犯罪概念的形成和演变过程,阐述了恶势力犯罪的特征,并对恶势力犯罪和黑社会性质组织、普通犯罪集团的区分进行了论述

续表

序号	篇名	作者	期刊	发表时间	内容简介
15	《美国“仇恨犯罪”研究刍议》	王春来	《历史教学问题》	2019年8月15日	20世纪80年代以来,“仇恨犯罪”作为一个全球性现象、世界性难题和社会问题而引起国际社会广泛关注。“仇恨犯罪”虽然只是20世纪80年代以来才出现的法律新术语,但作为历史现象在美国却有着悠久的历史。当代美国社会仇恨诱发的暴力行径有着深刻的历史根源
16	《当前未成年人违法犯罪实证研究——以山西省某未成年犯管教所为样本》	耿强社、刘娟、李砚明	《犯罪与改造研究》	2019年8月8日	未成年人是民族的希望,国家的未来。未成年人违法犯罪社会高度关注。关注预防未成年人违法犯罪是检察机关的责任和义务。作者通过到山西省某未成年犯管教所进行问卷调研,应用犯罪学理论对问卷项目进行实证研究,分析未成年人违法犯罪的特点、原因,以期找出当前预防未成年人违法犯罪的对策
17	《从“孤立性”到“情境性”:刑罚威慑理论的认知视野转向》	李中良、毕宪顺	《山东社会科学》	2019年8月5日	基于信息加工心理学理论视角,威慑理论把威慑效能看作问题青少年封闭于大脑中的、脱离环境对犯罪利弊理性权衡、比较、算计后的认知结果,忽视了外在情境对威慑效能生成的影响,这直接导致威慑理论认知视野陷入孤立性困境。在情境认知逐渐兴起并被广泛接纳的背景下,作为一种认知过程的犯罪利弊理性博弈自然不能忽视外在情境的制约和影响。在这种意义上,威慑理论基于情境认知理论视角实现从“孤立性”到“情境性”的认知视野转向是必须且可行的,而转向之后形成的新理论给青少年犯罪预防实践和理论研究描绘了一幅崭新图景

续表

序号	篇名	作者	期刊	发表时间	内容简介
18	《生涯犯罪人的法律规制》	孔一	《北京联合大学学报》(人文社会科学版)	2019 年 7 月 20 日	对随机选取的 J 省监狱在押的七次以上被判刑或劳教的 59 名罪犯进行深度访谈所获资料,利用方差分析、话语分析等定量、定性研究方法综合分析发现:生涯犯罪人的生活道路是持续走向犯罪,与国家、社会的关系日益疏离紧张。这是国家、社会、犯罪人都想避免但却实际助推的“意外后果”。缩短生涯犯罪人犯罪生涯的持续时长、减少犯罪数量及其危害,并不取决于刑罚的严厉程度和“资格刑”的扩张范围,而是取决于国家是如何理性认识罪犯、科学控制犯罪:修正国家对犯罪人的根本认识,推进对生涯犯罪人的分押分管分教,调整与有犯罪前科者相关的刑事法律,清理排斥刑释人员就业的一般法律法规,锐化对犯罪前科者的累进处遇制度,强化对初犯的惩罚和教育
19	《城市本地籍未成年人犯罪生成及遏制实证分析》	王瑞山	《华东师范大学学报》(哲学社会科学版)	2019 年 7 月 15 日	城市本地籍犯罪的未成年人在文化水平、生活状态、家庭情况、犯罪类型等方面都有着不同于城市流动犯罪未成年人的特征,需要进行针对性的研究。本地籍未成年人犯罪原因要从生发因素和遏制因素两方面分析。其中,生发因素包括不正确的价值观和不良认知,这是其内在推力,原因多元的物质困境是其外在压力,不良交往是其外在拉力;遏制因素包括个人内在遏制和社会外在遏制两个方面,家庭教养方式不当和学习失败削弱了犯罪未成年人应有的内在遏制,

续表

序号	篇名	作者	期刊	发表时间	内容简介
19	《城市本地籍未成年人犯罪生成及遏制实证分析》	王瑞山	《华东师范大学学报》(哲学社会科学版)	2019年7月15日	家庭、学校、社区等方面的社会控制缺失削弱了犯罪未成年人的外在遏制。预防城市本地籍未成年人犯罪应改善家庭教养、学校教育和社区服务,推进“少年社区警务”建设
20	《留守儿童犯罪被害预防能力提升的教育对策研究》	贾健、王玥	《湖北社会科学》	2019年7月10日	家庭教育功能缺失与学校法治教育功能的不完善是导致留守儿童易遭受犯罪侵害的重要因素。留守儿童成长的客观环境存在较为严重的安全隐患。留守儿童的特殊心理特征往往导致相关预防教育工作难以开展。留守儿童被害预防教育主要可以分为被害前阶段以及重复被害预防阶段。目前应进一步统筹、对接、协调各部门间的预防教育活动,构建留守儿童被害预防教育共同体;有必要组织推广有益经验并利用好现有的教育设施;应设立专项留守儿童被害预防教育基金,包括被害前预防与被害后预防两类基金
21	《我国未成年人犯罪记录封存制度研究》	宋英辉、杨雯清	《国家检察官学院学报》	2019年7月9日	封存犯罪记录是未成年人再社会化过程中不可或缺的一部分。消除因犯罪记录产生的“标签效应”,对未成年犯罪人重新回归社会发挥着至关重要的作用。通过调查发现,犯罪记录封存制度在实践中发挥了积极的作用。但是,制度运行中仍然存在监督与救济程序缺失、查询程序不规范、封存效力不明确以及相关部门之间的衔接与配合脱节等问题。此外,该制度在运行中与少年司法其他制度之间存在冲突,

续表

序号	篇名	作者	期刊	发表时间	内容简介
21	《我国未成年人犯罪记录封存制度研究》	宋英辉、杨雯清	《国家检察官学院学报》	2019 年 7 月 9 日	而且单一的封存模式以及适用条件,不利于实现双向保护的目的。对此,应当通过采取“原则+例外”的立法模式、设置合理的考验期、完善监督与救济、明确封存效力以及加强各部门之间的衔接与配合等方式,对制度进行完善。此外,应当以整体性视角看待该制度,缓解犯罪记录封存制度与其他少年司法制度之间的冲突,使制度内部相互协调
22	《论犯罪化的根据》	姜敏	《中国刑事法杂志》	2019 年 6 月 15 日	刑法的犯罪化立法是最重要的国家行为,必须为其提供正当化理据。德日系的法益保护原则、英美系的危害原则和中苏(俄)系的(严重)社会危害性原则,均是重要的犯罪化根据,且指导着对应国家的犯罪化立法。同时,法益保护原则在中国刑法学界的炽盛之势,已严重动摇了(严重)社会危害性原则在中国刑法中的地位。危害原则在中国刑法学界仅是小荷才露尖尖角,且无“先来者”的优势。犯罪化根据应体现法治精神,且从刑法立法的最终意旨是保护公民自由和为公民谋求幸福提供条件的角度看,其应体现的是“盾牌”式的法治精神而非“利剑”式法治精神。与(严重)社会危害性原则相比,危害原则的内涵、价值诉求、自由主义血统,决定了其更符合法治精神;同时,与法益保护原则相比,其作为前(元)法律原则所具有的批判精神能限制刑法立法,因此,亦更适合作为刑法立法语境中的犯罪化根据

续表

序号	篇名	作者	期刊	发表时间	内容简介
23	《未成年人弑亲案件犯罪学分析——以2015年至2019年全国11例弑亲案件为样本》	胡佳	《预防青少年犯罪研究》	2019年6月15日	未成年人弑亲案件频频曝光,引发舆论哗然。通过对2015年至2019年全国11例弑亲案件进行基础分析可知,经济发展带来的变革、传统教育方式的影响、网络文化的熏陶和个体行为的失范是案件发生的主要原因。在应对措施上,应首先厘清办案思路:明确惩罚与教育、预防与惩治相结合的政策理念,综合运用刑罚、教育、监管等多元方式。预防对策包括加强未成年人心理健康教育、完善未成年人家庭暴力特殊防治机制和推动家庭教育立法三方面。惩治对策包括实现刑罚个别化、加强对不负刑事责任的未成年人的改造教育两方面。以此,有效预防未成年人弑亲案件,挽救和惩处涉案未成年人
24	《信息革命下犯罪的多主体协同治理——以节点治理理论为框架》	裴炜	《暨南学报》(哲学社会科学版)	2019年6月15日	网络信息革命对于犯罪治理的影响不仅在于技术层面,还深入到理念和制度层面。社会关系围绕信息流动形成网状结构,行政执法机关、商业组织、社会公众等社会主体借由网络社会广泛参与犯罪治理活动,犯罪治理与一般社会治理的边界日益模糊。在此背景下,基于建构网络空间命运共同体的时代需求,犯罪治理从阶层化的国家治理模式转向网络化的节点治理模式,核心在于对参与犯罪治理的不同类型节点的信息能力进行协同。从制约信息能力的关键要素出发,形成犯罪治理节点协同的四项任务:节点认知协同、节点技术协同、节点资源协同、节点

续表

序号	篇名	作者	期刊	发表时间	内容简介
24	《信息革命下犯罪的多主体协同治理——以节点治理理论为框架》	裴炜	《暨南学报》(哲学社会科学版)	2019 年 6 月 15 日	制度协同。从犯罪治理制度建设的角度出发,以上协同最终需要落脚到四项原则建立的制度框架之下予以实现,即人权保障原则、信息公平原则、比例原则和责任原则
25	《网络平台犯罪及其治理对策》	皮勇	《中国检察官》	2019 年 5 月 20 日	在信息社会中,网络平台处于核心地位,信息社会活动高度依赖网络平台,网络平台是推动信息社会发展的核心力量,同时,网络平台相关犯罪随之迅速衍生,给信息社会的健康发展带来严峻挑战。多种网络平台相关犯罪与网络平台的运作模式紧密相关,有效治理网络平台犯罪,应以网络平台为抓手,落实网络平台的协助管理义务,强化国家管理机关的信息网络空间治权和用户个人信息的刑法保护,畅通网络平台与管理机关在违法犯罪数据上的联通,同时打造有利于遏制网络平台犯罪的信息网络社会环境
26	《我国青少年犯罪的影响因素分析——基于时间序列数据的实证研究》	曾鹏、陈嘉浩	《青年研究》	2019 年 5 月 15 日	青少年犯罪问题是世界各国政府和学者都关注的问题。通过建立多元时间序列的 VAR 模型,利用我国 2001 ~ 2015 年青少年犯罪统计数据,分析惩戒犯罪的严厉性政策、惩戒犯罪的确定性政策、司法投入、处于青春期人口占总人口的比例、高中入学率对青少年犯罪的影响。研究结果表明,惩戒犯罪的严厉性政策对青少年犯罪具有震慑效果,高中入学率有助于青少年犯罪率

续表

序号	篇名	作者	期刊	发表时间	内容简介
26	《我国青少年犯罪的影响因素分析——基于时间序列数据的实证研究》	曾鹏、陈嘉浩	《青年研究》	2019年5月15日	降低,惩戒犯罪的确定性、司法投入、处于青春期人口占总人口的比例对青少年犯罪的影响不显著
27	《权力依赖型企业生存模式与腐败犯罪治理——以民营企业行贿犯罪为中心》	赵军	《江西社会科学》	2019年5月15日	统计表明,民营企业家行贿犯罪数额大、持续性强、频度高、危害大,是腐败犯罪治理的重点,对国家反腐败斗争全局意义重大。仅靠加大民营企业家行贿犯罪的刑事规制力度,难以达到遏制腐败犯罪的社会效果,相关治理必须着眼于民营企业家行贿犯罪的促成机制展开。民营企业家向谁行贿、行贿多少,取决于行贿对象手中权力的性质及大小,权力依赖型的企业生存模式是民营企业家行贿犯罪的内在动因。与腐败权力的深度绑定能为此类企业带来资源和商机,但也成为这类企业最大的刑事风险。向以合规为保障、以创新为驱动的市场导向型企业转型,是消弭权力依赖型民营企业家刑事风险的关键。不过,这一转变还有赖于政府简政放权、规范权力、营造良好的营商环境
28	《美国治理少年犯罪的恢复性司法及其借鉴》	刘昊天	《中州学刊》	2019年4月15日	恢复性司法是从国外兴起的一种司法理论和程序,其目标是恢复受犯罪行为损害的社会关系。美国治理少年犯罪的实践中采用调解会议、少年法庭等恢复性司法措施,降低了罪错少年的再犯率及犯罪程度。我国在少年司法制度中采取恢复性司法措施有一定可行性,符合对少年犯罪人进行教育、感化、挽救的司法

续表

序号	篇名	作者	期刊	发表时间	内容简介
28	《美国治理少年犯罪的恢复性司法及其借鉴》	刘昊天	《中州学刊》	2019 年 4 月 15 日	方针及和谐、恤幼的文化传统，能够更好地教育青少年、丰富纠纷解决方式、节约司法资源。我国构建恢复性少年司法程序时，要合理设置所适用案件的范围，注重与传统司法程序的衔接，确保少年司法机构的专业性及当事人参与的自愿性
29	《犯罪科学的界定及其与犯罪学的关系——以伦敦学院大学的犯罪科学学科建设为例》	王瑞山	《中国人民公安大学学报》（社会科学版）	2019 年 4 月 15 日	犯罪科学是犯罪研究领域出现的一个新学科，它的理论基础是环境犯罪学。环境犯罪学出现于 20 世纪 70 年代传统犯罪学面临社会进步而犯罪高发的困境时，它在犯罪控制实践中取得成功并在刑事政策中得到认可。与犯罪学相比，犯罪科学聚焦犯罪控制而非解释犯罪，关注影响犯罪发生的情境因素而非使犯罪人产生犯罪性的心理学、生物学、社会学等方面的宏观原因，采取循证预防的方式融合了犯罪学以前不曾涉及的物理学、化学、地理学、计算机科学、城市规划等学科。犯罪科学的理论受到一些犯罪学家的批评，但是，犯罪科学与犯罪学并非水火不容，而是各有所长，甚至是互补的。在我国要综合运用犯罪学和犯罪科学，加强实证研究，注重预防评估和技术伦理，走科学、法治路径

续表

序号	篇名	作者	期刊	发表时间	内容简介
30	《犯罪记录制度的体系化建构》	于志刚	《中国社会科学》	2019 年 3 月 25 日	犯罪记录制度是信息时代的多元化基础信息管理制度,尽快建立中国国家犯罪记录制度,实现我国刑事管辖范围内犯罪信息数据的规范化收集、储存、利用,是完善信息时代法治的客观需求。未来我国犯罪记录制度应以公共利益维护为基本价值取向,以限制查询为基础模式,充分实现预防犯罪、促进犯罪人回归和社会管理功能。建立统一的国家数据库,构建双向主体、三重目的的查询规则,可以是犯罪记录制度的具体方案。为应对前科规范的无序扩张,有必要建立犯罪记录封存机制,实现犯罪记录的横向封存和纵向封存,抑制犯罪记录制度的制度风险,最终实现中国国家犯罪记录制度的体系化建构
31	《论循证矫正在未成年人社区矫正中的适用及完善》	陈珊珊	《青少年犯罪问题》	2019 年 3 月 20 日	循证矫正作为一种先进的矫正模式依赖于社会学习理论的支撑,在借鉴循证医学实践的前提下,强调通过社会环境改造、认知能力归正和控制能力提升来实现有效阻止再犯的效果。循证矫正模式的核心是建立个体正确的“认知—控制”系统,契合未成年人的身心成长过程。循证矫正的科学性、精准性及其干预度相对于传统矫正模式都有相当的优势,因此在未成年人社区矫正工作中适用循证矫正可以提高矫正的有效性,但目前国内对未成年人社区矫正中采循证矫正模式仍存在样本过少、项目周期偏短、专业社工缺乏的困境,如果能够在循证矫正活动中

续表

序号	篇名	作者	期刊	发表时间	内容简介
31	《论循证矫正在未成年人社区矫正中的适用及完善》	陈珊珊	《青少年犯罪问题》	2019 年 3 月 20 日	引入有规模的成熟社会力量,开放学界的深度介入,借鉴域外成型的数据,解决上述困境即为可期
32	《当代中国毒品犯罪刑事政策的检讨与修正》	曾粤兴、孙本雄	《法治研究》	2019 年 3 月 18 日	当代中国惩治毒品犯罪的刑事政策是严重偏向“从严”的刑事政策,无论是立法还是司法均是如此。这样的刑事政策不能有效地预防犯罪,对于减少毒品犯罪收效甚微,甚至有可能成为侵犯人权的帮凶、会影响我国整体的犯罪治理绩效,应当予以修正。修正后的毒品犯罪刑事政策在刑法立法上应当坚持从严为主、以严济宽,在刑事司法中应当坚持宽严相济、以宽济严。为了充分贯彻修正后的毒品犯罪刑事政策,应当对刑法立法和刑事司法解释或具有刑事司法解释性质的文件予以修改完善
33	《比特币洗钱犯罪的刑事治理》	时延安、王熠珏	《国家检察官学院学报》	2019 年 3 月 10 日	比特币洗钱犯罪的治理,首先要明确认识其洗钱风险和洗钱模式。目前非金融机构领域是我国反洗钱监管的短板,反洗钱内控机制的缺失和反洗钱义务的模糊是放大比特币交易平台洗钱风险的主要原因。为预防和惩治比特币洗钱犯罪,须合理把握反洗钱规制与刑事惩罚之间的关系,并从犯罪协作角度理解其中的犯罪产业链现象,同时有必要以《刑法》第 312 条为洗钱犯罪的普通法条、第 191 条和第 349 条为特殊法条的思路,来辨明我国洗钱罪名之间的逻辑关系

续表

序号	篇名	作者	期刊	发表时间	内容简介
34	《冲动性暴力犯罪人员对不同情绪面孔识别能力的特点》	赵辉等	《中国心理卫理杂志》	2019年2月25日	目的:探究冲动性暴力犯罪人员和对照组对不同情绪面孔识别能力的差异。方法:选取某监狱暴力犯罪人员90人,从中筛选出冲动性暴力犯罪人员59人,另外招募某高校后勤工作人员和保安35人作为对照组,采用2组别(冲动性暴力犯罪人员组、对照组)×4情绪类型(高兴、愤怒、悲伤、恐惧)的混合实验设计,通过情绪表情多形任务得到两组被试对高兴、愤怒、悲伤和恐惧面孔的情绪识别任务得分、错误个数和按键转换次数。结果:剔除错误率在30%以上的被试4人,最终有效数据冲动性暴力犯罪人员58人,对照组32人。冲动性暴力犯罪人员对高兴[(18.6±3.4)vs.(16.4±4.0),$P<0.01$]和愤怒[(16.2±2.4)vs.(14.1±3.2),$P<0.01$]表情的识别任务得分高于对照组。对于不同情绪的面孔刺激,冲动性暴力犯罪人员的情绪识别任务得分呈现出高兴>愤怒>恐惧>悲伤的趋势(均$P<0.05$);对照组也呈现出高兴>愤怒>恐惧/悲伤的趋势(均$P<0.05$),但恐惧和悲伤的识别任务得分差异无统计学意义($P>0.05$)。结论:本研究提示,冲动性暴力犯罪人员可能对高兴和愤怒面孔的敏感性更高

续表

序号	篇名	作者	期刊	发表时间	内容简介
35	《2018年度最有影响力刑事案件的犯罪学分析——滴滴出行平台相关网约车司机犯罪案件的犯罪学分析》	皮勇	《中国检察官》	2019年1月20日	犯罪学是以犯罪现象为研究对象的学科，分析犯罪发生的原因，研究防控犯罪的对策，我们以当前公众最为关注的犯罪现象为对象，开展2018年度最有影响力刑事案件的犯罪学分析。首先，我们以刑事案件引起的网民关注度为依据，确定2017年9月至2018年8月的年度最有影响力案件；其次，通过分析公布的相关刑事裁判文书，探寻相同或者相似犯罪环境和形成机制的类案发生规律，研究有效的防控对策
36	《从交易禁止到利益冲突：美国贿赂犯罪立法体系的建设路径》	尤广宇、魏昌东	《国家检察官学院学报》	2019年1月10日	在传统的交易型贿赂犯罪的立法体系之外，构建以维护行政伦理道德为立法基础的利益冲突型贿赂犯罪立法子系统，是美国贿赂犯罪立法体系的鲜明特色。美国利益冲突型贿赂犯罪立法肇因于前置化规制公权滥用行为的需要，其犯罪化根据的实质在于，防范因公职人员的个人利益与其职务所代表的公共利益之间的冲突而造成的公共利益受到的侵害或者信赖危险。美国法典根据不同权力类型的属性不同，设定了差异化的行为模式与动因条件，设定了四种典型的行为模式。利益冲突罪的立法具有独特的抑止腐败作用，促进了刑法功能的转变，是将积极治理主义理念引入反腐立法体系的标志。探究美国利益冲突罪立法体系的特点，将对我国贿赂犯罪“二元双层式”立法模式的改造具有借鉴价值

续表

序号	篇名	作者	期刊	发表时间	内容简介
37	《校园欺凌的犯罪学理论分析与防控策略——以我国近3年100件网络新闻报道为研究样本》	李永升、吴卫	《山东大学学报》(哲学社会科学版)	2019年1月5日	以犯罪学为研究进路,基于校园欺凌的基本特征、报道的完整度与客观性标准,从2015年至2017年有关校园欺凌的网络新闻报道中筛选出100个作为样本进行研究,发现校园欺凌具有如下特点:主客体以初中生为主,女生欺凌现象更加突出;校园欺凌的形式多样,多由生活琐事引发;危害后果较严重,处理结果相对轻缓。借助美国学者赫希的自我控制理论,我们应从青少年自身的犯罪控制能力与犯罪机会的出现两个方面深入探寻发生校园欺凌的原因。在社会综合治理理念指导下,双管齐下进行校园欺凌行为的治理。一方面,从青少年自身、家庭、学校和社会四个方面强化青少年的自我控制能力,消除发生校园欺凌的内在原因;另一方面,从学校、社会和国家三个层面防范出现校园欺凌的机会,消灭发生校园欺凌的外部条件

第五节　科研机构和人才培养

一、代表性科研机构、学术平台

中华人民共和国成立以来,在党和国家领导人的长期关怀下,在各级党委政府的领导下,我国犯罪学领域的科研学术机构得到蓬勃发展,各类科研学术平台的科研活动活跃,持续为我国犯罪学基础理论研究和犯罪治理实务提供重要的学术支撑。

在《中国犯罪治理蓝皮书:犯罪态势与研究报告(2018)》(法律出版社2019年版)的基础上,本部分拟对我国犯罪学领域代表性科研机构和学术平台的基本情况作进一步补充。

表4-5　国内犯罪学代表性科研机构、学术平台列表

序号	名称	基本情况	任务功能、特色成果等
1	国家检察官学院职务犯罪研究所	2012年12月12日成立。由国家检察官学院设立。该所是目前全国唯一专门从事职务犯罪研究的机构,是国家检察官学院对外进行学术交流的重要平台	旨在为检察机关在解决预防和查办职务犯罪中遇到的问题提供决策参考、理论支撑和解决方案,积极推动职务犯罪的法学研究、立法完善。研究所以国家检察官学院以及全国检察系统职务犯罪研究方面的专家、教授为主体,开展职务犯罪的学术研究、咨询服务等活动,承担案件咨询、学术交流、课题研究、人才培养、教学培训等多项职能
2	北京师范大学刑事法律科学研究院	2005年8月18日建立,专门从事刑事科学研究的实体性学术机构。机构性质为"运行类建制性科研机构",挂靠新的法学院相对独立运行。 设置犯罪学研究所、刑事政策研究所、犯罪与矫正研究所、刑事心理学研究所等常设性研究机构;北京师范大学中国企业家犯罪预防研究中心挂靠刑科院;G20反腐败追逃追赃研究中心是刑科院学术力量的组成部分。 学术团队45人,其中教授27名,长江学者特聘教授1人,人事部"百千万人才工程"2人,全国"十大杰出青年法学家"2人,教育部"跨世纪优秀人才培养计划"1人、"新世纪优秀人才培养计划"4人。同时聘任了49位特聘教授、47位刑事疑难问题研究咨询专家委员会委员、65位客座教授或客座研究员。设有刑法学和刑事诉讼法学博士学位授权点,并从事博士后培养。主办的《刑法论丛》(CSSCI来源集刊)已经出版50余卷,《刑法评论》已经出版30余卷	秉持特色鲜明、国内一流、世界知名的发展目标,致力于巩固传统刑事学科优势,同时把握学科前沿、面向社会重大需求推动学科交叉研究,不断提升刑事科学研究能力,产出具有标志性和国际影响力的科研成果,努力为刑事领域的高端智库建设、高端学术人才培养、高端学术交流以及面向政府、司法、企业、大中小学等部门的高端培训开展新的探索并作出新的贡献。 拥有五大国际学术平台:(1)2011年4月成功加入联合国刑事司法网络,成为其第15个国家成员单位。2012年刑科院又成为其5个理事单位之一。(2)2012年10月成功加入联合国国际反腐败学院联盟,成为其第33个国家成员单位。(3)2014年8月与联合国安理会反恐执行局签订合作协议,成为其12个全球选定的合作伙伴之一。(4)2016年9月正式成立G20反腐败追逃追赃研究中心。(5)2019年2月成为联合国网络犯罪问题政府间专家组观察员。创设了"当代刑法国际论坛""中国区际刑事法论坛""当代刑事司法论坛""企业家刑事风险防控高端论坛",举办国际国内学术会议60余场;举办"京师名家刑事法讲座""京师刑事法专题论坛"共140余期

续表

序号	名称	基本情况	任务功能、特色成果等
3	华东政法大学犯罪治理研究院	该院依托华东政法大学犯罪学等学科资源,同时广泛吸纳司法实务领域和有关企事业单位的专家参与。归口于刑事法学院,同时承担上海市法学会社会治理研究会、上海市犯罪学学会等学术平台的秘书处工作	该研究院首任院长为应培礼教授。设有中国犯罪治理指数模型建构研究、社会治理模式比较研究、企业内控与反舞弊犯罪研究、新型科技犯罪研究等方向。承担上海市犯罪学学会会刊《犯罪研究》的编辑部工作
4	北京大学犯罪问题研究中心	成立于1987年9月。依托北京大学法学院。主要从事犯罪学、劳动改造法学和青少年法学的教学与科研工作。法学教授康树华为中心首任主任。有研究人员近20人,招收博士、硕士研究生。承担了多项研究课题	为本科生开设了犯罪学、青少年法学、劳改法学等课程。为研究生开设了论证犯罪学、比较犯罪学、犯罪学研究方法、比较青少年法学以及监狱法、劳改法专题等课程
5	西北政法大学反恐怖主义法学院	从20世纪80年代开始,该校师生就关注和研究新疆社会经济、民族宗教问题、恐怖主义犯罪等问题。 1999年整合校内各学科资源,成立了全国首家"反恐怖主义犯罪研究所"。 2014年分别组建了实体性的反恐怖主义研究院和民族宗教研究院,建立起一支由20多名来自不同民族的专家学者组成的专职研究队伍。 2016年1月16日,西北政法大学反恐怖主义法学院正式成立,由时任校长贾宇教授兼任院长,穆兴天教授任执行院长。设立反恐怖主义法学、国际政治与反恐理论、公共安全、民族学与民族法学、宗教学、反恐情报信息与现场处置6个教研室。 专任教师21人,其中教授5人、副教授7人,博士生导师4人,硕士生导师5人,少数民族教师8人;校内兼职教授15人,校外客座教授6人,兼职教授13人	学院与新疆维吾尔自治区党委政法委、新疆生产建设兵团、昌吉州开发区、伊犁师范学院等单位达成了在反恐怖主义专业人才培养和科学研究方面的全面合作协议,教师挂职、学生实习等项目已经实施。在培养方案的制定及课程设置方面,特色明显,交叉性、复合性突出,涉及法学、政治学、民族学、宗教学、国际关系学、公安学等多学科内容,以法学类的主干必修课、选修课为基础和支撑,同时根据专业需求和特点,开设特色课程共18门

续表

序号	名称	基本情况	任务功能、特色成果等
6	上海政法学院刑事司法学院	始建于1989年,2011年4月经上海市司法局批准,由原刑事司法系更名为刑事司法学院。 有专职专业教师21名,其中教授4名,副教授10名。学院拥有多名在全国具有较高知名度和影响的专家、学者。设犯罪学(反恐)、刑法学、实训中心3个教研室。刑法学硕士专业设刑法学、犯罪学、监狱学和青少年犯罪与司法、反恐与国家安全、国际司法合作6个研究方向	刑法学是上海市教委重点学科和上海高校本科教育高地建设项日。学院特别注重对学生进行实训技能训练,成效显著。 学院多位教师在中国刑法学研究会、中国犯罪学学会、中国法学教育研究会、中国预防青少年犯罪学会、中国监狱学会、上海市刑法学研究会、上海市禁毒法研究会等全国性、地方性学术团体中担任了会长、副会长、常务理事、理事的职务
7	甘肃政法大学公安分院(刑事司法学院)	前身为甘肃政法学院公安系,初建于1989年,1996年经公安部同意、省政府批准成立甘肃政法学院公安分院,由甘肃政法学院和甘肃省公安厅双重领导。 2016年4月,在公安分院的基础上组建刑事司法学院,实行"两块牌子,一套人马"的管理机制。现有专任教师47人,其中教授10人,副教授17人。兼职客座教授35人,实战教官31人	有侦查学、治安学、边防管理、禁毒学、监狱学5个本科专业,其中侦查学、边防管理为国家级特色专业,治安学为甘肃省特色专业;公安学为甘肃省重点学科。有犯罪心理测试技术研究中心、西北少数民族地区侦查理论与实务研究中心、西北边疆安全研究中心、禁毒理论与实务研究中心4个研究服务机构。有诉讼法学科侦查学、治安学、犯罪心理测试技术3个方向硕士研究生点和法律硕士(反恐法务)专业学位授权点;2018年在法学法科门类下自设侦查学二级学科。建有警务技能训练馆、射击技能实训室、侦讯室等实训场馆

续表

序号	名称	基本情况	任务功能、特色成果等
8	中国刑事警察学院侦查与反恐怖学院	前身为刑事犯罪侦查系,可以追溯到1981年国务院批准成立中国刑事警察学院时的一系(侦察系),是我国公安院校中最早的刑事侦查专业系。2015年开设反恐怖专业方向,形成了全国公安院校中特有的警务反恐人才培养模式。反恐怖方向已建起"1+1+1"模式的教学、科研和智库服务实战架构。 2015年学校首开国内先河,以"3+1"本科人才培养方案,培养侦查学专业反恐怖方向本科学生,目前已经形成包括本科、研究生(留学生)培养和在职民警、国外执法人员培训的人才培养格局。 学院现有教职工36人,其中教授9人(二级教授2人)、副教授(副高职)14人,讲师11人,助教1人;博士生导师1人,硕士研究生导师12人	设有侦查基础、犯罪现场勘查、刑事案件侦查、预审、反恐怖5个教研室和1个侦查实验实训中心。预审与侦查理论教学团队及犯罪现场勘查学2个教学团队被评为"辽宁省优秀教学团队"。 现有4个科研机构(非在编),即中国行为法学会侦查分会、与公安部刑侦局联合建立的刑事犯罪对策研究中心、中国刑事警察学院警务反恐研究中心、中国刑事警察学院电信网络诈骗犯罪防治研究中心
9	公安部第三研究所	始建于1978年上海公安科学研究所,1979年经国务院批准更名为公安部上海八七六研究所,1984年经公安部批准更名为公安部第三研究所。 业务涵盖公共安全产品研发、检测评估、系统集成多领域。拥有网络事件预警与防控技术国家工程实验室、信息安全等级保护关键技术国家工程实验室、大数据协同安全技术国家工程实验室、国家反计算机入侵和防病毒研究中心、国家网络与信息系统安全产品质量监督检验中心、信息网络安全公安部重点实验室、公安部信息安全产品检测中心、公安	主要从事网络安全与智慧警务科研创新与技术支撑,在警务信息智能感知、警务数据安全共享、违法犯罪监测预警等优势研究领域有着长期的积累,在网络攻防、网络侦察、技术侦察、国产密码、电子取证、等级保护、大数据分析、智能安防、毒品检测等领域着力部署,提供核心关键技术支撑与系统解决方案,在公共安全领域具备强大的智能装备制造和系统集成的产业化能力。 核心业务部门包括:三个事业部:特种技术事业部、刑侦事业部、eID(网络身份技术)事业部;三大中心:信息网络安全技术研发中心、物联网技术研发中心、检测中心;三个研究室:928实验室、治安信息技术研究室、经侦技术研究

续表

序号	名称	基本情况	任务功能、特色成果等
9	公安部第三研究所	部信息安全等级保护评估中心等一批国家级、省部级创新平台。现有专业技术人员1900余人,700多人具有硕士、博士学位	室;一个区域研发中心:华南技术研发中心;一个基地:公安部国家级专业技术人员继续教育基地;一本杂志:中文核心期刊《信息网络安全》
10	南京森林警察学院侦查学院	学院设基础理论、案件侦查、侦查行为、侦查技术、反恐与国安5个教研室,全国森林警务航空运动训练基地(省部级)、国家林业和草原局濒危野生动植物犯罪研究所(省部级)和反恐怖研究中心(校级)3个科研平台以及侦查学专业综合训练中心和警用无人机应用训练室。现有教师39人,专任教师23人。其中教授2人、副教授14人。江苏省高校"青蓝工程"优秀青年骨干教师3人	该校侦查学专业是江苏省高等学校特色专业,《侦查学实践教学模式构建与创新》侦查实验室建设获国家级教学成果二等奖,江苏省教学成果一等奖。主持和参与公安部规划教材3部,2018年出版教材《林业生态安全与濒危野生动植物保护执法》被公安大学出版社遴选到公安青年文库。拥有江苏省一类精品课程、公安部精品课程1门,校级精品课程3门;行业标准制定2项;发明专利及著作权6项
11	云南警官学院刑事侦查学院	2011年1月成立,由刑事科学技术系和刑事侦查系合并组成。设有两个刑事侦查教研室和刑事科学技术教研室,主要从事刑事侦查和刑事科学技术学科应用型专门人才的培养;承担和完成刑事案件侦查、经济案件侦查、犯罪心理学、国内安全保卫、痕迹检验、文书检验、刑事照相、法医学、现场急救、微量物证、毒物毒品检验等专业课程的理论、实验、实训课程的教学、科研任务	立足公安、面向政法、服务社会,为云南公安、司法机关和企事业单位安全保卫部门培养输送政治坚定,作风过硬,掌握公安工作基本理论、基本知识、基本技能,符合"大公安、厚基础、精专业、重实战"要求,熟悉边疆民族地区公安司法工作特点,适应基层公安司法工作和社会需要的应用型专门人才。开展司法鉴定工作

续表

序号	名称	基本情况	任务功能、特色成果等
12	腾讯研究院犯罪研究中心	2014 年 3 月成立,以刑事一体化思想为研究理念,采用理论、实证和比较等研究方法,依托公司、行业实践中的典型案件,聚焦新型网络安全和犯罪问题,通过论坛研讨、判例研究和行业报告等多种形式,积极搭建产学研合作平台,促进学界、司法实务界和行业内对重要领域刑事问题的关注、研究和解决,推动研究成果在理论和实务领域的交流、影响和采纳。 研究范围涵盖即时通讯、互动娱乐、知识产权、电商金融等领域的网络安全和犯罪问题	腾讯研究院是腾讯公司设立的社会科学研究机构,旨在依托腾讯公司多元的产品、丰富的案例和海量的数据,围绕产业发展的焦点问题,通过开放合作的研究平台,汇集各界智慧,共同推动互联网产业健康、有序的发展。 研究院下设法律研究中心、产业与经济研究中心、社会研究中心、犯罪研究中心、安全研究中心、专利与创新研究中心、"互联网 +"创新中心,并设有博士后科研工作站。围绕互联网法律、公共政策、互联网经济、大数据等研究方向,与国内外研究机构、智库开展多元化的合作,不断推出面向互联网产业的数据和报告,为学术研究、产业发展和政策制定提供有力的研究支持
13	湖南大学犯罪学研究所	2009 年 8 月成立,依托湖南大学法学院,负责人为王燕飞教授	承担过教育部人文社会科学研究博士点基金项目:"职务犯罪预防战略研究"、湖南省普通高等学校教改课题"犯罪学课程教学内容与方法改革与实践"、湖南省教育厅重点课题"长株潭一体化进程中犯罪迁移与法律对策研究"等
14	海南大学犯罪学研究所	依托海南大学法学院,是海南省第一个专门从事犯罪学研究的学术机构。主要从事海上犯罪及深层次的犯罪学基础理论研究,该研究所现有 6 名研究人员,其中教授 3 名,副教授 3 名	设立目标为通过定期举办区域性和全国性的犯罪学专项论坛等,力争将其打造成华南地区乃至全国犯罪学研究的重镇

二、犯罪学人才培养简况

2019 年全国高校、科研机构的硕士、博士学位论文中有大量选题属于犯罪学专业、方向,或与犯罪学领域存在直接相关性。为了便于大家进一步了解犯罪学领域的学科建设和人才培养情况，本部分在2018年梳理总结犯罪学专业、方向硕士、博士学位点的情况基础上，将2019年全国犯罪学领域硕士、博士学位论文选题进行梳理汇总。同时也有利于在读的相关专业硕士博士生们做好今后的学位论文选题工作，见表4－6。

表4－6　2019年犯罪学领域硕士、博士论文选题汇总表①

序号	培养单位	学位层次	学院/导师情况	专业/方向	2019年学位论文选题
1	中国政法大学	硕士	归口于刑事司法学院	刑法（犯罪学方向）	许俊俊：我国大陆高校科研腐败问题及其治理研究
		博士	归口于刑事司法学院，杨波教授	刑法（犯罪学方向）	彭瑞楠：犯罪实质判断论
2	北京师范大学	硕士	刑科院，导师吴宗宪教授	刑法学专业（犯罪学与社区矫正方向）	崔雨桐：未成年社区服刑人员个别化矫正研究
			导师张远煌教授	刑法学专业	王鲁玥：医疗企业商业贿赂犯罪防治对策研究
			导师郭理蓉副教授		汪晓晗：虐童行为的刑法规制研究
			导师王志祥教授		王艺丹：我国贪污贿赂犯罪立法动向研究
			导师赵军教授		武文强：网络舆论暴力刑法规制的完善
			导师吴宗宪教授	刑法学专业（犯罪学方向）	胡馨平：缓刑犯再犯罪研究——以326份刑事裁判文书为样本
			导师袁彬教授		卢鑫：犯罪治理的历史路径与现实选择——犯罪治理的法治与德治路径辨析

① 该部分内容主要从知网数据库查询获得，部分院校的论文因政策原因未能收录到该系统。感谢北京师范大学吴宗宪老师的硕士生于跃同学，为本表编撰收集了北京师范大学的相关素材。本部分选题主要从论文与犯罪学学科的相关性予以考虑，并未严格限制专业或学位类别。

续表

序号	培养单位	学位层次	学院/导师情况	专业/方向	2019年学位论文选题
2	北京师范大学	硕士	法学院,导师赵军教授	法律硕士专业(刑法方向)	张晓丽:高校性骚扰现状及其举证责任研究
			导师赵军教授		高月:高校性骚扰现状及规制范围研究
			导师张远煌教授		李玮玮:民营企业腐败犯罪原因与对策研究
					叶智伟:民营企业家腐败犯罪原因及对策研究
					孙梦远:民营企业贿赂犯罪合作治理研究
					张凯媛:民营企业贿赂犯罪文化预防——以行业潜规则为视角
			导师卢建平教授		林仕若:刑事政策视野中的见危不救问题研究
			导师赵军教授		金海洋:留守儿童和流动儿童暴力被害效应定量研究
			导师雷小政副教授		毕婷婷:我国农村地区性侵案未成年人权利保护研究
			导师吴宗宪教授		李方圆:我国政府购买社区矫正服务研究
					王可人:我国外来未成年犯罪人社区矫正研究
					王亚琳:家庭关系中女性暴力行为研究
			导师赵秉志教授		王晓璐:试论利用虚拟货币洗钱犯罪的法律问题研究

续表

序号	培养单位	学位层次	学院/导师情况	专业/方向	2019 年学位论文选题
2	北京师范大学	硕士	导师王秀梅教授	法律硕士专业(刑法方向)	方元京姝:沙特阿拉伯反腐败刑事法律制度研究
					孙慧:伊朗反腐败刑事法律制度研究
					郭礼礼:以色列反腐刑事法制研究
			导师苏明月副教授		蔡淑芬:犯罪学理论视野下中学生校园欺凌防控策略研究
			导师刘志伟教授		付宗安:出卖亲生子女犯罪问题探析——基于对 186 件案例的考察
			导师卢建平教授		梁韵:暴力伤医犯罪的实证研究与对策建议
					贾一帆:假药犯罪的国际化与法律对策研究
					林仕若:刑事政策视野中的见危不救问题研究
			导师雷小政副教授	法律硕士专业(刑事诉讼法方向)	毕婷婷:我国农村地区性侵案未成年人权利保护研究
			导师王秀梅教授	法律硕士专业(刑法学、反腐败方向)	杜柯荧:阿拉伯联合酋长国反腐败刑事法律制度研究
			导师李滨教授	法律硕士专业(国际法方向)	吕明璐:第三方跨境支付的反洗钱法律监管研究
			教育学部,导师邓猛教授	特殊教育学专业(融合教育方向)	冯秋涵:融合教育背景下特殊儿童校园霸凌现象的质性研究
			导师余雅风教授	特殊教育学专业(教育政策学与教育法学方向)	刘盼婷:中小学校园欺凌防治中的教师素养研究
					杨丽君:中职生校园欺凌事件中旁观者行为研究——以×市某中职学校为例

续表

序号	培养单位	学位层次	学院/导师情况	专业/方向	2019 年学位论文选题
2	北京师范大学	硕士	政府管理学院,导师汪波副教授	政治学理论专业(中国政府与政治方向)	宋昭:中央巡视制度的反腐功能研究
			导师马勇副教授	国际关系专业(欧亚区域研究方向)	张辉:孟加拉国恐怖主义探析
			导师李毅副教授	国际关系专业(国际法方向)	庄馥璘:跨国网络攻击的国家责任问题研究
			经济与工商管理学院,导师胡海峰教授	金融学专业(公司金融方向)	胡振东:高管过度自信与上市公司欺诈研究
			心理学部,导师张日昇教授	应用心理学专业(箱庭疗法方向)	袁雷:监狱反社会型人格障碍群体初始箱庭作品特征研究
			导师许燕教授		段亚利:媒体暴力暴露对网络欺凌行为的影响——同理心与网络道德水平的调节作用
		博士	刑科院,导师吴宗宪教授	刑法学专业(犯罪学方向)	张雍锭:我国缓刑犯社区矫正关键问题研究
			导师储槐植、王志祥教授		李梦:我国刑法中微罪立法问题研究
			导师张远煌教授		龚红卫:民营企业腐败犯罪合作预防模式研究

续表

序号	培养单位	学位层次	学院/导师情况	专业/方向	2019年学位论文选题
3	中国人民公安大学①	硕士	犯罪学学院，导师张纯琍教授	公安学专业（犯罪学方向）	李宏博：藏传佛教与四川藏区社会稳定关系研究
			导师王大为教授		刘云志：城市入室盗窃犯罪时空分析研究
					张良玉：农村非法集资类犯罪问题研究
			导师张学超副教授		史忍：当前我国暴力伤医犯罪问题研究
			导师付有志教授		冀燕昭：盗窃犯罪人认知结构的质性探索
					陈小燕：道路交通法规认知对行人闯红灯行为的影响
			导师靳高风教授		朱双洋：独狼式恐怖主义活动研究
			导师曹文明教授		梅杰：亲属间故意伤害犯罪问题研究
			导师王洪沙教授		安鹏飞：完善恐怖主义犯罪预防机制研究
					公茂雷：我国恐怖主义犯罪数据库构建研究
			导师王宏玉副教授		任奕：网络毒品犯罪及防控对策研究

① 设犯罪学学院、侦查与反恐怖学院。专业设置有：犯罪学专业、警务专业（监所管理方向）、公安学专业（公安情报学方向）等。

续表

序号	培养单位	学位层次	学院/导师情况	专业/方向	2019年学位论文选题
3	中国人民公安大学	硕士	导师戴继诚教授		侯庆振:我国当前邪教活动新变化及治理问题研究
			导师李伟副教授		郭小伟:我国利用快递运输违禁品犯罪研究
			导师胡隽副教授		孙国一:我国侵犯公民个人信息犯罪的现状与对策研究
			导师李春雷教授		吴琳:我国侵犯商标权犯罪防控研究
					宋文田:我国生产经营假冒伪劣医疗器械犯罪研究
			导师王宏玉副教授		张畅:我国涉二维码犯罪问题研究
			导师张学超副教授		郭朋:我国网络传销犯罪及其防控对策研究
			导师曹虹讲师		李聪:我国性侵儿童犯罪防控对策研究
			侦查与反恐怖学院,导师张磊副教授	公安学专业(公安情报学方向)	朱健序:基于犯罪热点的时空分析及防控对策研究——以B市城六区抢劫案件为例
			犯罪学学院,导师张纯琍教授	警务专业(监所管理方向)	孙磊:看守所辅警犯罪研究
		博士	博士研究生导师3人	犯罪学专业(含犯罪学与刑事司法、犯罪心理学方向)	2019年没有检索到相关学位论文

续表

序号	培养单位	学位层次	学院/导师情况	专业/方向	2019年学位论文选题
4	华东政法大学	硕士	刑事法学院，导师应培礼教授	公安法学专业（犯罪学方向）	卞佳挺：网约车治安风险与防控研究
					姜家敏：校园暴力被害人恶逆变问题探析
			导师王瑞山副教授		刘雪营：扶贫领域“村官”腐败犯罪——以郑州市为例
			导师马贺副教授		张璐瑶：我国家庭纠纷杀人犯罪被害人研究
			导师邱格屏教授	公安法学专业（青少年犯罪学方向）	赵爽：婚姻型人口拐卖犯罪研究——以中国大陆的“越南新娘”为视角
					李一苇：教师性侵未成年人犯罪问题研究
			导师姚建龙教授		尹娜娜：少年司法分流社会支持体系的本土化构建
			导师苗伟明教授		代兵：现代儿童福利政策的未成年人犯罪预防功能研究
			法律硕士中心，导师何萍教授①	法律硕士专业（刑事法律实务方向）	徐雨璐：利用虚拟货币洗钱犯罪问题研究
			法律学院，导师刘宪权教授	刑法学专业（经济刑法方向）	姚景俊：涉二维码刑事犯罪问题研究
		博士	刑事法学院，导师邱格屏、王永全、敖琪教授	公安法学（犯罪学方向）	2019年没有检索到相关学位论文

① 2020年1月，华东政法大学刑法学科师资已转入到新成立的刑事法学院。

续表

序号	培养单位	学位层次	学院/导师情况	专业/方向	2019 年学位论文选题
5	上海政法学院	硕士	刑事司法学院	刑法学专业(犯罪学方向)	知网未能检索到相关学位论文
				刑法学专业(监狱学方向)	知网未能检索到相关学位论文
				刑法学专业(青少年犯罪与司法方向)	知网未能检索到相关学位论文
		博士	导师王蔚教授、张远新教授、袁胜育教授、盛红生教授	非传统安全管理专业	与浙江大学联合招收 知网未能检索到相关学位论文
			导师关保英教授、刘晓红教授	上合组织与多边国家合作专业	与上海财经大学联合培养 知网未能检索到相关学位论文
6	西北政法大学	硕士	公安学院	警事法学专业(犯罪心理学方向)	知网未能检索到相关学位论文
			反恐怖主义法学院,导师穆兴天教授	法律硕士专业(反恐法方向)	邓孟婕:反恐怖主义形势下 WMD 防扩散国际法律与政策研究
			导师王永宝教授		王泽洋:我国互联网金融恐怖主义活动融资风险及防范对策
			导师唐淑娴讲师		任伟:总体国家安全观视阈下的反网络恐怖主义对策研究
			导师王英副教授		王小娟:网络涉恐信息的防控措施研究

续表

序号	培养单位	学位层次	学院/导师情况	专业/方向	2019 年学位论文选题
6	西北政法大学	硕士	导师才让卓玛讲师		李仙涛:航空网络恐怖主义犯罪防控措施研究
			导师唐淑娴讲师		熊倩:当代中国暴恐案件中警察枪支使用的法律制度研究
		博士	反恐怖主义法学院	法学(反恐法方向)	知网未能检索到相关学位论文
7	西南政法大学	硕士	刑事侦查学院,导师赵新立副教授	法学专业(警察科学方向)	江小云:大数据时代犯罪制图在我国反恐工作中的应用研究
			法学院,导师刘沛谞副教授	法学专业(刑法学方向)	柳积武:电信诈骗中取款行为的共同犯罪问题分类分析
			导师张武举副教授		王燕燕:多次违法行为入罪问题研究
			导师刘湘廉副教授		杨超林:犯罪行为作为先行行为的问题研究
			导师陈伟教授		马锦鸿:非法持有枪支罪认定的行政从属性研究
			导师陈荣飞副教授		郝梦竹:激情犯罪刑事责任探析
			导师蔡英副教授		胡玉:经济犯罪处罚阻却事由研究
			导师刘沛谞副教授		钟健军:破坏珍贵、濒危野生动物资源犯罪司法认定中的疑难问题研究
			导师陈小彪副教授		陈洋洋:网络聚众犯罪的刑事责任研究
			导师刘沛谞副教授		王啸林:网络型开设赌场犯罪的司法认定问题研究

续表

序号	培养单位	学位层次	学院/导师情况	专业/方向	2019 年学位论文选题
7	西南政法大学	硕士	导师李永升教授		张铃子:我国刑法中持有犯罪化的限缩研究
			导师梅传强教授		李可:新型毒品犯罪司法认定研究
			导师袁林教授		胡冰雯:增设普通背信罪研究
			导师陈小彪副教授		杜鑫森:"强迫"类犯罪的完成形态研究
			政治与公共管理学院,导师曹为副教授	公共管理MPA专业	李冲:我国"两怀妇女"违法犯罪现状及治理对策研究
		博士	法学院,导师李永升教授	刑法学专业(中国刑法方向)	胡冬阳:犯罪定量因素配置研究
			导师王利荣教授	刑法学专业(刑法基础理论与实践方向)	邱可嘉:妨害作证罪名体系的合理构架
8	中国刑事警察学院	硕士	导师康杰、罗震雷、杨学锋、江勇教授	公安学专业(犯罪学研究)	知网未能检索到相关学位论文
9	吉林大学	硕士	法学院,导师李海滢教授	刑法学专业(犯罪学方向)	吕世文:我国民营企业家腐败犯罪预防问题研究
			导师王艳梅教授	刑法学专业(刑法学方向)	郭凤军:新型毒品犯罪问题研究
		博士	法学院,导师张旭教授	刑法学专业(中国刑法学方向)	陈晓宇:危险驾驶罪立法问题研究
					洪易:我国人体器官犯罪的刑法规制研究

续表

序号	培养单位	学位层次	学院/导师情况	专业/方向	2019年学位论文选题
10	甘肃政法大学	硕士	公安分院(刑事司法学院),导师范刚教授	诉讼法学(犯罪心理测试技术方向)	柏玲:认知综合测试法在涉恐人员甄别中的应用
					王永红:心理测试技术在涉恐人员社会危险性评估中的应用研究
			导师马红平教授	诉讼法学(侦查学方向)	唐娜:青少年性犯罪侦防研究
11	华南理工大学	博士	法学院,导师胡学相教授	刑法学(刑法理论方向)	向鹏:社会性弱势群体犯罪治理研究
12	南京理工大学	硕士	导师王兰芳副教授	社会工作专业(社会工作实务方向)	陈祯祯:未成年人犯罪团伙中从犯的个案矫正研究
13	东南大学	硕士	法学院,导师李川教授	法律硕士专业(刑法学方向)	康晶晶:未成年人校园暴力犯罪问题实证研究——以N市为例
14	厦门大学	硕士	法学院,导师吴旭莉副教授	法律硕士专业	邱娜敏:未成年人犯罪社会化预防帮教体系构建研究
15	山东大学	硕士	法学院,导师丁杰副教授	法律硕士专业	万明东:职务犯罪案件参与人心理分析
16	中山大学	硕士	导师程乐华讲师	心理学专业	曾韵:基本情绪错认率作为社会适应指标的有效性验证——来自罪犯生态行为的证据
17	浙江大学	硕士	理学部,心理与行为科学系,导师聂爱情副教授	应用心理学专业	倪孝苏:服刑人员儿童期虐待对攻击行为的影响:述情障碍和犯罪心态的双重中介作用(作者单位:浙江省乔司监狱)
18	江苏大学	硕士	导师王春林副教授	法律硕士专业	韩萍:网络暴力犯罪治理问题研究

续表

序号	培养单位	学位层次	学院/导师情况	专业/方向	2019 年学位论文选题
19	新疆大学	硕士	导师罗钢副教授	法律硕士专业	张玲玲:中塔合作打击跨境毒品犯罪研究
20	广州大学	硕士	公共管理学院,导师蒋红军教授	行政管理专业	郑姮:涉黑涉恶腐败程度的影响因素研究——基于广东省 60 个案例的清晰集定性比较分析(csQCA)
21	哈尔滨工业大学	硕士	建筑学院,导师吕飞副教授	城乡规划学,工学硕士	杨静:基于通过环境设计预防犯罪理论的社区安全地图编制研究
22	西安建筑科技大学	硕士	导师赵锋教授	工业设计工程专业	黎凯铭:基于案例的设计预防犯罪方法研究
23	苏州大学	硕士	金螳螂建筑学院,导师毛媛媛、雷诚	城乡规划与环境设计专业(城市规划与设计)	顾佳丽:街道犯罪的环境影响因素研究——以 S 市 G 城区为例
24	安徽医科大学	硕士	附属第一医院,导师汪凯教授	神经病学专业(神经心理学方向)	韩丽娟:冲动性与预谋性攻击行为男性服刑人员的延迟折扣及人格特征的比较
25	江西师范大学	硕士	政法学院,导师张艳国教授	社会工作专业	吴金玲:社会工作介入网络犯罪青少年社区矫正的实务研究——以 H 区青少年 Q 某为例
26	广西师范大学	硕士	导师郑勇副教授	法律硕士专业(刑法学方向)	韦红柳:广西青少年毒品违法犯罪调查研究
27	广东外语外贸大学	硕士	日语语言文化学院(筹),导师刘劲聪教授	日本语言文学专业,文学硕士	余惠惠:日本老年犯罪问题研究及其对中国的启示
28	上海财经大学	硕士	法学院	刑法学专业白领犯罪与金融犯罪方向	知网未能检索到相关学位论文

续表

序号	培养单位	学位层次	学院/导师情况	专业/方向	2019年学位论文选题
29	江西财经大学	硕士	人文学院，导师朱彬钰讲师	社会工作专业（社会工作服务与管理）	陈勇：江西农村地区青少年再犯罪问题介入研究——以南昌县M个案为例
30	南京工业大学	硕士	法学院，衣家奇教授	刑法学专业	吴楠：女性毒品犯罪研究

第五章 / Chapter 5

年度特别策划：中国互联网发展25年与网络犯罪治理（1994～2019年）

“当今世界，正在经历一场更大范围、更深层次的科技革命和产业变革。互联网、大数据、人工智能等现代信息技术不断取得突破，数字经济蓬勃发展，各国利益更加紧密相连。”①2019年是中国正式接入国际互联网第25年。相比美国等发达国家，中国互联网的起步虽然较晚，但却成为全球互联网发展最为迅猛的国家，甚至在很多方面已经超越发达国家平均水平。据工信部公布的数据显示，截至2019年8月底，中国固定宽带家庭普及率为96.8%，其中光纤接入用户和100M及以上接入速率用户分别占固定互联网宽带接入用户总数的91.2%和79.4%，中国的互联网渗透率全球领先。“我国互联网和信息化工作取得了显著发展成就，网络走入千家万户，网民数量世界第一，我国已成为网络大国。”②

“25年来，互联网对中国最大的价值和意义，就是将中国从过去一个弱联结的社会变成了一个强联结的社会，从根本上改变了中国的社会结构、运行方式和动力机制，由此带来了社会、经济、文化、生活和政治等

① 2018年11月7日，习近平致第五届世界互联网大会的贺信。

② 2014年2月27日，习近平在中央网络安全和信息化领导小组第一次会议上的讲话。

各个层面的变化。"[①]"互联网+""人工智能+""大数据""云计算"等围绕互联网的热词不断涌现，互联网已成为中国社会经济发展不可或缺的必备元素。然而，伴随着互联网与经济社会深度融合的同时，网络犯罪呈现出高发、频发的发展态势。数据显示，中国"网络犯罪数量已占犯罪总数的三分之一，且每年以30%左右的幅度增加，成为第一大犯罪类型"。[②]

"没有网络安全就没有国家安全，就没有经济社会稳定运行，广大人民群众利益也难以得到保障。"[③]中国十分重视网络犯罪的治理工作。尤其是党的十八大以来，以习近平同志为核心的党中央高度重视互联网、发展互联网、治理互联网，作出一系列重大决策、重要部署，提出一系列新思想新观点新论断。经过二十多年的实践，我国按照适应本国国情、符合国际通行做法、遵循互联网发展规律的原则，逐步制定了网络治理法律规范，改革创新了网络司法模式，探索构建了网络行政监管、行业自律、技术保障、公众监督和社会教育相结合的互联网治理体系。与此同时，在25年的网络犯罪治理探索与实践中，我国网络犯罪治理的理论研究成果硕果累累，网络犯罪治理学科发展日趋成熟，网络犯罪治理人才培养初具规模，在25年的发展历程中留下了一件件值得铭记的网络治理大事件。经过25年的快速发展与实践探索，我国不仅逐步探索出具有中国新时代特色的网络犯罪治理模式，而且已经向世界提出了构建网络空间命运共同体的中国方案。[④]

第一节　中国互联网发展25年：历程与远景

中国互联网是世界第一大网。虽然联网时间不长，但是网民人数最多，联网区域最广。中国互联网不仅在网民规模和联网区域上是世界之最，而且在互联网的

---

① 方兴东、陈帅：《中国互联网25年》，载《现代传播》(中国传媒大学学报)2019年第4期。

② 孙莹：《网络犯罪已成第一大犯罪类型　最高检问计专家如何严厉打击》，载央广网：https://baijiahao.baidu.com/s?id=1669300144893719871&wfr=spider&for=pc，2020年9月20日最后访问。

③ 2018年4月20日至21日，习近平在全国网络安全和信息化工作会议上的讲话。

④ 秦安：《习近平贺信表明中国构建网络空间命运共同体的新内涵》，载中共中央网络安全和信息化委员会办公室官网：http://www.cac.gov.cn/2018-05/27/c_1122893910.htm，2020年9月20日最后访问。

科技深度和内容质量上推陈出新。自 20 世纪 90 年代开始,中国每个时代的互联网都有自己的发展特点,取得了一系列的成就。

一、中国互联网发展的代际变迁和主要成就①

在 1993 年及以前,中国没有完全接入国际互联网。这个时期我国民众基本没有接触网络,互联网的发展主要集中在科研机构和部分高校,网络的应用主要是电子邮件和浏览外国网页。

(一)代际变迁

1. 20 世纪 80 年代(1980 ~ 1994 年)——初始开拓期:互联网发展前奏

20 世纪 60 年代,互联网起源于美国,最初应用于军事和科研。在我国,经过学者专家们的不断努力,互联网的起步也源于学术界。1987 年 9 月,在德国卡尔斯鲁厄大学维纳 · 措恩教授的帮助下,王运丰教授和李澄炯博士在北京计算机应用技术研究所建成一个电子邮件节点,并于 9 月 20 日向德国成功发出了著名的"越过长城,走向世界"的电子邮件。这预示着中国正式接入国际互联网,但不是全功能接入。② 1990 年 11 月 28 日,钱天白教授代表中国正式在 SRI-NIC(Stanford Research Institute's Network Information Center)注册登记了中国的顶级域名. CN,并且从此开通了使用中国顶级域名. CN 的国际电子邮件服务,从此中国的网络有了自己的身份标识。③

此阶段中国互联网的发展主要由科研学术机构研究与推动,对大众来说,"上网"依然是个新鲜事,随后,在我国各界的努力下,互联网的普及和发展逐渐拉开序幕。

2. 20 世纪 90 年代(1994 ~ 1999 年)——探索成长期:互联网发展第一次浪潮

1995 年,我国正式接入因特网,用的是一根 64k 的国际专线。1995 年我国首家互联网企业瀛海威公司成立,将互联网由科研使用推向了大众,开启了我国互联

---

① 数据源自中共中央网络安全和信息化委员会办公室、中华人民共和国国家互联网信息办公室、中国互联网络信息中心:《中国互联网络发展状况统计报告》,第 1 ~ 45 期。

② 《1994—2018 年,中国互联网发展历程!》,载移动互联网:http://www. opp2. com/109172. html,2020 年 10 月 17 日最后访问。

③ 《中国互联网发展史(大事记)》,载中国互联网协会:https://www. isc. org. cn/ihf/info. php? cid = 218,2020 年 10 月 17 日最后访问。

网发展的第一次浪潮。随着搜狐、网易、腾讯和新浪四大互联网行业巨头的诞生，我国第一次网络巨潮开始。成立一年多后，搜狐、网易和新浪三大门户网站在美国纳达克斯上市。这个阶段的互联网主要以静态网站建设为主，俗称“门户时代”也即Web1.0时代，此时，用户是被动的信息接收者。相比之前，人们接受信息的速度和数量大幅增长，互联网也被称之为“信息高速公路”。该阶段，可以衡量我国互联网水平的基础资源主要表现在接入互联网的计算机数量、.CN下注册的域名数和国际出口带宽。由于互联网基础资源限制及万维网(World Wide Web，WWW)站点数量较少，整个行业处于研究、探索和成长阶段。这个时期计算机还没有进入各个行业，而互联网的发展和计算机技术是息息相关的，因此网络应用的种类和网民规模也是有限的。当然，这个时期我国互联网的最大特点是互联网基础，尤其是全国主干网的搭建，互联网的应用和网民规模等各个方面发展较快。

(1)互联网基础资源

首先，在上网计算机数上，自1994年中国完全加入国际互联网起，我国上网计算机数量保持逐年增长。截至1997年10月31日，我国上网计算机数为29.9万台，其中，专线上网计算机为4.9万台，拨号上网计算机为25万台。此后整个20世纪90年代上网计算机数量持续增长。其中1998年我国上网计算机数为74.7万台，1999年则上升至350万台。我国上网计算机数的增长情况见表5－1。这个时期上网计算机数量较少，但是增长速度逐年上升。

表5－1　1994～1999年中国上网计算机数量表

单位：万台

年份	上网计算机数	专线上网计算机数	拨号上网计算机数
1997	29.9	4.9	25
1998	74.7	11.7	63
1999	350	41	309

其次，截至1997年10月31日，我国.CN下注册的域名数累计4066个，此后逐年增加，其中1998年增加到18,396个，1999年则增至48,695个。这个时期域名的快速增长主要是由于国家的政策推动，带动行业的发展。我国域名增长情况如表5－2所示。

表 5-2　1994～1999 年中国域名数量表

单位:个

年份	.AC	.COM	.EDU	.GOV	.NET	.ORG	行政区域名	合计
1997	259	2131	325	323	370	99	559	4066
1998	432	13,913	531	982	1223	409	906	18,396
1999	500	38,776	731	2479	3753	940	1516	48,695

最后,在互联网接入环境上,截至 1997 年 10 月 31 日,我国国际线路的总容量为 25.408M,此后不断增长。其中 1998 年我国国际线路的总容量为 143.25M, 1999 年增加至 351M。以上线路连接的国家和地区有美国、加拿大、澳大利亚、英国、德国、法国、日本、韩国、中国香港等,涉及的机构有中国科技网(CSTNET)、中国公用计算机互联网(CHINANET)、中国教育和科研计算机网、中国金桥信息网(CHINAGBN)、中国联通互联网(UNINET)等。我国国际出口带宽增长情况见表 5-3。

表 5-3　1994～1999 年中国国际出口带宽表

年份	带宽总数/M
1997	25.408
1998	143.25
1999	351

国际线路的出口带宽是我国互联网的基础资源之一。为了我国互联网的长远发展,国家一直在不遗余力地提高国际出口带宽。

(2)互联网网民规模

1994～1997 年,我国上网用户数为 62 万人(截至 1997 年 10 月 31 日),其中,大部分用户是通过拨号上网,直接上网与拨号上网的用户数之比约 1∶3。此后上网用户数量逐年增加,其中 1998 年我国上网用户数是 210 万人,1999 年增加至 890 万人,见表 5-4。除计算机外同时使用其他设备(移动终端、信息家电)上网的用户人数为 20 万人。

表5－4　1994～1999年中国互联网网民规模表

单位：万人

年份	上网用户	专线上网用户	拨号上网用户	同时使用专线和拨号的用户
1997	62	15.5	46.5	0
1998	210	40	149	21
1999	890	109	666	115

由于这个时期计算机还没有走进各个行业，计算机还不是我国民众的必需品，但是中国网民的规模正在飞速扩大，现有规模远远超过上网计算机的数量。中国政府和人民正在用实际行动拥抱互联网。

20世纪90年代末期开始，由于"门户网站"商业模式单一，加上我国国民计算机使用率整体不高，因此互联网的泡沫逐渐显现，蓬勃发展后的第一个冷静期到来，既是转折也是机遇，企业为了实现盈利与生存，需要探索新的模式，为随后的互联网发展第二次浪潮打下伏笔。

3. 21世纪初(2000～2009年)——快速发展期：互联网发展第二次浪潮

21世纪初，随着互联网泡沫的逐渐褪去，人们对互联网的热情又逐渐重新燃起，加上我国网民规模的迅速增长，互联网的概念已深入人心，成熟的盈利模式可以开始实施，互联网的商业价值得以实现。这一阶段，上网设备已经不再局限于计算机，移动手机也占据着半边天下。由于政府的大力推进，计算机走进了各行各业，影响和改变着整个社会。这个时期的互联网应用种类开始多彩多样，网民规模占据世界第一。互联网已经成为我国人民生产和生活中不可缺少的一部分。此阶段网络应用主要表现在网游、搜索引擎和电商。比如，新浪的广告营收2003年超过4000万美元，较2002年增长了67.00%；2003年第三季度，网易将游戏作为独立项目列出，其收入达到5650万元人民币，较上一年同期增长366.80%；2005年8月，"中国的google"——百度赴纳斯达克上市成功，当年实现收入3.192亿元人民币。据统计，2004年中国的搜索引擎市场规模达到5.7亿元人民币，较2003年翻一番还多。2007年11月，阿里巴巴在港交所上市，当年实现营业收入21.628亿元人民币，较2006年增长67.20%。

我国互联网的第二次浪潮伴随着Web2.0时代的到来，尤其是博客和社交网络平台的出现,人们在互联网上,由被动的信息接收者转变为信息的制造者和传播者,互联网的"网"不仅体现在基础设施的网状相连,更表现在大众之间的"关系网",人与人之间的交流"线上线下"同步进行,典型的社交平台有博客中国、天涯社区、人人网、开心网和QQ空间。网络空间、网络社会逐渐形成。网络不再仅仅是一个展示平台,其主体逐渐转向网民;互联网承载的功能也不再仅仅是信息分享,它的信息承载能力已远超传统媒体并发展成舆论的引导者,具有了其独特的社会价值。在此期间,我国互联网的基础资源主要是上网设备、域名、出口带宽和IP地址。

(1)互联网基础资源

首先,在上网设备方面,21世纪初,上网设备除了台式计算机外,还有笔记本、手机、PDA、电视机等设备,但是主要上网设备还是计算机。

2001年,我国上网计算机数约1254万台,其中专线上网计算机数为234万台,拨号上网计算机数为1020万台。此后上网设备逐年增加,计算机还是上网的主要设备,但是使用手机上网的用户数量占比逐渐增大。

其次,在.CN下注册的域名数上,进入21世纪后,我国.CN下注册的域名数得到飞速增长,后期进入平稳发展。

2000年.CN下注册的域名数是122,099个。相比20世纪取得高速增长,到2005年我国域名总数(包括我国国家顶级域名.CN和.COM、.NET、.ORG等通用顶级域名)已增长为2,592,410个,此时.CN域名已经成为亚洲最大的国家顶级域名,世界排名从2000年年初的第13位上升到全球第6位。2000年至2009年中国域名规模变化情况如图5-1所示。

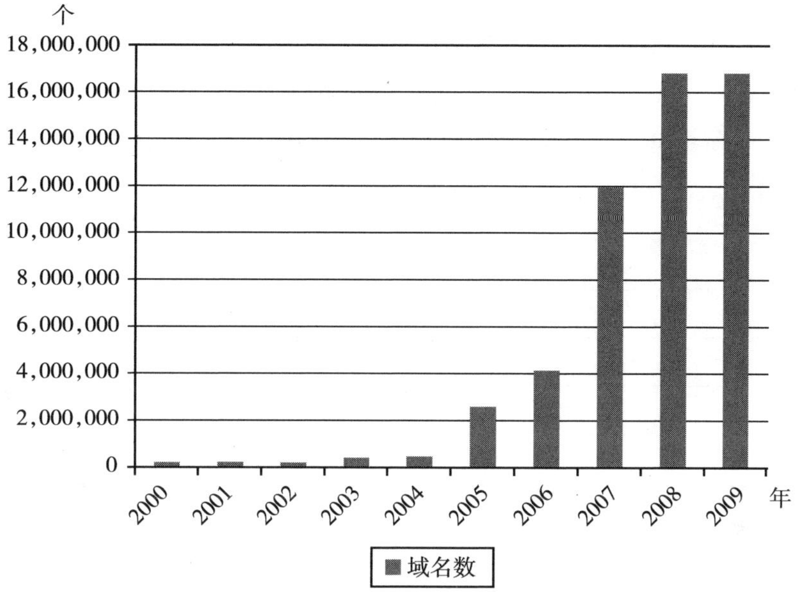

图 5－1　2000～2009 年中国域名规模变化

中国域名规模的增长，主要受益于国家顶级域名.CN 的增长。2001 年中国的国家顶级域名.CN 在中国只有 16% 的份额，经过几年的发展，到 2006 年，.CN 的市场份额已经达到 43.9%，但是依然落后于类别顶级域名.COM（当时占有中国域名市场的 47.2%）。2007 年，中国国家域名.CN 的注册管理机构启动"国家域名腾飞计划"，一举超越.COM，占据了中国域名市场的龙头地位。到 2008 年年底，.CN的市场份额已经达到 80.66%，见表 5－5。

表 5－5　2008 年中国分类域名数

域名	数量/个	比例/%
.CN	13,572,326	80.66
.COM	2,739,130	16.28
.NET	419,220	2.49
.ORG	93,913	0.56
其他	1609	0.01
合计	16,826,198	100.00

再次，互联网接入环境上持续改善。21 世纪初，我国互联网国际出口连接的

国家变化不大,主要连接出口有美国、俄罗斯、法国、英国、德国、日本、韩国、新加坡等。我国互联网国际出口涉及的机构也变化不大,但出口带宽的总量却得到飞速发展,2009 年较 2000 年增长了 300 多倍,增速超过了网民增速,中国网民访问国外网站的速度有所提升,使用体验进一步优化。2000 ~ 2009 年中国国际出口带宽变化情况如图 5 – 2 所示。

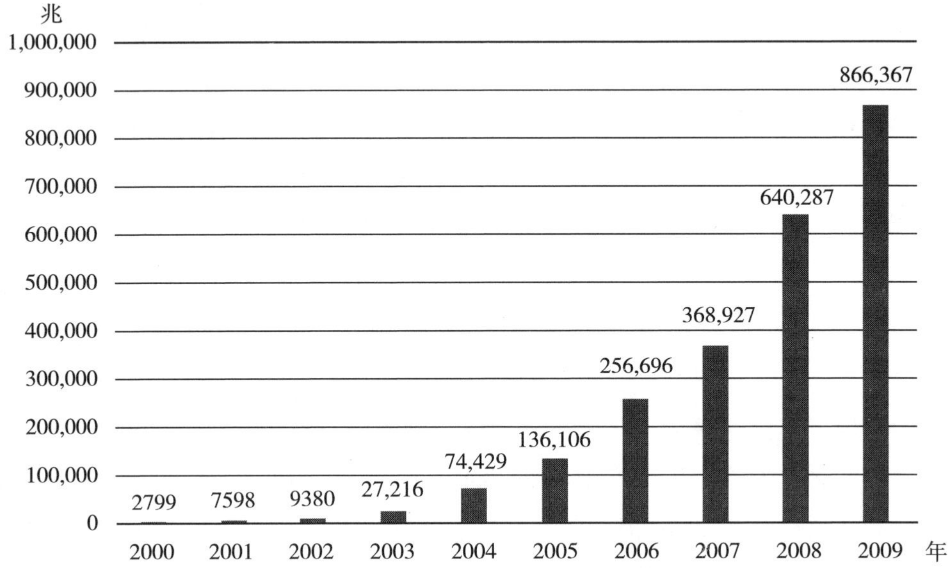

图 5 – 2　2000 ~ 2009 年中国国际出口带宽变化

最后,IP 地址资源数量稳步增长。20 世纪初中国的 IP 地址资源获得了较快的增长,在数量上也达到了一定的规模,但是仍不能完全满足中国互联网络运营单位发展的需要。随着我国网民人数的大幅增加,网络应用的逐步加强,这种 IP 地址发展与我国互联网络发展的不匹配会更加明显。因此我国各互联网服务提供商应积极了解亚太互联网络信息中心及中国互联网络信息中心的 IP 地址分配政策,大力推进我国 IP 地址资源的发展。

截至 2009 年年底,中国大陆 IPv4 地址已经达到 2.3 亿个,数量仅次于美国,是全球第二大 IPv4 地址拥有国,有力地保障了中国互联网的稳步发展。2001 ~ 2009 年中国 IPv4 地址资源变化情况如图 5 – 3 所示。

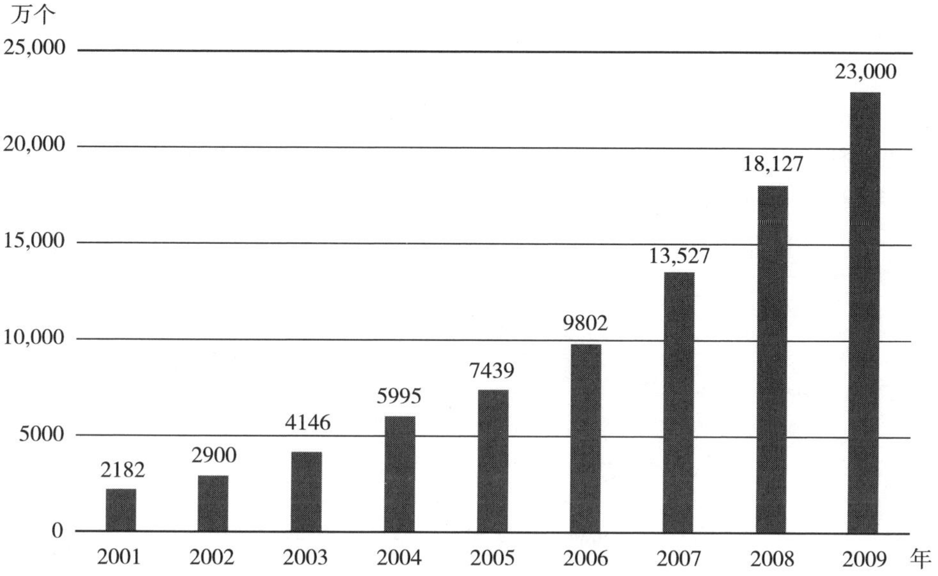

图5－3　2001～2009年中国IPv4地址资源变化

（2）互联网网民规模

进入21世纪，我国的互联网网民数量增长很快。2001年，我国上网用户人数约3370万人；截至2005年12月31日，我国的网民总人数为11,100万人，与2004年同期调查结果相比，我国网民总人数一年增加了1700万人，增长率为18.10%。

截至2008年年底，中国网民规模达到2.98亿人，较2007年增长41.90%；互联网普及率达到22.60%，略高于全球平均水平（21.9%[①]）。继2008年6月中国网民规模超过美国，成为全球第一之后，中国的互联网普及率再次实现飞跃，赶上并超过了全球平均水平。截至2009年年底，中国网民规模达到3.84亿人，较2008年增长28.90%；中国网民规模在总人口中的比重从22.60%提升到28.90%，互联网普及率在稳步上升。2000～2009年中国网民规模和增长率如图5－4所示。

---

① 数据来源：http://www.internetworldstats.com；对比的其他国家和地区互联网普及率为2008年6月底数据。

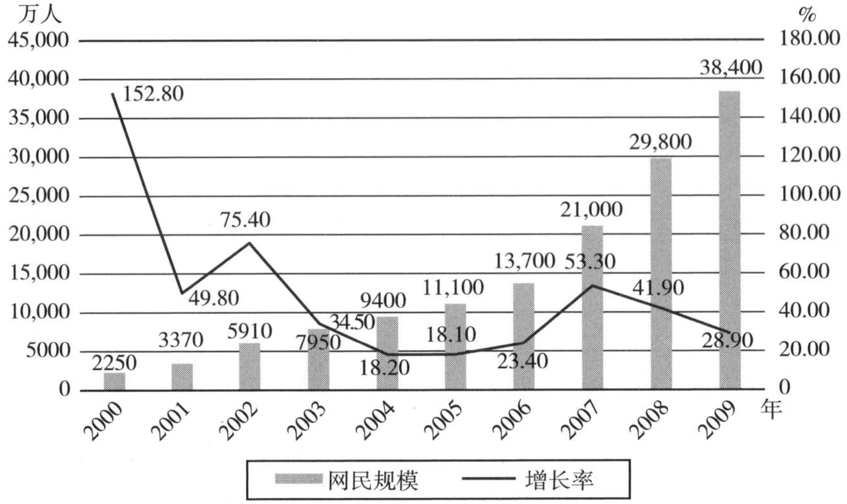

图 5－4　2000～2009 年中国网民规模和增长率

从绝对规模上看,2009 年网民增长 8600 万人,虽然增长率降到了 28.90%,但是由于中国网民基数庞大,所以网民增长规模依然庞大。2007 年 12 月 18 日,国际奥委会与中国中央电视台共同签署了“2008 年北京奥运会中国地区互联网和移动平台传播权”协议——这是奥运史上首次将互联网、手机等新媒体作为独立转播平台列入奥运会的转播体系,标志着我国互联网作为主流媒体的地位得以确认。

4. 21 世纪 20 年代(2010～2019 年)——成熟繁荣期:互联网发展第三次浪潮

21 世纪 20 年代,在互联网的商业价值和社会价值都得以确立后,我国互联网的“巨头”中,搜索有百度,社交有腾讯,电商有阿里,门户有新浪、网易以及腾讯网,互联网生态和基本格局已经形成,随着通信、计算机等技术的发展,移动互联网横空出世。2012 年,我国手机网民首次超越计算机用户,成为我国网民的第一上网终端,也预示着移动互联网的爆发。2015 年,首次提出“互联网 +”概念;此后,2016 年,互联网直播开始风靡,出现了网红、流量等热词,并且短视频的风靡也造就了第一批网红。网络虚拟空间不断扩大,除了给人们生活、工作等各方面带来便利之外,维护网络空间的安全也刻不容缓。

在此期间,我国互联网的基础资源仍然主要是上网设备、域名、出口带宽和 IP 地址;但是计算机在上网设备中已经不占主流地位,IP 地址已经由 IPv4 转向 IPv6。互联网已经走进我国民众生产生活的各个方面,人们对互联网的追求已经向深度发展。

(1)互联网基础资源

首先,在IP地址资源上,我国IP地址进入正常发展时期:IPv4前期增加一部分,后期基本变化不大;IPv6快速发展。特别是,全球IPv4地址数于2011年2月分配完毕,自2011年开始我国IPv4地址总数基本维持不变,截至2014年12月,共计有33,199万个IPv4地址。

经过不断发展,2011~2019年中国IPv6地址以及IPv4地址数量变化情况分别如图5-5和图5-6所示。

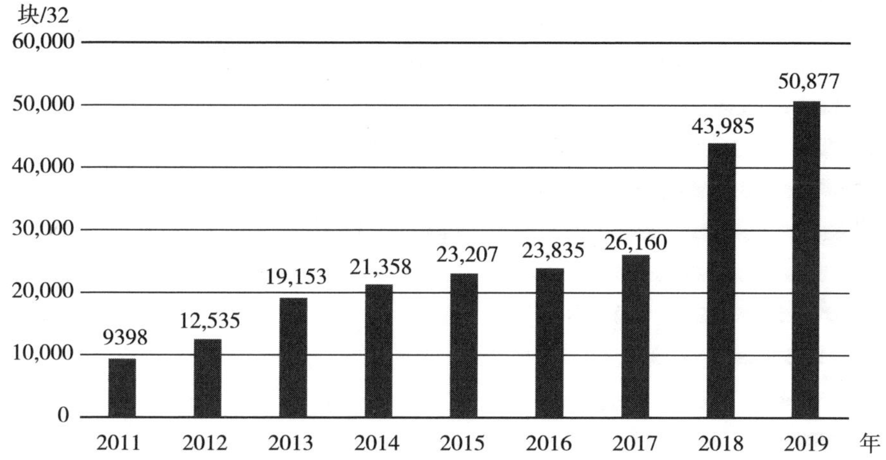

图5-5　2011~2019年中国IPv6地址数量变化

注:2019年数量包括港澳台地区。

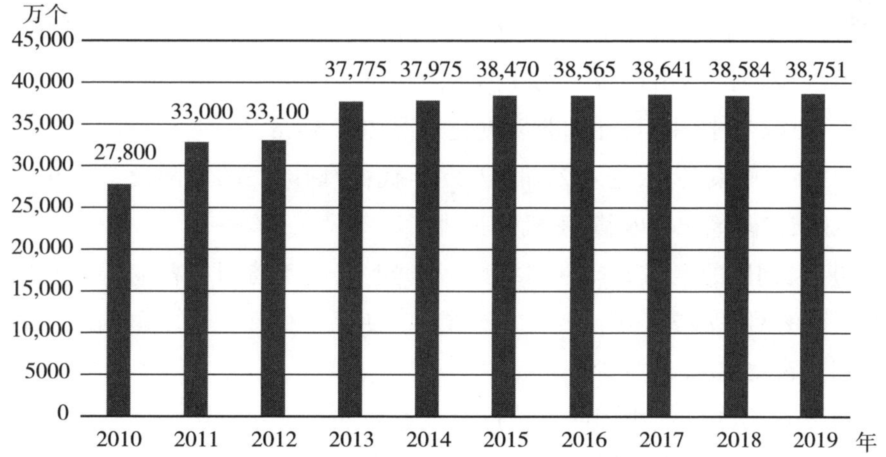

图5-6　2011~2019年中国IPv4地址数量变化

注:2019年数量包括港澳台地区。

从图5-5和图5-6可以看出IPv4地址数量已经趋于稳定,但是为了满足需求,我们必须着力发展IPv6技术。国家和互联网行业应合力推进IPv6的技术进步。

其次,在域名总数上,在21世纪20年代,我国域名总数尽管在早期有所下降,但后期继续发展,且不再局限于“.CN”域名。

2010年我国域名总数下降至866万个,其中“.CN”域名435万个,占比为50.2%。随着域名的发展,2010~2019年我国域名数量变化情况如图5-7所示。

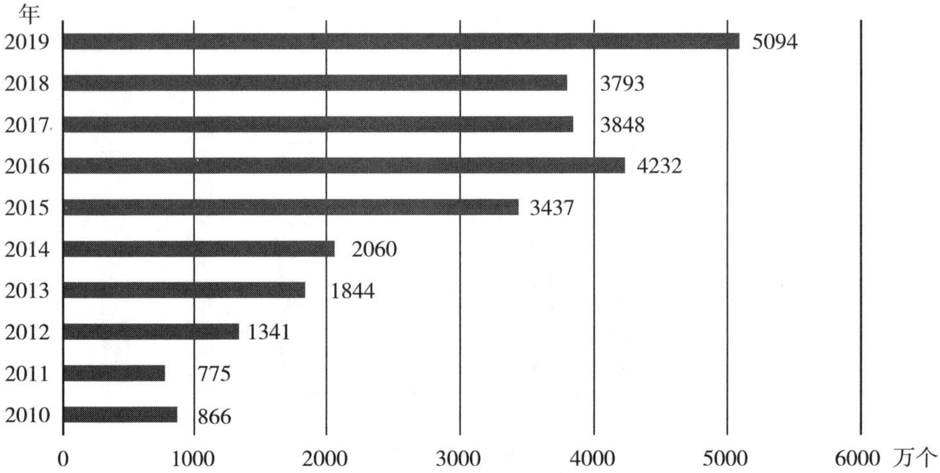

图5-7　2010~2019年我国域名数量变化

再次,在互联网接入环境上,21世纪20年代,中国国际出口带宽继续发展。

2010年中国国际出口带宽为1,098,956.82Mbps,年增长26.80%。经过发展,2010~2019年中国国际出口带宽变化情况如图5-8所示。

最后,在上网设备上,进入21世纪20年代,中国网民的上网设备正在逐渐脱离台式电脑,走向笔记本电脑、手机等其他工具。

2010年,网民的上网工具更加多元,各类上网设备使用率普遍上升。使用台式电脑上网的网民占78.4%,仍然居于首位。使用手机和笔记本电脑上网的网民占比分别为66.2%和45.7%。

截至2014年12月,中国网民通过台式电脑和笔记本电脑接入互联网的比例分别为70.8%和43.2%;手机上网使用率为85.8%,较2013年年底提高4.8个百分点;平板电脑上网使用率达到34.8%;电视上网使用率为15.6%。

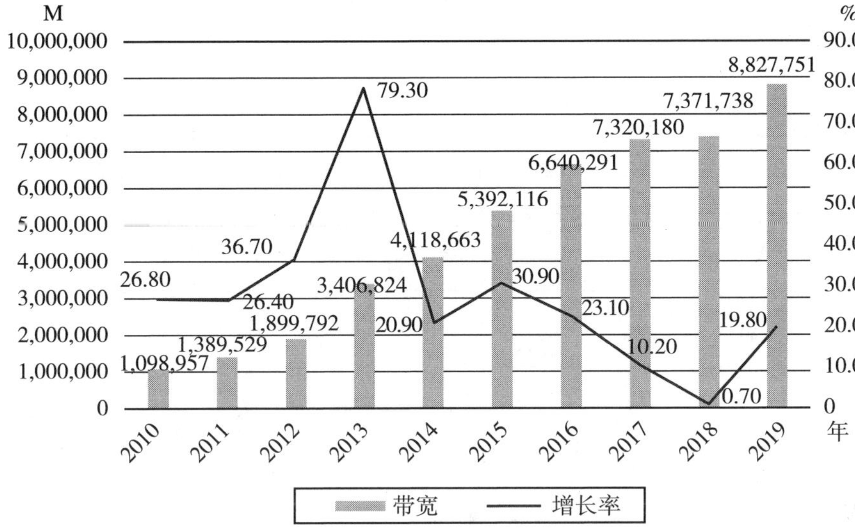

图5－8　2010～2019年中国国际出口带宽变化情况

截至2018年12月，我国网民使用手机上网的比例高达98.60%，使用台式电脑上网的比例为48.00%，较2017年年底下降5个百分点。由此，已体现出网民使用移动智能终端上网的情形不断增加的特征。

（2）互联网网民规模

21世纪20年代，是我国互联网大发展的时代，也是网民快速增长的时期。2010年，我国网民规模继续稳步增长，网民总数达到4.57亿人，互联网普及率攀升至34.30%，较2009年年底提高5.4个百分点。2010年新增网民7330万人，年增幅19.10%。截至2010年年底，我国网民规模已占全球网民总数的23.20%，亚洲网民总数的55.40%。进一步而言，2010～2019年中国网民规模和增长率如图5－9所示。

2019年年底至2020年年初，突如其来的新冠肺炎疫情给人们的工作和生活带来了巨大的影响，也让人们再一次深刻体会到互联网的巨大作用。未来随着人们工作生活方式的改变以及人工智能、5G等前沿科技日新月异的快速发展，互联网正向移动互联网或物联网方向发展。过去五年，中国互联网从商业创新引领发展驱动逐渐走向技术与商业双驱动；互联网的飞速发展，不仅为人们的生活工作带来变革，也将助力中国制造业的转型升级，给社会关注的热点问题赋予了新的内涵，让治理创新走向更加开放协同的局面。未来，我国将在互联网基础设施、科技应用、互联网应用、网络安全、国家治理等方面全面推进并自主创新,从网络大国迈向网络强国。

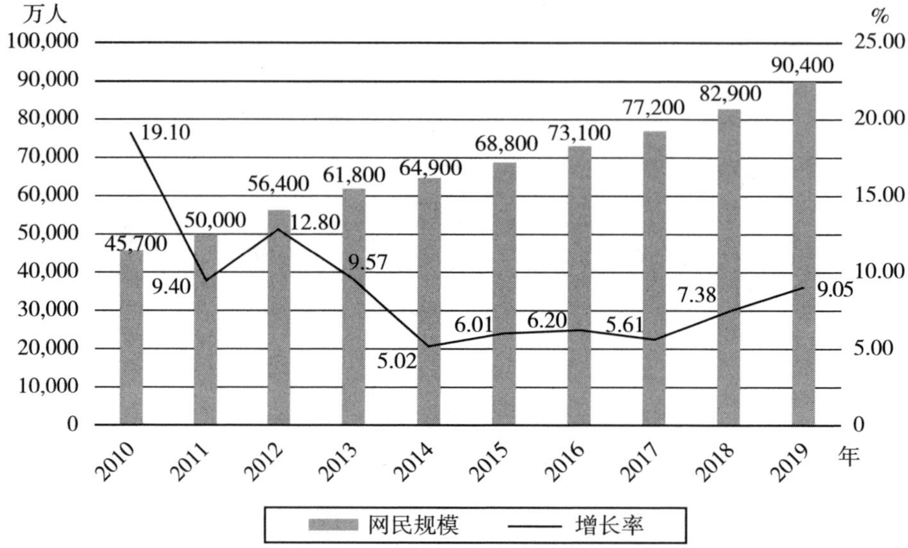

图 5 -9　2010 ~ 2019 年中国网民规模和增长率

(二)主要成就

1. 20 世纪 90 年代(1994 ~ 1999 年)

(1)网站

自 1994 年起,截至 1997 年 10 月 31 日,我国 WWW 站点数约 1500 个,此后逐年猛增,其中 1998 年我国 WWW 站点数约 5300 个,1999 年达到 15, 153 个。由图 5 -10 可见整个 20 世纪 90 年代 WWW 站点数一直在快速增长,这里面的原因主要是政府正在用政策推动互联网行业的发展。1997 ~ 1999 年中国 WWW 站点数如图 5 -10 所示。

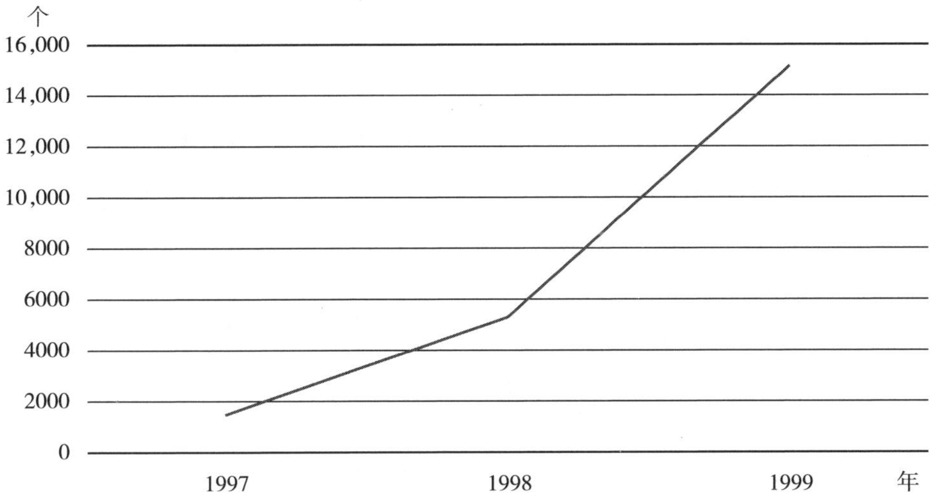

图5-10　1997~1999年中国WWW站点数

(2)应用情况

截至1997年10月31日，根据网上各种信息流量比例分析，用户主要使用的网络服务为网站浏览，其次是电子邮件、FTP和Telnet.。其后1998年也基本如此。然而根据1999年开展的问卷调查，用户最常使用的网络服务已经依次是电子邮箱、搜索引擎、软件上传或下载服务、各类信息查询、网上聊天室、新闻组、网络论坛、网上游戏娱乐、免费个人主页空间、网上寻呼机、网上炒股、网上购物或商务活动、网络电话和网上支付。

20世纪90年代的中国互联网总体现状是设备少、域名少、出口带宽小、网民规模小、网站少和网络应用种类有限，但是每个方面都在快速进步。

相比以前，这个年代的代际变迁是国际互联网的使用不再是科研机构和高校的特权，主要成就是我国完全接入国际互联网以及网络的使用开始走向社会大众。

2.21世纪初(2000~2009年)

(1)网站

和域名等互联网信息一样，我国的网站数量也得到大幅增长。2000年，WWW站点数(包括.CN、.COM、.NET、.ORG下的网站)约265,405个。2001年，WWW站点数(包括.CN、.COM、.NET、.ORG下的网站)约277,100个。截至2002年12月31日，我国WWW站点数为371,600个，半年内增加78,387

个,增长率为26.70%,和2001年同期相比增长34.10%,WWW站点的快速增长进一步说明了我国互联网产业在经历了当时的一个低潮后,正进一步发展。2003年,WWW站点数(包括.CN、.COM、.NET、.ORG下的网站)总数为595,550个。2004年,WWW站点数(包括.CN、.COM、.NET、.ORG下的网站)总数为668,900个。截至2005年12月31日,我国网站数量为694,200个,一年增加25,300个,增长率为3.78%。2006年,中国网站总数为843,000个。2007年,中国网站数量已有150万个。

截至2008年年底,中国的网站数,即域名注册者在中国境内的网站数(包括在境内接入和境外接入)达到287.8万个,较2007年增长91.87%,是2000年以来增长最快的一年。截至2009年12月,中国的网站数,即域名注册者在中国境内的网站数(包括在境内接入和境外接入)达到323万个,网站数量增长幅度较小。2000~2009年中国网站数量和增长率如图5-11所示。

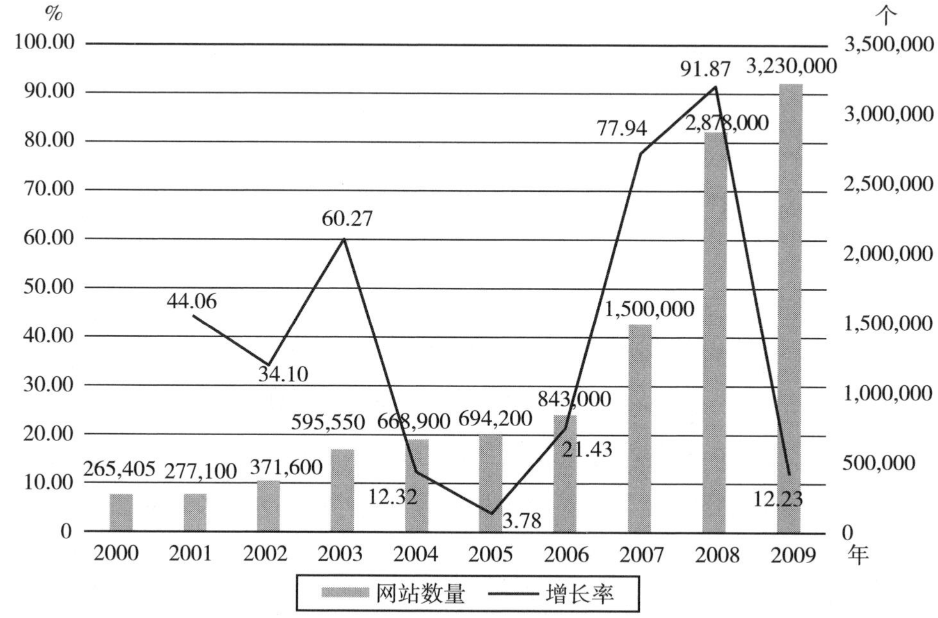

图5-11 2000~2009年中国网站数量和增长率

注:由于2000年网站数量相比1999年多了17倍以上,为了显示效果,故略去2000年的增长率。

（2）应用情况

我国互联网除了网站外的其他应用，根据问卷调查，在2000～2006年主要应用于电子邮箱、搜索引擎、软件上传或下载服务、浏览网站/网页、网上聊天（聊天室、QQ、ICQ等）、网络论坛个人主页空间、电子政务、网络游戏，2008～2009年主要应用于网络音乐（83.5%）、网络新闻（80.1%）、搜索引擎（73.3%）。但从发展速度上看，商务交易类应用遥遥领先，商务交易类应用平均年增幅68%。其中，网上支付用户年增幅80.9%，在所有应用中排名第一。2009年是商务类应用大发展的一年，中国互联网应用的消费商务化特征走强趋势明显，具体见表5－6。

表5－6　各类网格应用使用状况及用户增长

类型	应用	2008年使用率	2009年使用率	用户增长率	使用率排名	增长率排名
网络娱乐	网络音乐	83.7%	83.5%	28.8%	1	11
信息获取	网络新闻	78.5%	80.1%	31.5%	2	9
信息获取	搜索引擎	68.0%	73.3%	38.6%	3	7
交流沟通	即时通信	75.3%	70.9%	21.6%	4	13
网络娱乐	网络游戏	62.8%	68.9%	41.5%	5	6
网络娱乐	网络视频	67.7%	62.6%	19.0%	6	14
交流沟通	博客应用	54.3%	57.7%	36.7%	7	8
交流沟通	电子邮件	56.8%	56.8%	29.0%	8	10
交流沟通	社交网站	—	45.8%	—	9	—
网络娱乐	网络文学	—	42.3%	—	10	—
交流沟通	论坛/BBS	30.7%	30.5%	28.6%	11	12
商务交易	网络购物	24.8%	28.1%	45.9%	12	5
商务交易	网上银行	19.3%	24.5%	62.3%	13	4
商务交易	网上支付	17.6%	24.5%	80.9%	14	1
商务交易	网络炒股	11.4%	14.8%	67.0%	15	3
商务交易	旅行预订	5.6%	7.9%	77.9%	16	2

注：表5－6来自第25次中国互联网络发展状况统计报告。

相比20世纪90年代,这个年代的代际变迁是互联网走进社会的各个行业和千家万户。21世纪初,我国互联网取得了高速发展,特别是上网设备、域名、出口带宽和IP地址,与此同时我国的网民规模变大,互联网对生产生活和社会的各个方面影响也在加深;但我们的互联网发展程度仍然不够,尤其是IP地址和互联网应用的种类与质量。

3. 21世纪20年代(2010~2019年)

(1)网站

呼应域名的增长,在21世纪20年代,前期我国网站有所下降,后期得到快速发展。截至2010年12月,中国的网站数,即域名注册者在中国境内的网站数(包括在境内接入和境外接入)减少到191万个,年降幅41%。网站数量的下降与国家加大互联网领域的安全治理有关,网站等互联网基础资源的质量随着"水分"的溢出而得到提升。虽然网站数量下降幅度较大,但网页数和网页字节等互联网资源数在大幅增长。

截至2011年12月底,中国网站数量为230万个。国家在2010年加大互联网领域的安全治理力度后,中国网站数量下降,而整体质量得以提高,在此基础上,2011年网站数量总体重新开始稳步回升;2012年我国网站总数为268万个,较2011年同期增长16.8%;2013年我国网站总数为320万个,较2012年同期增长19.4%;截至2015年12月,中国网站总数为423万个,其中".CN"下网站数为213万个;截至2017年12月,我国网站总数为533万个,".CN"下网站数为315万个;截至2018年12月,我国网站数量为523万个,较2017年年底下降1.9%;截至2019年12月,我国网站数量为497万个,较2018年年底下降5.1%。2010~2019年中国网站数量变化情况如图5-12所示。

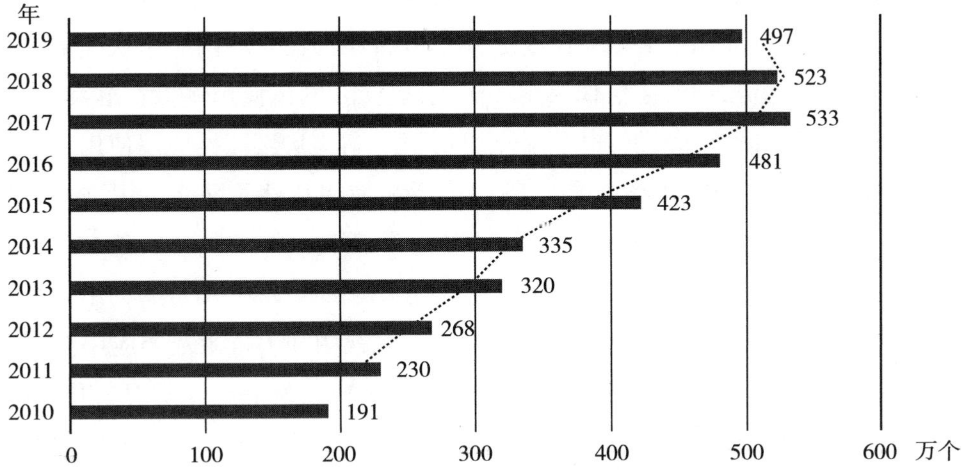

图5－12　2010～2019年中国网站数量变化

近年来，我国网站数量虽然有下降趋势，但绝对总量一直维持在高位。下降的原因主要是现在网络应用的种类相比以前更为丰富，例如有微信公众号等网络应用可以部分替代网站的功能。

（2）应用情况

21世纪20年代，是我国网络大发展时期，主要表现在互联网应用的发展日新月异。

2010年，我国互联网应用呈现出三大特点：其一，搜索引擎成为网民第一大应用。搜索引擎使用率首次超过网络音乐，成为我国网民规模最庞大的应用。在互联网信息迅速膨胀的今天，传统门户网站地位有所下降，而搜索作为互联网发展的引擎，越来越显现出其"新门户"的特点。其二，商务类应用用户规模继续扩大。网络购物用户规模增幅居于首位，网上支付、网上银行等商务类应用重要性进一步提升，更多的传统经济活动已经步入了互联网时代。其三，娱乐类应用使用率普遍下降。网民在网络游戏、网络音乐、网络视频等娱乐类应用的使用率全面降低，网络娱乐在实现用户量的扩张之后进入相对平稳的发展期。

此外，微博客和团购的用户数已初具规模。截至2010年12月，我国微博客用户规模达到6311万人，使用率为13.8%；团购用户规模达到1875万人，在网民中占比为4.1%。

2011年，我国网民的互联网应用习惯出现显著变化，包括新型即时通信、微博等在内的新兴互联网应用使用率迅速上升,与此同时一些传统的网络应用使用率明显下滑,显示出互联网发展创新速度之快。2012 年网民互联网应用状况基本保持上一年的发展趋势,即时通信作为第一大上网应用,网民使用率仍在继续上升;电子商务类应用继续高速发展;电子邮件、网络论坛等老牌互联网应用使用率持续走低。2013 年,在移动互联网的推动下,契合手机使用特性的网络应用进一步增长。即时通信作为第一大上网应用,其用户使用率继续上升;微博等其他交流沟通类应用使用率则持续走低;电子商务类应用继续保持快速发展,网络购物用户规模大量增长;对网络流量和用户体验要求较高的手机视频和手机游戏等应用使用率上涨。2014 年,在移动互联网的推动下,个人互联网应用发展整体呈现上升态势。即时通信仍作为网民第一大上网应用,在高使用率水平的基础上继续攀升;微博、电子邮件等其他交流沟通类应用使用率呈现走低趋势;博客社交性退化,媒体功能凸显,使用率呈现回升态势;电子商务类应用依然保持快速发展,手机旅行预订应用表现突出。

根据调查,2014 年企业开展的互联网应用种类较为丰富,基本涵盖了企业经营的各个环节。电子邮件作为最基本的互联网沟通类应用,普及率最高,达 83.0%;互联网信息类应用也较为普遍,各项应用的普及率的都超过 50%;而在商务服务类和内部支撑类应用中,除网上银行、政务服务、网络招聘的普及率较高以外,其他应用均不及 50%,尤其是在线员工培训与网上应用系统,普及率一直处于较低水平。我国大部分企业尚未全面开展深入的互联网建设,仍停留在较为基础的应用水平上。

截至 2015 年 12 月,全国使用互联网办公的企业比例为 89.0%。从 2011 年发展至 2015 年,企业互联网使用比例首次接近九成,使用计算机但未接入互联网的比例也相应下降。电子邮件是最早的互联网服务之一,承担着信息沟通的重要作用,同时也是为企业广泛接受、价格低廉的互联网营销渠道。截至 2015 年 12 月,在接入互联网的企业中,89.0% 在过去一年使用过互联网收发电子邮件,其中有 62.1% 的企业有企业邮箱。此外,分别有 71.9%、67.2%、58.3% 的上网企业开展过了解商品或服务信息、发布信息或即时消息、从政府机构获取信息等基础信息类的互联网活动。

2015 年,“互联网 +”行动计划提出“互联网 +”协同制造重点行动,《中国制造2025》指出战略任务和重点之一是推进信息化与工业化深度融合。截至2016年12月，在接入互联网的企业中，有91.9%在过去一年内使用过互联网发送或接收电子邮件，其中有63.7%的企业建有企业邮箱；此外，分别有77.0%、73.3%和63.6%的上网企业通过互联网了解商品或服务信息、发布信息或即时消息、从政府机构获取信息。2016年，我国个人互联网应用保持快速发展，除电子邮件外，其他应用用户规模均呈上升趋势，其中网上外卖、互联网医疗用户规模增长最快，年增长率分别达到83.7%和28.0%；手机应用方面，手机外卖、手机在线教育课程规模增长明显，年增长率分别达到86.2%和84.8%。2017年，我国个人互联网应用继续保持快速发展的态势，各类应用用户规模均呈上升趋势，其中网上外卖用户规模增长显著，年增长率达到64.6%；手机应用方面，手机外卖、手机旅行预订用户规模增长明显，年增长率分别达到66.2%和29.7%。截至2017年12月，我国在线政务服务用户规模达到4.85亿人，占总体网民的62.9%。其中，通过支付宝或微信城市服务平台获得政务服务的使用率为44.0%，是网民使用最多的在线政务服务方式，较2016年年底增长26.8个百分点；其次为政府微信公众号，使用率为23.1%；政府网站、政府微博及政府手机端应用的使用率分别为18.6%、11.4%、9.0%。

2017年我国互联网经济环境继续向好，电子商务保持快速发展，服务模式、技术形态和赋能效力不断创新突破。B2B领域，借助大数据、云计算技术，B2B电子商务企业通过"产业链+供应链金融"的服务模式，构建供应链综合服务平台，以平台为中心对接上下游客户需求，提供完善的金融服务，从而提升贸易达成率。B2C领域，网络零售市场发展势头依然强劲，创新引领市场新业态和新技术发展：①以无人便利店、无人餐厅、无人办公室货架为代表的零售形式层出不穷，刷脸支付服务则再次升级了网络零售的便利性。②电子商务对传统业态渗透和赋能加快。电商平台向供应链上游拓展服务；同时建立实体零售体验店，以技术和数据赋能线下业态，AR技术、虚拟试衣间等产品将有效推动线下商业科技升级。截至2017年11月，我国市场上监测到的移动应用程序（Application，App）在架数量为391万款。

2018年，我国个人互联网应用保持良好发展势头。网上预约专车/快车用户规模增速最快，年增长率达40.9%；在线教育取得较快发展，用户规模年增长率达

29.7%;网上外卖、互联网理财、网上预约出租车和网络购物用户规模也得到高速增长;短视频应用迅速崛起,使用率高达78.2%,2018年下半年用户规模增长率达9.1%。截至2018年12月,我国在线政务服务用户规模达3.94亿人,占总体网民的47.5%。2018年,我国"互联网+政务服务"得到进一步深化,各级政府运用互联网、大数据、人工智能等信息技术,通过技术创新和流程优化,增强综合服务能力,进一步提升政务服务效能。前端服务提供方面,相关部门不断推动线上线下集成融合,依托网上政务服务平台,实时汇入网上申报、排队预约、审批(审查)结果等信息,实现线上线下功能互补、无缝衔接、全过程留痕,并推动基于互联网、自助终端、移动终端的政务服务入口全面向基层延伸,让群众"最多跑一次"。

截至2018年12月,我国市场上监测到的App在架数量为449万款。其中游戏类应用数量约138万款,占比达30.7%;生活服务类应用规模达54.2万款,排名第二,占比为12.1%;电子商务类应用规模为42.1万款,排名第三,占比为9.4%。截至2019年12月,移动应用规模排在前四位种类(游戏、日常工具、电子商务、生活服务类)的App数量占比达57.9%。其中,游戏类App数量达90.9万款,占全部App比重为24.7%,较2018年减少47.4万款;日常工具类、电子商务类和生活服务类App数量分别达51.4万、38.8万、31.7万款,分列移动应用规模第二、第三、第四位,占全部App比重分别为14.0%、10.6%、8.6%,其他社交、教育等10类App占比为42.1%。

相比21世纪初,这个年代的代际变迁是互联网深刻地影响和改变着生产生活的各个方面。21世纪20年代,我国互联网的高水平发展提高了生产效率和生活质量。但我国在持续提升互联网发展和提供极大支持的基础上,在互联网行业全方位探索如何深层次推进生产效率和提高生活水平的过程中,如何进一步加强网络安全和治理网络犯罪以及相关人才的培养也显得更为迫切和需要。

二、中国互联网发展中的安全焦点和"瓶颈"问题

党的十八大以来,习近平总书记准确把握时代大势,就网络建设发表了一系列重要讲话,采取了一系列举措,系统提出网络强国重要论述,深刻回答了事关网络安全与信息化事业发展的一系列重大理论和实践问题,具有很强的政治性、思想性、指导性,为我们科学把握信息革命历史机遇、加强网络安全和信息化、加快推进

网络强国建设明确了前进方向。[①] 2019年4月20日,是中国互联网全功能接入国际互联网25周年的纪念日。这25年间,无论是中国经济和社会,还是中国互联网本身,都经历了波澜壮阔的大变革。我国步入互联网相较于其他发达国家要晚,前期在许多互联网领域都处于不断追赶的状态。进入21世纪以后,早期建设的互联网基础设置开始老化,各国开始进行新老设备的更替。我国互联网发展起步较晚的缺点这时反而成了建设信息高速公路的优点。因为起步晚,所以信息基础设施采用最新技术建成,比老牌资本主义国家的信息基础设施先进,他们在更新替代的时候遇到的各种阻碍在我国均没有发生。因此,在21世纪我国的信息高速公路建设反而超越了不少发达国家,走在世界前列。

(一)中国互联网发展中的安全焦点

随着互联网的不断发展,网络安全问题越来越受到各国关注,并从较为纯粹的技术领域走向政治舞台。网络安全成为继陆、海、空、天四大主权领域之后的第五大主权空间,成为各国捍卫国家主权、维护国家安全的重要组成部分。我国作为互联网发展和应用的大国,在互联网发展中,攻克互联网发展的关键技术,改善网络安全技术自主创新环境,加强建设自主可控的网络安全产业生态体系,培养高质量的网络安全人才便是我们目前互联网发展中的焦点问题。

最初互联网的诞生源于美国和苏联的"冷战",也是美国追逐国际权力博弈的结果。从互联网的发展历史看,美国具有得天独厚的优势,它既是互联网技术最主要的发源地,也是网络根域名解析服务器最大的控制国。美国仍然在谋求现实世界霸权国身份在虚拟世界的扩展和延伸。美国未来学家托夫勒(Al vin Toffler)曾预言,谁掌握了信息、控制了网络,谁就将拥有整个世界。因此,通过控制网络来控制世界,已成为美国全球战略的重要一环,也是其巩固霸权地位的新选择。具体而言,美国从以下几个领域来实现对网络的扩张和霸权:

一是垄断核心技术资源实现网络信息霸权。自从计算机诞生和"阿帕网"问世以来,美国就把握住先占者的权力,牢牢掌控着网络资源的分配权力。由于美国掌握了域名和地址的分配权,导致网络空间疆域的分配严重不均,中国只占全球IP地址总数的9%,印度仅占1%,每个中国人只有0.2个IP地址,每个印度人只有

① 刘俊:《学习理解习近平总书记网络强国重要论述》,载《社会主义论坛》2020年第2期。

0.03 个 IP 地址。①

二是独霸网络资源,将大部分资源占为己用。美国若想在网络世界获得更多的权力,就必须通过制度来保卫和拓展自己的“领域”。美国的网络空间制度霸权是构筑一个由美国主导的网络制度化的霸权体系。美国网络空间制度霸权聚焦于网络技术标准的制定推广和网络国际制度的构建,②其声称“网络自由”,实则构筑网络霸权。美国网络霸权的制度构架成形后,为了使其霸权领域不断扩大发展,美国积极倡导“网络自由”,逐步构建网上意识形态霸权。随着互联网的蓬勃发展,美国等西方国家以互联网为平台,通过 Facebook、YouTube 等平台大力宣扬美化西方的价值观,并推广西方政治模式,将互联网当作其海外推进民主的重要工具。美国中央情报局甚至认为,运用互联网手段输送美国价值观,远比派特工到目标国家或培养认同美国价值观的当地代理人更容易。③ 由此可见,互联网已经成为美国在海外推进民主的全新领域,美国试图以价值观引领互联网的发展。

三是拓展网络军备建设,推进网络军事霸权,进行“网络战”。为了维持网络空间的绝对优势和不受挑战的全球领导地位,并为网络霸权提供有效保障,美国拓展网络军备建设,推进网络军事霸权,进行“网络战”。美国是世界上第一个引入“网络战”概念的国家,也是第一个积极加强“网军”建设的国家。2014 年 9 月,美国网络司令部司令迈克尔·罗杰斯(Michael S. Rogers)指出,美军正在组建一支新的网络防御部队。这支部队在 2016 年前已具备完全作战能力,其旨在强化对黑客活动以及由其他国家发起的网络攻击的防御。

进入 21 世纪后,网络控制战略已与核威慑战略、太空抢占战略,一道成为美国“三位一体”的国家安全战略。网络战是信息战的特殊形式。信息战主要是为了夺取和控制对方的信息权而进行的战争,通俗而言,主要是为了获得敌对双方信息的控制权和使用权,然后通过破坏敌方的信息系统和保护己方的信息系统来进行的作战活动。④ 在实际信息战中,主要的信息威胁有三种:第一种为信息攻击,主要包括窃听、破译以及宣传恶意广播,对信息进行错误更改等,还包括一些计算机

① 杜雁芸:《美国网络霸权实现的路径分析》,载《太平洋学报》2016 年第 2 期。

② 杜雁芸:《美国网络霸权实现的路径分析》,载《太平洋学报》2016 年第 2 期。

③ 王更喜:《美国输出价值观的新“武器”》,载《中国教育报》2012 年 3 月 23 日,第 5 版。

④ 时玉林、周琨、王臣阳:《科技战与信息战——探究现代战争中高科技通信技术的运用》,载《中国新通信》2018 年第 4 期。

病毒的植入、逻辑炸弹、陷阱门以及纳米机器人等，其直接对信息进行攻击，包括传播过程中或者计算机内部的主要信息。第二种为电磁攻击，主要利用电子侦查主动释放一些强力的电磁干扰信号，破坏敌方的信息系统。第三种为火力攻击，主要利用强大的火力对敌方暴露在空间外部的信息系统进行摧毁，破坏敌方的指挥和控制系统，削弱敌方的战斗力。①

网络战中最值得关注的就是APT攻击。APT攻击是一种高级持续性、威胁利用先进的攻击手段对特定的目标进行长期持续性的网络攻击的攻击形式。当前网络空间受到高度重视，单一的攻击手段越来越难以达到攻击效果，高度持续性威胁正在通过一切方式，绕过传统安全设备的防线，悄然潜伏在系统中，成为当前网络安全的最大威胁。网络空间对抗与博弈、国家背景的APT活动有着更加明显的网络战争趋势，呈现地缘政治特征、具有国家背景的黑客组织发动的APT攻击，穿插在现实国家政治和军事博弈过程中，网络空间威胁或已成为各国情报机构和军事行动达到其情报获取或破坏目的所依赖的重要手段之一。② 目前，对APT攻击还没有一个权威的定义，不同的研究机构和学者提出了不同的理解和描述。美国国家标准技术研究所给出的定义是：攻击者掌握先进的专业知识和有效的资源，通过多种攻击途径，在特定组织的信息技术基础设施建立并转移立足点，窃取机密信息，破坏或阻碍任务、程序或组织的关键系统，或驻留在组织的内部网络，进行后续攻击。③ APT攻击的特点：从定义上看，APT攻击具有攻击技术高级、攻击持续时间长、威胁性大等特点。攻击技术高级是指攻击者掌握先进的攻击技术，使用多种攻击途径；攻击持续时间长是指实施APT攻击的组织通常具有明确的攻击目标和目的，通过长期不断地信息搜集、信息监控、渗透入侵，实施攻击等步骤；威胁性大是指APT攻击通常拥有雄厚的资金支持，由经验丰富的黑客团队发起，一般以破坏国家或是大型企业的关键基础设施为目标，窃取内部核心机密信息，危害国家安全和社会稳定。④ 在宏观上，APT攻击具备如下特征：高度目的性、高度隐蔽性、高度突然性、高度规模性、高度危害性、高度复合性、共时并发性、目标实体化和攻击

---

① 邢雷：《计算机和软件在信息战中的作用》，载《中国新通信》2020年第8期。

② 宋汀：《2019年涉华APT态势简析》，载《中国信息安全》2019年第12期。

③ 王海松、赵志根、刘一利：《APT攻防技术浅析》，载《网络安全技术与应用》2018年第12期。

④ 参见王全福：《基于ECC的同态加密算法研究与改进》，中北大学2017年硕士学位论文。

非对称化。[①] 网络空间威胁或已成为各国情报机构和军事行动达到其情报获取或破坏目的所依赖的重要手段之一。境外 APT 组织从未停止对我国党政机关和关键基础设施的攻击,对我国网络安全造成严重威胁。因此,在网络战背景下的围绕全球网络空间的新一轮竞争较量中,各国均把网络安全人才的培养作为核心战略。为保证国家信息基础设施的安全,我国需要拥有自主可控的安全产业和安全产品,以及不断创新的能力,来应对瞬息万变的网络生态环境。然而,在自主创新、自主可控方面,我们与发达国家之间存在不小的差距。目前,世界上排名靠前且在互联网安全领域有着举足轻重地位的公司和研究机构,均由美国、欧盟、日本等国家和地区所掌控。由此可见,改善网络安全技术自主创新环境,加强建设自主可控的网络安全产业生态体系,培养高级网络安全人才,是把我国建设成为网络强国的必由之路。其中,网络安全人才的培养和储备是决定网络战的核心关键。但是,我国目前十分缺少网络安全人才,培育网络安全人才变得至关重要。尽管网络安全人才的需求缺口巨大,但我国高等学校每年培养的网络安全人才还远远不能满足需求,并且理论人才居多,很难培养出具备实战对抗能力的网络安全人才。[②] 因此,培养高质量的网络安全人才是我国互联网发展中的焦点问题。

互联网深入发展到今天,又出现了一个名叫“暗网”的地方。互联网是一个多层结构,“表层网”处于互联网的表层,能够用标准搜索引擎进行访问浏览;而藏在表层网之下的被称为“深网”,是指存储在网络数据库里、且不能通过普通链接进行访问,而需要采用动态网页技术进行访问的一种资源集合。[③] 在深网中隐藏着一个黑暗的网络地带,从事各种法律所禁止的、在监控之外的地下黑色产业链,这就是“暗网”。事实是,在暗网中,几乎可以销售任何东西,所有这些都不受网站所有者或政府部门的控制,并且全部受加密保护。早在 2015 年,一项研究就对 2700 多个暗网的内容进行了分类,发现不少于 57% 的网站托管了非法材料。[④] 暗网主要有以下危害:一是危害国家安全。暗网中存在各种黑色交易,危害社会和国家的安全。但是,由于暗网的匿名性,导致其很难得到管控,长此以往,暗网将会严重威

① 黄荣梅:《基于椭圆曲线加密算法的信息安全系统》,载《内江师范学院学报》2017 年第 2 期。

② 朱富丽、杨磊:《新工科背景下高校多元化网络安全人才培养的探索》,载《现代盐化工》2020 年第 3 期。

③ 明乐齐:《暗网犯罪的趋势分析与治理对策》,载《犯罪研究》2019 年第 4 期。

④ 索明:《暗网——看不见的敌人》,载《计算机与网络》2020 年第 12 期。

胁我们的国家安全。二是公民信息泄露。2018年以来，网络上各大酒店、聊天交友平台中的顾客和用户信息开始在暗网公开售卖，每个信息都附有更详细的实证材料。如果这些信息落入不法分子手中，后果将不堪设想。三是恐怖主义活动猖獗。近年来，随着世界各国反恐力度的不断加大，恐怖分子公开进行网络恐怖活动受到了极大的打击和限制，于是一些恐怖组织和恐怖分子逐步转向了互联网的“地下世界”，不断利用暗网进行恐怖主义宣扬的迹象越来越明显。据媒体报道，在2011年发生的“阿拉伯之春”中，埃及的革命者正是通过在暗网上的串联活动，成功躲避了政府的追踪，最终推翻前总统穆巴拉克下台。① 以上这些，均体现了培养适应我国互网快速发展需求、保障网络安全的高质量人才的重要性。

（二）中国互联网发展中的安全“瓶颈”问题

未来中国互联网的发展关键是要突破技术“瓶颈”。目前，网络技术的短板和急需解决的问题主要体现在以下几个方面：

第一，互联网安全产业的根基不牢固，缺乏相应的自主创新能力。

在互联网安全产业中，我国从事网络安全领域的人才缺口巨大。尽管我国在网络安全的人才培养上已经实施了政策倾斜和支持，但是仍然供不应求。人才的缺乏导致企业创新能力受到制约。

在互联网安全领域，技术创新和拥有自主知识产权的核心技术是企业长盛不衰的根本，然而网络安全人才的培养是需要投入大量精力和时间的，他们需要学习丰富的理论知识，并且也需要经历多年的实战经验，充分结合理论知识和实战经验才能培养出优秀的网络安全人才。

第二，互联网信任体系建设滞后，需要加强互联网可信身份管理。

近年来，暗网等地下黑色产业链之所以成为互联网毒瘤，难以找到有效的解决方案，其中一个关键问题就是互联网缺乏必要的可信身份管理。随着暗网的匿名性和私密性特点不断显现，越来越多的网络犯罪活动逐渐转移其中，因此，暗网违法犯罪越来越猖獗，治理与打击越来越困难。

此外，网络空间中信任体系的构建没有及时赶上互联网的发展速度，导致在使用新型网络技术时，由于缺乏必要的信任体系，技术的发展和应用受到桎梏，形成

① 黎晓珊：《警惕暗网演进的四大趋势》，载环球网：http://tech.huanqiu.com/internet/2019－04/14741820.html？agt＝9054，2020年5月4日最后访问。

了迅猛发展的网络技术与相对滞后的安全能力之间的矛盾。

第三,网络安全的关键技术有待突破,安全防护水平亟待提高。

基于互联网的起源和技术发展渊源,美国在互联网技术发展领域一直处于全球领先地位。它通过跨越国界的网络空间,将权力不断越过其他国家的主权边界,在全球进行布控。这种能力的生成,主要源于美国先天的技术优势。"二战"后的第三次科技革命浪潮中,美国在资源配置、技术标准、内容生成等方面都处于垄断地位,其独霸着网络资源的分配权力,主导了网络产业链上的关键环节,这构成了美国网络霸权的基础。[①] 而网络霸权的存在,使中国在互联网领域的话语权不足。《纽约时报》曾在2015年刊文爆料称,有匿名情报机构官员表示,美国在中国大陆的计算机系统中植入了数以千计的系统。在霸权主义追求"绝对安全"以及"横行自由"的过程中,任何国家都是潜在受害者。[②] 由于美国掌握了域名和地址的分配权,导致网络空间疆域的分配严重不均。中国只占全球IP地址总数的9%,导致中国IP地址十分紧缺。虽然近年来中国在互联网领域的竞争力和话语权逐渐增加,但与发达国家相比仍有差距。

美国为了巩固其网络霸权的地位,对其他国家频繁发动网络战。网络战使得当前的国际网络安全形势十分混乱,相对于物理空间中的战争来说,网络空间中的战争完全没有"宣战"的概念。虽然没有"宣战",但网络战役无处不在,各个国家都对这场"战役"高度关注并倍感压力。尽管就现阶段来说,网络战看似无人员伤亡,但是这并不能保证未来的网络战不会造成大量的人员伤亡,使用网络武器摧毁关键性的民生设施甚至控制大规模杀伤性武器并非完全是一种想象。并且还有可能存在网络战引发现实战的危险,当网络战的双方在攻防水平上极不对等,而处于优势的一方通过网络又对另一方造成了较多的人员伤害和较大的财产损失,那么另一方则极有可能通过物理空间中的武力予以还击。

目前,美国拥有世界上最为庞大的黑客军团,以及技术一流的网络武器库,在网络战领域拥有制压其他国家的绝对优势。网络战往往针对被攻击国家或组织关系到民生、经济、信息基础设施的工业控制系统、金融系统、重要的政府军事部门等,因而一旦防御失手,将会带来惨重的损失,甚至是灭顶之灾。因此,提高我国安

---

① 杜雁芸:《美国网络霸权实现的路径分析》,载《太平洋学报》2016年第2期。

② 沈逸:《霸权主义是全球网络安全最大威胁》,载《环球时报》2019年6月17日,第15版。

全防御能力，提升互联网关键技术水平显得尤为紧迫。

三、中国互联网发展的未来走向

(一)新兴技术对互联网的影响

自2015年我国推出“互联网+”行动计划以来，得益于大数据、云计算、区块链、智能终端以及网络通信等技术的进步，互联网为制造业、金融、医疗、交通、零售、城市建设与管理、政府及事业单位等各行各业提供了突破局限的新型科技与服务产业形态。在过去人们所经历的信息互联网产业变革中，存在信息服务边界，因此，诸如教育、医疗、制造业等对打破信息不对称需求不强烈的行业，并没有受到较大的影响。科技的发展从来不是一家独大，而是多方面齐头并进相互影响的。互联网最初源于科研信息的分享，随着信息技术的不断成熟与发展，互联网从1.0发展到2.0再到移动互联，从静态到动态，从民众被动接受到全民参与，每一次的改变无不彰显科技的力量。未来，在人工智能、大数据、区块链技术不断发展的环境下，互联网从底层架构到上层应用也将越来越深入、普及和智能化，智能服务也将成为互联网未来的核心要义。人工智能技术与网络安全技术深度融合，在异常流量监测、抵御恶意软件、异常行为分析、敏感数据保护、安全运营、漏洞搜索等方面，人工智能的赋能正逐渐体现；5G网络安全研发布局密集展开，网络运营商、设备企业、网络安全企业从网络和业务场景、终端应用安全等方面均展开积极探索，形成新的网络安全和网络应用的解决方案。

(二)互联网的渗透将更加深入

随着互联网在各年龄段、各新兴领域(教育，零售，主播、网红等新行业)的应用，以及移动支付将全面普及，线下零售将加快速度接入互联网。互联网的本质是互联互通，网络通过互联将人类社会中的芸芸大众与商家、平台等联系到一起。未来，我国互联网的渗透将从各个方面更加深入，人们获取信息变得更加方便、快捷、全面，互联网对人们生活和社会发展的影响也将更深入。尤其是移动互联网的快速发展和移动应用的持续创新，终将全面变革传统的行业，进而影响人们生活的方方面面。同时，全球互联网正加速迈入智能融合时代，具备全维感知、自然交互、融合线下、智能服务等核心特征的“新型智能硬件”与“智能互联网+”形态，已成为智能融合时代引领发展的战略平台,[①]如智能家居、车联网、虚拟现实等。

(三)数据孤岛与数据共享机制的健全与完善

互联网将大众联系到一起,将孤岛连成大陆,同时也会制造更多的碎片化数据。"互联网+"创造了以技术创新推动传统产业创新转型的新机遇,大数据、云计算等技术将成为创新驱动发展的核心技术力量。大数据将互联网向纵深的方向推进,大数据驱动的应用技术转化为各种服务,促进了经济的发展。数据孤岛的出现,一方面是互联网深化应用的结果,不同的应用对应不同的场景,场景被划分得越细,数据越"孤立"。其主要原因在于,基于对数据安全的考虑、数据深度开发应用能力的缺乏以及相对封闭的数据政策,同时掌握大量数据的公司会将数据视为财产和应对竞争的有力武器。未来,在互联网的下一个阶段,需要建立开放共享的数据机制,超越单独某一公司数据的开放共享,这样,散落在互联网中的孤岛数据才能在保护数据安全的前提下发挥其价值,建立信息互通的基础,充分释放互联网的潜能。

(四)从网络大国迈向网络强国,注重基础技术自主创新

我国在区块链、5G、人工智能、大数据、互联网基础资源等领域核心技术的自主创新能力将不断增强,无论在政策上还是技术上,产业融合都将加速推进。互联网的快速发展已深入影响人类生活的各个方面,且已不断嵌入到政治领域。国际上发达国家都争相制定网络空间战略,全方位地界定和构建网络空间的国家利益、国家权力与国家安全,网络空间已成为世界各国战略博弈的新战场。我国网络强国战略的提出与实施,旨在促进我国经济与社会的全面发展,提高我国的网络基础技术与网络话语权。我国主张构建网络空间命运共同体,在网络空间内通过国际合作,共享共治互联网空间,共同制定网络全球性问题的解决方案。如何加快成为网络强国,如何注重基础自主技术的创新和突破,如何在国际网络空间内增强相关话语权和技术主导力,如何能有效促进世界各国之间制定统一的网络空间治理规则,推进构建网络空间命运共同体,是我国未来需要研究的现实课题。在互联网时代,网络强国战略的实施是提高国家综合实力的助推器。网络强国战略不仅局限于网络虚拟空间,而是将网络空间与现实空间相结合并延伸至多领域发展。与西

---

① 中国信息通信研究院:《互联网发展趋势报告(2017—2018 年)》,2017 年 12 月发布。

方网络发达国家相比较，我国仍处于网络发展中国家，网络核心技术及网络各类基础设施多依赖网络发达国家，如何有效优化网络强国战略的实施，如何推进我国网络基础技术的突破和发展，仍是我国追求成为网络强国过程中需要解决的问题和未来发展的方向。

(五)网络空间治理

互联网极大地影响着人们的生活和工作方式，经过40多年的发展，已经成为人类社会的重要基础设施和各国的重要战略资源，网络空间已成为继陆、海、空和天(太空)之后的人类第五疆域。[①] 近年来，我国的信息化水平不断提升，电子政务水平飞跃发展，从中央到地方各种电子政务平台层出不穷，几乎每个国家部委都各自牵头开发了信息化工作平台，如“金财、金税、金关”等，各地也通过搭建电子政务平台推动“放管服”改革，通过各种信息化手段实施社会的网格化管理，既提高了工作效率，也提高了社会治理水平。然而，在利用互联网推进治理能力现代化的过程中，信息孤岛的“蜂窝煤”问题、个人信息保护、网络霸凌、日新月异的互联网新业态等都亟待治理，建立和完善与之对应的制度。可以说，随着互联网与百姓生活的深度融合，虚拟空间的治理已与现实世界同等重要。互联网本质上就是联通，是信息流通的“高速公路”，现在信息高速公路越建越宽，数据越跑越多、越跑越快，“交规”和各层级“交警”的管控治理能力已明显成为短板。因此，网信部门应在推进国家治理体系和治理能力现代化过程中发挥重要作用。同时，要运用互联网、大数据、人工智能等前沿技术手段推进数字政府建设，加强数据有序共享，突出依法保护个人信息，依法进行网络空间治理。

第二节　网络犯罪状况25年：历史与未来

网络带来的技术革命给中国社会带来极大变革的同时，“犯罪——这一自始至终困扰人类社会的顽疾，在信息时代再次展现了其顽强的生命力和惊人的适应能力，迅速将触角伸入了互联网领域，攫取生存的资源和空间，呈现出不断变异和复

① 黄韬、霍如、刘江、刘韵洁：《未来网络发展趋势与展望》，载《中国科学：信息科学》2019年第8期。

杂之势”。[①] 过去的25年,中国的网络犯罪形势发生了巨大变化,呈现出显著的时代特征,出现了标志性的典型案件,并在实践中预示着新的发展方向。

一、全国及各地网络犯罪统计与分析

网络犯罪几乎是伴随网络的发展普及而诞生的,以时间为跨度,从总体上把握网络犯罪的基本状况,就不得不将其与网络发展相联系。2000 年以前,中国互联网的覆盖空间逐步扩大,在此期间,政府、企业对互联网领域处于初步探索阶段;2000 年,中国证监会发布《网上证券委托暂行管理办法》,政府部门开始大规模依托网络进行工程开展、媒体建设,网络的使用率、适用领域大幅增加,网络犯罪的涉及领域随之改变。因而,以 2000 年为节点,将 2000 年以前作为网络犯罪的第一阶段。根据 2005 年 7 月发布的《中国互联网络发展状况统计报告》显示,网民的上网设备主要是台式计算机,比例达 96.0%,此后手机上网比例逐渐加大。以 2005 年为节点,将 2001 ~2005 年这一时间段作为网络犯罪发展的第二阶段。2012 年,手机网民规模超过了台式电脑,以 2012 年为节点,将 2006 ~2012 年这一时间段作为网络犯罪发展的第三阶段,关注由于上网方式转变对于网络犯罪类型发展的影响。此后将 2013 ~2019 年作为第四阶段,此阶段手机为主要联网载体,成为网络犯罪的主要攻击对象,该阶段关注于以手机为犯罪媒介的网络犯罪的占比变化、类型改变。

(一)第一阶段:2000 年以前的网络犯罪

1987 年,我国第一封电子邮件发出,这一时期我国已有中国公用计算机互联网、中国教育科研网、中国科学技术网、中国金桥计算机互联网四大计算机网络与因特网相连,但网络覆盖率、使用率有限,涉及领域、犯罪方式也有限,主要分为:黑客犯罪、网络金融诈骗、网络色情犯罪、侵犯互联网知识产权犯罪、病毒犯罪、网络教唆犯罪、网络恐怖活动犯罪。[②] 针对这一阶段的网络犯罪,有学者进行不同的类型梳理,认为网络犯罪的常见表现形式为:一是破坏计算机信息系统,通过病毒传播方式,严重威胁电脑网络安全;二是非法侵入计算机信息系统,通过强行攻破安全壁垒、插入病毒软件等方式,窃取技术性、机密性信息,尤其是针对官方的系统信

---

① 于志刚:《网络犯罪与中国刑法应对》,载《中国社会科学》2010 年第 3 期。

② 马红杰、王志武:《关注网络犯罪》,载《人民公安》1999 年第 4 期。

息；三是电脑财物的盗窃，通过转账、恶意透支方式冲击有序的银行金融体系；四是电脑经济诈骗，通过网络的方式取得受害人信任，令受害人产生错误认识，从而将财物交给犯罪人；五是制作、复制、出版、传播非法作品，其中尤以电脑贩黄、传播色情信息危害最大；六是非法盗版，侵犯知识产权，未经许可，拷贝计算机程序、数据库等，对公司、企业造成重大经济损失；七是侵犯个人隐私，政府机构、公司因某些特定缘由收集、存储大量个人信息，犯罪分子针对此种信息进行窃取，完成后续犯罪。[①] 也有学者采取了类似的分类标准，但对具体类型内容进一步划分：一是以"偷窃身份"为主的金融诈骗；二是以刊登色情图文、进行色情交易等方式开展的网络色情犯罪；三是利用网络发电子函件从而勒索钱财的网络恐吓；四是通过网络的广泛传播进行污蔑诽谤；五是以网络为媒介进行商业、保险诈骗；六是利用网络隐匿身份贩卖非法物品；七是进入其他企业的网络内部窃取、破坏商业机密；八是通过网络宣传种族歧视、恐怖主义等言论。[②] 学者米佳则制定了新的划分标准，提出了另一种分类方式：以网络空间作为犯罪场所的网络犯罪，利用网络作为工具的网络犯罪，以网络为攻击目标的犯罪，利用网络散布不正当言论。[③]

从网络犯罪的涉及内容来看主要划分为：一是将网络作为犯罪媒介，扩大了原有犯罪的影响面，如网络色情犯罪、网络教唆犯罪；二是对网络衍生的系统、成果进行侵害，影响公私企业对于网络系统的正常使用，如黑客犯罪、网络恐怖犯罪、网络知识产权的侵犯、病毒犯罪等。这一阶段，网络犯罪具体展现内容较少，在刑事犯罪中的占比较低。不少网络犯罪仅是传统犯罪的变形，它们利用网络的传播速度快、匿名性等特性，借助网络媒介进一步实现犯罪的影响面，降低自身犯罪风险；而针对网络系统的攻击、网络社会秩序的扰乱的犯罪数量极少，这与网民数量较少、网络并未得到充分普及有关，网络犯罪受害群体主要分布在高精尖领域、政府部门等，受害人群体结构单一。

(二)第二阶段：2001～2005年的网络犯罪

这一阶段，由于国内网络信息业发展极快，我国网民增长比例年均超过100%，从网上银行、网上购物、网上炒股，到电子商务、电子政务的普及，网络技术

---

① 巫修社、崔凤灵：《网络犯罪：信息时代的最大隐患》，载《平原大学学报》1999年第2期。
② 马继刚：《未雨绸缪　当前网络犯罪的类型、发展趋势及对策》，载《中国刑事警察》1998年第2期。
③ 米佳：《网络犯罪及公安机关的防范对策》，载《辽宁警专学报》1999年第4期。

应用出现前所未有的热潮,乘着这股网络大力发展之风,网络犯罪的类型、犯罪方式、犯罪手段的翻新速度同样迅速。这一阶段台式电脑普及、网民数量上升,人们通过网络发布信息、交换信息,网络犯罪也主要以信息为中心展开。就犯罪现象本身而言,主要有:网上侵犯他人隐私权利、网上侵犯言论自由权利、通过电子邮件进行网络恐吓、通过篡改网页扰乱市场等犯罪类型,针对的正是网络社会秩序稳定、安全,但这些类型的网络犯罪在2000~2005年由于犯罪形态有限,并未侵害到社会法益,不被认定为犯罪,对此部分的统计、研究成果较少。

然而,第一阶段中已然固定的犯罪类型,在第二阶段中仍然持续,其态势远远超过第一阶段,主要体现为犯罪数量的增多、涉案金额的提高以及受害群体广泛。从犯罪数量上来看,1999年全国共立各类计算机违法犯罪案件908起,其中刑事案件75起,行政案件833起;2000年全国共立案2670起,其中刑事案件238起,行政案件2432起;2001年全国立案2741起,其中刑事案件304起,行政案件2437起。从刑法规定的两类典型计算机犯罪案件立案数量看,1999~2001年全国共立案98起,其中1999年立案11起,2000年立案36起,2000年比1999年增长227%;2001年立案51起,2001年比2000年增长42%。从犯罪区域分布来看,网络犯罪主要集中在经济发达、信息网络发展较快的东部地区。根据立案数地区分布情况看,案发地主要分布在北京、天津、辽宁、江苏、山东、上海、广东、浙江、福建等省市。从犯罪类型来看,危害国家安全、破坏社会管理秩序、侵犯公私财物等犯罪突出,是我国当时网络犯罪的主要形态;在破坏社会管理制度的案件中,利用计算机制作、复制、传播黄色淫秽物品案件占较大比重。从危害结果来看,在国家安全方面,国际反华势力变换手段,利用因特网进行宣传、渗透,继续实施“西化”“分化”“弱化”的政治图谋,在国际反华势力的支持下,境内外敌对分子以“网络民主”的名义串联勾结、组党结社、窃取机密,企图颠覆国家政权。在社会稳定方面,不法分子针对我国处于体制转轨时期存在的就业失业、腐败等社会问题,利用互联网进行造谣煽动,危害安定团结。在经济方面,网络犯罪给国家、集体和个人造成的损失不断增加。[①] 2004年,公安机关调查13,600起网络犯罪案件,超过50%的网络犯罪人员在26岁以上,这恰恰反映了利用网络实施传统犯罪(如网络色情、赌博、诈骗等)的违法

---

① 蒋平:《我国计算机网络犯罪的基本现状》,载《信息网络安全》2003年第1期。

犯罪人员的年龄结构与物理社会中违法犯罪人员的年龄结构差别不大，犯罪人员仍以年轻人为主。[①] 这一阶段，利用网络实施传统犯罪中，排在前几位的犯罪类型主要是网络诈骗、网络色情、非法交易、利用网络接触被侵害对象、敲诈和诽谤、网络赌博、侵犯知识产权、网络钓鱼等。尽管网络钓鱼、网络侵犯知识产权犯罪案件当时占比不高，但两类犯罪的总数处于快速上升趋势，成为打击的重点。

这一阶段，对于网络犯罪的分类，大多数学者采取犯罪与网络的关系进行划分，认为网络犯罪可以分为两类：第一类是因特网上犯罪，特指只能在计算机网络上实施的犯罪，如非法侵入计算机信息系统罪、破坏计算机信息系统罪；第二类则是因特网关联犯罪，此类犯罪既可以在现实中实施，即传统犯罪，也可以借助网络媒体实施，成为新型犯罪，即"因特网＋传统犯罪"基本模式，如通过窃取商业机密、私人信息进行电子讹诈，通过电子交易进行的网上走私、网络非法交易，设计网页、暗链接进行网络色情服务，通过因特网加密传输进行网上洗钱，顺应网络商务、电子银行的发展趋势通过克隆相应网站从而进行网络诈骗，通过破译网络密钥进行电子盗窃，网上侮辱诽谤以及窃取国家机密的网络间谍犯罪。[②] 由于手段的翻新，该阶段犯罪形成了初步的专业分工，有学者以犯罪阶段进行分类，主要步骤是：申请账户，包括上网账户、虚拟主机网页空间账号、电子邮件账号、网上聊天室账号、邮局存款户头；设置网页，通过设置色情网站，展示特定图画；链接上网广告；以前述步骤为前提进行网络交易，包括收取订单、复制软件、寄送光盘、货到收款、打入网上账户、提款机提款等。[③] 中国台湾地区专家赵美智教授认为，依网络在犯罪中所扮演的角色，可以将网络犯罪分成以下三类：以网络作为犯罪工具，以网络作为犯罪场所，以网络作为犯罪客体工具。《国家网络信息安全报告》则将网络犯罪总结为四大类：信息窃取和盗用，信息欺诈和勒索，信息污染和滥用，信息攻击和破坏。[④]

这一阶段的总体犯罪趋势，主要有以下三大特征：其一，网络犯罪平民化趋势，第一阶段因特网是少数人的"游戏"，因特网刚由军事目的转入民用，网民须有相

---

① 许剑卓：《中国网络犯罪情况分析》，载《信息网络安全》2005年第12期。

② 屈学武：《因特网上的犯罪及其遏制》，载《法学研究》2000年第4期。

③ 徐超：《计算机网络犯罪的特点和发展趋势》，中国计算机学会计算机安全专业委员会"第十六次全国计算机安全"学术交流会论文，2001年6月27日于成都。

④ 许秀中：《网络犯罪概念及类型研究》，载《江淮论坛》2002年第6期。

当程度的专业能力,但由于因特网系统处在国际互联互通的状态,专业技术人才通过开设网站致使犯罪传习,网民学习电脑技术的渠道增多。据统计,1999 年年底,因特网上已有 3 万多个黑客网站,而全球仅 1700 万人具备黑客技术。[①] 其二,特定受害人的选择,电子银行系统安全难以得到保障,犯罪分子通过黑客技术获取内部资料后,有针对性地挑选相应受害人,由于知晓受害人的基本信息,在当时信息流通相对闭塞情况时,犯罪分子极易取得受害人信任。其三,网络犯罪法定犯趋势明显,由于网络犯罪的非接触性,传统犯罪中的自然犯罪,如杀人、抢劫、强奸等犯罪必须通过实体接触,因而肆虐于网络社会中的大多是法定犯,如捏造虚假信息、网上操纵证券交易价格等。

(三)第三阶段:2006 ~ 2012 年的网络犯罪

这一阶段,随着政府上网、海关上网、电子商务等一系列网络应用的蓬勃发展,因特网正在逐渐融入社会的各个方面。一方面,网络用户成分越来越多样化,出于各种目的的网络入侵和攻击越来越频繁;另一方面,网络应用越来越深地渗透到金融、商务、国防等关键要害领域。

这一阶段网络犯罪的类型主要为:一是用计算机网络进行网上欺诈交易的犯罪。随着互联网的出现和发展,传统的买卖双方见面的市场交易已有相当部分转移到了网上交易。在这种虚拟的网上交易中,消费者一般都是远程交易并通过电子银行进行付款。在这种虚拟的网络交易中,商家始终占据着主动和信息优势,而消费者则始终处于弱势的一方,在这种双方信息明显不对称的博弈当中,极易产生网络犯罪的可能性。二是利用计算机网络盗窃、侵占法人、自然人的金融财产的犯罪。犯罪分子利用计算机专业知识和技术,在计算机网络上非法侵入用户的电脑,获取用户的金融信息,盗窃用户的金融财产;或者在网上伪造有价证券、金融票据和信用卡等,盗窃、侵占企事业单位和个人的金融财产;或者利用计算机知识、技术,直接在互联网上实施贪污、窃取、挪用公款等犯罪。目前,这类计算机网络犯罪的目标主要集中在金融、贸易、证券以及大企业、大公司等主要经济部门和单位。三是利用计算机网络建立淫秽网站、网页,组织网上裸聊以及传播淫秽报刊、音像、影片等的犯罪。[②] 这种以营利为目的,在网上传黄、售黄的犯罪,不受地域、时空的

---

① 屈学武:《因特网上的犯罪及其遏制》,载《法学研究》2000 年第 4 期。

② 舒浩:《网络犯罪的类型及防范治理策略》,载《党政干部学刊》2007 年第 6 期。

限制，作案手段繁多，损害对象面广量大，尤其处于青春期阶段缺乏自控能力的广大青少年更是深受其害。并且，由于市场经济的发展、社会价值观的多元化、社会道德失范等原因，也为这类计算机网络犯罪提供了一定的社会基础。四是通过信息交换和软件的传递过程，将破坏性病毒附带在信息中传播，在部分免费辅助软件中附带逻辑炸弹定时引爆，或者在软件程序中设置后门程序的犯罪。

这一阶段网络犯罪的表现形式已从侧重于病毒、黑客攻击等网络安全方面的问题，逐步发展到传统犯罪与网络犯罪同流合污、传统犯罪在网络上以新的犯罪形式出现，比如利用视频技术进行色情表演，利用病毒、黑客技术从事盗窃、诈骗活动等。在社会危害方面：一是危害国家安全的案件持续上升。网络运行具有迅捷高效的特性，而这种特性也为敌对势力所认识和运用。如"法轮功"邪教组织及其顽固分子利用互联网宣传煽动、组织指挥、相互勾结，进行非法活动；组织指挥境内民族分裂分子从事破坏活动或恶意攻击我党、政府以及国家领导人；利用网络窃取国家政治、经济、军事、科技机密等。二是侵犯公私财物的案件呈多发趋势。随着货币电子化进程的加快及电子商务的兴起，财富将以电子形式出现，并逐渐集中到计算机网络中。实施侵财犯罪的嫌疑人逐渐把目光从过去的纸质货币、保险柜、钱包等转移到电子化的货币。侵财型犯罪主要利用计算机、网络技术等手段实施。三是危害计算机信息网络安全的案件增幅较大。计算机病毒在我国传播感染情况严重，特别是"红色代码"二型、"尼姆达"、"熊猫烧香"等恶性病毒在我国大面积传播，造成网络通讯阻塞，甚至出现服务器瘫痪。同时，黑客的非法入侵也频频发生。以电子邮件、文件共享等为传播途径的木马病毒愈演愈烈，严重危害了网络信息系统安全运行的秩序。四是青少年网络犯罪增多。受暴力或色情网络游戏的影响，许多青少年实施网络犯罪，并不把自己的行为看作犯罪。与其他网络犯罪案件相比，这类案件呈现出犯罪嫌疑人团伙化、低龄化、作案手段凶残等鲜明特征。① 同时，在这一阶段出现了新型的网络犯罪——手机网络犯罪。②

（四）第四阶段：2013～2019年的网络犯罪

这一阶段，我国互联网发展迅猛。2014年，中国互联网络信息中心（China Internet Network Information Center，CNNIC）报告称，截至2013年12月，中国网民

① 邵年：《探索网络犯罪的发展趋势及防控对策》，载《江南论坛》2010年第4期。
② 薛琴：《新时期手机网络犯罪研究》，载《信息网络安全》2011年第5期。

规模达6.18亿人,全年新增网民5358万人。互联网普及率为45.8%,较2012年年底提升3.7个百分点;[①]截至2014年12月,我国网民规模达到6.49亿人,其中有46.3%的网民在2014年年内遭受过账号被盗、网络诈骗等各种各样的网络犯罪问题,网络犯罪现象的严重性可见一斑。[②] 科技的不断发展导致网络犯罪的手段不断更新,许多新型的网络犯罪技术出现,例如利用P2P非法集资、新型网络传销、暗网等。

在这一阶段,网络犯罪具有新的特点,主要表现在以下几个方面:

1. 网络信息安全成为热点,企业端信息泄露问题突出

自美国棱镜事件之后,网络信息安全逐渐进入公众的视野,成为热点话题。不法分子往往将窃取的用户信息打包交易,出售给商家,以便后者进行准确的广告投递。近几年,不法分子窃取用户信息的手段也不断翻新,免费WiFi陷阱、网站挂马、恶意App等方式令人防不胜防。据统计,仅2011~2014年年底,我国公民遭到泄露的个人信息多达11.27亿条,[③]用户的信息、隐私安全令人担忧。

2. 网络犯罪手段升级,方式更加隐蔽

随着信息技术的不断发展,网络犯罪的手段也在不断更新。例如利用区块链、大数据、人工智能等进行诈骗和非法集资的手段也在不断增加。2014年,公安部开展百城禁毒会战,破获网络涉毒案件1262起,清理涉毒违法信息2.7万余条,网络毒品犯罪的打击力度空前。[④] 随着打击网络涉毒行动的力度加大,网络涉毒犯罪转入地下,方式更为隐蔽,暗网的出现使得地下交易更加难以发现。

3. 网络金融犯罪日趋严重,P2P网贷犯罪爆发式增长

2014年以来,云金融、众筹融资、网络信贷等网络金融业务兴起,由于规则、监管的不健全,互联网金融犯罪也日渐加剧。以上海市为例,截至2015年5月,上海互联网金融犯罪案件多达7000余起,涉案总金额累计超过1亿元人民币。[⑤] 由于

---

① 中国互联网络信息中心:《中国互联网络发展状况统计报告(2014年1月)》,2014年1月发布。

② 中国互联网络信息中心:《中国互联网络发展状况统计报告(2015年1月)》,2015年2月发布。

③ 北京网络安全反诈骗联盟:《2015年网络诈骗犯罪数据研究报告》,载网络诈骗安全研究:http://zt.360.cn/1101061855.php? dtid=1101062366&did=1101264350,2020年9月18日最后访问。

④ 张耀宇:《严打互联网涉毒违法犯罪战果显著》,载《人民公安报》2015年2月18日。

⑤ 郑子愚:《上海接报互联网金融犯罪案逾7000起》,载环球网:https://china.huanqiu.com/article/9CaKrnJLjN9,2020年9月17日最后访问。

门槛较低、监管不完善、法律界定模糊等诸多原因，P2P网贷平台涉嫌犯罪的现象凸显。根据处置非法集资部际联席会议办公室的数据显示，2014年，P2P网络借贷平台涉嫌非法集资的案件数、涉案金额、参与集资人数较前年同期分别增长10倍、15倍和38倍。①

4. 网络犯罪使物联网面临安全危机

随着信息化网络技术的普及，传统工业、服务管理等领域和互联网深度融合，其漏洞风险也进一步加大。当前，针对工业基础设施的网络攻击手法已然成熟，并总体呈逐年增高趋势，网络攻击成为工业领域发展无法回避的问题。2014年出现的远程木马"Havex"能有针对性地扫描工业控制设备，收集工业设备的详细信息回传服务器，预留后门以便必要时由控制端发出指令破坏工业设备生产。全球能源行业的数千个工业控制系统曾遭到其入侵，一旦大规模爆发，全球能源行业的工业控制系统将陷入瘫痪。②

5. 网络传销犯罪出现并迅速发展

近几年来传销犯罪整体呈不断上升趋势，网络传销犯罪也是从无到有。从网络传销犯罪的总数来看，其占传销犯罪总数的比重并不高。但是由于网络传销犯罪具有极强的隐蔽性和缺乏报警性，查处打击的数量并不能完全代表案件的数量。网络传销犯罪的影响非常恶劣，近年来公安机关加大了打击传销犯罪的力度，但网络传销犯罪依然呈现愈演愈烈的态势。2018年，由公安部督办侦破的"御中原"特大网络传销案，③涉案金额达23亿元；同年，四川眉山警方侦破的"鑫圆系"特大网络传销案，涉案金额高达102亿元。由此可见，以往所破获的传销案件涉案金额与当今网络传销案件涉案金额有着天壤之别，涉案金额如此之大已经严重威胁社会经济秩序的良好发展，甚至造成社会的不稳定。

二、网络犯罪典型案件分析

案例分析选取了具有典型代表性的案例进行犯罪学视角的分析，其典型性从

---

① 党小学、党玉红：《非法集资，重判还是轻责》，载《检察日报》2015年5月27日，第5版。

② 国家计算机网络应急技术处理协调中心：《2014年我国互联网网络安全态势报告》，载国家互联网信息办公室：http://www.cac.gov.cn/2015-06/01/c_1118844512.htm，2020年9月17日最后访问。

③ 马振鹏、李文吉：《网络传销犯罪的特点及治理》，载《韶关学院学报》2019年第10期。

以下几个方面判断:第一,关注度高,至少在特定时期具有较高的关注度;第二,具有新颖性,代表了犯罪新问题、新形态、新手段等;第三,充分考虑不同犯罪类别的影响。此外,所选取的案例主要从案情简介,该案的影响及代表性,案例分析、同类案件发展态势和应对等进行简要阐述和分析。

(一)破坏计算机信息系统典型案件:“熊猫烧香”病毒案

1. 案情简介

2006 年 12 月初开始,我国互联网上大规模爆发“熊猫烧香”病毒及其变种,1 个月以内病毒变种数达 90 多个,该病毒通过多种方式进行传播,被感染中毒的电脑达百万台以上,数百万用户深受其害,当时给我国互联网造成了巨大混乱。2007 年 2 月 12 日,湖北省公安厅宣布“熊猫烧香”病毒案告破,病毒制作者李俊及主要传播者等 6 名犯罪嫌疑人被捕归案。这是我国破获的首例制作和传播计算机病毒大案。

2. 该案的影响及代表性

《瑞星 2006 安全报告》将“熊猫烧香”病毒列为当年十大病毒之首,①该案是中国互联网历史上首例制作、传播计算机病毒犯罪案件,成为我国互联网历史上的一个标志性事件。也正是因为该案件给我国计算机网络造成了巨大不良影响,此后我国的网络安全意识大大提高,网络安全投入大大增加。同时,像该案主犯李俊这样的低学历、低收入的年轻计算机网络技术人员的犯罪心理和犯罪现象引起了社会的广泛关注。此类人员是一把“双刃剑”,为社会所用则能够提高网络安全,反之则正如该案一样,给社会带来巨大的危害。

3. 案例分析、同类案件发展态势和应对

“熊猫烧香”病毒作为中国大陆早期的计算机病毒和当今的计算机病毒相比,有一个重要的区别,那就是早期的病毒中毒后能够马上被察觉,“熊猫烧香”病毒的制作者李俊为了“炫技”还有意将中毒计算机中的可执行文件图标篡改成熊猫举着三根香的图像。而当今的计算机病毒仍然广泛流行,但要比早期的病毒隐蔽得多,而且往往危害性越大的病毒其隐蔽性也越高。隐蔽性也是网络犯罪的普遍特征,网络空间之所以有各种犯罪活动,一个重要的原因就在于其有利于犯罪活动

---

① 马宁:《瑞星发布〈2006 安全报告〉》,载《中国金融电脑》2007 年第 4 期。

的隐蔽,今后破坏计算机信息系统类的犯罪也将会越来越隐蔽。当然,罪恶和正义的斗争在人类历史上从未停止过,在网络空间这个人类的新领域也丝毫不例外,值得注意的是,网络空间相对于现实空间具有更强的隐匿性,从社会控制理论的角度讲,网络空间更加缺乏社会控制,故从某种程度上讲更加容易产生犯罪心理,甚至会出现该案主犯李俊所表现的"炫耀"型犯罪心理。因此,网络空间的犯罪治理应当结合网络空间隐匿性等特殊性,对特殊人才的心理健康和道德情操保持高度关注,加以合理引导。

(二)网络传销典型案件:"善心汇"传销案

1. 案情简介

2013年,张天明注册成立深圳市善心汇文化传播有限公司。自2016年3月起,张天明陆续招募人员加入"善心汇"公司,开发了"善心汇众扶互生系统"并上线运行。其以"扶贫互助"为名,以高额回报为诱饵,在全国各地发展会员,要求参加者以购买"善种子"的方式获得加入资格,并按照一定顺序组成层级,以发展下线的数量作为返利依据。截至案发,参与"善心汇"传销活动的人员共有598万余人,涉案金额达1046亿余元。

2. 该案的影响及代表性

该案社会影响恶劣,涉案金额十分巨大,涉及人数众多。"善心汇"打着"扶贫济困、均富共生"的旗号通过网络大肆虚假宣传,在全国范围内发展了大量会员,谋取会员财物。被卷入该传销活动的人数达598万余元,涉案金额更是达到1046亿余元,这种规模只有在以计算机网络为工具的情况下才能够达到,传统的传销活动难以达到。案发后,仍有"会员"执迷不悟,甚至冲击国家执法机关进行所谓的"维权",可见其流毒之深。

该案入选"2019年度人民法院十大刑事案件",十分具有代表性。"善心汇"发起人张天明及其公司的行为名为扶贫济困,实为网络传销。扶贫工作始终是党和国家的工作重心之一,尤其是党的十八大以来,党中央从全面建成小康社会要求出发,把扶贫开发工作纳入"五位一体"总体布局、"四个全面"战略布局,作为实现第一个百年奋斗目标的重点任务。"善心汇"在国家举全国之力开展脱贫攻坚活动的大形势下,利用"扶贫"的旗号进行网络传销行为,大肆敛取不义之财,不仅严重破坏了社会经济秩序,而且背离了国家扶贫帮困、致力于全面建成小康社会的初衷。①

3. 案例分析、同类案件发展态势和应对

高利诱惑、精神控制等传统的传销手段加上网络空间的高效传播使得网络传销发展迅猛。相比于传统传销,网络传销涉众更广、传播更快、技术性和隐蔽性更强,因此,其社会危害更大,侦查难度也更大。传统的传销犯罪在国家的大力打击下逐渐衰落,而网络传销犯罪正在兴起,传统的传销侦查手段在面对网络传销时难以奏效,这也是网络传销的发展势头很难遏制的重要原因。在打击网络传销时,应当充分运用网络技术手段,不断提高网络安全执法部门的技术能力,同时尽可能多地协同好社会力量,共同防控网络传销犯罪活动。

(三)网络非法集资典型案件:e 租宝非法集资案

1. 案情简介

e 租宝全称为“金易融(北京)网络科技有限公司”,是安徽钰诚集团全资子公司,注册资本金为 1 亿元。平台主打 A2P 的模式,6 款产品都是融资租赁债权转让,预期年化收益率在 9.0% ~14.2% 不等,期限分为 3 个月、6 个月和 12 个月,赎回方式分为 T +2 和 T +10 两种。自 2014 年 7 月上线,e 租宝交易规模快速跻身行业前列。根据零壹研究院数据中心统计,截至 2015 年 11 月底,e 租宝累计成交数据为 703 亿元,排名行业第四。网贷之家的数据也显示,截至 2015 年 12 月 8 日,e 租宝总成交量为 745.68 亿元,总投资人数为 90.95 万人,待收总额为 703.97 亿元。2015 年 12 月 16 日,e 租宝涉嫌犯罪,被立案侦查。2016 年 1 月,警方公布 e 租宝非法集资 500 多亿元。2018 年 2 月 7 日,北京市第一中级人民法院已对被告单位安徽钰诚控股集团、钰诚国际控股集团有限公司,被告人丁宁、丁甸、张敏等 26 人犯集资诈骗罪、非法吸收公众存款罪、走私贵重金属罪、偷越国境罪、非法持有枪支罪一案立案执行。2019 年 7 月 2 日至 8 月 30 日,北京市第一中级人民法院对 e 租宝平台集资的全国受损集资参与人进行信息核实登记。2020 年 1 月 8 日,北京市第一中级人民法院发布 e 租宝案首次资金清退公告。

---

① 陈丽英:《2019 年度人民法院十大刑事案件》,载《人民法院报》2020 年 1 月 12 日,第 4 版。

2. 该案的影响及代表性

e租宝案是我国有史以来金融领域涉案金额最高的非法集资案。近年来,各种类似非法集资案件频发,包括e租宝、大大集团、中晋系、泛亚以及涉嫌非法集资的"钱宝"等,这些非法集资平台涉案金额巨大、涉案人员范围极广,其以互联网金融创新、虚拟货币投资、网络借贷等为幌子,大面积高频率地进行所谓的投资宣传,吸引了大量不明真相的群众与投机客的参与。这种并无真实投资项目的"庞氏骗局",既侵犯了投资者的合法财产权益,也严重影响国家的金融安全。①

3. 案例分析、同类案件发展态势和应对

在网络时代,涉及互联网的金融诈骗案隐蔽性强、危害性大,加大了公安司法机关立案、侦查以及司法处理的难度。正是由于上述特点,使一些不法分子有了可乘之机。十九大报告明确强调,要"健全金融监管体系,守住不发生系统性金融风险的底线"。这就要求公安、工商以及相关行政单位与金融行业国有企事业单位通力协作,对集资等金融行为进行重点监管与监督,从源头防止违法犯罪的行为。同时,司法机关也应做好涉及互联网金融犯罪的研究工作,明确法律适用的重点与难点,保证司法公正,有效维护国家利益与公民的合法权利。

(四)网络诈骗典型案件:"8·7"特大网络诈骗案

1. 案情简介

2014年8月,江苏省淮安市局网安支队通过工作在互联网上发现:犯罪嫌疑人使用江苏南京、扬州、淮安等地的三个无线上网卡登录维护管理"上海城市建筑大学"等46所虚假高等教育院校网站,涉及14个省、直辖市,并伪造该批虚假高等教育院校学历证书、学位证书在网上进行兜售,涉嫌诈骗犯罪。

经过前期大量细致的调查摸排和线索查证工作,专案组先后派出21个抓捕小组、110余名警力分赴全国11省24市开展抓捕工作。先后抓获岳某力、程某、杜某林等犯罪嫌疑人50名,上网追逃4人,扣押涉案车辆7辆,电脑45台,手机51部,银行卡100余张以及各类资质证书、学历证书成品、半成品1200余份。另捣毁制假证窝点一处,扣押打印机9台,电脑4台,刻章设备1套,各类假大学印章、签名章700余枚。在抓捕工作的同时,专案组还抽调人员梳理出全国"虚假大学"

---

① 丁珈:《2017年度人民法院十大刑事案件》,载《人民法院报》2018年1月6日,第4版。

945 所,涉嫌办假证人员 25,626 人,以及通过"民教网"后台审批通过学生信息 248,073 条,毕业证书号 247,578 条,涉及的高等教育院校共有 1667 所(其中 727 所有备案号)。

2. 该案的影响及代表性

该案件是 2014 年公安部公布的网络犯罪十大典型案件之一,[①]该网络诈骗有别于普通网络诈骗,不仅以欺诈的方式谋取了受害人的财产,而且伪造了高校的印章、证书,对社会公共秩序尤其是高等教育的权威性和公信力造成了极大的损害。

3. 案例分析、同类案件发展态势和应对

网络诈骗犯罪已成为侵财型犯罪中增速最快的犯罪类型,2016 ~ 2018 年,网络诈骗案件数量在所有网络犯罪中的占比为 31.83%,[②]数量十分庞大。网络诈骗犯罪集团组织严密、隐蔽性强,跨国、跨境、跨区域连续大批量作案。同时,网络诈骗犯罪分子借助互联网络和电信信令网络,用软交换、改号透传技术,冒充公检法办案人员,谎称涉嫌犯罪威逼、恫吓受害群众,诱骗受害群众将全部存款转到安全账户。这种不见面、不接触的新型高科技网络诈骗犯罪,具有更大的欺骗性、隐蔽性和危害性,已经成为公安机关打击刑事犯罪的重点对象,成为威胁社会公民财产安全的一大公害。[③]

在同网络诈骗作斗争的漫长过程中,我国已经积累了较为丰富的经验,鉴于今后网络诈骗仍然会持续较长的多发态势,总结这些经验中效果较为显著的并加以改进发扬,则可以更加有效遏制这一犯罪行为。目前,经研究发现"猎网平台"的构建对防范网络诈骗可能有着较好的效果。"猎网平台"是依靠互联网公司的技术实力,结合网民的力量,警企联合进行社会综合治理的重大创新,具有以下特点:一是将大数据技术用在打击网络诈骗中,据统计,360 手机卫士为全国用户识别和拦截各类骚扰电话 140.8 亿次,平均每天识别和拦截骚扰电话 1.6 亿次,这个庞大的数据背后是诈骗信息的大数据,也是打击网络犯罪的重要依据。二是警企联合

---

① 辛闻:《公安部公布网络犯罪十大典型案例》,载中国警察网:http://news.cpd.com.cn/n3559/c26248627/content.html,2020 年 9 月 5 日最后访问。

② 中国司法大数据研究院:《司法大数据专题报告之网络犯罪特点和趋势(2016.1—2018.12)》,载中国司法大数据服务网:http://data.court.gov.cn/pages/uploadDetails.html? keyword = 司法大数据专题报告之网络犯罪特点和趋势(2016.1—2018.12).pdf,2020 年 9 月 17 日最后访问。

③ 李恒、王刚:《网络电信诈骗犯罪案件特点及侦防对策研究》,载《净月学刊》2014 年第 5 期。

的模式，依靠单方面力量很难侦破案例，难以实现对犯罪分子的精准打击，网络安全工作不仅需要企业间开放合作，更需要政府和企业间的开放合作。三是依靠人民，在"猎网平台"中，案情的线索是群众举报的，平台可以收集到大量的案件线索，这些线索可以帮助全国各地公安部门在这个平台上进行线索的串并工作，进行研判后，厘清整个犯罪的脉络和抓住犯罪分子的可能性也大大提高。[①]

（五）网络侵害公民个人信息典型案件：江苏淮安"K8社工库"侵犯公民个人信息案

1. 案情简介

2016年3月，江苏淮安公安机关网络安全保卫部门成功侦破一起侵犯公民个人信息案，抓获犯罪嫌疑人8名，捣毁国内最大的网络社工库"K8社工库"（www.k8sec.com），查获公民个人信息20亿条。

2. 该案的影响及代表性

当今，各种软件、网站大量收集用户信息，可以说用户的信息基本无死角地暴露在互联网上，通过互联网获取并出售用户信息的行为也越来越多，非法散布公民个人信息、危害国家安全信息、虚假信息、损害他人商业信誉和商品声誉信息、淫秽信息和犯罪方法的违法犯罪行为也已经泛滥。在社会生活中，人们在网购、快递、使用手机软件等过程中往往会填写真实的个人信息，姓名、生日、年龄、手机号码、银行卡号、家庭住址，甚至身份证号码会在不经意间泄露出去，有些公司和企业为了推广经营，大量收集这些信息，而不法分子也通过收集公民个人信息实施犯罪，他们获取这些信息后再将信息分类汇总，再利用信息有针对性地进行犯罪。基本每个使用手机的人都收到过陌生短信和陌生电话，而在另一头的陌生人却对我们的信息了如指掌。有的只是想要推销产品，而有的就是设下圈套，如果按照电话中或短信上提供的方式去做，或许就会失去所有的财产。最为极端的就是接通了一个陌生电话，自己的手机已经被控制，对方远程控制被害者的手机，为所欲为。

3. 案例分析、同类案件发展态势和应对

我国的个人信息保护制度相对于欧美等国家来讲较为薄弱，我国公民保护个人信息的意识更加薄弱，这两点导致我国公民的个人信息泄露情况十分严重，尤其

① 郑芮：《网络电信诈骗的防范对策——基于"猎网平台"的运行模式分析》，载《淮海工学院学报》（人文社会科学版）2018年第5期。

是在网络非常发达的今天,我们很多自己难以察觉的行为都可能把自己的信息泄露出去。例如,我们在网站上注册一个账号或者买一样东西都会把我们的电话和地址泄露出去,甚至点击一个链接都会泄露位置信息。如今大数据、人工智能等技术被广泛应用,我们泄露的个人信息被犯罪分子用这些科技手段加以分析后可以进行各项犯罪行为。2015 年 11 月 1 日,《刑法修正案(九)》正式实施,其中将第 253 条之一非法获取公民个人信息罪改为侵犯公民个人信息罪。条文规定了出售或者提供公民个人信息的,将在履行职责或者提供服务过程中获得的公民个人信息出售或者提供给他人的,窃取或者以其他方法非法获取公民个人信息的,均按照侵犯公民个人信息罪定罪量刑。这说明公民个人信息的泄露和买卖已经成为一些犯罪的目的和手段,个人信息已经成为犯罪的目标和工具。在传统网络犯罪的基础上衍生出具有"积量构罪"构造的新型网络犯罪,表现为利用信息网络大量实施低危害性行为,累积的危害后果或者危险已达到应处刑罚的严重程度,这类网络犯罪与直接侵犯计算机信息系统安全或其他传统法益的传统网络犯罪不同,被称为新型网络犯罪。新型网络犯罪不直接引起计算机信息系统安全和其他传统法益侵害的后果或危险,却为传统网络犯罪提供了关键的环境条件和技术支持,使网络犯罪案件侦诉审难度更大,因此,遏制网络犯罪必须打击新型网络犯罪。为了全面、有效惩治网络犯罪,《刑法修正案(九)》新增了第 286 条之一、第 287 条之一、第 287 条之二,规定了拒不履行信息网络安全管理义务罪、非法利用信息网络罪和帮助信息网络犯罪活动罪三种新型网络犯罪。① 此类网络犯罪随着网络的不断发展完善,其数量正在不断增长,这种"积量"型犯罪不容易引起人们的重视,然而,如果放之任之,其危害性丝毫不会亚于其他犯罪,因此,应当从国家的层面提高重视,加强防范和打击。

(六)危害网络安全典型案件:"8·25"国家.CN 域名解析系统遭网络攻击案

1. 案情简介

2013 年 8 月 25 日 0 时 6 分,国家.CN 域名解析系统主节点服务器遭受大规模分布式拒绝服务攻击,造成网络链路拥塞、服务器性能下降,部分.CN 域名网站访问缓慢或中断。经采取相关技术措施,截至 10 时许,国家域名解析服务逐步恢复

---

① 皮勇:《论新型网络犯罪立法及其适用》,载《中国社会科学》2018 年第 10 期。

正常。

攻击事件发生后，公安部立即组织力量开展侦查，发现此次攻击的目标为某游戏私服网站，犯罪嫌疑人通过控制僵尸网络向国家.CN域名解析系统提交该网站的解析请求，占据了解析系统的大量资源，直接阻碍了互联网用户对.CN域名网站的正常访问。经缜密侦查，重庆公安机关发现组织实施此次攻击的是“阿布”攻击小组，并查明自2012年10月以来，“阿布”黑客攻击团队以敛财为目的，以黑客攻击为手段，利用互联网多次实施敲诈勒索，危害巨大。2013年9月4日，在前期调查的基础上，专案组在山东青岛一举抓获了周某某等犯罪嫌疑人5名，此后又陆续在各地抓获该团伙其他成员5名。与此同时，专案组还查清了具体实施网络攻击的犯罪嫌疑人藏匿在泰国。2013年9月26日，经协调泰国警方，5名藏匿于泰国的犯罪嫌疑人被成功抓获。2013年11月22日，该5名犯罪嫌疑人被遣返回国。

2. 该案的影响及代表性

国家.CN顶级域名遭受网络攻击，其危害性和重要性不言而喻，这在我国互联网发展历史上也是国家顶级域名遭受的较为危险的攻击之一。中国互联网络信息中心在攻击发生当天多次发布通告攻击和处置情况，工业和信息化部则启动了“域名系统安全专项应急预案”保障国家域名的解析服务。此案之后，国家域名安全受到前所未有的重视，公安部立刻成立专案组全力侦破此案。工业和信息化部就提高国家域名安全作出了专项部署，进一步提高了国家域名防御攻击的能力。

3. 案例分析、同类案件发展态势和应对

网络犯罪的发展和蔓延几乎与网络技术的发展与进步是同步的，时至今日，国家域名遭受攻击的风险依然存在，威胁网络安全的各类违法犯罪活动也层出不穷。网络犯罪的社会治理滞后于网络犯罪现象虽是不可避免的，但适时关注网络犯罪现象的变化情况，并随之调整相应的防治模式，是当下我们治理网络犯罪的最优选择。

（七）其他网络犯罪典型案件：“立二拆四”等非法经营案

1. 案情简介

北京尔玛天仙文化传播有限责任公司（以下简称尔玛天仙公司）自2008～2013年，多次通过信息网络有偿提供删除信息服务和发布虚假信息服务，经营数额共计人民币531,200元。在此过程中，尔玛天仙公司法人代表杨秀宇（网名“立二拆四”)全面负责该公司的经营,并由其决策后指派公司员工从事上述活动。

2. 该案的影响及代表性

该案主犯杨秀宇是一名职业网络炒作推手,其网名“立二拆四”在网络上广为人知,并有众多追捧者。杨秀宇为提高网络知名度和影响力,非法谋取更多利益,炒作了“天仙妹妹”“别针换别墅”“僧人船震”“封杀王老吉”“干爹带我游奥运”等事件。“7·23”动车事故发生后,故意编造虚假信息挑动民众对政府的不满情绪;编造雷锋生活奢侈情节,中伤道德楷模;利用“郭美美个人炫富事件”恶意攻击中国的慈善救援制度;等等。杨秀宇的上述行为误导社会舆论,对社会造成了不良影响。

杨秀宇本人评价自己是中国第一代网络炒作推手,在这一领域有着较高的影响力。他也几乎具备了网络炒作推手的所有特点,为了利益不择手段,抱着“言论无罪”的态度在网络空间极尽虚构炒作之能,尝到甜头后胆子越来越大,甚至触犯刑法后仍然躲在电脑屏幕后不以为然。给杨秀宇定罪,对网络非法经营类的犯罪分子具有极大的警示意义。

3. 案例分析、同类案件发展态势和应对

网络炒作属于网络策划的一种,其本身并不违法,但在巨大利益的诱惑面前,任何行为都可能产生畸变,尤其在网络这个从来不缺乏灰色地带的世界。以杨秀宇为代表的网络炒作推手们在一次次成功的炒作之后,为了博取更多人的眼球,开始尝试挑战法律的底线,最终害人害己。网络炒作的内容随着互联网的发展会越来越丰富,形式也会越来越多样,而且炒作的痕迹也越来越隐蔽。要让这些炒作者守住法律的底线,首先要明确这条底线,让炒作者以及网民们的行为有可预测性,在这样的前提下,对所有越线的行为予以坚决打击,便能还网络一片净土。

三、网络犯罪发展趋势预测

随着网络不断发展完善,网络犯罪也呈现较快的增长趋势,除了数量增长之外,类型也逐渐增多,新型网络犯罪层出不穷。对网络犯罪的发展趋势进行合理预测,有助于提前防控,减少网络犯罪在未来对社会的危害。

(一)主体广泛化

随着网络尤其是移动互联网以及智能手机的普及,网络犯罪的主体由之前的年轻化、专业化向广泛化转变，不同地域、不同民族、不同性别、不同职业、不同年龄的人都可能成为网络犯罪的主体，这是由网络社会的特点和网络参与主体的多样性决定的。与传统犯罪形式相比，网络犯罪的复杂性主要表现在不需要复杂的犯罪工具，不需要团伙的精密筹划，任何一个犯罪分子只要手头有一台可上网的计算机，就可以在电脑的终端与整个网络合成一体，调阅、下载、发布各种信息，实施犯罪行为。[①] 据统计，在21世纪初，我国网络犯罪中90%的犯罪主体为年龄在20～35岁的年轻人，而2016～2018年，网络犯罪案件被告人年龄约有3/4介于20～40岁，[②]尽管年龄上相对于其他犯罪主体仍呈现初年轻化的特点，但相较于21世纪初的年龄段而言则广泛了许多。在我国互联网发展初期，只有少数具有计算机网络专业技能的人能够利用或者针对计算机网络实施犯罪，时至今日，计算机网络越来越普及，网络技术已经发展到不需要掌握任何计算机网络知识也能够任意利用的阶段，绝大部分人都能够利用网络完成犯罪活动。同时，一些犯罪活动组织者利用网络的隐蔽和高效传播的特点进行犯罪组织活动。因此，犯罪主体也呈现由专业化向广泛化转变的趋势。

（二）手段智能化

网络的高速发展给社会带来便利的同时也给犯罪活动带来了便利，尤其是一些新兴科技使得网络犯罪的手段越来越智能化。时至今日，以云计算、大数据、移动互联网以及物联网等新事物为典型代表的新一代信息技术已经呈现全面服务第三产业（如互联网金融、互联网交通、互联网医疗等新领域）之势，并迅速向第一产业和第二产业（工业互联网、农业互联网等）渗透。犯罪分子中有一些专业技术人员或从事互联网工作人员，其中一些专业从事网络犯罪的犯罪分子对于网络上的缺陷与漏洞十分熟悉，他们利用互联网的功能与特性，借助专业技术发动攻击，达到自己的非法目的。这些专业犯罪分子往往能够轻松“翻越”防火墙，并成功掩盖自己的犯罪行为。对于他们而言，侵入网络非常简单，其手段也非常隐蔽，他们能够在几秒钟之内使受害者遭受巨大的损失。一些专业技术人员为了获得巨额财富不惜铤而走险。随着一些计算机和手机功能的快速提升，新型科技的快速出现，一

---

① 何佳：《网络犯罪的新特点及预防对策研究》，载《江苏警官学院学报》2015年第6期。

② 刘婧：《依法打击网络犯罪　维护清朗安全网络环境》，载中国法院网：https://www.chinacourt.org/article/detail/2019/11/id/4644723.shtml，2020年9月4日最后访问。

些不法分子利用这些科技的两面性进行犯罪,不停迭代的犯罪手段层出不穷。①

(三)形式隐蔽化

网络犯罪形式更加隐蔽,主要在以下几个方面体现:第一,移动通信的繁荣增加了犯罪主体的隐蔽性,移动传输技术从最初的2G发展到如今的5G,传输速率发生了天翻地覆的变化,这些变化带来了一系列的发展,移动支付、网络直播、数字货币等产业应运而生,移动通信的繁荣导致终端的数量大大增加,在终端中找到行为异常的个体的困难加大;第二,犯罪过程越来越短,众所周知,网络的传输速率正在指数级增长,那么理论上犯罪的过程就会越来越短,而犯罪过程越短,所留下的痕迹就越少,隐蔽性就越强;第三,区块链、大数据、人工智能等新技术在改变社会生活的同时也在改变犯罪形态,利用这些高科技手段的网络犯罪活动必须用同样的手段才可以发现,也可以说这些利用新型高科技的犯罪活动在传统侦查手段下几近隐身。

近年来,多地公安机关网安部门侦破多起利用暗网实施犯罪的案件。不法分子利用暗网实施违法犯罪活动的情况日益增多,特别是群众反映强烈的个人信息买卖、淫秽物品传播等行为逐渐在暗网显现。暗网一词正是对目前网络犯罪隐蔽化趋势的高度概括,而且暗网正在高速发展,在将来利用暗网进行网络犯罪的活动必然越来越多,因此,网络犯罪活动的隐蔽性将越来越强。

(四)范围扩大化

网络虚拟空间是一个完全虚拟的存在,与现实空间相比,网络空间中的用户、信息等完全没有地域或者区域的限制。可以把网络空间比作浩瀚宇宙,所有的参与者是不同的星球,不管身在何处都能通过宇宙空间相连,不管在哪一个星球发送信息,马上就会传递到整个宇宙中。网络将人类的距离缩短,将信息的传递速度大大提升,同时网络也为跨国、跨地域犯罪提供了介质。互联网的开放和高效解决了一些传统犯罪活动受地域限制的阻碍,网络犯罪所涉及的地域、范围必将越来越广阔。区块链技术的日渐成熟解决了跨区域乃至跨国犯罪分子之间相互信任的问题,这使得网络犯罪的全球化趋势愈演愈烈。

---

① 参见李士明:《新形势下网络犯罪的主要特点及应对策略》,山东大学2010年硕士学位论文。

(五)危害严重化

计算机网络在社会活动中扮演着越来越重要的角色,网络的普及程度已经达到了人类社会无法离开的程度,因此,网络犯罪的社会危害也将越来越大,而且一些新型网络犯罪造成的影响和危害是传统犯罪所无法达到的量级。危害加剧主要体现在以下几个方面:第一,网络犯罪逐渐产业化,犯罪效率提高,例如电信网络诈骗犯罪链条化运作的方式更加明显,各环节分工明确,流程化完成诈骗行为,使得各类诈骗迷惑性更强,受害者的数量和受害程度都在逐年增加;第二,有组织网络犯罪占比逐渐提高,相比于其他犯罪,有组织犯罪的社会危害性更大,而且网络是进行犯罪活动组织的天然工具,这一趋势会越来越明显;第三,大数据等新技术的运用提高了网络犯罪的效率,就电信网络诈骗而言,目前犯罪分子会利用大数据精准找到潜在受害者,大大提高电信网络诈骗的成功率,今后必将出现更为先进的新型科技,这些科技若被犯罪分子加以利用将会造成更加严重的危害。

(六)处置复杂化

首先,侦查复杂化,具体体现在以下几点:第一,跨地域乃至跨国的网络犯罪数量持续增多。为了逃避司法机关打击,一桩网络犯罪案件往往涉及多个国家,这就给侦查机关调查取证造成了巨大的困难。第二,证据收集困难。网络犯罪大多通过计算机、手机等设备在网络空间进行,证据多为电子数据,一旦电子数据被破坏或者删除,证据链极易被破坏。在调查取证的过程中,犯罪嫌疑人只要对侦查人员有所察觉,第一时间就会通过销毁服务器、硬盘等方式毁灭证据,使后期的诉讼无法进行。一些淫秽色情网站亦是如此,为了逃避国内网络监管部门的封杀,这些色情网站都会频繁地变换IP地址和域名,为了在变化IP地址和域名后用户能够找到论坛的入口,通常这些网站都会利用第三方合法的网站发布论坛的最新登录地址,打击难度可见一斑。随着网络犯罪新技术、新手段的不断出现,侦查的难度也会越来越大。

其次,诉讼复杂化。2017年12月,北京市司法机关从肯尼亚将85名我国台湾地区的电信诈骗犯罪嫌疑人引渡回国,并审结了该案,其中2名主犯被判处15年的重刑,其余人员被判处1~14年不等的有期徒刑。这是近年来我国破获的最大的涉外网络电信诈骗案件,从以往的诸多电信诈骗案来看,我国台湾地区的诈骗集团从过去的肯尼亚、乌干达,转移到现在的亚美尼亚、斯洛文尼亚、克罗地亚等国,这些看似与我国台湾地区毫无干系的国家,都成为我国台湾地区的电信诈骗集团的“乐土”。与我国签订引渡条约的国家较少,这些国家和地区又与我国台湾地区相距甚远,如果双方没有司法互助,光是证据搜集就需要花费很多时间,将嫌疑人引渡回国更是困难重重。现在的网络、电话犯罪足不出户就能跨越国界,而且每个国家都有自己的司法体系,诈骗集团挑选的都是有充裕时间脱逃的地方。当前国际形势越来越复杂,国际间的贸易合作摩擦激增,因此,今后的网络犯罪诉讼会越来越复杂。

可以预见的是,未来网络犯罪的处置将面临更加复杂的局面,需要强化执法机关与网络服务提供商以及其他社会力量的合作,这种合作需要不断深化,不仅包括数据共享层面,更要上升到技术合作乃至战略合作层面。

第三节　网络犯罪治理实践25年:改革与创新

网络犯罪是随着信息网络技术发展而出现和发展的新型犯罪。防范和治理网络犯罪,迫切需要构建新型网络犯罪防治体系。党的十八届四中全会明确指出,要加强互联网领域立法,完善网络信息服务、网络安全保护、网络社会管理等方面的法律法规,依法规范网络行为。党的十九大报告明确提出,加强互联网内容建设,建立网络综合治理体系,营造清朗的网络空间。25年来,我国逐步推进更为深入的网络犯罪治理,在立法、司法和社会治理上取得了一系列改革和创新成果。

一、网络犯罪治理的立法改革

20世纪后期,人类社会进入信息时代,随着互联网的普及,网络犯罪问题随之产生,为国家与社会带来重大危害。经过近些年来的探索与实践,我国网络犯罪治理的立法经历了自我更新与完善的过程,先后制定了一系列的法律、行政法规以及部门规章,以满足调整网络犯罪引起的社会冲突关系的需要、打击和预防网络犯罪的需要,从而保障网络环境的健康发展。

自1994年4月20日我国全面接入国际互联网以来,我国的网络治理大体可以分为3个阶段:2000年之前属于网络自由发展阶段,几乎没有针对互联网管理进行专门性立法；2000～2013年属于网络治理探索阶段，这时期相关部门开始进行一些专门立法，但分散并且位阶低，立法多着眼于网络安全和信息服务活动；从2014年起，中央开启了对网络空间的全面治理，互联网立法步入快速发展阶段，相关部门加快推动一批基础性、全局性、综合性立法，立法内容开始向各行各业辐射。[①] 事实上，就网络犯罪治理而言，我国网络安全保护与网络犯罪治理的立法活动始于20世纪90年代，并在近年来逐步走向成熟，主要表现在刑事立法改革和专门立法发展两个方面。

(一)刑事立法改革

1997年修订的《刑法》将计算机犯罪首次纳入刑法视野，我国针对网络犯罪构建了"两点一面"的计算机犯罪立法结构，[②]进一步扩大了刑法对侵犯计算机、网络犯罪的打击范围，标志着我国已加大打击计算机犯罪的力度。1997年《刑法》将网络犯罪分为两类：一类是以第285条、第286条为代表的以计算机为对象的犯罪，第285条、第286条规定了"非法侵入计算机信息系统罪"和"破坏计算机信息系统罪"两种类型的犯罪。除这两种犯罪之外，其他利用计算机、网络进行的犯罪按传统犯罪进行处理。另一类是利用网络实施的犯罪，即以计算机作为工具的犯罪。但值得注意的是，1997年《刑法》修订时，受时代条件的限制，还无法预料到日后网络犯罪的发展形势。随着社会信息化的发展，新型网络犯罪的出现，部分网络犯罪治理面临"无法可依"的境地，刑法规定无法涵盖全部形式的网络犯罪，上述罪名称作是"计算机犯罪"，而非严格意义上利用互联网技术的"网络犯罪"。

随着计算机和网络技术的不断发展，以计算机为犯罪对象的犯罪比重在逐渐减少，而以计算机和网络为犯罪工具进行犯罪的则占主要比重，网络犯罪罪名体系的扩大成为刑事立法趋势之一。针对严重威胁计算机网络安全的犯罪活动，2009年颁布实施的《刑法修正案(七)》将网络犯罪行为的罪名进行了进一步扩充，将"非法获取计算机信息系统数据罪"、"非法控制计算机信息系统罪"和"提供侵入、非法控制计算机信息系统程序、工具罪"这三个新罪名纳入罪名体系中，最终形成了"五点一面"的计算机犯罪立法结构。

---

① 谢永江、姜淑丽：《我国网络立法现状与问题分析》，载《网络与信息安全学报》2015年第1期。

② 皮勇：《我国网络犯罪刑法立法研究——兼论我国刑法修正案(七)中的网络犯罪立法》，载《河北法学》2009年第6期。

三个新设罪名对我国刑法中网络犯罪的规定有重要的补充作用,扩大了对网络犯罪的打击范围,特别是针对"国家事务、国防建设、尖端科学技术领域的计算机信息系统"之外的计算机信息系统的犯罪也纳入刑法体系之下。《刑法修正案(七)》,从单纯地保护专业领域计算机信息系统到保护所有的计算机信息系统,同时还规定了对于计算机的信息数据和程序的保护,表明立法对于网络犯罪的重视。但同时也应看到的是,新增的非法获取计算机信息系统数据罪和非法控制计算机信息系统罪,仅限于保护"国家事务、国防建设、尖端科学技术领域"以外的计算机信息系统,而不包括上述三类计算机信息系统。上述三类计算机信息系统,应当受到更为全面的立法保护。《刑法》第285条规定的非法侵入计算机信息系统罪,设置了差异化的评价模式,表现为违反国家规定,故意侵入"国家事务、国防建设、尖端科学技术领域"三类计算机信息系统的行为。该罪是行为犯,保护对象仅限于上述三类计算机信息系统,对非法侵入三类领域以外的,只能在造成严重后果的情况下进行定罪处罚。

除此之外,新增的提供侵入、非法控制计算机信息系统程序、工具罪第一次将网络犯罪的帮助犯作正犯化处理。近年来,为网络犯罪提供上游帮助的行为频发,例如犯罪嫌疑人利用网络传播侵入控制他人计算机,或为犯罪提供专业化的计算机病毒性程序等行为,成为多种网络犯罪的源头。因此,为了帮助打击此类网络犯罪,《刑法修正案(七)》将帮助犯也纳入了刑法规则的范围之内。

大数据的浪潮来临,给网络安全带来信息大量泄露的新威胁,2015年通过的《刑法修正案(九)》结合大数据发展形势,将网络帮助行为进一步犯罪化处理,严厉打击网络犯罪行为。《刑法修正案(九)》还将增加3个与网络犯罪相关的罪名:第286条增设了"拒不履行信息网络安全管理义务罪",针对网络安全和网络信息的管理者从立法上进行了规制,明确了网络服务提供者的责任。条款中规定了提供网络服务的一方关于保护信息安全、对接受服务方相关信息保密的义务,若造成用户信息泄露或者违法信息大量传播等不良恶性后果,或者导致其他严重后果,构成犯罪。网络服务提供者在提供网络服务便利的同时,也带来了大量的安全隐患,在刑法中明确网络服务提供者的责任,有利于网络安全秩序的维护。

新增的第287条"非法利用信息网络罪"和"帮助信息网络犯罪活动罪",对使用信息网络设立网站、通讯组,致力于诈骗、传播犯罪方法,生产或销售违禁物品、非法和犯罪活动等物品，或使用有关制造或销售药品的信息网络、枪支、色情材料和其他非法和犯罪信息、出版信息或用于实施欺诈和其他非法和犯罪活动进行规制，并明确“明知他人利用信息网络实施犯罪，为其犯罪提供互联网接入、服务器托管、网络存储、通讯传输等技术支持，或者提供广告推广、支付结算等帮助，情节严重的”，也构成犯罪。提供广告宣传、支付结算等行为是网络犯罪链条上必不可少的环节，这些帮助行为降低了网络犯罪的成本，提高了犯罪效率。因此，专门针对这种帮助行为作出规定，对帮助行为的正犯化处理，惩治从犯的帮助行为，成为《刑法修正案（九）》的改革亮点。除此之外，第 285 条和第 286 条涉及网络犯罪的规定都增加了对单位犯罪的认定，完善了对单位犯罪的规定。司法实践中存在通过设立公司、团体进行网络犯罪的行为，此次立法增加了对单位犯罪的规定，提高了网络犯罪刑法治理的完善度。

整体而言，经过两次刑事立法改革，我国刑法对网络犯罪行为的规制和打击已走向成熟，罪名体系已初步完善，但仍存在一定程度的弊端：第一，对于网络犯罪的刑罚惩罚力度相对较低，大多数有关侵犯网络信息或计算机系统的犯罪仅规定了 3 年以下的有期徒刑，导致获得巨大利益和所受刑罚的不对等；第二，对网络过失行为没有作出规定，现有网络犯罪的认定，主观方面要求是故意，但实践中的过失行为也同样会造成巨大的损失；第三，对于损害结果的计算没有统一的计算标准，相对于直接有形的物质资产损失，间接损害的计算较为模糊。习近平总书记强调：“要坚持依法治网、依法办网、依法上网，让互联网在法治轨道上健康运行。”①因此，建立较为全面严谨的法律体系，对于打击网络犯罪、肃清网络环境是十分必要的。

在《刑法》修订的同时，最高人民法院、最高人民检察院陆续出台网络犯罪治理的相关司法解释。例如，2014 年 5 月 4 日，最高人民法院、最高人民检察院、公安部发布《关于办理网络犯罪案件适用刑事诉讼程序若干问题的意见》，明确网络犯罪案件的范围和案件管辖等问题；2016 年 12 月 19 日，最高人民法院、最高人民检察院、公安部颁布《关于办理电信网络诈骗等刑事案件适用法律若干问题的意见》，明确电信网络诈骗等犯罪活动的认定标准；2017 年 5 月 8 日，最高人民法院、

① 习近平：《习近平出席全国网络安全和信息化工作会议并发表重要讲话》，载新华网：http://www.xinhuanet.com/politics/2015 -12/16/c_1117481089.htm，2020 年 9 月 10 日最后访问。

最高人民检察院发布《关于办理侵犯公民个人信息刑事案件适用法律若干问题的解释》,依法惩治侵犯公民个人信息犯罪活动,明确规定"向特定人提供公民个人信息,以及通过信息网络或者其他途径发布公民个人信息的,应当认定为刑法第二百五十三条之一规定的'提供公民个人信息'";2019 年 7 月 23 日,最高人民法院、最高人民检察院、公安部、司法部联合印发《关于办理利用信息网络实施黑恶势力犯罪刑事案件若干问题的意见》,要求准确认定利用信息网络实施犯罪的黑恶势力,依法严厉惩处利用信息网络实施的黑恶势力犯罪,有效维护网络安全和经济、社会生活秩序。

(二)专门立法发展

1994 年 2 月 18 日,国务院颁布了《计算机信息系统安全保护条例》,这是我国第一部针对网络安全的行政法规。该条例明确对计算机信息系统实行六项安全保护制度,即安全等级保护制度、国际联网备案制度、信息媒体进出境申报制度、案件强制报告制度、病毒专管制度和专用产品销售许可证制度。条例的主旨在于保护计算机信息系统安全,但通篇只有第 2 条、第 3 条提及了"网络"这一用语——"计算机及其相关的和配套的设备、设施(含网络)",可见网络在当时的计算机犯罪治理中并未引起较多重视。

随着网络技术的发展,1996 年 2 月 1 日,国务院专门针对网络行为发布了《计算机信息网络国际联网管理暂行规定》,该规定的第 13 条、第 15 条加强了对网络违法犯罪行为的规制。第 13 条规定:"从事国际联网业务的单位和个人,应当遵守国家有关法律、行政法规,严格执行安全保密制度,不得利用国际联网从事危害国家安全、泄露国家秘密等违法犯罪活动,不得制作、查阅、复制和传播妨碍社会治安的信息和淫秽色情等信息。"第 15 条规定:"违反本规定,同时触犯其他有关法律、行政法规的,依照有关法律、行政法规的规定予以处罚;构成犯罪的,依法追究刑事责任。"从行为限定范围来看,该规定对危害国家安全、危害社会治安和涉及淫秽色情等对象内容进行限定,但未对利用网络实施这类行为进行限定,包括利用网络实施这类行为的判断标准、定罪标准等。

1997 年《刑法》修订后,为进一步加强对计算机网络安全的管理,加大对计算机网络犯罪的打击力度,1997 年 12 月 16 日,公安部颁布了《计算机信息网络国际联网安全保护管理办法》,在第 5 条、第 6 条以列举的方式对利用国际联网危害国家安全、破坏国家统一和民族团结、公然侮辱或者诽谤他人等行为，以及未经允许，进入计算机信息网络或者使用计算机信息网络资源的，或对计算机信息网络功能进行删除、修改或者增加的，和故意制作、传播计算机病毒等破坏性程序等行为进行规制，同时设有"其他危害计算机信息网络安全的"这一兜底条款。该办法对于网络行为的规定和以往的条文相比较为具体，但只规定了利用网络实施的相关行为，没有规定如何利用网络实施相关行为，以及未对具体标准进行规定。

进入21世纪后，在国家大力倡导和积极推动下，我国的互联网在经济建设和各项事业中得到日益广泛的应用，人们的生产、工作、学习和生活方式已经开始并将继续发生深刻的变化。但与此同时，网络犯罪行为也日益猖獗，为此，2000年12月28日，第九届全国人民代表大会常务委员会第十九次会议通过了《全国人大常委会关于维护互联网安全的决定》。这是我国第一个打击网络犯罪的专门立法。该决定共7条，其中前4条对利用或针对互联网实施犯罪行为提出了应当追究相应的刑事责任；第5条属于兜底条款，该决定了利用互联网实施前4条以外其他行为构成犯罪的，依照刑法有关规定追究刑事责任。该决定前4条对侵害四类犯罪对象的具体行为进行了列举，笼统地强调应当将这些行为依据刑法定罪处罚，但没有对定罪标准作特殊规定。总体而言，该决定从内容上强调了网络在当今社会的作用和地位，表明了国家对网络犯罪进行治理和对网络社会关系开展保护的态度和决心，其出台昭示着我国网络犯罪治理专项法律制定工作的开始。

党的十八大以来，网络安全已经成为关系到国家安全以及广大人民切身利益的重大问题，以习近平同志为核心的党中央从总体国家观出发，明确要求应加强网络安全的法治建设。为适应国家安全工作的新形势和新任务，落实国家总体安全观，全国人民代表大会常务委员会在2016年11月7日通过了《网络安全法》。这是我国第一次通过国家法律的形式向世界宣示网络空间治理目标——"推动构建和平、安全、开放、合作的网络空间，建立多边、民主、透明的网络治理体系"，明确表达了我国的网络空间治理诉求。《网络安全法》的出台是我国网络空间法治建设的重要里程碑，标志着中国在打击网络犯罪方面迈入了重要里程。

《网络安全法》主要围绕着加强关键信息基础设施的安全保障、加强对个人和企业的权益保护、维护国家安全和社会公共利益三个维度，共由79条规定组成，其涵盖范围较为广泛，成为我国网络安全维护和网络空间违法犯罪治理的一项基本法律。

在治理权责上,《网络安全法》确立了网络空间的基本原则,如网络空间主权原则、网络安全与信息化同步推进原则、网络空间共同治理原则等。同时,进一步明确了政府各个部门的职责权限,明确了网络安全和信息化部门与其他网络监督部门的职责分工,保证各部门依法在各自职权范围内负责网络安全的保护和监督管理工作。同时,该法对网络运营者等主体的法律义务作了较为全面的规定,包括诚实信用义务、网络安全保护、承担社会责任义务等,将网络安全的义务和责任进一步明确与细化,体现了针对网络侵权甚至犯罪"预防大于追究"的原则。在法律责任上,《网络安全法》提高了违法行为的处罚标准,加大了对违法行为的惩处力度。在关键信息和设施保护上,《网络安全法》引入了"关键信息基础设施"的概念,特别强调要保障关键信息基础设施的运行安全,对关键信息基础设施提高了责任要求。关键信息基础设施安全关乎国家安全,因此,在法律和制度的层面对其进行重点保护。第23条明确指出,"网络关键设备和网络安全专用产品应当按照相关国家标准的强制性要求,由具备资格的机构安全认证合格或者安全检测符合要求后,方可销售或者提供"。这要求在采购时,对于可能影响国家安全的网络产品和服务,要及时申报有关部门进行安全审查。这一安全审查制度与国家安全审查制度相互呼应,意味着法律对关键信息基础设施的安全可控水平提出了更高的责任要求。同时,为深化网络安全防护体系,《网络安全法》还明确建立网络安全监测预警和信息通报制度,建立健全网络安全风险评估和应急工作机制,制定网络安全事件应急预案,并定期进行演练。

此外,随着近年来公民个人信息数据泄露问题日趋严重,网络诈骗等不法行为日益猖獗,特别是"徐玉玉案"等一系列的网络诈骗案引发社会舆论关注。《网络安全法》也首次将个人信息保护列为重点解决的问题之一,规定了公民个人信息保护的基本法律制度。该法在第22条、第41~45条中,对用户个人信息数据的收集、存储、使用作出了严格的规定,设定了较高的法律责任,除了常规的行政罚款,还规定"责令暂停相关业务、停业整顿、关闭网站、吊销相关业务许可证或者吊销营业执照",为打击网络违法犯罪行为和保护公民个人信息奠定了坚实的法律基础。

《网络安全法》的出台意义重大,一方面,将大大挤压网络暴力、网络谣言、网络欺诈、网络色情等网络不良信息的生存空间,有利于营造健康和谐的互联网环境，为“互联网+”的发展保驾护航；另一方面，《网络安全法》是国家安全法在网络安全领域的延伸，为维护我国网络空间主权以及国家安全提供了最重要的法律依据，有助于提升我国保障自身网络安全的能力，与其他国家在网络安全问题方面开展行之有效的战略博弈。

二、网络犯罪治理的司法创新

网络技术的发展为司法模式带来新的路径。在网络空间治理体系和治理能力现代化的目标导向之下，司法需要与时俱进，通过互联网技术和互联网思维去解决网络犯罪问题，以更好地促进网络空间的治理。世界范围内不少国家开始对“互联网+审判”的模式进行了实践探索，如美国密歇根州的“网络法院”赛博法院、英国的“在线法院”、新加坡的“网上司法”等。党的十八大以来，以习近平同志为核心的党中央坚持从发展中国特色社会主义、实现中华民族伟大复兴的中国梦的战略高度，系统部署和全面推进网络安全和信息化工作。以“互联网+审判”为代表的网络司法创新工作开展了一系列的有益实践。虽然这一系列司法改革创新集中在民商事领域，但为网络犯罪治理和网络纠纷的解决，以及未来的网络犯罪的审理，奠定了实践基础。

（一）“互联网+审判”的发展历程

1. 电子商务网上法庭

电子商务快速发展带来巨大经济效益的同时，随之而来的电子商务相关纠纷的治理也成为司法改革面临的重要课题。电子商务跨区域的特点，增加了当事人和司法机关的诉讼成本，需要敢于打破传统，敢于利用网络技术创新司法模式，以回应网络时代的需求。在中央的指导下，部分地区开始了网上法庭的探索。

这一探索首先开始于我国浙江省。浙江省作为全国互联网比较发达的地区，集中了阿里巴巴、淘宝、支付宝、网易等互联网公司，繁忙的电子商务活动、极大的电子商务经济体量带来了电子商务纠纷的不断增加，传统的线下审理模式无法满足如此大的诉讼需求。2015年8月12日，浙江法院电子商务网上法庭正式上线，起诉、调解、立案、举证、质证、庭审、宣判、送达均可在网上进行，基本建成了整合各个审判流程的综合性、一体化平台。[①]

以余杭法院为例,网上法庭可以自动提取电子商务平台的各种数据,如当事人身份信息、交易表单数据等。对于提取的数据,利用独立第三方技术平台进行保全与固定。浙江省高级人民法院也积极和阿里巴巴、腾讯等互联网企业达成科技战略合作,通过云计算、大数据技术推进“互联网+审判”的改革。

电子商务网上法庭的探索实践效果显著。从2015年8月12日电子商务法庭正式上线,到2016年8月31日浙江省省内试点法院共收到起诉申请案件14,502件,涉案范围从原先的网络支付纠纷、著作权纠纷、网上交易纠纷三类案由扩大至十几类案由,试点法院增至14家。[②] 电子商务网上法庭的探索建设,顺应了互联网和电子商务的发展。它充分利用互联网技术,更有效地处理网络纠纷,加速推进网络空间的法治化,是司法主动适应互联网发展趋势的制度创新。互联网法院在电子商务网上法庭的实践基础之上,构建更加符合“互联网+”趋势的法院组织架构,以应对互联网时代带来的各种新挑战。

2. 互联网法院

2017年6月,中央全面深化改革领导小组第三十六次会议审议通过了《关于设立杭州互联网法院的方案》,杭州的互联网法院成为国内最早设立的互联网法院。2018年7月,中央全面深化改革委员会第三次会议审议通过《关于增设北京互联网法院、广州互联网法院的方案》,会议指出在北京、广州设立互联网法院,构建统一的诉讼平台。为了统一规范三地互联网法院的诉讼活动,最高人民法院在2018年9月颁布了《最高人民法院关于互联网法院审理案件若干问题的规定》,规定互联网法院应以全程在线审理为原则,实现“能在线、尽在线”,并确定了管辖范围为特定类型的互联网案件,如互联网侵权责任纠纷、互联网借款纠纷、互联网购物合同纠纷、互联网域名纠纷等。

经过电子商务网上法庭的试点,互联网法院在涉案范围、审理效率、当事人身份验证、电子送达等方面都进行了一定的改进。互联网法院积极同各大电商平台相对接,一键导入淘宝、天猫的购物信息,实现证据的一键导入,并将案件从管辖诉讼请求、赔偿数额、法律依据等方面进行分类,降低了当事人的起诉难度。

---

① 陈辽敏:《电子商务网上法庭的探索和实践》,载《人民法院报》2016年10月12日,第8版。

② 陈辽敏:《电子商务网上法庭的探索和实践》,载《人民法院报》2016年10月12日,第8版。

互联网法院发展时间虽短,却获得了良好的运行成果和瞩目的司法成就,成为展现中国现代化司法建设成果的一张名片。以北京互联网法院为例,自2018年9月9日至2019年8月31日,北京互联网法院共收案34,263件结案25,333件。①

3.智慧法院

在电子商务网上法庭和互联网法院试点探索的同时,全国法院系统努力推进智慧庭审的建设,以更好地利用互联网技术,重构传统审判方式,建设智慧法庭。智慧法院即充分利用互联网技术以及大数据、云计算、人工智能等信息技术,将互联网技术应用与司法审判工作融合起来,实现审判体系和审判能力的现代化。

追溯智慧法院的发展历程,2015年7月最高人民法院首次提出了"智慧法院"的概念,同年12月,提出了《人民法院信息化建设五年发展规划(2016—2020)》,该规划提出要在2017年总体建成、2020年深化完善人民法院信息化3.0版的建设任务,以信息化促进审判体系和审判能力现代化,努力让人民群众在每一个司法案件中感受到公平正义。2017年4月20日,最高人民法院印发《关于加快建设智慧法院的意见》,该意见指出,"智慧法院是人民法院充分利用先进信息化系统,支持全业务网上办理、全流程依法公开、全方位智能服务,实现公正司法、司法为民的组织、建设和运行形态"。而前文所提到的电子商务法院以及互联网法院,就是智慧法院建设技术要素的集中体现,是智慧法院的网络化,进一步推进了智慧法院的建设。

在5G技术蓬勃发展的背景下,各地法院积极探索5G技术在司法领域的应用,如广州互联网法院基于5G网络的智慧庭审,确保庭审中超高清晰的音视频传输,其全新的加密技术有效保障了当事人的隐私,体现了前沿科技与司法审判深入融合。各地法院围绕审判规则、技术创新、平台建设,加强大数据、云计算、人工智能等现代化科技手段的运用,抓住新一轮科技革命带来的机遇,以促进互联网审判体系和审判能力的现代化。

(二)"互联网+审判"的运行规则

"互联网+审判"探索的核心在于将网络技术应用于司法运行之中。为此,我国法院系统在确认诉讼主体、应诉与答辩流程设计、网上诉前调解、开庭审理、裁判

---

① 鑫城、申亚欣:《北京互联网法院成立一周年:收案34263件 结案25333件》,载http://legal.people.com.cn/n1/2019/0904/c42510_31335556.html,2019年11月11日最后访问。

文书的送达等方面全面融入网络和人工智能技术,初步形成了“互联网+审判”的中国模式。

在确认诉讼主体方面,原告在起诉以及被告在应诉的时候,可以通过网络实名认证、人脸识别等方式进行实名认证,只要上传电子化的身份材料,准确填写身份信息,系统就会进行自动的身份匹配认证。根据杭州互联网法院公布的《原告方操作指南》第1条的规定,若当事人已经通过支付宝的实名账户认证,亦可以直接授权登录。广州开展了微信身份认证的试点,认证成功可有效替代纸质身份材料。

在应诉与答辩方面,当事人只要选择相应的电子信息,就能从网上系统电商平台数据系统调取相应的信息,以保证证据的真实性和完整性。被告接到信息后,登录诉讼平台完成身份认证和案件关联码,可以24小时实现在线的应诉与答辩。

在网上诉前调解方面,杭州互联网法院已建成“在线矛盾纠纷多元化化解一体化平台”,双方当事人通过输入自己的调解意向就可以进行在线调解,打破了纠纷解决部门各自为政的“信息孤岛”,为各类型的纠纷提供了接入端口,更好地推动纠纷处理方式转为注重源头预防。同时,法院积极委派律师等专业人士组成特邀调解员队伍,在线化解纠纷。当然,针对在调解期限内,双方不能达成和解意向的,案件会进入立案审核状态。对于“互联网+审判”模式下大量涌现的职业打假人,则利用大数据技术给职业打假人贴上标签,限制其赔偿,引导他们进行理性维权。

在开庭审理阶段,部分电子证据不需要再次提交,免去了当事人为了证明电子证据的效力而去公证的这一步骤。当事人只需将网上的电子数据一键导入即可完成操作。当然,若案件中有实物证据需要提交的,当事人需要将实物证据邮寄给法官,由法官在庭审中向各方当事人展示。其中的电子质证系统,可以对物理证据网络投影,对电子证据实时调取同步显示,以供当事人举证、质证,大大缩短了质证时间,也保证了整个庭审过程的公开透明。庭审系统可以实现远程庭审,实时记录庭审过程,并同步记录存于云盘,真正实现办案过程的“全程留痕”。基于系统中的语音识别、自然语言理解、逻辑推理等技术,还可以识别转换并记录当事人的发言,无须书记员在场录入。

对于案件事实法律适用较为清楚的案件,要求法院在采用网上审判时,适当提高当庭宣判的比例,并且对裁判文书电子送达进行了尝试。出于效率的考虑,网上审判还特别规定裁判文书可以进行适当的简化,对于经当前及时履行民事案件义务的各方当事人同意,可以在法庭笔录中记录相关情况后不再出具裁判文书,[①]以提高案件处理的效率,更好地维护当事人的合法权益。

在裁判文书的送达方面,积极地同各大电商平台进行合作,如杭州互联网法院为了无死角送达,根据诉讼平台当事人留下的姓名、手机号码,自动收集当事人在网络领域的所有联系方式,真正做到了诉讼全流程在线;上海长宁区的互联网审判庭与各大门户网站、通信运营商进行合作,通过用户数据锁定的常用电话、地址等信息进行送达,并进一步细化了"明示同意"、"默示同意"以及"概括同意"的电子送达地址确认机制。

总体而言,当前的"互联网+审判"探索主要有以下实践价值:一是可以为人民群众提供更加智能的诉讼服务。通过大数据技术挖掘海量的司法案件资源,提供相似的案例,为当事人推送诉讼风险分析、诉讼结果、预判诉前调解建议等多方面的服务,深度分析用户的诉讼行为,挖掘用户个性化需求,精准推送司法公开信息,有力提升了诉讼服务质效。"互联网+审判"让参与诉讼的当事人通过登录法院网站的诉讼平台,在完成身份认证并注册登录账户后,即可完成自助立案、交换证据、在线参与庭审、接受送达、签名确认等诉讼过程。"互联网+审判"将诉讼的过程网络化,操作简便,诉讼当事人足不出户就能打完官司,大大降低了诉讼成本,一定程度上也鼓励当事人通过法律途径维护自身的合法权益。二是减轻了办案人员非审判性事务的负担。"互联网+审判"模式采用先进的电子卷宗,可以随案同步生成,并具备法律文书自动生成、智能纠错的能力。同时,基于案件的事实争议焦点、法律适用,还可以进行智能推理和智能化类案推送,满足办案人员的精准化需求。在庭审笔录生成后,可在网上由当事人进行核对和确认。庭后,法官还可登录网站,翻看庭审录像和笔录。通过互联网进行审判,优化了审判流程,提升了诉讼效能,节约了司法资源。

"互联网+审判"的建设虽然取得了巨大的成绩,但其仍处于发展的上升期,面临着一些问题和挑战:一是信息化的平台建设仍然需要完善,部分法院的信息

---

① 《杭州互联网法院诉讼平台审理规程》第37条规定:"文书要求。复杂案件的裁判文书应当围绕争议焦点进行有针对性的说理。新类型、具有指导意义的简单案件,加强说理;其他简单案件可以使用令状式、要素式、表格式等简式裁判文书,简化说理。当庭宣判的案件,裁判文书可以适当简化。当庭即时履行的民事案件,经征得各方当事人同意,可以在法庭笔录中记录相关情况后不再出具裁判文书。案件裁判应当充分考虑当事人信用记录、相似案例等数据信息。"

化建设平台缺乏对于数据的有效整合和分析,难以对法官的审判工作提供便利的信息以及发挥参考指导作用,需要系统的优化平台功能,同时建立健全用户需求调查和设置评论反馈机制,不断整改完善信息化服务功能,以保障构建起系统完备、务实可行的信息化平台;二是网络的技术应用与司法规则未达到较好的融合,比如利用大数据全网关联被送达人在网络上所有可查询到的地址和联系方式,但对此尚未确认在法律层面上是否具有送达的有效性,因此,需要推动技术应用与规则创新,加强网络技术性和司法规则性相融合;三是不同地区智慧法院的发展水平不均衡,特别是一些经济基础较为薄弱的地区,在技术水平、资金购买周期、平台维护成本等方面,同经济发展较好的地区存在较大差距,需要后续加大对于经济发展水平较低地区法院信息化建设的资金投入,以打破不同地区信息系统的屏障。

三、网络安全与社会治理

我国互联网技术正随着国家的快速发展走在世界前列。然而,网络在连接世界各国文明,为经济、生活带来福利的同时,网络空间的安全已日益成为国家和社会安全的重要因素。网络空间是否安全,网络犯罪能否得到有效控制,关系到国家发展与民族兴衰。然而,当下的国内外网络空间形势并不乐观。

一方面,国内互联网发展的巨大需求与发展挑战。国内的网络社会问题主要表现为主流意识形态面临挑战、网络安全问题严重和科技人才供需矛盾严重等。互联网和信息技术的高速发展对文化传播起到了积极的促进作用,而多元网络文化中的亚文化和反文化对网络主流意识形态造成一定程度的冲击,为网络犯罪提供滋生的土壤,影响国家的政治稳定和政治安全。在网络环境当中,人人都有麦克风,处处都是舆论场,互联网深入到社会的各个领域,同时也伴随大量的不良信息和行为,如网络入侵与攻击、网络色情、计算机病毒、泄露机密信息等,这些干扰了人民群众的正常生活,甚至威胁社会秩序,引发社会动荡。网络安全问题主要包括个人、群体和整个社会的网络安全问题,现阶段国内网络安全问题主要有:针对个人类的流氓行为、恶意扣费、信息窃取和暴力信息传播等;针对企业、机关单位和团体等的安全攻击、网页造假、网页篡改等;针对整个社会的传播恶性信息、制造社会恐慌、抹黑政府、扭曲社会现象,甚至出现鼓吹推翻国家政权、煽动宗教极端主义、宣扬民族分裂思想、教唆暴力恐怖活动等①。网络安全问题严重影响着网络社会的正常运行，影响了整个社会的健康有序发展。

另一方面，国外互联网霸权的冲击与威胁。乌克兰、委内瑞拉等因受网络攻击而大规模停电的重大安全事件给我们敲响了警钟。《2019年数据泄露调查报告》显示，69%的数据安全事件是外部人员所为，而有组织犯罪集团是39%的数据攻击行为的幕后主使，被确定为民族国家或国家的行为者参与比例高达23%。美、英、日、俄等多国都出台了相关的网络安全战略，全力抢夺网络空间的战略主动权，极力谋求网络空间发展的主导权，借机操纵世界网络话语权，对我国网络安全造成了战略围堵的态势。某些西方国家甚至大肆渲染中国的网络威胁，恶意进行大规模的网络攻击，将我国列为网络空间的主要战略对手。

因此，结合我国的具体国情，科学地运用互联网，抵制西方国家敌对势力思想文化的渗透和侵蚀，维护国家政治文化安全，大力培育网络安全人才是我国互联网发展和网络社会治理的重要目标。为此，近年来我国在网络安全与社会治理上取得了一系列建设成果。

(一)重视顶层设计，将网络安全列入国家安全体系

网络安全在国家安全中的地位和作用越来越大，构建我国的空间安全体系是关乎国家安全、社会发展和民族兴亡的重大战略问题，应当予以高度重视。因此，应加强顶层设计，对网络安全进行统筹规划和部署。2003年9月，中共中央办公厅、国务院办公厅发出通知，要求贯彻落实《国家信息化领导小组关于加强信息安全保障工作的意见》(中办发〔2003〕27号)。2007年国家标准化管理委员会、国务院信息化工作办公室联合编制《国家信息安全标准化"十一五"规划》。2013年11月12日，中国共产党十八届三中全会公报指出，设立国家安全委员会，完善国家安全体制和国家安全战略，确保国家安全。国家安全委员会将网络和信息安全视为涉及国家安全和社会稳定的综合性挑战，其成立标志着国家安全模式的升级，对虚拟网络空间的重视达到了前所未有的高度。

2016年10月9日，习近平在十八届中共中央政治局第三十六次集体学习时发表讲话，"要理直气壮维护我国网络空间主权，明确宣示我们的主张。现在，各级领

① 叶本乾、赵艳：《习近平关于网络社会治理的重要论述研究》，载《重庆邮电大学学报》(社会科学版)2020年第2期。

导干部特别是高级干部,如果不懂互联网、不善于运用互联网,就无法有效开展工作。各级领导干部要学网、懂网、用网,积极谋划、推动、引导互联网发展。要正确处理安全和发展、开放和自主、管理和服务的关系,不断提高对互联网规律的把握能力、对网络舆论的引导能力、对信息化发展的驾驭能力、对网络安全的保障能力,把网络强国建设不断推向前进。"

2016 年 12 月 27 日,国家互联网信息办公室发布《国家网络空间安全战略》,这是我国首次发布关于网络安全的战略。在深入调查研究和反复研究论证的基础上,分析了目前我国网络安全面临的七种新的机遇和六大严峻挑战,并制定了网络空间和平利用与共同治理的九大任务,包括:坚定捍卫网络空间主权,坚决维护国家安全,保护关键信息基础设施,夯实网络安全基础,加大网络文化建设,打击网络恐怖和违法犯罪,完善网络治理体系,提升网络空间防护能力,强化网络空间国际合作。该战略阐述了我国关于网络安全的重大立场和主张,更好地保障了网上家园的安全。

2019 年国家互联网信息办公室等部委加大了治网管网的工作力度,有力维护了清朗的网络空间。一是发布了《网络信息内容生态治理规定》,旨在营造良好的网络生态;二是多部门联合开展的互联网专项行动,如国家版权局、国家互联网信息办公室、工业和信息化部、公安部四部门联合启动以打击网络侵权盗版、规范网络版权秩序为目的的"剑网 2019"专项行动,公安部开展的以深化打击网上违法犯罪乱象为目的的"净网 2019"专项活动;三是国家网信办在网络短视频领域首次尝试开展青少年防沉迷工作,指导组织了抖音、快手、火山小视频等短视频平台试点上线青少年防沉迷系统,为青少年健康成长创造更加良好的网络空间。

(二)凝聚社会力量,从安全管理到网络社会协同治理

随着互联网的迅速发展,我国网络安全技术和网络综合治理能力有了显著成效,综合治网体系稳定运行。习近平总书记强调:"要提高网络综合治理能力,形成党委领导、政府管理、企业履责、社会监督、网民自律等多主体参与,经济、法律、技术等多种手段相结合的综合治网格局。"[①]因此,网络空间的治理需要我们凝聚社会力量,共筑网络空间同心圆。在党和政府的领导下,统筹协调社会各方资源,特

① 谢新洲:《以创新理念提高网络综合治理能力》,载《人民日报》2020 年 3 月 11 日,第 9 版。

别是发挥网络社会组织的作用。

2018年5月9日，中国网络社会组织联合会成立，首批会员单位共有300多家的网络社会组织。在成立大会上，中国网络社会组织发布了《关于共筑网上网下同心圆助力网络强国建设的建议》，倡议全国的网络社会组织共同参与到网络生态的综合治理之中，共同维护互联网行业秩序和网络安全。自成立以来，中国网络社会组织联合会主办或协办了“中国网络诚信大会”“‘五个一百’网络正能量评选活动”“大数据时代的个人信息保护论坛”等活动，在引导社会组织传播网络正能量、强化行业自律、开展对外交流各方面发挥了积极作用。

社会组织在社会治理中扮演着重要的角色，为了加强网络空间治理，必须通过“互联网＋”激发社会组织活力。社会组织可以通过互联网公开人民群众关注的信息，回应群众呼声，争取群众信任，扩大社会组织的影响力和号召力，为网络空间治理积累正能量。

(三)防范安全隐患，加强关键信息基础设施保护工作

习近平总书记指出，“金融、能源、电力、通信、交通等领域的关键信息基础设施是经济社会运行的神经中枢，是网络安全的重中之重，也是可能遭到重点攻击的目标。……我们必须深入研究，采取有效措施，切实做好国家关键信息基础设施安全防护。”①

我国高度重视关键信息基础设施的安全防护，目前已经在网络安全管理方面建立了一系列的机构和平台，具备了一定的网络安全保障能力。网络和信息系统一旦遭受攻击破坏发生重大安全事件，将导致能源、交通、通信、金融等基础设施的瘫痪，影响人民群众的社会生产、经济发展和国家安全。因此，应保护关键信息基础设施和重要数据不受攻击破坏，树立关键信息基础设施的保护“永远没有达标、永远在路上”的观念；建立实施关键信息基础设施保护制度，制定并完善专项网络安全应急处置预案，定期开展应急预案的研讨、更新修订以及培训工作，不断提高风险防范和应急处置能力；依法施策，切实加强关键信息基础设施的安全防护。

(四)培育网络安全人才，在全国范围内普及网络安全教育

网络安全人才的缺失成为制约中国互联网发展的重大“瓶颈”。习近平总书

---

① 习近平：《在网络安全和信息化工作座谈会上的讲话》，载国家互联网信息办公室：http://www.cac.gov.cn/2016-04/25/c_1118731366.htm，2020年9月10日最后访问。

记在中央网络安全和信息化小组第一次会议上强调,建设网络强国,要把人才资源汇聚起来,建设一支政治强、业务精、作风良好的强大队伍。“千军易得,一将难求”,要培养造就世界水平的科学家、网络科技领军人才、卓越工程师、高水平创新团队。因此,在加强关键信息基础设施保护的同时,还需要加强对网络安全人才的培育。加强网络安全人才培养,一个重要途径是加强学科专业建设。国务院学位委员会、教育部已联合发出《关于增设网络空间安全一级学科的通知》,旨在全面提升网络空间安全学科建设水平。加强学科专业建设,应统筹规划专业方向设置,扩大招生规模,为满足社会需求培养更多专业人才,如在高校培养专业的“网络警察”,培养一支具备计算机网络知识、法律知识、安全管理知识等的综合性高科技人才。同时,建立人才激励机制,加大对网络安全高端人才、紧缺人才的培养、引进和支持力度,让党政机关、关键信息基础设施运营单位能够留住、用好精通网络安全技术的专业人才。最终,从根本上建立自己的网络人才培养体系和模式,激发广大的网络高端人才投身于社会主义事业的建设之中,鼓励人才为我国的互联网事业做出贡献。

中国网民数量和网络规模位于世界第一,开展全民网络安全意识教育是维护国家网络秩序的基础。近年来,我国也开始积极探索和推进全民网络安全意识教育。《国家安全法》将每年 4 月 15 日定为全民国家安全教育日,规定加强国家安全新闻宣传和舆论引导,通过多种形式开展国家安全宣传教育活动,将国家安全教育纳入国民教育体系和公务员教育培训体系,增强全民国家安全意识。上海自 2011 年开始举办上海市信息安全活动周,通过专业论坛、技术研讨会、网络安全竞赛,以及网络安全进社区和学校开展宣传教育等活动,全方位宣传和普及网络安全知识,形成了网络安全事关人人、人人有责的良好局面。2014 年,首届“国家网络安全宣传周”举办,旨在帮助公众更好地了解和感知身边的网络安全风险,增强自身的网络安全意识,提高网络安全防护技能,共同维护国家的网络安全,该活动通过开展公众体验展、网络安全宣传作品大赛、网络安全故事的文章和微视频征集展映等多种途径展开宣传活动。2019 年,第六届“国家网络安全宣传周”的活动范围进一步扩大,在全国 31 个省、自治区、直辖市统一开展,发动企业、媒体、社会组织、群众广泛参与,获得了良好的教育效果。

第四节 网络犯罪治理研究25年:探索与繁荣

实践发展永无止境,理论创新永无止境。在新的历史条件下,网络技术日新月异,网络犯罪形势日趋复杂,网络犯罪治理不断出现新情况、新变化,面临许多新课题、新矛盾。有效解决这些矛盾和问题,不断开创事业发展新局面,迫切需要我们以更大的政治智慧和理论勇气,对未来发展给出更加明确更加清晰更加科学的理论和实践指引。在过去的25年中,网络犯罪治理的理论探索与创新、学科建设与发展、人才培养与梯队建设取得了丰硕的成果。

一、网络犯罪治理研究综述

网络犯罪治理是在每一阶段的犯罪趋势、犯罪现状的基础上,有针对性地调整过去的战略部署以及提供新的解决途径,网络犯罪治理对策的提出需要建立在准确的犯罪趋势的基础上。回顾我国犯罪治理研究25年的发展历程、每一阶段的成果、不同的战略重点,理应参照网络犯罪趋势的时间节点分段展开。

(一)第一阶段:2000年之前关于网络犯罪定义和境外经验的探讨

2000年以前,互联网利用普及率低,网络犯罪数量、类型较少,对网络犯罪概念的外延更为宽泛,利用计算机为媒介或有关于网络的犯罪通常被认定为计算机犯罪或称为网络犯罪。在这一时间段,网络犯罪治理相关研究成果较少。以中国知网平台为例,分别以“计算机犯罪”“网络犯罪”“因特网犯罪”检索,共有论文749篇,学位论文1篇,会议论文62篇;在读秀中文学术平台上,可搜索到的公开出版的著作有19本。

整体而言,这一阶段研究视角主要集中在境外网络犯罪治理经验介绍、网络犯罪的定义与类型的分析、网络金融犯罪对策研究、网络犯罪侦查的技术探讨等。

计算机网络最早诞生于美国,而现有记录的最早的计算机犯罪也发生在美国,因此,早期的学术研究多集中在对境外尤其是网络犯罪治理经验介绍上,如翻译介绍美国政府对数据加密标准和技术等①。这些研究侧重于立法经验的介绍,并结

① R. Sugarman 等:《论挫败计算机犯罪问题——持有大量LSI芯片的窃密者能够破译现在的数据制乱方案吗?专家们在讨论这个问题》,载《信息安全与通信保密》1980年第2期。

合我国当时网络犯罪趋势及网络基础设施,提出相应的立法建议。学者总结新加坡、美国、英国、德国、日本以及东盟其他国家的立法做法,介绍各国计算机安全立法情况和法律适用范围,[①]并认为应当通过立法严格取缔网上的不良信息;规定行业准入门槛,严格控制提供互联网服务的机构;命令有关机构,如公安机关与提供互联网服务的机构加强协作,共同打击网络犯罪,特别是通过网络散布不良言论、色情的犯罪;大力鼓励企业、团体参与网络活动,建立自己的安全网络空间,使犯罪分子无机可乘。[②]

关于网络犯罪的定义与类型的分析的理论研究成果也较为丰硕,特别是对1997年《刑法》修订后计算机犯罪定义的刑法学讨论引起了较多关注。例如,认为计算机犯罪,是指利用计算机操作所实施的危害计算机信息系统(包括内存数据及程序)安全的犯罪行为。这种类型的计算机犯罪,实际上是指只能在计算机空间所实施的犯罪,如非法侵入计算机信息系统罪、破坏计算机信息系统功能罪等。[③] 对五类计算机犯罪行为即破坏计算机信息系统犯罪、非法侵入计算机信息系统犯罪、窃用计算机服务犯罪、计算机财产犯罪、滥用计算机犯罪的犯罪类型和罪名进行研究。[④] 从隐蔽性、智能性、连续性和危害性等方面分析了计算机犯罪的特点,对计算机犯罪的种类和手段进行了概括。[⑤]

金融行业是最早发现计算机犯罪的领域,因此,早期的研究成果对网络金融犯罪也给予了较多关注。例如,探讨如何保障计算机系统在银行的安全运行。[⑥] 对于银行内部系统,网络犯罪人窃取资金流动、客户名单等基本信息,通过盗窃或者诈骗手段获得用户资金,即网络盗窃与网络诈骗。对于银行领域的网络犯罪,学者普遍认为预防的效果远远大于缉捕犯罪人员本身,故提出建议:一是通过加强计算机操作人员的思想教育,从根本上防止网络犯罪发生;二是加强计算机网络系统的“自卫能力”,从“硬件”方面增设网络犯罪障碍;三是加强计算机“超级用户”人员

① 刘小沛:《国外计算机安全立法情况及国内现状》,载《计算机工程与应用》1987年第6期。
② 刘林森:《警惕网络犯罪》,载《当代世界》1996年第12期。
③ 赵秉志、于志刚:《论计算机犯罪的定义》,载《现代法学》1998年第5期。
④ 孙铁成:《计算机犯罪的罪名及其完善》,载《中国法学》1998年第1期。
⑤ 胡卫平:《计算机犯罪初论》,载《政法论丛》1997年第5期。
⑥ 殷健敏:《银行计算机系统的安全运行》,载《上海金融》1999年第10期。

业务培训；四是及时填补“依法治机”的空白。①

除此之外，这一时段对网络犯罪对策和网络犯罪侦查的技术探讨也出现了不少的研究成果。例如，分析网络的负面影响和立法建议，②提出我国信息化建设中法律问题和完善建议。③ 还通过归纳网络犯罪的基本特征、犯罪趋势，分析目前网络犯罪存在的问题，提出三种治理手段。其一，技术手段，通过防火墙和加密技术在不同的适用范围内提供不同程度的安全性，防止非授权用户对网络资源的非法访问；其二，管理手段，遵照国家法规完善管理，增强计算机信息系统的安全和防范计算机信息系统内部的人员非法侵害，通过科技创新提高网络安全性，引导网络用户正确使用计算机信息网络，防范非法进入计算机信息系统内部人员的侵害；其三，法律手段，利用立法启动一整套国家强制机器，调动全社会力量打击网络犯罪，在修改《刑法》时将实践证明较为成熟的规定纳入其中。④ 针对网络犯罪高技术性、跨国性、隐秘性、匿名性、低风险、高效率的特点，建议尽快制定、完善关于计算机网络犯罪的处罚规定，组织专门机构制定有关计算机犯罪和网络犯罪的专用刑法条款，明确公安机关的管辖范围；加快电脑警察队伍建设，既加强现有队伍计算机知识培训，又要从计算机专业人员中挑选优秀人才充实到警察队伍中；在进行日常治安管理过程中，着重加强网络从业人员的职业道德培训和网络安全教育，强化各部门的监督机制；针对网络金融犯罪的数量剧增，加快公安机关电脑网络建设的同时要保持与银行、证券等机构密切联系，增强网络安全控制技术，着重宣传网络用户自我保护措施，重点关注计算机病毒预防、检测和清除工作。⑤ 学者于学德、韩晶针对公安机关的技术壁垒问题，额外提出新的建议，美、法、德国家已经成立稽查计算机犯罪的专门机构，并将情报机构与专门机构互联互通，有效提高打击计算机犯罪的情报获取率，这种做法值得借鉴，因此，建议我国成立专门机关，专业地防范网络犯罪。⑥

---

① 罗海山、黄朱文：《警惕网络犯罪：银行计算机犯罪新成员》，载《国际金融研究》1995年第10期。
② 周艳萍、祝少春：《因特网的负面影响与立法动态》，载《法学》1999年第12期。
③ 曹建明、贺小勇：《我国信息化建设中的法律问题（上）》，载《探索与争鸣》1999年第9期。
④ 皮勇：《略论网络上计算机犯罪与对策》，载《法学评论》1998年第1期。
⑤ 米佳：《网络犯罪及公安机关的防范对策》，载《辽宁警专学报》1999年第4期。
⑥ 于学德、韩晶：《试论网络犯罪的特点及其防范》，载《法律文献信息与研究》1998年第4期。

(二)第二阶段:2001 ~2005 年的网络犯罪治理研究

2001 ~2005 年的网络犯罪逐渐成为学术研究的关注重点,成果数量增加,以中国知网平台为例,分别以"计算机犯罪""网络犯罪""因特网犯罪"检索,共有论文 681 篇,学位论文 81 篇,会议论文 32 篇;在读秀中文学术平台上,可搜索到的公开出版的著作有 28 本。这一阶段研究重点放在了域外网络犯罪的立法经验、网络犯罪与现行法律间的冲突与衔接、网络犯罪全球化趋势与犯罪治理、网络犯罪取证技术问题等。

惩治计算机网络犯罪是世界各国面临的共同问题,美国、英国、德国、法国、日本、韩国、新加坡、澳大利亚八国有关网络犯罪的立法经验较为丰富,有学者对此进行归纳、分析,从立法模式、罪名设置、保护犯罪、刑罚配置等方面进行梳理,提出可以在立法模式选择上采用渐进的立法模式,修订关于网络犯罪类型的刑法条文,进一步完善网络犯罪构成,吸收其他国家的优秀立法成果,力争能够涵盖惩治各种形式的网络犯罪,对网络犯罪的主体进行有限扩大,可以将单位列为网络犯罪的犯罪主体范畴,增加网络犯罪的罚金刑,参考德国的网络技术性立法困境之解决方法,成立专门专家委员会把握技术性问题。[①]

尽管在这一阶段,计算机犯罪尚未达到爆发的峰值,传统犯罪仍是犯罪构成中最大组成部分,但"就世界其他国家的计算机犯罪发展历程来看,最初若干年大多都是在一个较少的数量范围内波动正常,然后便会迈上一个大跨度的台阶,并继而持续增长"。[②] 因此,不少学者将关注点集中在刑法与虚拟空间的冲突与衔接问题上。赵秉志、于志刚认为,结合国外计算机发展历程以及我国计算机犯罪现状和法律法规现状,可以预料计算机网络犯罪性质认定与现行法律法规间的冲突问题,即有关计算机犯罪方面的刑事立法滞后,在刑法方面具体表现为罪名的欠缺、刑罚种类的创新不足、犯罪类型归属的调整等,在刑事诉讼规范方面具体表现为网络犯罪报案率低、证据类型不足、犯罪地的确定存在困惑,因此,有必要制定专门的反计算机犯罪法,完善现行刑法典中的计算机犯罪惩治条款,完善现行行政法规,在《治安管理处罚条例》中增加对计算机违法行为的惩治,建立惩治计算机犯罪的国际合作

---

① 刘守芬、房树新:《八国网络犯罪立法简析及对我国立法的启示》,载《法学杂志》2004 年第 5 期。

② 康树华主编:《犯罪学通论》,北京大学出版社 1992 年版,第 331 页。转引自赵秉志、于志刚:《计算机犯罪及其立法和理论之回应》,载《中国法学》2001 年第 1 期。

体系，拓宽刑事管辖时空范围的构想，拓展刑法典基本制度，进行传统犯罪类型的理论创新等，在一定程度上缓解计算机犯罪对当前法律制度的冲击。① 传统刑法与虚拟空间的冲突问题具备深入挖掘的空间，学者于志刚认为产生于农业社会、完善和成熟于工业社会的传统刑法，无论从理论上还是立法上看，多年来故步自封而缺乏实质性的飞跃式发展，技术因素的介入或许可以促使刑法理论出现革新。②

网络犯罪始终围绕信息的遗漏、利用，冯卫国、张立宇从信息权保护为切入角度，提出有效缓解网络犯罪对刑法冲击的办法：首先，强化信息权的刑法保护，在网络时代信息取得了同物质和能量等量齐观的地位，许多网络犯罪正是利用信息技术危害信息安全，信息控制权分为维护国家安全的国家信息控制权、以公开方式获得法律保护的企业信息控制权以及以个人隐私为主要表现形态的公民信息控制权，刑法需要着重对于信息权进行分类、分层次的保护；其次，遵循利益平衡原则，协调相互冲突的各种社会利益，促成社会和谐、有序运转，坚持综合治理之路，网络犯罪的治理必须坚持综合治理的犯罪控制总方略，把道德约束、技术防范和刑事惩治有效结合起来；再次，确立刑事一体化思路，加强刑法学同其他刑事科学尤其是犯罪学之间的沟通与对话，把实证分析与规范分析结合；最后，拓展全球化视野，网络犯罪的超地域性，会制造大量刑事管辖权冲突问题，加强各国之间的刑事司法合作，是维护网络秩序的大势所趋。③

网络犯罪的全球化同样冲击了刑事管辖制度、社会法益保护体系，学者在这一研究话题的理论探讨相当深入。韩哲认为网络犯罪最本质的特征是无地域性和信息媒介的无体性，其他特征都来源于此，用传统的刑事管辖原则难以同网络犯罪作有效斗争，普遍管辖原则是对付网络犯罪的必要趋势，但是在世界各国尚未签署公约之前，可以国际原则为主，兼采有限的保护原则和最密切联系地原则。④ 而就网络虚拟财产可否被保护问题，学者彭勃从法理上进行解释，认为虚拟财产具备财产的部分法律特征，具备法律上财产的有价性，因以“网络账号”的形式存在而具备可支配性，可见已经具备了商品的一般属性，应当进行保护，可以成为刑法所保护

---

① 赵秉志、于志刚：《计算机犯罪及其立法和理论之回应》，载《中国法学》2001年第1期。
② 于志刚：《论传统刑法与虚拟空间的冲突和衔接》，载《浙江社会科学》2004年第1期。
③ 冯卫国、张立宇：《网络犯罪及其相关问题》，载《科技与法律》2001年第4期。
④ 韩哲：《网络犯罪的本质特征及其刑事管辖》，载《山东公安专科学院学报》2002年第3期。

的法益,并提出应当尽快制定与网络游戏有关的基本法,以司法解释的方式将"虚拟财产"纳入法律上的财产概念之中,并修改有关知识产权的法律,全面对网络虚拟财产进行保护。[①]

在网络犯罪全球化趋势与犯罪治理方面,成果同样显著。陈建民提出组建基层网络监察机构、扩充网上监察经理,加强侦破与取证技术培训以提高破案率,尽快出台专门立法以打击网络犯罪,并且要加强要害部门管理,强化身份认证,合理保留用户使用记录,另外要注重国家安全基础设施机构以及加强国际交流与合作,建立网络安全的战略预警。[②] 屈学武则认为正是由于犯罪趋势全球化发展,预防远比事后惩处更有效,因此,应当着力于计算机及互联网技术系统的完善,如设立防火墙、身份识别、加密与数字签名;公安系统在将有前科的犯罪人信息进一步完善基础上,建立起自己的反计算机网络入侵的"网络侦探",强化预防工作的引导与培育,完善网络侦查系统。[③] 针对其他学者对技术预防的越发推崇,吴兴民提出相反意见。其认为:首先,网络犯罪不应当成为一种独特的犯罪进行专门化考察、治理,网络空间本身来自现实社会,天然带有现实社会的结构性特点,现实的社会关系迁移到网络上,使网络成为现实社会结构中的一部分,从本质探究网络空间的矛盾与现实矛盾是一致的,在此基础上,吴兴民提出制定网络犯罪的管制措施时,应当考虑信息获得边界的扩张与社会秩序稳定之间的张力问题。其次,网络犯罪是规定性犯罪,而非自然犯罪,按照标签理论,犯罪是由规定造成的,不必要的规定只会徒增犯罪数量、激化社会矛盾。犯罪本质是人与人间的关系,利用技术解决只是辅助的,制定全面、正确的刑事政策远比迷信技术控制更为重要。[④]

在这一阶段中,成果最为丰硕的则是计算机取证技术的发展。由于电子证据在网络犯罪中的突出作用,如何获取计算机犯罪相关的电子证据,成为司法部门亟待解决的一大难题,学者赵小敏等通过回顾计算机取证发展历史、国外计算机取证研究概况,作出计算机取证技术的展望,认为将来计算机取证将成为司法部门的重

---

① 彭勃:《网络虚拟财产的法律性质及其保护》,载《深圳大学学报》(人文社会科学版)2005 年第 1 期。

② 陈建民:《网络犯罪监察与防范体系建设的思考》,载《计算机安全》2001 年第 7 期。

③ 屈学武:《因特网上的犯罪及其遏制》,载《法学研究》2000 年第 4 期。

④ 吴兴民:《网络犯罪的根源与对策》,载《中国犯罪学研究会第十四届学术研讨会论文集(下册)》,2005 年。

点关注话题。[①] 学者王玲等从技术角度解读计算机取证相关问题,他们认为计算机取证研究的是如何为调查计算机犯罪提供彻底、有效和安全的技术,关键在于保障证据的真实性、可靠性、完整性和符合法律规定,并且从理论和实现两面讨论现有取证技术的局限和挑战,展望可以向取证领域扩大,取证工具向着更为专业化和自动化发展,逐步开始融合其他理论和技术,取证的工具和过程向标准化等方向逐步发展。[②]

(三)第三阶段:2006 ~2012 年的网络犯罪治理研究

2006 ~2012 年,以中国知网平台为例,分别以"计算机犯罪""网络犯罪""因特网犯罪"检索,共有论文 2128 篇,学位论文 494 篇,会议论文 80 篇;在读秀中文学术平台上,可搜索到的公开出版的著作有 15 本。这一阶段的成果,尤其是论文成果,呈爆发式增长,学者对于网络犯罪治理的关注逐渐从网络犯罪整体治理走入网络越轨行为的纠正、个罪问题探讨,网络犯罪激增趋势对于刑法的冲击问题得到持续性关注,对于网络空间的网络监管问题也展开了讨论。

网络立法一直被认为是网络犯罪治理命题中的重要研究对象,这一阶段同样有不少学者持续关注。例如,有学者以《刑法修正案(七)》的网络犯罪立法为评述对象,认为目前网络犯罪具有网络化、集中在经济领域等主要特征,原有网络犯罪刑法规定不能满足遏制网络犯罪的需要,尽管《刑法修正案(七)》增设了非法获取计算机信息系统数据罪、非法控制计算机信息系统罪和为提供侵入、非法控制计算机信息系统程序、工具罪,对网络犯罪立法体系有重要的补充完善作用,但仍然存在明显的不足;2004 年 7 月 1 日生效的欧洲理事会《关于网络犯罪的公约》中的有关网络犯罪的规定对完善网络犯罪立法具有重要参考价值,该公约的特色立法技术,如通过设置非法拦截、干扰计算机数据通信罪和滥用计算机设备罪,可以涵盖网络犯罪的具体行为,为我国网络立法提供了新的思路。[③] 另外部分学者认为,由于犯罪形式、犯罪类型日新月异,刑法的固有体系很难将许多网络越轨行为予以规制,这也是近几年刑法修正案、司法解释不断出台的原因,网络犯罪冲击了现有的

---

① 赵小敏、陈庆章:《计算机取证的研究现状和展望》,载《计算机安全》2003 年第 10 期。

② 王玲、钱华林:《计算机取证技术及其发展趋势》,载《软件学报》2003 年第 9 期。

③ 皮勇:《我国网络犯罪刑法立法研究——兼论我国刑法修正案(七)中的网络犯罪立法》,载《河北法学》2009 年第 6 期。

刑法理论和体系,主要体现在刑法稳定性与网络犯罪发展迅猛间的冲突、网络犯罪跨区域与条块划分的刑事管辖制度间的冲突以及网络犯罪再犯率高等问题。对此,杨杰认为,一味地追求刑法革新无益于问题的解决,法律工作者可以从司法解释、犯罪构成要件入手弥补这一缺陷;旧有的网络犯罪管辖制度本身的固化难以匹配网络犯罪治理,必须打破目前各自为政的行政区域犯罪惩治模式,建立长期高效协作;再犯率高的主要原因在于,对于客观行为的侵害性与主观意识的罪过性相结合的犯罪社会危害程度、犯罪主体再次犯罪的危险程度、网络犯罪人的普遍矫治力度不够,可以适当增设网络犯罪的特殊刑罚。①

关于网络犯罪对刑法的冲击问题,学者于志刚有不同的观点。互联网犯罪对刑法的冲击,不仅在于网络犯罪行为的种类更新过快,刑法体系难以及时给予相应的回应,还体现在互联网从"信息媒介"到"生活平台"的过渡,致使从原本人对系统的攻击、一对一的攻击转变为人对人的攻击、一对多的攻击。这种传统犯罪网络变异的原因是多方面的,直接诱因是网络控制的技术性代际差异,具体是犯罪构成要件要素的变异、社会危害性的变异和犯罪形态的变异三个方面,扩张化的司法解释是解决这一问题的首要选择,但其局限性也是明显的。因而,于志刚提出,面对网络空间中传统犯罪的变异态势,将部分预备行为提升、独立化实行行为,将部分共犯行为加以正犯化,将会是未来刑事立法无法回避的两个选择。②

第三阶段的网络犯罪的具体类型以及犯罪手段、形式更新极快,在学者的高度关注下,个罪研究成果颇丰。网络失范行为、网络越轨行为在这一阶段得到了相当的重视,网络是一个社交平台,其中不良信息极易造成大学生出现道德失范行为,从而衍生为犯罪。叶通贤等人认为互联网引发了大学生污染信息、制造和传播计算机病毒等道德失范行为,大学生网络失范既与主体的心理特点、网络社会本身因素有关,也与制度因素相连,而针对遏制大学生网络道德失范的问题,他们提出通过强化网络道德教育,提高大学生网络自律意识;通过开辟大学生网络,加强对校园网的管理;通过加强网络立法,规范网络行为;通过健全网络安全体系,完善网络

---

① 杨杰:《从计算机犯罪到网络犯罪看互联网对刑法的冲击》,载《信息网络安全》2008 年第 9 期。

② 于志刚:《网络犯罪与中国刑法应对》,载《中国社会科学》2010 年第 3 期。

监督机制。[①]

第一阶段、第二阶段尚未出现网络聚众赌博,现阶段已然出现了跨国聚众赌博案,这不仅是传统的变异形式,更为洗钱犯罪提供了巨大便利条件。学者陆晨昱认为,过去谈网络安全、网络犯罪防治往往思考的是技术性解决方案,用单一的技术手段对抗网络犯罪常常会出现"持久战"和"拉锯战",技术保障成本逐渐升高,网络赌博问题无法依靠技术得以防控,匿名性的特点反而让网络赌博的犯罪侦查成为难点,因此,应当从规范技术标准和技术规定着手,明确电子证据的收集规范、条件以及规则,构建切实可行的电子证据规则;网络中出现的新犯罪形式,尤其是为网络犯罪提供前提条件、工具、方法的手段行为,应在刑法中进一步予以明确,做好司法解释工作,努力让网络犯罪形式与法律解释行为匹配,比如对提供网络赌博的平台、群等管理员的行为性质认定。此外,各地立法规定分散、不统一,对于整治全国、跨区域趋势明显的网络犯罪有明显劣势,立法工作应当重点关注行之有效的行政规章、决定、命令,规范技术标准和技术规定,还应当建立有效识别主体身份的配套制度:一是可以采取以身份证号和密码为基础的网络实名制。韩国在2005年推行此种方式的网络实名制。二是可以采用USB Key硬件强认证的电子认证准入制度。三是通过指纹、眼纹、声纹的电子识别技术等生物特征认定。[②] 网络诽谤同样成为这一阶段的关注重点,这一犯罪具有传播快、影响广、低成本等特点,导致这一犯罪容易实施,而本身的匿名性,难以让被害人自行起诉。为有效追究网络诽谤的刑事责任,赵远提出要正确认定网络诽谤,准确区别罪与非罪,并明确其犯罪主体、犯罪对象与犯罪客观方面的范围,再进一步研究采用公诉解决应符合的条件。[③]

个罪的研究难免少不了对于证据的收集认定,其中最受关注的则是电子证据的鉴定。赖梁盟提出,应当进一步完善电子数据司法鉴定技术规定,鼓励民营司法鉴定,拓展电子数据司法鉴定技术。2008年,全国第一个电子数据司法鉴定中心正式成立,得到北京市司法局的司法鉴定资质审核,具备法庭承认的电子数据司法鉴定报告能力。目前,电子数据成为一种超越传统的全新证据形式,逐渐成为刑

① 叶通贤、周鸿:《大学生网络道德失范的行为及其对策研究》,载《河北师范大学学报》(教育科学版)2009年第2期。

② 陆晨昱:《我国网络犯罪的变化趋势及防治对策》,载《上海公安高等专科学校学报》2006年第5期。

③ 赵远:《网络诽谤的刑事责任问题研究》,载《中国刑事法杂志》2010年第8期。

事、民事等法律活动中的新型诉讼证据之一,应当进一步鼓励更多的司法鉴定中心拓展相关业务,满足实践对电子数据鉴定的需求①。

对于网络空间的治理,从网络犯罪的类型化治理到网络空间的整体性关注,同样有相当丰硕的成果。网络犯罪的数量尽管提升,但其类型、形式总体呈现一定规律性,有学者认为网络犯罪应当以表现形式为靶点,有针对性地提出防范措施。网络犯罪可以在任何一台与网络相连的计算机上进行操作,从而破坏主机或其他站点,甚至造成整个网络系统的瘫痪,对此,梁玉荣认为对于某些部门安全系统要求高者可以采用物理隔离方案,将内部涉密网与外部网进行彻底物理隔离,没有任何线路连接,可以保证网上黑客无法连接内部涉密网,这样就具有极高的安全性。采用这种方案必须有网络安全隔离卡和网络安全隔离集线器,确保远端的黑客还是坐在本机旁的其他人员都无法破解安全计算机防护,对于安全系数有极高的单位,比如政府部门,可以采取相应的措施。②

由于上网方式的转变,手机上网的网民逐渐增多,网络犯罪的犯罪对象重点逐渐转移至手机用户,这使犯罪分子的行踪越发隐蔽,犯罪成本越发降低。有学者针对此种犯罪趋势,认为可以从犯罪流程的每一阶段切断犯罪的必要性条件:落实手机卡入网登记实名制,犯罪分子可以自由地拥有多部手机及手机卡,各营业点必须严格落实入网实名登记工作,配备身份证鉴别仪器,确保身份证的真实性;严格控制短信群发的出售管理,建立登记买主、审核资格,严格把控源头;对基站进行严格审核管控,犯罪分子会在短时间内发送大量信息,将不正常的使用状况设置为预警条件之一。③ 网络犯罪固然是网络社会的毒瘤,但网络生态危机还体现在语言文化的污染物、商业病毒、网络政治生态污染等具体方面,徐世甫认为,国家网络监管为我国解决生态危机提供直接的参照系,我国只有借鉴其他国家监管经验的理论资源,结合我国网络发展的实际,在整个过程中创新监管理念、监管方法,紧抓监管重点,才能够构建"绿色、和谐、文明"的和谐网络生态以及和谐社会。④

---

① 赖梁盟:《网络犯罪的特点及防控》,载赖梁盟主编:《当代法学论坛》(2008 年第 2 辑),中国方正出版社 2008 年版。

② 夏玉荣、黄稳稳:《网络犯罪形式及防范措施》,载《计算机安全》2006 年第 11 期。

③ 薛琴:《新时期手机网络犯罪研究》,载《信息网络安全》2011 年第 5 期。

④ 徐世甫:《全球化时代网络监管国际经验之诠释及启示——兼论网络和谐生态的构建》,载《南京社会科学》2008 年第 6 期。

（四）第四阶段：2013～2019年的网络犯罪治理研究

2013～2019年，网络犯罪的数量保持上升态势，学者们保持了对网络犯罪治理问题的高度关注，以中国知网平台为例，分别以“计算机犯罪”“网络犯罪”“因特网犯罪”检索，共有论文4066篇，学位论文978篇，会议论文86篇；在读秀中文学术平台上，可搜索到的公开出版的著作有51本。从整体网络犯罪治理发展脉络来看，学者们既持续性关注着网络犯罪与刑法的冲突与衔接问题，也针对网络犯罪下位概念的各个类型犯罪结合不同时期的技术背景展开了具体分析，甚至出现了将网络犯罪治理本身这一概念作为科学讨论其内在运行价值的成果。

网络立法、网络犯罪与刑法的冲突与衔接问题一直是网络犯罪治理领域中的重点研究话题，从第一阶段网络犯罪对刑法体系冲击，到第二阶段细致分析网络犯罪对个罪认定的影响、刑事管辖制度的冲击，再到第三阶段网络犯罪与刑法冲突的本质性问题，直到第四阶段网络犯罪对刑法的固有犯罪体系、评价理念的冲击，学者们对此话题有着长足、持续性的研究和成果。在当前网络阶段，网络平台成为犯罪空间，冲击着刑事立法、司法和刑法理论，云技术时代的到来再次为网络犯罪提供了代际跃升的机会，云端成为犯罪对象和犯罪工具的挑战出现端倪，据此，学者于志刚提出，刑事立法、司法和刑法理论在发展理念上应当快速从“软件、系统”思维跃升到“网络思维”，以网络犯罪的三种基本类型为逻辑起点，突破传统刑法应对网络犯罪的“双轨三点四线”的反应模式，构建制裁网络犯罪的全新罪名体系。①针对网络中“信息失范”所造成的严重危害与司法难题，虽然最高人民法院、最高人民检察院以抽象的司法解释的形式实现了刑法向网络空间的扩张，但传统犯罪在进入虚拟网络后脱离其在现实社会中的原有形态，犯罪在网络中“异化”，我国刑法立足于现实社会，现实刑法在应对虚拟网络犯罪时具有局限性，对刑法扩张解释只能暂时应对网络犯罪的变化，无法克服我国大一统刑法典模式的局限性，对此，卢建平等人认为需打破我国刑事立法模式的局限与束缚，针对网络犯罪的特点专门制定单行网络刑法。②

网络犯罪在总体犯罪的占比逐年递增，类型逐渐稳定，但其内容、形式都不断发生变化，原本下属于网络犯罪的类型逐渐出现了与总体不尽相同的态势。例如，

① 于志刚：《网络思维的演变与网络犯罪的制裁思路》，载《中外法学》2014年第4期。
② 卢建平、姜瀛：《犯罪“网络异化”与刑法应对模式》，载《人民检察》2014年第3期。

学者肖军发现网络电信诈骗案件呈现出产业车间化的趋势,以承包、购买服务的方式获取其他诈骗车间的基础信息,从而为自身实施电信诈骗犯罪提供前期帮助的行为,为治理带来了极大的难题。[①] 因此,不少学者对不同类型的网络犯罪结合技术背景进一步展开讨论,以及研究其治理对策。学者刘坤针对 P2P 网络借贷平台涉嫌非法集资犯罪进行理论探讨,提出应划定 P2P 平台业务经营“红线”,明确 P2P 平台的监管部门和监管内容;构建完善的情报信息网络,提高主动发现和打击能力;强化平台运营监督,加强与专业论坛和行业协会的合作;强化宣传教育,提升投资人防范能力,树立“责任自负”的投资理念。[②] 学者徐飞行等人则关注于网络传销犯罪的侦查模式,提出在侦查立案、侦查协作、侦查取证、侦查公开方面转变原有的侦查模式。[③] 同样对于网络传销犯罪,李赪认为应以大数据为核心,对被程序所捕捉和搜集到的数据进行系统性分析,借助云计算技术,筛选数据,搜寻到网络传销组织领导者、参与者的身份和通信数据、车辆运行轨迹数据、银行交易数据、资金流向数据。[④]

对于不同的网络犯罪个罪性质的刑法研究,成果同样显著。拒不履行信息网络安全管理义务罪开设了网络犯罪领域的合作治理,但由于主观构成要件的错误定位以及客观构成要件的不合理设置,导致该罪与帮助信息网络犯罪活动罪关系的模糊以及规制范围的不当限缩,李本灿认为应当对拒不履行信息网络安全管理义务罪的主观方面进行重新定位,即将其理解为监督管理过失在网络犯罪治理中的运用,而“经责令而拒不改正”要件的设置使得该罪认定依赖于行政命令,造成规制范围被动缩减,应当予以取消。[⑤] 学者张明楷则针对帮助信息网络犯罪活动的正犯化问题展开讨论,认为我国规定的帮助信息网络犯罪活动罪,并不是帮助犯的正犯化,只是帮助犯的量刑规则;该罪的成立,以正犯实施符合构成要件的不法行为为前提,故该罪设立并不表明《刑法》第 287 条之二对帮助犯采取了共犯独立

---

① 肖军、洪珊珊、林曦:《非接触性犯罪产业车间化趋势及侦查应变——以电信诈骗案件为视角》,载《中国刑警学院学报》2020 年第 1 期。

② 刘坤:《非法集资犯罪侦防对策研究——以 P2P 网络借贷平台为视角》,载《中国刑警学院学报》2015 年第 3 期。

③ 徐飞行、张春锋、王斌:《网络传销犯罪侦查模式研究》,载《福建警察学院学报》2012 年第 1 期。

④ 李赪:《大数据时代网络传销犯罪的新型防控》,载《北京警察学院学报》2020 年第 1 期。

⑤ 李本灿:《拒不履行信息网络安全管理义务罪的两面性解读》,载《法学论坛》2017 年第 3 期。

性说,从而为网络犯罪行为的定性厘清思路。[①] 网络寻衅滋事案件在这一阶段逐渐进入学者视野,由于网络社会同样具备相应的社会秩序,寻衅滋事罪有沦为口袋罪之嫌,陈兴良认为网络传谣行为发生在网络空间,其法益侵害结果则发生在现实空间,由于行为空间与现实空间的错位,所以难以将网络谣言等同于寻衅滋事中的起哄闹事行为,对于此类行为是否入罪问题,则应当通过专门立法进行规范。[②]

这一阶段,涌现了大量学者对于网络犯罪现象治理这一话题的思考,以学科逻辑展开对网络犯罪治理的理论探讨,在这一方面的成果同样颇丰。学者孙道萃具体讨论了网络犯罪治理的基本理念与逻辑展开问题,认为传统物理空间与网络空间社会组成的"双层社会"正在形成,完全独立的网络空间有待确立,网络犯罪治理与传统犯罪治理在宏观和微观治理不尽相同,理念的视角之变是首位。首先是"双层社会"与网络空间控制思维,将网络科技及其异化风险作为治理的主要条件,网络空间社会的主体仍然是现实社会的个体,网络空间治理不能断然抛弃现实物理社会的配合和制约;其次是网络风险社会的预防性理念,传统物理社会是报应司法理念,为了弥合报应司法理念与风险社会的"技术鸿沟",应当适当转向以预防理念为核心的预防性治理体系;最后是社会控制体系,不同的社会主体、义务主体、时空条件、参与方式都可以作为独立的社会控制力量来源或具体形式。[③]

网络犯罪治理本身呈现出层级化治理,学者王玉薇认为网络犯罪治理问题可归咎于智能化层级治理模式功能的不足,党委和政府高位主导了网络犯罪的治理进程和制度设计,并指令在下的立法机关、司法机关一致性听命执行,实战中映射式的线性执行方式在社会功能分化不充分的前提下,直接影响了网络犯罪之有效性、合理性,从根基上消除了政治权力运作的合法性基础,因此,应以"功能分化模式"作为未来网络犯罪治理的改革方向。[④] 也有学者对网络犯罪治理进行实践回溯和理论反思,认为伴随着网络信息技术的快速发展,我国网络犯罪治理的演进有三个主题环节,即网络犯罪现象之正视、网络犯罪范围之界定和网络犯罪治理之践

---

① 张明楷:《论帮助信息网络犯罪活动罪》,载《政治与法律》2016年第2期。
② 陈兴良:《寻衅滋事罪的法教义学形象:以起哄闹事为中心展开》,载《中国法学》2015年第3期。
③ 孙道萃:《网络犯罪治理的基本理念与逻辑展开》,载《学术交流》2017年第9期。
④ 王玉薇:《网络犯罪治理:从层级模式到功能分化》,载《河北法学》2018年第4期。

行,三者之间共识共存,休戚相关。其中,对网络犯罪现象的认识围绕网络社会的特征及其社会危害性探寻、网络犯罪的立法模式选择进行展开;对网络犯罪范围的界定主要基于如何正确理解刑事扩张与刑法谦抑性两种对应的立场进行,而关于网络犯罪量化标准与网络帮助行为的规制则与当前司法实践的联系最直接;在网络犯罪治理进程中,完成了对网络犯罪探索必要性的证明,凸显了网络犯罪圈划定上的立场和分歧,开始对网络犯罪的惩治预防进行了有益探索。①

二、网络犯罪治理学科发展

网络犯罪治理学科在国家层面暂未成为独立的学科、专业进行发展,围绕网络安全为中心设置专业,在专科层面为信息网络安全监察(专业代码 680103)、计算机网络技术(专业代码 610202)、网络舆情监测(专业代码 690204);在本科层面具体为网络安全与执法(专业代码 083108)、网络空间安全(专业代码 080911)、网络工程(专业代码 080903);在硕士、博士研究生培养层面,学术型硕士、学术型博士目前有网络空间安全专业(专业代码 083900)。

(一)专科阶段学科专业设置情况

表 5-7 专科阶段学科专业设置情况

专业代码	所属门类	专业
680103	公安与司法(公安管理类)	信息网络安全监察
610202	电子信息(计算机类)	计算机网络技术
690204	公共管理与服务(公共管理类)	网络舆情监测

设置信息网络安全监察专业的 16 所院校,分布于天津、安徽、黑龙江、广西、河北、山西、江西、内蒙古、陕西、甘肃、河南、西藏、辽宁、新疆 14 个省、市、自治区,具体院校为江西警察学院、西藏警官高等专科学校、天津公安警官职业学院、铁道警察学院、甘肃警察职业学院、黑龙江公安警官职业学院、陕西警官职业学院、辽宁政法职业学院、河南警察学院、山西警察学院、新疆警察学院、内蒙古警察职业学院、河北公安警察职业学院、广西警察学院、安徽公安职业学院、黑龙江政法管理干部

① 王熠珏:《我国网络犯罪治理的回溯与反思》,载《石河子大学学报》(哲学社会科学版)2019 年第 1 期。

学院。其中,天津公安警官职业学院、新疆警察学院的推荐指数达到4.4,学科发展较为理想。

设置计算机网络技术专业的共有983所院校,河南81所、江苏69所、河北66所、广东63所、山东57所、湖北55所、湖南50所、江西49所、安徽48所、四川39所、福建33所、陕西33所、辽宁32所、黑龙江31所、广西31所、浙江25所、内蒙古25所、贵州24所、山西23所、云南21所、新疆21所、重庆17所、北京17所、天津17所、吉林15所、甘肃14所、上海11所、海南8所、青海4所、西藏2所、宁夏2所,基本为理工院校,其中,南昌大学、江西师范大学等院校的计算机网络技术专业发展势头迅猛,学科推荐指数较高。

设置网络舆情监测专业的3所院校,分布于河北、四川、甘肃3省,具体院校为河北政法职业学院、甘肃警察职业学院、四川文化产业职业学院。

(二)本科阶段学科专业设置情况

表5-8　本科阶段学科专业设置情况

专业代码	所属门类	专业
083108	工学(公安技术类)	网络安全与执法
080911	工学(计算机类)	网络空间安全
080903	工学(计算机类)	网络工程

设置网络安全与执法专业的共有24所院校,分布于广东、北京、浙江、河北、山西、江西、山东、甘肃、四川、河南、贵州、上海、湖北、江苏、湖南、辽宁、新疆17个省、市、自治区,具体院校为中国人民公安大学、上海公安学院、中国人民警察大学、山东警察学院、甘肃政法大学、南京森林警察学院、江西警察学院、湖南警察学院、四川警察学院、山西警察学院、新疆警察学院、北京警察学院、中国刑事警察学院、江苏警察学院、广东警官学院、湖北警察学院、辽宁警察学院、浙江警察学院、江西警察学院、河南警察学院、贵州警察学院、山西警察学院、铁道警察学院、战略支援部队信息工程大学。

开设网络空间安全专业的11所院校,分布于北京、辽宁、黑龙江、福建、广西、江西、贵州、陕西、新疆9个省、市、自治区,具体院校为北京电子科技学院、福建农林大学、桂林电子科技大学、新疆财经大学、西安邮电大学、贵州理工学院、黑龙江大学、南昌大学、西安电子科技大学、沈阳工程学院、中国科学院大学。在此,需要指出的是,华东政法大学作为我国法学教育的“东方明珠”,于2005年便设置了计算机科学与技术专业网络与信息安全方向,主要培养“计算机”(网络空间安全)与“法学”等学科交叉领域的复合应用型人才。截至2019年,已有11届共400余名学生毕业,这些毕业生已在公检法司或网络与信息安全企事业单位为网络空间安全和网络犯罪治理等相关工作贡献了应有的力量。

开设网络工程专业的院校共489所,河北66所、广东36所、广西31所、山东26所、江苏25所、安徽24所、河南22所、江西20所、湖北19所、福建19所、辽宁19所、湖南19所、四川18所、陕西18所、浙江15所、吉林13所、山西13所、天津11所、重庆9所、甘肃9所、上海9所、黑龙江8所、内蒙古8所、贵州7所、云南7所、宁夏5所、新疆4所、北京4所、海南2所、青海2所、西藏1所,其中,北京邮电大学、南京邮电大学、电子科技大学、西安电子科技大学该专业发展势头迅猛,专业推荐指数高。

(三)硕士阶段学科专业设置情况

开设网络空间安全专业院校共70所,具体院校为清华大学、北京交通大学、北京工业大学、北京航空航天大学、北京理工大学、北京工业大学、北京电子科技学院、北京邮电大学、北京印刷学院、北京信息科技大学、中国人民警察大学、石家庄铁道大学、长春大学、国防科技大学、重庆邮电大学、空军工程大学、西安电子科技大学、西安邮电大学等多所院校,其中,北京电子科技学院、西安邮电大学等学院在本科阶段也开设相应学科,具备学科的延续性发展。

网络空间安全目前已形成较为成熟的学科发展体系,一些院校还根据自身学科优势、人才优势、地理位置等特点,设置了相关专业或研究方向,培养跨学科交叉领域的复合应用型高层次人才。比如,2008年以来,华东政法大学依托自主设置的全国首个司法鉴定专业硕博士点,下设了计算机与声像资料司法鉴定研究方向,培养该研究方向的复合应用型高层次人才;同时,该校还利用侦查学和犯罪学研究方向,培养网络犯罪侦查取证以及网络空间安全与网络犯罪治理等方面的硕士和博士层面的复合应用型高层次人才。甘肃政法大学自主设置了网络空间安全专业(专业代码0839Z2),研究方向为网络犯罪侦查与取证、大数据分析与态势感知,设置了信息内容安全专业(专业代码0839Z1),研究方向为社交网络、计算机视觉。自主设置专业本身就是为了学科的多态发展,齐齐哈尔大学自主设置了计算机网络与信息安全专业，增添了学科发展的多维性。在常态化的学科设置之下，不同院校也会设置不同的研究方向，促进学科发展的精细化。比如，北京交通大学在网络空间安全专业下设系统安全、网络安全、信息内容安全、应用安全4个方向；北京邮电大学在网络空间安全学科规划上可以说是其中的佼佼者，下设研究方向多达15类。

（四）博士阶段学科专业设置情况

博士阶段学科的发展，主要仍以网络空间安全学科展开有关研究，涉及院校36所，其中包括工科为主院校、综合性院校以及文科性质明显的院校，具体为北京航空航天大学、北京交通大学、北京理工大学、北京邮电大学、电子科技大学、东南大学、福建师范大学、复旦大学、广州大学、桂林电子科技大学、国防科技大学、哈尔滨工程大学、海南大学、杭州电子科技大学、华中科技大学、空军工程大学、陆军工程大学、南京航空航天大学、南京理工大学、南京邮电大学、清华大学、山东大学、上海交通大学、四川大学、武汉大学、西安电子科技大学、西安交通大学、西北工业大学、信息工程大学、浙江大学、中国科学院大学、中国人民大学、中国人民公安大学、中国政法大学、中山大学、暨南大学。各校以自主设置专业开展网络安全学科发展的趋势愈加明显，以北京航空航天大学为例，设置信息网络专业（专业代码0801Z1）和常态专业网络空间安全专业（专业代码083900）。

另外，细分研究方向为博士阶段培养的基本状态，以复旦大学为例，在网络空间安全专业下细分17个研究方向，包括网络安全、系统安全、云计算与大数据构架安全、大数据安全与隐私保护、人工智能安全、拟态安全、网络空间安全治理等方向，这类工科性质明显的大学主要以网络技术的方式抵御网络犯罪。而文科性质明显的大学，如前述的华东政法大学依托自主设置的司法鉴定专业以及侦查学和犯罪学研究方向等培养跨学科交叉融合的复合应用型高层次人才；中国政法大学则自主设置了网络法学（专业代码0301Z6），通过网络法学以完成网络犯罪治理的内在要求；中国人民公安大学同样自主设置了网络空间安全执法技术（专业代码0838Z4），主要研究侦查、监察网络犯罪基本状况，完善虚拟空间安全执法系统，进一步拓展相关技法。这一阶段的学科发展精细化、多维性趋势更为明显。

三、网络犯罪治理人才培养

(一)专科阶段人才培养情况

1. 公安管理类

信息网络安全监察专业所属公安与司法门类公安管理类,培养知识、能力、素质协调发展,能适应公共信息网络安全监察工作需要的复合型、高等应用型人才。主要开设网络信息监察概论、C 语言程序及应用、数据库原理及应用、JAVA 语言程序设计、计算机犯罪案件侦查与取证技术、入侵检测与防火墙技术、信息安全技术基础、公安管理、治安管理、刑事侦查、刑事技术、警用铁路技术、擒敌、射击、驾驶训练等课程,具有公安学的人才模式培养特点,每年培养 800 ~ 900 名毕业生,高考文理科比例达 2 : 23,男女比例达 18 : 7。

2. 计算机类

计算机网络技术专业所属电子信息门类计算机类,培养具备扎实的电子技术、计算机技术、网络技术等方面的基本理论知识与技能,具有计算机网络实际组建、管理、维护等基本能力,能在各企事业单位进行网络设计、安装、调试和管理等工作的应用型技术人才。培养要求:本专业要求学生掌握计算机网络的基本理论知识,熟悉计算机组装、维护和微机应用系统的基本操作,具有基本的程序设计、阅读、调试的能力,具备网络管理与维护、网页设计与制作及小型网站规划设计和建设的能力,熟练掌握一门外语。主要专业课程:汇编语言程序设计、JAVA 程序设计、数据库管理与应用(SQL)、网站规划建设与管理维护、计算机网络安全、电子线路基础、网站规划建设与管理维护等,部分高校以 JAVA、通信工程、网络工程、网站管理、互联网营销、企业级网络构建、网络安全工程师、网站建设与管理、高级网络开发工程师、移动互联网开发技术等方向依托培养,借鉴典型的计算机人才培养模式,每年培养 48,000 ~ 50,000 人,高考文理科比例达 7 : 13,男女比例达 18 : 7。

3. 公共管理类

网络舆情监测专业所属公共管理与服务门类公共管理类,面向党政机关、媒体机构、媒介调查机构、企事业单位培养具备传播学基本理论、媒体实践能力及一定的人文素养,具备媒介信息、舆情信息调查和分析能力的复合应用型专业人才。学生毕业后,可在媒介机构从事媒介信息和舆情信息的监测、调查、分析、发布和引导等工作。主要学习传播学概论、网络传播概论、社会心理学、受众调查与分析、视听率分析、新闻采访与写作、舆论学原理、统计学、抽样调查理论与方法、舆情调查与数据分析、网络舆情概论与案例分析、SPSS信息统计、信息分析与预测、网络舆情管理实务、网络信息采集、公共关系学等课程，借鉴了新闻学的人才培养模式，每年培养50～100名毕业生，高考文理科比例达23∶27，男女比例达19∶6。

（二）本科阶段人才培养情况

1.公安技术类

网络安全与执法专业所属工学，学科属于公安技术类，培养要求：良好的政治素养、科学素质和人文素养，具备警察基本素质和技术技能；掌握网络安全与执法专业基础理论、基本知识与基本技能，具备开展网络安全与执法工作的专业核心能力和创新精神，能够在公安机关从事网络安全保卫与执法工作的应用型高级专门人才。部分高校按照视频侦查方向进行培养，借鉴了趋于成熟的公安学人才培养模式，每年培养600～700名毕业生，高考文理科比例达1∶99，男女比例达17∶3。

2.计算机类

网络空间安全专业所属工学门类计算机类，网络空间安全保障能力是当前世界综合国力、经济竞争实力和生存能力的重要组成部分，是世界各国都在奋力攀登的制高点。网络空间安全专业涉及计算机科学与技术、信息与通信工程、数学、软件工程、控制科学与工程、电子科学与技术、管理科学与工程、法学等交叉学科，主要围绕网络空间中电磁设备、电子信息系统、网络、运行数据、系统应用中所存在的安全问题，开展理论、方法、技术、系统、应用、管理和法制等方面的研究。网络空间安全人才的培养是保障国家信息安全体系建设的基础和先决条件。以中国科学院大学网络空间安全学院为例，该学院拥有一支高水平师资队伍，包括国家网络安全优秀人才3人，国家网络空间安全优秀教师1人，国家百千万人才工程3人，享受国务院政府特殊津贴9人，国家杰出青年科学基金获得者1人，“万人计划”入选者2人，中科院特聘研究员14人，中科院青年创新促进会19人，中国科学院关键技术人才3人，中国科协青年人才托举工程2人。多人荣获中国科学院朱李月华优秀教师奖。目前，已有78位专任教师承担学院课程教学工作，具有丰富的教学及人才培养经验。

网络工程专业属于工学门类计算机类，培养学生系统地掌握计算机网和通信网技术领域的基本理论、基本知识;掌握各类网络系统的组网、规划、设计、评价的理论、方法与技术;获得计算机软硬件和网络与通信系统的设计、开发及应用方面良好的工程实践训练,特别是能获得较大型网络工程开发的初步训练。专业主干学科为计算机科学与技术、信息与通信工程。学生系统学习电路与电子学基础、离散数学、数字逻辑与数字系统、网络技术导论、算法与数据结构、计算机组成原理、通信原理、操作系统、计算机网络、现代交换原理、数据库系统原理等课程,借鉴计算机专业人才培养模式,部分高校以物联网、铁道信号、智慧城市、渗透与测试、网络安全与攻防、网络工程与管理、移动互联网开发、云计算与大数据、网络系统开发与管理、网络系统集成与网络安全等方向培养,每年培养 20,000 ~ 22,000 名毕业生,高考文理科比例达 1 : 49,男女比例达 71 : 29。

(三)硕士阶段、博士阶段人才培养情况

硕士阶段、博士阶段的人才培养模式已成型的有网络空间安全专业。硕士阶段更注重培养基础扎实、素质全面,具有较强的独立分析和解决实际问题能力的高层次专门人才。培养要求:系统掌握密码学及应用、网络安全、系统安全、应用安全等网络空间安全学科方向坚实的理论基础和专业知识,熟悉相关领域发展动态,具有一定的工程实践和系统开发能力,具有独立从事网络与信息系统的安全分析、设计、集成、开发、测试、维护等能力,具备较强的创新能力;具有较强的工程项目组织与管理能力、技术创新和系统集成能力。各大高校对此人才培养基本为学术型硕士培养模式,人数极少,大约维持在 1000 ~ 2000 人。博士阶段则专注于研究网络空间中的安全威胁和防护问题,即在对抗环境下研究信息在产生、传输、存储、处理的各个环节中所面临的威胁和防御措施,以及网络和系统本身的威胁和防护机制,与硕士阶段的培养模式、培养流程有所差异,主要与不同院校的个性化特色有关。举例来说,西安电子科技大学依托相关网络安全人才培养基地,如综合业务网理论及关键技术国家重点实验室信息安全研究中心、网络空间安全协同创新中心,以及陕西省网络与系统安全重点实验室等平台培养本领域创新拔尖人才,为政府部门、高校、研究所和国内外知名 IT 企业输送有关网络信息人才,同样由于博士阶段属于个性化、专业化的培养,人才数量较少,每年精英人才的培养维持在 100 人左右。

第五节 中国互联网发展与网络犯罪治理大事记25年:破局与坚持

一、中国互联网发展大事记

1. 1986年,北京市计算机应用技术研究所实施的国际联网项目——中国学术网(Chinese Academic Network,CANET)启动。

2. 1987年9月,CANET在北京计算机应用技术研究所内正式建成中国第一个国际互联网电子邮件节点,并于9月14日发出了中国第一封电子邮件,"Across the Great Wall we can reach every corner in the world."(越过长城,走向世界),揭开了中国人使用互联网的序幕。

3. 1988年年初,中国第一个X.25分组交换网CNPAC建成,当时覆盖北京、上海、广州、沈阳、西安、武汉、成都、南京、深圳等城市。

4. 1990年11月28日,钱天白教授代表中国在SRI-NIC(Stanford Research Institute's Network Information Center)注册登记了中国的顶级域名.CN,自此开通了使用中国顶级域名.CN的国际电子邮件服务,从此中国的网络有了自己的身份标识。

5. 1992年12月底,清华大学校园网(TUNET)建成并投入使用,这是中国第一个采用TCP/IP体系结构的校园网。

6. 1993年3月12日,国家公用经济信息通信网开始部署建设。

7. 1993年4月,中国科学院计算机网络信息中心召集在京部分网络专家调查了各国的域名体系,提出并确定了中国的域名体系。

8. 1994年4月初,中美科技合作联委会在美国华盛顿举行。会前,中国科学院副院长胡启恒代表中方向美国国家科学基金会(National Science Foundation,NSF)重申连入Internet的要求,得到认可。

9. 1994年6月8日,《国务院办公厅关于"三金工程"有关问题的通知》(国办发明电〔1994〕18号)发布,"三金工程"即金桥、金关、金卡工程,全面展开。

10. 1996年1月13日,国务院信息化工作领导小组及其办公室成立。

11.1996年2月27日,外经贸部中国国际电子商务中心正式成立。

12.1996年6月3日,电子工业部作出《关于计算机信息网络国际联网管理的有关决定》,将“金桥网”命名为“中国金桥信息网”。

13.1996年9月,国家计委正式批准金桥一期工程立项。

14.1997年4月18日至21日,全国信息化工作会议在深圳市召开。会议确定了国家信息化体系的定义、组成要素、指导方针、工作原则、奋斗目标、主要任务,并通过了“国家信息化九五规划和2000年远景目标”。

15.1997年6月3日,中国互联网络信息中心成立,行使国家互联网络信息中心的职责。同日,国务院信息化工作领导小组办公室宣布成立中国互联网络信息中心工作委员会。

16.1998年3月,第九届全国人民代表大会第一次会议批准成立信息产业部,主管全国电子信息产品制造业、通信业和软件业,推进国民经济和社会服务信息化。

17.1999年1月22日,“政府上网工程启动大会”倡议发起了“政府上网工程”,“政府上网工程”主站点www.gov.cn开通试运行。

18.2000年10月11日,中国共产党第十五届中央委员会第五次全体会议就信息化建设作出重大决策,全会审议并通过《中共中央关于制定国民经济和社会发展第十个五年计划的建议》。

19.2000年12月7日,由文化部、共青团中央、广电总局、全国学联、国家信息化推进办公室、《光明日报》、中国电信、中国移动等单位共同发起的“网络文明工程”在京正式启动。“网络文明工程”的主题是“文明上网、文明建网、文明网络”。

20.2001年7月,《国民经济和社会发展第十个五年计划信息化重点专项规划》出台。

21.2001年9月7日,《信息产业“十五”规划纲要》正式发布,这是国家确立信息化重大战略后的第一个行业规划。

22.2002年7月3日,国家信息化领导小组第二次会议召开,审议通过了《国民经济和社会发展第十个五年计划信息化重点专项规划》、《关于我国电子政务建设的指导意见》和《振兴软件产业行动纲要》。

23.2005年11月3日,国家信息化领导小组第五次会议通过了《国家信息化发展战略（2006—2020）》。

24．2006年3月19日，国家信息化领导小组印发《国家电子政务总体框架》，制定了构建国家电子政务总体框架的要求与目标，指出我国电子政务未来一个阶段的价值取向和发展方向。

25．2007年6月1日，国家发展和改革委员会、国务院信息化工作办公室联合发布我国首部电子商务发展规划——《电子商务发展"十一五"规划》，首次在国家政策层面确立了发展电子商务的战略和任务。

26．2007年10月15日，时任总书记胡锦涛在中国共产党第十七次全国代表大会报告中指出，"全面认识工业化、信息化、城镇化、市场化、国际化深入发展的新形势新任务"，"大力推进信息化与工业化融合"，"加强网络文化建设和管理，营造良好网络环境"，对信息化和互联网的发展提出明确要求。

27．2007年12月，《国民经济和社会发展信息化"十一五"规划》发布，提出了"十一五"时期国家信息化和互联网发展的总体目标。

28．2009年8月7日，时任国务院总理温家宝在无锡微纳传感网工程技术研发中心视察，提出要尽快建立中国的传感信息中心（"感知中国"中心）。

29．2010年6月8日，国务院新闻办公室首次发表《中国互联网状况》白皮书。

30．2011年11月28日，工业和信息化部发布《物联网"十二五"发展规划》。

31．2011年12月23日，时任国务院总理温家宝主持召开国务院常务会议，明确了我国发展下一代互联网的路线图和主要目标。

32．2012年3月27日，国家发改委等七部门研究制定了《关于下一代互联网"十二五"发展建设的意见》，提出"十二五"期间，互联网普及率达到45%以上，IPv6宽带接入用户数超过2500万户的目标。

33．2012年6月28日，国务院发布《关于大力推进信息化发展和切实保障信息安全的若干意见》。

34．2012年7月9日，国务院印发的《"十二五"国家战略性新兴产业发展规划》中提出实施"宽带中国"工程，要求到2015年城市和农村家庭分别实现平均20兆和4兆以上宽带接入能力。

35．2012年9月3日，科技部公布《中国云科技发展"十二五"专项规划》，以加快推进云计算技术创新和产业发展。

36.2012年12月28日,第十一届全国人民代表大会常务委员会第三十次会议通过《关于加强网络信息保护的决定》。

37.2013年2月17日,国务院公布《关于推进物联网有序健康发展的指导意见》。

38.2013年8月1日,国务院印发《"宽带中国"战略及实施方案》。

39.2013年11月9日至12日,中共十八届三中全会在北京召开,会议通过的《中共中央关于全面深化改革若干重大问题的决定》要求加大依法管理网络力度,加快完善互联网管理领导体制,形成从技术到内容、从日常安全到打击犯罪的互联网管理合力,确保国家网络和信息安全,以维护国家安全和社会稳定。

40.2014年2月27日,中央网络安全和信息化领导小组宣告成立,在北京召开了第一次会议。中共中央总书记、国家主席、中央军委主席习近平亲自担任组长,再次体现了中国最高层全面深化改革、加强顶层设计的意志,显示出在保障网络安全、维护国家利益、推动信息化发展的决心。

41.2014年4月30日,工业和信息化部等十四部委联合出台《关于实施"宽带中国"2014专项行动的意见》。

42.2014年8月,中国互联网协会主办的第十三届中国互联网大会以"创造无限机会,打造新时代经济引擎"为主题,成功为发现和培育新的网络经济增长点、创新创业搭建了平台。

43.2015年3月5日,在第十二届全国人大第三次会议上,李克强总理在政府工作报告中首次提出"互联网+"行动计划。

44.2015年6月24日,国务院办公厅印发《关于运用大数据加强对市场主体服务和监管的若干意见》。

45.2015年6月30日,全球互联网治理联盟首次全体理事会在巴西圣保罗召开,会议通过了联盟正式章程,并选举了阿里巴巴董事局主席马云等3人为联盟理事会联合主席。

46.2015年7月1日,第十二届全国人大常委会第十五次会议表决通过了新的《国家安全法》,国家主席习近平签署第29号主席令予以公布。这是首次以法律形式提出"维护国家网络空间主权"。

47.2015年7月18日,我国出台了首份阐述互联网金融监管的指导性文件《关于促进互联网金融健康发展的指导意见》。

48.2015年8月31日，国务院印发《促进大数据发展行动纲要》，提出未来5～10年我国大数据发展和应用应实现的目标。

49.2016年3月16日，第十二届全国人大第四次会议表决通过了《关于国民经济和社会发展第十三个五年规划纲要的决议(草案)》，并专辟了"拓展网络经济空间"篇，提出宽带中国、物联网应用推广、云计算创新发展、"互联网+"行动、大数据应用、国家政务信息化、电子商务和网络安全保障8项信息化重大工程，推进网络强国战略。

50.2016年4月19日，中共中央总书记、国家主席、中央军委主席、中央网络安全和信息化领导小组组长习近平主持召开网络安全和信息化工作座谈会并发表重要讲话，要求推进网络强国建设，推动我国网信事业发展，让互联网更好地造福国家和人民。

51.2016年10月9日，中共中央政治局就实施网络强国战略进行第三十六次集体学习。中共中央总书记习近平在主持学习时强调，要加快推进网络信息技术自主创新，加快数字经济对经济发展的推动，加快提高网络管理水平，加快增强网络空间安全防御能力，加快用网络信息技术推进社会治理，加快提升我国对网络空间的国际话语权和规则制定权，朝着建设网络强国目标不懈努力。

52.2017年2月14日，国家发改委公布"互联网+"和大数据领域国家工程实验室名单。

53.2017年3月1日，经中央网络安全和信息化领导小组批准，外交部和国家互联网信息办公室共同发布《网络空间国际合作战略》。

54.2017年7月8日，国务院发布《新一代人工智能发展规划》，明确了我国新一代人工智能发展的战略目标。

55.2017年11月19日，国务院常务会议通过《关于深化"互联网+先进制造业"发展工业互联网的指导意见》。

56.2017年11月26日，中共中央办公厅、国务院办公厅印发《推进互联网协议第六版(IPv6)规模部署行动计划》。

57.2018年3月，根据中共中央印发的《深化党和国家机构改革方案》，中央网络安全和信息化领导小组改为中国共产党中央网络安全和信息化委员会。

58. 2018 年 4 月 20 日至 21 日,全国网络安全和信息化工作会议在北京召开,习近平总书记出席会议并系统阐述了网络强国战略思想。

59. 2018 年 6 月 7 日,工信部发布《工业互联网发展行动计划(2018—2020 年)》和《工业互联网专项工作组 2018 年工作计划》。

60. 2018 年 7 月 27 日,工信部、国家发改委印发《扩大和升级信息消费三年行动计划(2018—2020 年)》。

61. 2018 年 10 月 31 日,中共中央政治局就人工智能发展现状和趋势举行第九次集体学习,为我国新一代人工智能的发展和利用作出顶层谋划和设计,明确了我国人工智能发展的方向与目标。

62. 2018 年 12 月 29 日,工业和信息化部发布《工业互联网网络建设及推广指南》,提出要在 2020 年初步建成工业互联网基础设施和技术产业体系。

63. 2019 年 3 月,李克强总理在《2019 年国务院政府工作报告》中首次提出"智能 +"重要战略:打造工业互联网平台,拓展"智能 +",为制造业转型升级赋能,推动传统产业改造提升。

64. 2019 年 7 月,中国互联网协会发布《中国"智能 +"社会发展指数》,对全国及 31 个省市自治区的智能化水平进行分析和评估。

65. 2019 年 7 月 24 日,中央全面深化改革委员会第九次会议审议通过《国家科技伦理委员会组建方案》。

66. 2019 年 8 月 14 日,中国互联网协会、工业和信息化部网络安全产业发展中心(工业和信息化部信息中心)联合发布了《2019 年中国互联网企业 100 强发展报告》。

67. 2019 年 10 月 24 日,中共中央政治局第十八次集体学习时强调,要把区块链作为核心技术自主创新的重要突破口。我国已将区块链技术作为战略性前沿技术,并列入《"十三五"国家信息化规划》。

68. 2019 年 11 月 19 日,工业和信息化部印发《"5G + 工业互联网"512 工程推进方案》。

69. 2019 年 12 月 6 日,国家发展改革委等七部门出台了《关于促进"互联网 + 社会服务"发展的意见》,借助"互联网 +"加快布局新型数字基础设施,实现优质社会服务资源下沉、扩大辐射覆盖范围,助力"互联网 + 社会服务"驶入发展"快车道”。

二、网络犯罪治理大事记

1.1998年7月13日，我国第一例电脑黑客事件发生。犯罪嫌疑人杨某借助某高校校园网攻击了某科技网并获得成功。后杨某又利用为一电脑公司工作的机会，进入上海某信息网络，其间仅非法使用时间就达2000多小时，造成这一网络直接经济损失高达1.6万元人民币。①

2.1998年7月，中国互联网络安全产品测评认证中心通过国务院信息化工作领导小组办公室验收，开始试运行。

3.1998年8月，公安部正式成立公共信息网络安全监察局，负责组织实施维护计算机网络安全，打击网上犯罪，对计算机信息系统安全保护情况进行监督管理。

4.1999年2月3日，由中国国际电子商务中心承担的“九五”国家重点科技攻关项目“商业电子信息安全认证系统”，通过科技部和国家密码管理委员会的科技成果鉴定。

5.1999年2月，中国国家信息安全测评认证中心（CNISTEC）正式运行。

6.1999年5月，在清华大学网络工程研究中心成立了中国第一个安全事件应急响应组织CCERT（CERNET Computer Emergency Response Team）。

7.2001年4月13日，信息产业部、公安部、文化部、国家工商行政管理总局部署开展“网吧”专项清理整顿工作。

8.2001年5月，经中央编制委员会批准，中国信息安全产品测评认证中心成立，主要负责对信息安全产品、信息系统安全、信息安全服务和信息安全专业人员进行国家认证。

9.2001年8月，国家计算机网络与信息安全管理中心组建“中国计算机网络应急技术处理协调中心”，简称CNCERT/CC。

10.2002年5月10日，文化部下发《关于加强网络文化市场管理的通知》。

11.2003年8月8日，中国互联网协会“反垃圾邮件协调小组”向社会公布了“垃圾邮件服务器名单”（第一期），得到了社会各界的高度关注。

---

① 姜一平：《1998年7月13日我国首例电脑黑客事件发生》，载中国网：http://www.china.com.cn/aboutchina/txt/2009-07/10/content_18112627.htm，2020年9月20日最后访问。

12.2004 年 6 月 10 日,由中国互联网协会互联网新闻信息服务工作委员会主办的“违法和不良信息举报中心”网站(net. china. cn)开通。

13.2006 年 2 月 21 日,信息产业部启动了“阳光绿色网络工程”系列活动,包括:清除垃圾电子信息,畅享清洁网络空间;治理违法不良信息,倡导绿色手机文化;打击非法网上服务,引导绿色上网行为等活动。

14.2006 年 10 月 26 日,中国互联网协会成立“反恶意软件协调工作组”。

15.2006 年 11 月 16 日,全国公安信息化建设项目“金盾工程”在北京正式通过国家竣工验收。

16.2007 年 2 月 15 日,文化部等十四部委联合下发了《关于进一步加强网吧及网络游戏管理工作的通知》,首次对网络游戏中的虚拟货币交易进行规范。

17.2007 年 6 月 18 日,中国互联网协会反垃圾邮件综合处理平台正式开通。

18.2007 年 11 月 1 日,7 项信息安全国家标准正式实施。这 7 项国家标准分别是 GB/T 20984—2007《信息安全技术 信息安全风险评估规范》、GB/T 20979—2007《信息安全技术 虹膜识别系统技术要求》、GB/T 20983—2007《信息安全技术 网上银行系统信息安全保障评估准则》、GB/Z 20985—2007《信息技术 安全技术 信息安全事件管理指南》、GB/Z 20986—2007《信息安全技术 信息安全事件分类分级指南》、GB/T 20987—2007《信息安全技术 网上证券交易系统信息安全保障评估准则》和 GB/T 20988—2007《信息安全技术 信息系统灾难恢复规范》。

19.2007 年 12 月 24 日,中国财政部、民政部、国家体育总局三部委联合下发了《关于彩票机构利用互联网销售彩票有关问题的通知》,禁止利用互联网发行销售彩票。

20.2008 年 2 月 25 日,国家测绘局、外交部、公安部、信息产业部、国家工商行政管理总局、新闻出版总署、国务院新闻办公室、国家保密局八部委联合印发《关于加强互联网地图和地理信息服务网站监管意见》,要求进一步加强对互联网地图和地理信息服务网站的监管。

21.2008 年 3 月 11 日,根据第十一届全国人民代表大会第一次会议批准的国务院机构改革方案,设立工业和信息化部,为国务院组成部门。将原信息产业部和原国务院信息化工作办公室的职责划给工业和信息化部。工业和信息化部成为我国互联网的行业主管部门。

22.2008年4月28日，工业和信息化部委托中国互联网协会设立“12321”网络不良与垃圾信息举报受理中心，举报方式包括电话、网站、邮件、短信和移动互联网WAP网站共5种方式。

23.2008年7月2日，北京市工商局正式下发了《关于贯彻落实〈北京市信息化促进条例〉加强电子商务监督管理的意见（2008）》，规定自2008年8月1日起，营利性网上商店必须到工商部门办理营业执照。

24.2009年5月19日，工业和信息化部下发了《关于计算机预装绿色上网过滤软件的通知》。

25.2009年6月26日，文化部、商务部联合下发《关于网络游戏虚拟货币交易管理工作》的通知，规定同一企业不能同时经营虚拟货币的发行与交易，并且虚拟货币不得用于购买实物。

26.2009年8月18日，文化部下发《关于加强和改进网络音乐内容审查工作的通知》，规定经营单位经营网络音乐产品，须报文化部进行内容审查或备案。

27.2011年5月，国家互联网信息办公室正式设立。

28.2013年6月25日，在公安部指导下，阿里巴巴、腾讯、百度、新浪、盛大、网易、亚马逊中国等21家互联网企业，成立了“互联网反欺诈委员会”，以推进全网联合，打击网络诈骗，共建交易安全生态圈。

29.2013年，中美两国确定在中美战略安全对话框架下设立网络安全工作组。2013年7月8日，第一次网络安全工作组会议在华盛顿举行，双方就网络工作组机制建设、两国网络关系、网络空间国际规则、双边对话合作措施以及其他共同关心的问题进行交流。

30.2013年11月9日至12日，中国共产党十八届三中全会在北京召开，全会决定要求加大依法管理网络力度，加快完善互联网管理领导体制，形成从技术到内容、从日常安全到打击犯罪的互联网管理合力，确保国家网络和信息安全，以维护国家安全和社会稳定。

31.2014年2月，中央网络安全和信息化领导小组宣告成立。

32.2014年5月4日，最高人民法院、最高人民检察院、公安部发布《关于办理网络犯罪案件适用刑事诉讼程序若干问题的意见》。

33.2015年9月1日,手机卡实名登记制全面实施,没有办理实名制的用户被限制服务甚至停机。电信企业在通过各类实体营销渠道销售手机卡时,要求用户出示本人身份证件,并当场在第二代身份证读卡器上进行验证。

34.2016年9月23日,最高人民法院、最高人民检察院、公安部、工业和信息化部、中国人民银行、中国银行业监督管理委员会六部门联合发布《防范和打击电信网络诈骗犯罪的通告》。

35.2017年1月10日,中央网信办发布了《关于印发〈国家网络安全事件应急预案〉的通知》(中网办发文〔2017〕4号)。该通知明确,网络安全事件应急处置工作实行责任追究制。

36.2017年6月28日,中国银行业监督管理委员会、教育部、人力资源社会保障部联合印发《关于进一步加强校园贷规范管理工作的通知》。该通知要求,现阶段一律暂停网贷机构开展在校大学生网贷业务,制订整改计划,明确退出时间表。

37.2017年12月1日,互联网金融风险专项整治工作领导小组办公室、P2P网贷风险专项整治工作领导小组办公室联合发布了《关于规范整顿"现金贷"业务的通知》,明确了开展"现金贷"业务需把握的原则。

38.2018年5月1日,国家标准《信息安全技术　个人信息安全规范》正式实施。

39.2018年3月,中共中央印发《深化党和国家机构改革方案》,中央网络安全和信息化领导小组改为中央网络安全和信息化委员会。

40.2018年3月29日,央行出手整顿清理各类虚拟货币,国内88家虚拟货币交易平台和85家ICO交易平台基本实现无风险退出;以人民币交易的比特币从之前全球占比90%以上,下降至不足1%。8月26日,银保监会等五部委联合发布《关于防范以"虚拟货币""区块链"名义进行非法集资的风险提示》。通过有关部门的监管,力图推动区块链发展走上更加理性、正向的轨道。

41.2018年7月16日,国家版权局、国家互联网信息办公室、工业和信息化部、公安部联合召开新闻通气会,宣布启动打击网络侵权盗版"剑网2018"专项行动。

42.2018年8月,P2P网络借贷风险专项整治工作领导小组办公室发布《关于开展P2P网络借贷机构合规检查工作的通知》,在全国范围内展开P2P合规监察备案工作。

43.2018年2月，公安部部署全国公安机关开展为期一年的打击整治网络违法犯罪“净网2018”专项行动。

44.2019年1月23日，中央网信办、工业和信息化部、公安部、市场监管总局四部门正式发布《关于开展App违法违规收集使用个人信息专项治理的公告》，并在全国范围内组织启动了App违法违规收集使用个人信息专项治理行动。

45.2019年4月，国务院“互联网＋督查”平台开通，面向社会征集党中央、国务院有关问题线索或意见建议。

46.2019年5月13日，网络安全等级保护制度2.0系列标准正式发布。

47.2019年10月21日，最高人民法院、最高人民检察院发布《关于办理非法利用信息网络、帮助信息网络犯罪活动等刑事案件适用法律若干问题的解释》。

三、网络犯罪立法大事记

1.1996年2月1日，国务院第195号令发布了《计算机信息网络国际联网管理暂行规定》。

2.1996年4月9日，邮电部发布《中国公用计算机互联网国际联网管理办法》，并自发布之日起实施。

3.1997年12月30日，公安部发布了由国务院批准的《计算机信息网络国际联网安全保护管理办法》。

4.1998年3月13日，国务院信息化工作领导小组办公室发布《计算机信息网络国际联网管理暂行规定实施办法》。

5.2000年1月1日，由国家保密局发布的《计算机信息系统国际联网保密管理规定》开始施行。

6.2000年3月30日，证监会发布《网上证券委托暂行管理办法》。

7.2000年9月25日，国务院发布《电信条例》。

8.2000年11月1日，中国互联网络信息中心发布《中文域名注册管理办法（试行）》和《中文域名争议解决办法（试行）》。

9.2000年11月6日，国务院新闻办公室、信息产业部发布《互联网站从事登载新闻业务管理暂行规定》。

10.2000年11月6日，信息产业部发布《互联网电子公告服务管理规定》。

11.2000年11月7日,信息产业部发布《关于互联网中文域名管理的通告》。

12.2000年12月28日,第九届全国人大常委会第十九次会议表决通过《全国人民代表大会常务委员会关于维护互联网安全的决定》。

13.2001年1月11日,国家药品监督管理局公布《互联网药品信息服务管理暂行规定》。

14.2001年4月3日,信息产业部、公安部、文化部、国家工商行政管理总局联合发布《互联网上网服务营业场所管理办法》。

15.2001年6月29日,中国人民银行颁布《网上银行业务管理暂行办法》。

16.2001年10月27日,"信息网络传播权"正式列入第九届全国人民代表大会常务委员会第二十四次会议审议通过的修订后的《著作权法》。

17.2002年3月14日,信息产业部第九次部务会议审议通过《中国互联网络域名管理办法》。

18.2002年9月25日,中国互联网络信息中心发布了《域名注册实施细则》《域名争议解决办法》《域名注册服务机构认证办法》等文件。

19.2002年9月29日,国务院公布《互联网上网服务营业场所管理条例》。

20.2004年8月28日,第十届全国人大常委会第十一次会议表决通过《电子签名法》。

21.2004年9月6日,最高人民法院和最高人民检察院出台的《关于办理利用互联网、移动通信终端、声讯台制作、复制、出版、贩卖、传播淫秽电子信息刑事案件具体应用法律若干问题的解释》开始施行。

22.2005年2月8日,信息产业部发布了《非经营性互联网信息服务备案管理办法》。

23.2005年2月8日,信息产业部发布《电子认证服务管理办法》。

24.2005年9月25日,国务院新闻办公室、信息产业部联合发布施行《互联网新闻信息服务管理规定》。

25.2006年3月30日,信息产业部颁布的《互联网电子邮件服务管理办法》开始施行。

26.2006年7月1日,《信息网络传播权保护条例》开始施行。

27.2007年12月29日,国家广播电影电视总局、信息产业部联合发布《互联网视听节目服务管理规定》。

28. 2009年9月7日，中央机构编制委员会办公室印发《中央编办对文化部、广电总局、新闻出版总署〈“三定”规定〉中有关动漫、网络游戏和文化市场综合执法的部分条文的解释》。

29. 2009年12月26日，第十一届全国人大常委会第十二次会议表决通过了《侵权责任法》。该法首次规定了网络侵权问题及其处理原则。

30. 2010年5月31日，国家工商行政管理总局正式公布《网络商品交易及有关服务行为管理暂行办法》。

31. 2010年6月3日，文化部公布《网络游戏管理暂行办法》，这是我国第一部针对网络游戏进行管理的部门规章。

32. 2010年6月14日，中国人民银行公布《非金融机构支付服务管理办法》。该办法将网络支付纳入监管。

33. 2010年10月9日，国家新闻出版总署出台《关于发展电子书产业的意见》，提出要依法依规建立电子书行业准入制度，依法对从事电子书相关业务的企业实施分类审批和管理。

34. 2011年3月起，百度文库、百度MP3等产品相继受到作家、出版业、音乐界代表及音像协会的侵权指控。2011年12月，土豆网与优酷网就版权问题发生争端。12月16日，最高人民法院发布《关于充分发挥知识产权审判职能作用推动社会主义文化大发展大繁荣和促进经济自主协调发展若干问题的意见》，进一步明确了网络环境下的著作权侵权判定规则。

35. 2012年6月28日，国务院发布《关于大力推进信息化发展和切实保障信息安全的若干意见》。

36. 2012年12月28日，第十一届全国人民代表大会常务委员会第三十次会议通过《关于加强网络信息保护的决定》。

37. 2013年2月1日，我国首个个人信息保护国家标准《信息安全技术　公共及商用服务信息系统个人信息保护指南》实施。

38. 2013年7月12日起，工业和信息化部制定的《互联网接入服务规范》正式实施。

39. 2013年9月6日，最高人民法院和最高人民检察院公布《关于办理利用信息网络实施诽谤等刑事案件适用法律若干问题的解释》。

40. 2014 年 6 月 23 日,最高人民法院《关于审理利用信息网络侵害人身权益民事纠纷案件适用法律若干问题的规定》出台。

41. 2014 年 8 月 28 日,工业和信息化部发布《关于加强电信和互联网行业网络安全工作的指导意见》。

42. 2015 年 2 月 5 日,公安部牵头会同国家网信办、工信部、环保部、工商总局、安监总局等部门,制定出台了《互联网危险物品信息发布管理规定》。

43. 2015 年 5 月 8 日,习近平主席访问俄罗斯期间,中俄外长在两国元首见证下签署了《中华人民共和国政府和俄罗斯联邦政府关于在保障国际信息安全领域合作协定》。

44. 2015 年 8 月 29 日,第十二届全国人大常委会第十六次会议表决通过《刑法修正案(九)》。

45. 2016 年 8 月 17 日,中国银监会、工业和信息化部、公安部、国家互联网信息办公室联合发布《网络借贷信息中介机构业务活动管理暂行办法》。

46. 2016 年 11 月 4 日,《互联网直播服务管理规定》出台。

47. 2016 年 11 月 7 日,第十二届全国人大常委会第二十四次会议通过《网络安全法》。

48. 2017 年 8 月 1 日,交通运输部等十部门联合出台《关于鼓励和规范互联网租赁自行车发展的指导意见》。

49. 2017 年 8 月,工信部印发《公共互联网网络安全威胁监测与处置办法》。

50. 2017 年 12 月,中宣部、教育部、文化部、国家新闻出版广电总局等多部门联合印发《关于严格规范网络游戏市场管理的意见》。

51. 2018 年 8 月 31 日,第十三届全国人大常委会第五次会议表决通过《电子商务法》。

52. 2019 年 2 月 15 日,国家互联网信息办公室发布的《区块链信息服务管理规定》正式施行。

53. 2019 年 4 月 26 日,《国务院关于在线政务服务的若干规定》正式施行。

54. 2019 年 10 月 1 日,国家互联网信息办公室发布的《儿童个人信息网络保护规定》正式施行。

55.2019年10月21日，最高人民法院、最高人民检察院《关于办理非法利用信息网络、帮助信息网络犯罪活动等刑事案件适用法律若干问题的解释》出台。

56.2019年10月26日，第十三届全国人大常委会第十四次会议表决通过《密码法》。

57.2019年12月15日，国家互联网信息办公室发布了《网络信息内容生态治理规定》。

注：

1986～2012年度数据来自中国互联网协会

https://www.isc.org.cn/ihf/info.php? cid=218

2013年度数据来自中国网信网

http://www.cac.gov.cn/2014-05/22/c_126535820.htm

2014年度数据来自中国网信网

http://www.cac.gov.cn/2017-08/24/c_1121538175.htm

2015年度数据来自中国网信网和中商情报网

http://www.cac.gov.cn/2015-12/31/c_1117628815.htm

https://www.askci.com/news/chanye/2015/12/29/113231l3y1.shtml

2016年度数据来自经济参考报

http://tech.cnr.cn/techgd/20161214/t20161214_523337120.shtml

2017年度数据来自人民网和经济参考报

http://industry.people.com.cn/n1/2018/0116/c413883-29767113.html

2018年度数据来自经济参考网和网络

http://bgimg.ce.cn/cysc/tech/gd2012/201901/08/t20190108_31201430.shtml

2019年度数据来自中国互联网协会

https://www.isc.org.cn/zxzx/xhdt/listinfo-37185.html

后　记

中国犯罪学研究成果如何观照现实？这一议题成为当下中国犯罪学研究的新思考。

犯罪是一种严重危害人身安全和财产安全、侵害社会平安与经济发展的反社会行为，是当今世界普遍关注的一个重大社会问题。之所以是一个重大问题，不仅是因为其行为的严重社会危害性，更是因为犯罪本身极难遏制，犯罪治理艰辛复杂。事实上，无论是典型犯罪的滋生，还是犯罪行为的衍变，抑或是犯罪趋势的发展，无一不是社会转型的显著表征，无一不是社会治理的突出病症。因此，对犯罪的统计分析和实证研究十分重要，已然成为理解、预防犯罪和开展犯罪治理工作的关键。

中国政府历来重视犯罪治理工作。特别是党的十八大以来，以习近平同志为核心的党中央大胆探索、勇于实践，全面创新社会治理体系，系统提升社会治理能力，大力推进社会治理体系和社会治理能力现代化，走出了一条中国特色社会主义社会治理之路。习近平总书记指出，要坚定不移走中国特色社会主义社会治理之路，善于把党的领导和我国社会主义制度优势转化为社会治理优势，着力推进社会治理系统化、科学化、智能化、法治化，不断完善中国特色社会主义社会治理体系，确保人民安居乐业、社会安定有序、国家长治久安。犯罪治理是社会治理的重要组成部分。犯罪治理效果如何，深刻影响社会治理效果。分析研究犯罪趋势和治理状况，积极应对当前各类犯罪给社会稳定和人民群众生命财产安全提出的新挑战，坚持和完善共建共治共享的社会治理制度，不断探索创新犯罪治理新路径，确保社会大局持续稳定，不断增强人民群众的安全感，建设更高水平的平安中国，是每个犯罪学理论学习者、研究者和工作者义不容辞的重要使命。

《中国犯罪治理蓝皮书》(以下简称《蓝皮书》)正是对这一时代使命的一种探索。2019年1月起,受中国犯罪学学会委托,依托华东政法大学犯罪学学科基础和研究团队,吸纳校内外专家学者组成项目团队,正式启动《蓝皮书》编撰工作。华东政法大学犯罪学学科办学历史悠久,由我国犯罪学学科及上海市犯罪学学会创始人之一、华东政法学院功勋教授、联合国预防和控制犯罪委员会第一位中国籍委员、联合国刑事司法处亚洲司顾问武汉教授等老一辈法学家、犯罪学家所创立,致力于犯罪学理论与实践的深度融合、创新发展,开创了本领域的诸多第一:组建新中国第一个犯罪学系,编写国内第一本犯罪学教材,招收第一批犯罪学专业方向硕士研究生,创办第一本犯罪学类学术期刊《犯罪研究》,成立国内第一个省级政法综治研究机构——上海市社会治安综合治理研究所,创办了国内唯一综治领域理论内部月刊《综治研究》。厚重的历史底蕴和充实的专业力量使得《蓝皮书》成为华东政法大学犯罪学学科建设团队的使命与责任担当。

2019年10月17日,在中国犯罪学学会第28届学术研讨会上,首部《蓝皮书》如期发布。《蓝皮书》为我国犯罪学理论研究人员提供了完整的数据,结束了我国犯罪学研究缺少数据的历史,为我国犯罪学研究奠定了坚实的基础。

为更好地推动中国犯罪学研究的新时代转型,更快更优地为国家和社会提供犯罪学理论研究产品,中国犯罪学学会组织专家继续编写第二部《蓝皮书》。2020年6月12日,中国犯罪学学会召开会长办公会,讨论第二部《蓝皮书》的目录、框架和具体内容。会议充分肯定了华东政法大学项目团队在首部蓝皮书编制工作中形成的好的工作经验和攻关模式,高度评价了项目团队克服2020年新冠肺炎疫情影响开展的前期基础性研究工作,要求依托华东政法大学犯罪学学科骨干,进一步充实完善《蓝皮书》项目团队,吸纳犯罪学研究领域的专家学者和优秀青年,做好传帮带,着力培养中国犯罪学青年研究队伍。在中国犯罪学学会领导的指导下,华政蓝皮书项目团队克服新冠肺炎病毒疫情带来的现实困难,汇聚校内外研究资源,科学制定工作方案,各章节负责人定期召开网络会议汇报进度,集体研究解决问题与困难,按照时间进度完成了书稿。2020年10月13日,中国犯罪学学会专门召开会长办公会,集体讨论审议第二部《蓝皮书》书稿,就书稿的体例和内容提出了很多好的意见和建议。在此基础上,蓝皮书项目团队逐条认真研究吸收,经过持续不懈的努力,本书即第二部《蓝皮书》终于如期付梓。与首部《蓝皮书》相比,本书在保

持基本体例不变的前提下,进一步夯实数据支撑,突出犯罪学科发展成果与2019年度特色。具体而言:

一是更加注重资料的收集。尽管受疫情影响,部分省市数据没有公布,项目团队努力收集相关资料,特别是加强法学、社会学、政治学、心理学多学科犯罪研究相关文献收集工作,拓宽研究视角,力争犯罪数据刻画的科学性。

二是更加关注犯罪学科的研究成果。项目团队在收集犯罪学科学术活动、重大科研项目、代表性著作和代表性论文的基础上,更加关注核心期刊犯罪学相关论文发表情况、中国犯罪学学会各专业委员会工作动态、相关高校犯罪学科建设情况,尤其是犯罪学相关专业学位论文研究情况,关注青年犯罪学研究者研究动态。

三是更加突出犯罪学年度研究特色。2019年是中国正式接入国际互联网第25年。数据显示,中国网络犯罪数量已占犯罪总数的1/3、且每年以30%左右的幅度增加,成为第一大犯罪类型。本书专门增加"年度特别策划:中国互联网发展25年与网络犯罪治理(1994~2019年)"一章,回顾与总结了25年来中国网络犯罪治理的探索与实践,关注网络犯罪治理学科发展情况和网络犯罪治理人才培养情况。目前,我国不仅逐步探索出具有中国新时代特色的网络犯罪治理模式,而且已经向世界提出了构建网络空间命运共同体的中国方案。

2020年是决胜全面建成小康社会、决战脱贫攻坚之年。习近平总书记多次强调要以统筹推进全局性、战略性、基础性工作为立足点,以防控化解各类风险源为着力点,以"扫黑除恶"专项斗争、市域社会治理现代化试点、政法领域全面深化改革、政法队伍教育整顿为切入点,着力提高政法工作现代化水平,努力建设更高水平的平安中国、法治中国,为实现"两个一百年"奋斗目标创造安全的政治环境、稳定的社会环境、公正的法治环境、优质的服务环境。《蓝皮书》正是立足于全局性、基础性的数据梳理,为我国犯罪学理论研究、政府决策提供相对完整的数据,挖掘和发现社会安全风险点,评估犯罪学学科建设和社会平安建设的整体情况。具言之,本书的完成主要有以下三点意义:

一是坚持我国犯罪数据全面统计研究之道路,为犯罪学研究、政府决策提供相对完整的数据。《蓝皮书》是我国第一部全面统计犯罪数据及梳理犯罪学发展的文献,为我国犯罪学研究人员提供了相对完整的数据,结束了我国犯罪学研究缺少数据的历史,为我国犯罪学研究奠定了坚实的基础。第二部《蓝皮书》延续了首部

《蓝皮书》的数据收集体例与标准,我们希望通过定期编纂、积累数据的方式,推动我国犯罪学研究的实证性发展,展现全国和部分地区犯罪年度状况、发展态势。

二是推进我国犯罪学研究向智库成果的转换,引导中国犯罪学的研究方向。《蓝皮书》以观照现实、履行社会责任为目标,在收集犯罪数据、扎根犯罪治理本土现实的基础上,开展典型案件的犯罪学评析与报告撰写,分析挖掘犯罪治理工作中的问题和困难,汇聚总结我国犯罪学研究者集体智慧的结晶,从而把犯罪学理论学习和研究的着眼点聚焦到研究和解决重大现实问题上,使犯罪学理论学习和研究成为理论联系实际、学以致用的过程和纽带,不仅有效增强了犯罪治理工作的原则性、系统性、预见性和创造,进而推进犯罪学理论研究成果向智库成果的转换,增强国家有关部门和全社会对犯罪治理意义的认识,为国家层面制定刑事政策提供客观的理论依据,为更高水平的平安中国、法治中国建设建言献策。

三是引导社会对犯罪学学科建设和青年人才发展状况的关注,培育犯罪学青年队伍成长的沃土。“致天下之治者在人才。”《蓝皮书》是中国犯罪学学人集体智慧的结晶,是中国犯罪学学界共同努力的结果。《蓝皮书》的持续发布、中国犯罪学的持续发展,需要犯罪学青年人才队伍的培养。本书尤其关注各高校科研机构对犯罪学学科建设和人才培养情况的分析与评估,引导社会对我国犯罪学青年人才的关注。只有加快形成有利于犯罪学人才成长的培养机制、有利于人尽其才的使用机制、有利于竞相成长各展其能的激励机制、有利于各类人才脱颖而出的竞争机制,才能真正培植好人才成长的沃土,让犯罪学人才根系更加发达,才能开创中国犯罪学智慧闪光、英才辈出的新局面。

本书不同于陈述一己之学术,贵在叙述准确、介绍客观,旨在全面反映我国犯罪形势与犯罪治理的最新发展,并展示本土犯罪治理的经验。本书的章节安排和作者分工如下:第一章:应培礼、夏菲、白梦琳、安琪、虞浔。第二章:王永全、王弈、廖根为、尹鹤晓、陆璟妍、洪珊珊、叶舒洁。第三章:倪铁 、刘杰、潘度佳、鲍柯舟、刘静玮、陶宇杰、贝克、黄萌、姚钱仕、王哲、申靖尧、胡凯。第四章:栾时春、孙大明、鞠扬波、刘冰清。第五章:王永全、王弈、廖根为、胡裕岭、刘洋、刘章、万立、叶舒洁、洪珊珊、史册。承蒙中国犯罪学学会各位同仁的看重和厚爱,犯罪治理蓝皮书项目基地落户在华东政法大学,这既是对华政犯罪学学科悠久历史和学术底蕴的充分肯定,更是对提升犯罪理论研究社会影响、助力犯罪学学科建设的殷切期盼。我们团队努力以打造精品、塑造品牌、形成风格为己任,力求汇聚、凝炼目前国内目前最系统研究犯罪治理的成果,通过本书的出版对相关理论发展和实践进步有所推动和促进。同时,由于这项工作的确属于开创性尝试、受数据来源较少、引入的指标不多,以及模型还存在一定局限性, 我们提出的"犯罪治理指数模型"客观上存在着不足和短板,因而在评价一个地区犯罪治理水平时尚不能完全与真实情况相对应。对其中的不足之处,衷心欢迎读者批评指正,以便日后进一步完善。

中国犯罪学学会副会长、蓝皮书项目基地主任

华东政法大学中国犯罪治理研究院院长

应培礼

2020 年 11 月 12 日